情报与反情报丛书

情报概论
架构、运作和分析

[美] 乔纳森·阿卡夫 (Jonathan M. Acuff)　　[美] 拉梅沙·克拉夫特 (LaMesha L. Craft)
[美] 克里斯托弗·费雷罗 (Christopher J. Ferrero)　　[美] 约瑟夫·菲察纳基斯 (Joseph Fitsanakis) ／著
[美] 小理查德·基尔罗伊 (Richard J. Kilroy Jr.)　　[美] 乔纳森·史密斯 (Jonathan C. Smith)

孟　林／译

Introduction to Intelligence
Institutions, Operations, and Analysis

金城出版社
GOLD WALL PRESS
·北京·

Introduction to Intelligence: Institutions, Operations, and Analysis by Jonathan M. Acuff, LaMesha L. Craft, Christopher J. Ferrero, Joseph Fitsanakis, Richard J. Kilroy Jr., Jonathan C. Smith
Copyright © 2022 by CQ Press, an imprint of SAGE PUBLICATIONS, INC.
Simplified Chinese translation copyright © 2024 by GOLD WALL PRESS CO., LTD.
All Rights Reserved.

本书英文版由 SAGE 出版公司 CQ 出版社出版，中文简体版由 SAGE 授权金城出版社有限公司独家出版。

本作品一切权利归金城出版社有限公司所有，未经合法授权，严禁任何方式使用。

图书在版编目（CIP）数据

情报概论：架构、运作和分析 /（美）乔纳森·阿卡夫 (Jonathan M. Acuff) 等著；孟林译 . -- 北京：金城出版社有限公司，2025.7
（情报与反情报丛书 / 朱策英主编 . 第二辑）
书名原文：Introduction to Intelligence: Institutions, Operations, and Analysis
ISBN 978-7-5155-2606-5

Ⅰ. ①情… Ⅱ. ①乔… ②孟… Ⅲ. ①军事情报 - 概论 Ⅳ. ① E87

中国国家版本馆 CIP 数据核字 (2024) 第 031252 号

情报概论：架构、运作和分析
QINGBAO GAILUN JIAGOU YUNZUO HE FENXI

作　　者	[美] 乔纳森·阿卡夫 等
译　　者	孟　林
策划编辑	朱策英
责任编辑	李晓凌
责任校对	王秋月
责任印制	李仕杰
开　　本	700 毫米 ×960 毫米　1/16
印　　张	30
字　　数	461 千字
版　　次	2025 年 7 月第 1 版
印　　次	2025 年 7 月第 1 次印刷
印　　刷	北京科信印刷有限公司
书　　号	ISBN 978-7-5155-2606-5
定　　价	118.00 元

出版发行	金城出版社有限公司　北京市朝阳区利泽东二路 3 号　邮编：100102
发 行 部	(010) 84254364
编 辑 部	(010) 64271423
投稿邮箱	jinchenglxl@sina.com
总 编 室	(010) 64228516
网　　址	http://www.baomi.org.cn
电子邮箱	jinchengchuban@163.com
法律顾问	北京植德律师事务所　（电话）18911105819

目 录

引 言   001

第1章 前 言   005
一、情报是什么   005
二、情报的目的   008
三、结论：情报的前景与局限   016
四、关键词   019
五、延伸阅读   020

第2章 情报的历史   021
一、从古代到威斯特伐利亚体系的情报   021
二、中世纪晚期和早期现代欧洲的情报   029
三、独立战争至珍珠港事件时期美国的情报   034
四、二战与现代美国情报体系诞生   039
五、冷战时期的情报   042
六、21世纪的情报："9·11"及其影响   052
七、结论：评估3000多年的情报历史   055
八、关键词   056
九、延伸阅读   057

第 3 章　情报与安全机构：组织与流程　　058
一、情报支持概述　　058
二、美国系统内的国家安全框架　　061
三、国家安全官僚机构的发展　　069
四、美国政府系统内的情报组织　　077
五、情报循环及对它的批评　　097
六、结论：批评和备选方案　　111
七、关键词　　112
八、延伸阅读　　113

第 4 章　情报系统之比较　　115
一、情报研究案例　　115
二、英国　　119
三、法国　　127
四、德国　　132
五、以色列　　138
六、俄罗斯　　142
七、结论：各国情报系统的异同　　148
八、关键词　　148
九、延伸阅读　　149

第 5 章　情报行动　　151
一、我们如何搜集情报　　151
二、当代情报行动的复杂性与挑战　　152
三、情报搜集规划　　158
四、五大情报搜集科目及其他　　163
五、军事情报　　178

	六、结论：情报行动小结	184
	七、关键词	184
	八、延伸阅读	185

第6章　反情报　　187

一、间谍和阴谋的世界	187
二、反情报的作用和任务	188
三、防御性反情报	194
四、进攻性反情报	197
五、反情报面临的当代挑战	201
六、结论：反情报小结	203
七、关键词	204
八、延伸阅读	204

第7章　隐蔽行动　　206

一、隐蔽行动的类型	209
二、美国对隐蔽行动的监督	226
三、美国的军事活动和隐蔽行动	227
四、结论：隐蔽行动的考虑因素	228
五、关键词	231
六、延伸阅读	231

第8章　网络空间行动与信息环境　　233

一、技术融合	234
二、逐层分析网络空间	236
三、美国的网络战略	243
四、分析网络威胁	249
五、结论：网络空间领域威胁的复杂性	254

六、关键词	255
七、延伸阅读	255

第 9 章　情报监管与治理　257

一、麦卡锡主义与第二次红色恐慌	258
二、国内情报和"反谍计划"	259
三、水门事件	261
四、丘奇委员会和派克委员会	262
五、水门事件后的情报监督	264
六、情报监督实践	269
七、情报监督中的三权分立	271
八、结论：一个不完美但不可或缺的系统	275
九、关键词	276
十、延伸阅读	276

第 10 章　机构间交流　278

一、情报交流中固有的紧张关系	279
二、机构内环境下的交流挑战	281
三、机构间环境下的交流挑战	286
四、面向情报用户的产品	292
五、吸引情报用户的注意力	293
六、留住情报用户的注意力	295
七、结论：使情报变得有用	297
八、关键词	298
九、延伸阅读	299

第 11 章　情报分析　300

一、认识论与情报分析	300

二、预测及其面临的挑战 306
三、心理偏见与情报分析 313
四、结论：从科学哲学到实践 322
五、关键词 322
六、延伸阅读 323

第12章 分析方法 325
一、情报分析的当代环境 325
二、分析情报目标的方法 329
三、提交结果：书面分析产品的语态和结构 358
四、结论：美国情报界情报分析人员的招聘和培训模式 361
五、关键词 362
六、延伸阅读 362

第13章 情报的伦理学 364
一、伦理体系和道德体系 366
二、案例研究 376
三、结论：为国家服务的道德要求 399
四、关键词 400
五、延伸阅读 400

第14章 对美国及其利益的威胁 402
一、战略竞争对手 404
二、流行病 412
三、气候变化是国际局势不稳定的驱动因素 418
四、21世纪的网络威胁 422
五、国家间战争 426
六、种族冲突、革命和国家不稳定 431

七、大规模杀伤性武器 435
八、恐怖主义 441
九、犯罪网络 449
十、结论：威胁和优先事项 452
十一、关键词 453
十二、延伸阅读 453

作者小传 456
致　谢 459
英汉对照表 460

图表目录

图 2–1	战略情报局局长威廉·多诺万	040
图 2–2	"日冕"卫星拍摄的图像	046
图 2–3	古巴导弹危机期间	047
图 2–4	金·菲尔比和罗伯特·汉森	052
图 3–1	1962年古巴作战区域	059
图 3–2	1962年联合国安理会会议	061
图 3–3	众议院例会	065
图 3–4	情报界领导人在参议院某委员会上作证	066
图 3–5	1946年,美国军舰"密苏里"号现身伊斯坦布尔	070
图 3–6	国家安全委员会下属各级机构	074
图 3–7	"9·11"世贸中心遭恐怖袭击	077
图 3–8	美国情报界徽章	078
图 3–9	2015年中央情报局组织结构图	085
图 3–10	位于米德堡的国家安全局总部	090
图 3–11	美国金融犯罪执法网络徽章	092
图 3–12	联合反恐特遣部队	094
图 3–13	美国各融合中心	096
图 3–14	当前版本的情报循环	098
图 3–15	中央情报总监会议场景	099
表 3–1	《国家情报优先事项框架》假说示例	102
图 3–16	为U–2侦察机安装相机	103
图 3–17	古巴导弹危机中的导弹发射场	104
图 3–18	情报简报官	110
图 4–1	英国政府通信总部大楼	122
图 4–2	位于德国柏林的联邦情报局总部	135

图 4–3	位于俄罗斯圣彼得堡的互联网研究所	145
图 5–1	通用搜集需求的管理流程	163
图 5–2	SR–71 "黑鸟"	172
图 5–3	测量与特征情报子科目	174
图 5–4	RC–135V/W "铆钉接头"	181
图 6–1	俄罗斯 S–300 地对空导弹诱饵	199
图 7–1	《时代》杂志封面人物德加斯佩里	212
图 7–2	费城自由钟	219
图 7–3	乌克兰克里米亚机场人员	224
图 8–1	技术融合	235
图 8–2	网络空间的层次	237
表 8–1	网络事件示例	241
图 8–3	拥有进攻性网络空间力量的国家	243
图 9–1	参议院情报特别委员会会议	266
图 9–2	白宫战情室场景	269
图 10–1	情报百科登录界面	283
图 10–2	2001 年 8 月 6 日《总统每日简报》	295
图 11–1	白宫办公室场景	307
表 11–1	美国情报界的估计用语	308
图 11–2	认知偏见、气候科学和有线电视新闻	315
图 12–1	假想的利比亚境内某 "伊斯兰国" 小分队（A）	332
图 12–2	假想的利比亚境内某 "伊斯兰国" 小分队（B）	333
图 12–3	M1–A2 主战坦克	343
表 12–1	革命的原因：定类比较法	346
表 12–2	关于投毒的竞争性假设分析法	355
表 12–3	情报写作的不当用语	359
表 12–4	情报写作用语	359
图 13–1	爱德华·斯诺登（2013 年）	384
图 13–2	阿布格莱布监狱酷刑受害者	388

图13-3	审讯场景	390
表14-1	发达工业化国家新冠病毒感染死亡人数	415
图14-1	卷入国家间战争的国家双方	427
图14-2	2014年,"小绿人"现身乌克兰	428
图14-3	朝鲜阅兵	429
图14-4	2018年美国国防支出比较	430

文本框目录

职业聚焦:中央情报局政治分析人员(2019年)	011
范例:孙武	028
范例:什么是帝国总统制	063
《国家安全战略》	071
《国家情报战略》	079
职业聚焦:朝鲜方向国家情报官(2019年)	081
范例:联邦情报局总部	134
范例:土耳其购买俄罗斯S-400防空导弹系统	155
范例:阿富汗霍斯特省查普曼营地爆炸案	157
职业聚焦:情报搜集主管(2019年)	160
范例:美国南方司令部与墨西哥	162
范例:"寡妇间谍"玛蒂·彼得森	164
范例:"常春藤之铃行动"	169
范例:《猎杀"红十月"号》	175
范例:中美撞机事件	180
范例:中国国家安全部抓捕中央情报局间谍	189
职业聚焦:情报行动专家(反情报)	190

范例：奥尔德里奇·埃姆斯和罗伯特·汉森	192
范例：2016年美国司法部遭到攻击	196
范例：背包诡计	200
秘密的与隐蔽的	208
职业聚焦：中央情报局网络威胁分析人员（2019年）	246
职业聚焦：国家安全局的网络风险缓解工程师和系统漏洞分析人员	253
职业聚焦：国家地理空间情报局分析方法学家（2019年）	328
范例：分解	331
范例：网络分析	332
范例：1941年6月22日德国进攻苏联时的侵略指标	337
范例：各项指标与中央情报局的国家实力模型	338
范例：系统分析	339
范例：定类比较法	346
范例：德国坦克问题	348
范例：竞争性假设分析法	354
范例：安全化	370

引　言

本书是过去 20 年来高校情报研究类课程高速发展的产物。这种高速发展状况是"9·11"事件的结果，也是美国情报界的规模随之扩张的结果。随着高等教育机构情报课程的不断发展，"情报研究"这门学科也在以同样迅猛的速度向前发展。本书诸位撰稿人的研究和著作，自然都会被他们在美国情报界、军界或政策界的经历所影响。同理，本书的内容和研讨方法，也会被我们的研究生培训课程所影响，因为我们这些撰稿人大部分都是政治科学家。然而，情报研究已经愈发不同于它的多学科前身，即使它仍然受到这些前身的影响，也仍然寻求为情报组织提供相关信息，供其开展情报实践活动。学界正在为情报研究领域开辟特定空间，我们认为本书正是这项工作的组成部分，相信它将兼顾学术的严谨性和实践的效用性，在二者之间取得平衡。我们希望，那些在本科教育期间将本书作为学习教材的学生，可以从中获益良多。

本书探讨了多项主题，既有分析领域的，也有现实经验的。第一，本书的结构和内容深受《美国情报界标准 610-3》、《国际情报教育协会情报教育标准》和 2019 年《国家情报战略》等的影响，全面讨论了美国情报组织、搜集活动、隐蔽行动、反情报、网络、机构间交流、监督、情报分析、职业道德，以及当前和未来面临的威胁。

第二，虽然本书的讨论重点仍是美国情报界，但也进行了横向对比和历史回顾。我们在每一章都对各情报组织和系统做了大量的比较，在对比研究方面远胜其他介绍情报概况的书籍。我们认为，必须做出更多努力，让本科生看到不同组织和国家在搜集、分析和分发情报的手段方面存在的异同。本书部分章节用了相当大的篇幅，引导学生了解其他国家的情报组织和实践活动。这些未来的美国情报官员必须了解国际威胁的性质和情报共享所起的作用，因为这些内容对他们而言至关重要。

第三，本书是模块化的。虽然本书的结构是按照递进关系依序介绍，但前章阐述的内容并非理解后章所必需的。我们认为，此举可以为教师提供更大的主题灵活性，因为一些教师可能希望重点介绍历史，而另一些则更关注当代美国情报界的机构及其业务。本书使用了多种教学策略和内容策略。

第四，本书重点介绍战略性和国际性的情报威胁和机会。虽然美国执法机构越来越多地将情报搜集和分析方法纳入其日常行动当中，但军方和文职情报官员在关注外国威胁时，其所开展的活动仍然是独特的，而且也是一项至关重要的工作。虽然我们确实介绍了与国土安全有关的问题和组织，但本书的受众并非那些主要关注国内执法，特别是关注地方层面执法的学生。此类学生更适合学习美国宪法、犯罪学、警务或公共事务等领域的课程和教材。

第五，对于希望给学生布置研究论文的教师，我们还在每章结尾附上了简要参考书目。这些是经过同行评议的专业文献，如果教师希望在各章讲授之余，对主题进行拓展讨论的话，这就是他们研究项目的起点，能为他们提供可以借鉴的资源。

第六，本书将授课内容与具体的职业道路联系在一起。在许多章节中，我们都使用了聚焦职业的文本框，以此展示美国情报界目前正在使用的招聘文本。我们在实践中发现，许多学生并不了解各种情报活动所涉及职业的具体类别。学生对情报的认识基础，在很大程度上是通过媒体得出的程式化印象。我们认为，应当尽快开始着手纠正这些误解，最好是在这些学生刚进入情报研究项目[1]学习时就开始纠正。这些文本框将进一步巩

---

[1] 在美国教育体系中，项目（program）相当于某个专业领域的中短期培训班，可供学生报考。学生完成项目学习后，该项教育履历可获社会承认。——译注

固其导师在课堂上试图教授给他们的内容，也就是关于专业发展和职业进程的知识。我们撰写本书的目的，是丰富情报研究项目里专职教师的授课内容——这些教师试图鼓励、劝诱，又或者激励本书的年轻受众更多更早地申请实习，以及进入业界工作。学生在情报项目中学习时，面临的重大挑战之一就是美国情报界对他们抱有很高的期望，希望他们可以尽早参加特定类型的分析培训和技术培训。我们希望，本书聚焦职业的特色做法，可以帮助大学一二年级学生更好地规划学业，帮助他们做好准备，未来投身这个竞争最为激烈的就业市场。

乔纳森·阿卡夫（Jonathan M. Acuff）
美国南卡罗来纳州默特尔海滩
2020 年 8 月

[第1章]
前　言

乔纳森·阿卡夫

一、情报是什么

今天，大多数人都是透过流行文化的镜头来认识情报的。正如杰森·伯恩[1]系列电影及风靡半个世纪的詹姆斯·邦德小说和银幕形象所刻画的那样，间谍是英勇的个体，要与那些阴谋对抗自由世界的邪恶对手展开斗争。然而，这些对情报的描述与现实几乎完全没有相似之处。现代情报活动包含多个组织的计划和协调，执行者是团队而非个人。尽管美国及其盟友面临现实威胁，但在间谍的世界里，孰敌孰友并不总是清楚分明的。虽然银幕上的间谍设备经常令人震惊，但现实却会令人更加震惊，因为现代间谍活动会使用声学激光甚至"智能灰尘"自主传感技术。[2]有时，现实世界的间谍活动又很像是电影中令人难以置信的闹剧，比如在冷战期间，中央情报局（CIA）就有一个名为"声学猫咪"（Acoustic Kitty）的计划，是让猫来充当监听设

---
[1] 杰森·伯恩（Jason Bourne），美国作家罗伯特·勒德伦（Robert Ludlum）间谍悬疑小说系列《谍影重重》的主角。——译注
[2] Pister, Kris. "Smart Dust, BAA 97-43." University of California, Berkeley. DARPA/MEMS Program, 2001. https://people.eecs.berkeley.edu/~pister/presentations/Mitre0303.pdf.（如无特别说明，本书注释均为原书所注。后文同）

备。[1] 但在大多数的时间里，情报活动还是由专业人员开展的，他们制订的计划非常详细，并极具系统性，是按照行政官僚流程制定的，并不是在赌场的马提尼酒桌上酝酿出来的。

即使在明确区分了关于情报的虚构描述与真实介绍之后，我们也必须区分情报活动与其他涉及谍报业务的活动类型。在这里，首先必须区分高校教授对情报进行的学术研究，即所谓的**情报研究**（intelligence study），与政府官员和非政府行为体在政策领域开展的"情报研究"活动。对情报开展的学术研究到底属于社会科学还是人文科学？对于这个问题，目前还存在一些分歧。[2] 但几乎不会存在分歧的是，创造知识以指导政策的学术研究人员，与在间谍世界里开展活动的政府和非政府领导人，其所发挥的作用是截然不同的。厘清这一区别之后，我们就可以回过头来，对在政策界开展的情报活动拟出一个定义。为此，我们必须深入探讨一些相关的问题和概念，有些将在本章进一步详细讨论，而另一些将在后文中更加深入地讨论。

第一，情报通常以**搜集**（collection）情报所使用的方法来表述。这里的"搜集"，是指通过不同的方法收集不同种类的数据，这些方法主要有人力情报（HUMINT）、信号情报（SIGINT）、地理空间情报（GEOINT）、测量与特征情报（MASINT）和开源情报（OSINT）。第二，情报通常以**分析流程**（analytic process）来定义。这里的分析流程，是指将情报机构搜集到的原始信息，转化为决策者使用的情报成品。第三，情报往往以不同的**层级**（level）来表现，即战略、作战和战术等层级。第四，情报会根据不同的**活动类别**（category of activity）来分类，比如政治、军事、经济和执法类情报。第五，情报会以不同类型的**任务**（mission）来呈现，

---

[1] Edwards, Charlotte. "CIA Recruited Cat to Bug Russians." *The Telegraph*, November 4, 2001. https://www.telegraph.co.uk/news/worldnews/northamerica/usa/1361462/CIA-recruited-cat-to-bug-Russians.html.

[2] 关于详细概述，参见 Marrin, Stephen. "Improving Intelligence Studies as an Academic Discipline." *Intelligence and National Security* 31, no. 2 (2016): 266–279。

从预警和决策支持等分析活动，到隐蔽行动和信息行动等作战行动类活动，不一而足。第六，以各种形式出现的情报都**事关政治**（connected to politics），尽管在这方面，不同国家情报活动与政治的关系各有不同。例如，在美国情报界，人们希望情报官员能远离政治，不做政策决定。在英国，政客和情报官员在工作中同心协力。在德国，尽管情报界与总理办公室关系密切，但情报在政策制定中几乎不发挥作用，原因是纳粹在二战期间、东德政权在冷战期间都曾犯下可怕罪行，从而造成历史阴影。相比之下，法国政府搜集的情报既被用来对付外国目标，偶尔也会被政客用来对付国内政敌，但后一做法在大多数民主国家中都会被视为违反宪法，滥用权力。简言之，要想提供一个定义，从而涵盖所有与情报相关的无数活动，并且捕捉到各国具体做法之间的重大差异，这将是一个非常复杂的问题。[1]

就本书而言，我们将**情报**（intelligence）定义为政府或非政府组织搜集信息（通常是秘密搜集的），随后对这些信息进行分析，将其转化为这些组织的决策者使用的产品。但情报还有一些额外的属性，这让它有别于传统的政策分析，主要体现在以下几个重要方面。第一，如定义所述，情报活动往往是**秘密进行的**，其目标并不知道有人针对自己开展行动。秘密信息极其重要，据此生成情报产品后，可以为情报用户提供真正的优势。但同样需要强调的是，在数字时代，情报机构搜集的大部分信息都是开源的，通常对所有搜索信息的人都是可用的。此外，"秘密"并不一定可以保证所搜集信息具备有用性，因为有用性取决于搜集的目的和优先级。第二，情报活动所使用的手段，在情报活动发生的国家通常都是**非法的**。独裁政府的活动几乎或完全无视国内法或国际法，并允许其情报部门在开展活动时也如法炮制。民主国家通常会限制本国政府的情报活动，要求其必须遵守本国境内的法律，但对于负责开展海外活动的本国组织，往往也会允许它们违反所在国的法律。

---

[1] 关于此问题的有用讨论，参见 Gill, Peter, and Mark Phytian. *Intelligence in an Insecure World*, 3rd ed. Cambridge, UK: Polity Press, 2018, 1–26。

虽然我们在本书中使用的定义并不能面面俱到，但它确实可以涵盖民族国家[1]和其他组织所进行的活动。政府行动是世界上情报活动的主体，但恐怖组织也将情报作为推进其事业的工具。"基地"组织和"伊斯兰国"经常采用的行动、分析和反情报手段，几乎与民族国家如出一辙。同样，私人公司也会定期搜集关于竞争对手的情报，并利用搜集到的情报来制定策略，这种做法有时被称为**竞争性情报**（competitive intelligence）。因此，虽然本书主要篇幅都在强调民族国家的情报活动，但其他行为体也经常使用我们通常认为国家才会使用的手段，实现其政治、经济、社会或宗教目标。

二、情报的目的

既然我们已经得知并讨论了情报复杂性的部分问题，那么，为什么民族国家和非国家行为体还会去开展情报活动，而不是采用其他搜集和分析信息的手段？简言之，情报提供了有可能实现**决策优势**（decision advantage）的前景，这是其他手段无法提供的。决策优势是指有能力发现对手的计划，进而采取行动，先发制人或挫败对手的计划。例如，截获阿富汗叛乱分子之间的手机通信，能让美国部队得以远离其发动袭击的地点，或前去伏击这些叛乱分子。虽然决策优势可以让己方提前了解对方的计划或可能发生的情况，但如果能进入对手的**决策循环**（decision cycle），就有可能让情报组织影响一个国家或其他组织做出决策的方式，具体做法是改变其做出该项决策的流程或程序、改变对手首选的结果，甚至改变目标组织领导人的人选。例如在冷战期间，东德招募到西德总理维利·勃兰特（Willy Brandt）的重要助理金特·纪尧姆（Günter Guillaume）。在1972—1974年，纪尧姆很可能让勃兰特阅览了有利于东德和苏联利益的材料。此举可能有助于促成勃兰特决定推行"东方政策"（Ostpolitik）。

---

[1] 民族国家（nation-state），指的是欧洲近代以来，通过资产阶级革命或民族独立运动建立的国家，特点是以一个或几个民族为主体。——译注

"东方政策"是一项重大的政策转变,意在缓和西德与共产主义集团之间的紧张关系。[1]

获取决策优势的工作有可能极具挑战性,具体情况视对手的不同而有所不同。但渗入一个民族国家或其他组织的决策循环,这才是情报活动的"神来之笔"。虽然获取其他组织的计划和流程是可取的做法,但它也有潜在的风险和成本,始终只应在通盘考虑全局时才能使用。决策优势是一个复杂的概念。有时,它可能只是确定对手如何针对我们采取行动,以及挫败他们的计划。但如果破坏对手的计划,就有可能被其识破,未来就有可能无法使用这些曾经创造了决策优势的来源与手段。**来源与手段**(sources and methods)是指用来搜集信息、开展情报行动的人员和工具。我们应当保护来源与手段,以便可以再次使用,通常这种做法与其所提供的信息是同等重要的。同样,进入目标的决策循环,结果就是可能会去尝试改变对手希望做到的事情,或是认为重要的东西。然而,谁也不能保证这种努力的结果都是积极的,因为改变对手决策流程,有可能会创造条件,让对方新的领导人上位,或导致新的观点出现,然而这时的境况或许会比之前更为不利。前文提到的东德特工案例就是如此。虽然纪尧姆的活动增加了"东方政策"出台的可能性,但也让德国联邦宪法保卫局(BfV,西德国内情报组织)对其起疑,于是将其逮捕。纪尧姆被捕一事迫使勃兰特辞职,如此一来,这位更加有意于解冻东西德关系的总理被赶下台,而其继任者赫尔穆特·施密特(Helmut Schmidt)重视的却是法德关系和欧洲一体化。

试图获得决策优势或进入对手的决策循环,从而权衡可能获得的利益与应当承担的风险,这种做法突显出情报在追求国家利益方面所起的作用。情报活动必须能够推动**国家利益**(national interest)。"国家利益"被定义为政治、经济和社会目标,即增加一国应对其国际竞争对手时的实

---

[1] Sarotte, M. E. "Spying Not Only on Strangers: Documenting Stasi Involvement in German-German Cold War Negotiations." *Intelligence and National Security* 11, no. 4 (1996): 765–779.

力，以及回应所受威胁时的实力。[1] 有效情报是一种实力倍增器，可以提高强国实力，令其能够以较低成本推动本国利益，而非借助外交或军事活动等更加传统的政策工具。情报行动往往是**不对称的**（asymmetric）活动；就是说，它偶尔也会让较弱的国家或组织弥补自身弱点，并"越级挑战"。不论将情报用作工具的国家是强是弱，它都必须为国家利益服务，它的目的不能是为自己服务。汉斯·摩根索（Hans Morgenthau）是国际关系领域最著名的学者之一，他指出如果追求权力变成人们唯一的行动目的，他们就会变成野兽，因为以提供安全为目的而追求权力是道德的，而以统治他人为目的是不道德的。[2] 情报官员同样必须保持警惕，避免倾向于只顾眼前任务或只谋求本组织的自身优势，而不考虑这些做法是否可以服务于更加崇高的国家目标。

（一）情报的三个层级

如何最好地实现国家利益？这个问题促使我们讨论应该使用哪些组织和资源，如何使用它们，以及它们应该在何时何地执行任务。这就需要我们回顾前文提到的情报的三个不同层级（战略、作战和战术）。探讨这些层级的最佳方法是，不但要考虑"行动是在哪里展开的"，而且要考虑到该行动将产生什么样的影响。因此，如果涉及的是一个人，虽然从单位规模（一个人）来看，此人的行为会被认为是战术性质，但如果他是俄罗斯联邦或类似大国的领导人，那么这种行动就可能具备战略重要性。相反，如果情报涉及的是美国爱达荷州乡村一个小型组织领导人的行为，那么这个问题就仍然是战术性的。

1. 战略情报

第一个层级是**战略情报**（strategic intelligence），指的是全球、地区或

---

[1] 关于国家利益的讨论，参见 Roskin, Michael G. *The National Interest: From Abstraction to Strategy*. Carlisle, PA: Strategic Studies Institute, US Army War College, 1994。

[2] Morgenthau, Hans J. *Politics Among Nations: The Struggle for Power and Peace*. New York, NY: Alfred A. Knopf, 1949/1973, 14.

国家规模的活动，例如一个国家想从邻国那里得到什么，或者世界上最强大的政府间组织——被称为北大西洋公约组织（NATO，简称北约）的军事联盟的政策变化。战略情报是有时间框架的，通常以年为单位。例如，美国国家情报委员会和中央情报局都在定期编写关于全球趋势的战略情报报告，试图预测未来十多年的情况。[1] 此外，战略情报在军事领域具有特定含义。当军官使用这个术语时，他们指的是实施情报行动，支持相关军事活动，以改变世界的权力平衡[2] 或左右一个国家的生死存亡。例如，在冷战期间，美国战略情报的一项关键任务就是评估苏联核武器库存的规模和威力。

职业聚焦：中央情报局政治分析人员（2019年）

你将成为中央情报局政治分析人员，工作是研究外国政府和实体的国内政治、外交政策、稳定情况和社会问题，编写并提交书面和口头评估，以此支持美国的政策制定者。你的分析是审查这些行为体的目标与动机、文化、价值观、历史、社会、决策流程和意识形态，看这些因素将如何影响美国利益和国家安全。

你将有机会在国内外出差，有机会接受语言培训、分析技能和管理培训等，以及深化重要专业知识的培训，还有机会被派往中央情报局其他办事处工作，以及美国政府内部各机构工作。

地点：美国华盛顿特区都会区；

起薪：55539—82326 美元；

外语加分后达标亦可；

要求美国公民身份（拥有双重国籍的美国公民亦可）。

资料来源：Central Intelligence Agency

---

[1] National Intelligence Council. *Global Trends: Paradox of Progress*. Washington, DC: National Intelligence Council, 2017. https://www.dni.gov/files/documents/nic/GT-Full-Report.pdf.

[2] 权力平衡（balance of power），又作"均势"，指国际体系各方权力或实力的对比态势。——译注

2. 作战情报

向下一个层级是**作战情报**（operational intelligence），指的是一个民族国家内部开展的活动，通常是特定的下属组织接受命令，比如打入外国情报机构内部，或是了解大型政府官僚系统的结构和功能。其时间框架是以数周至一年来计算的。这个概念最常为军方使用。军方使用这个术语时，指的是支持其在战区发动战争的指挥、机动、火力、情报、信息和网络，以及后勤等。虽然作战这个层级的主要定义依据的是情报工作的活动情况，而非所动用部队的规模，但它通常涉及的组织规模，小至大约5000人（也就是"旅"，这是美国陆军目前的作战机动单位），大至数十万士兵（集团军和集团军群）。[1] 2003年美国出兵伊拉克，就是作战层级的实例。

3. 战术情报

最后是**战术情报**（tactical intelligence），它被定义为一个人或一个小型组织开展的活动。它可能是极其细微的细节，比如在朝鲜陆海运省收买一名低级别间谍，让他提供相关信息，以便了解朝鲜违反国际制裁禁令，走私至该国的机器零件的情况。决定是否让无人驾驶飞行器（UAV，通常称无人机）向疑似恐怖分子头目发射"地狱火"导弹，这也属于战术情报的范畴。同理，它的军事用途也主要是小规模的，是支持小股部队的火力和机动的情报，这里涉及部队的人数从几人（火力小组或班）到几百人（营）不等。

（二）情报的三个视角

上述三个层级可用于情报行动的策划和执行，最理想时，其所秉持的战略是实现某些特定目标，从而推动实现国家利益。国家战略、这三个层级，以及对情报和安全资源开展的管理，三者之间的实际关系即使在中小型国家里也是非常复杂的。但是，因为美国情报界拥有17家不同的机构，而且美国利益遍布全球，所以在美国，这项任务比其他任何一个民族国家

---

[1]　FM 3-0. *Operations*. Washington, DC: Headquarters, Department of the Army, 2017.

都更具挑战性。除了管理挑战以便更好地提供情报成果外，这其中还存在一个政治维度，它也决定着情报的作用。在美国情报界，它采取的形式就是辩论，即三种传统或观点彼此争论，讨论应当如何使用情报，政策制定者与情报界之间的关系到底怎样，以及哪种任务最受重视。

1. 肯特学派

代表第一种传统的观点源自谢尔曼·肯特（Sherman Kent）。他是耶鲁大学前教授，现代情报分析领域的创始人之一。肯特在中央情报局的职业生涯相当漫长，且极富传奇色彩，其间他提倡一种情报传统。最能概括这一传统的是一种来历已不可考的表述：情报是"为国家服务的学术研究"。尽管肯特的职责是提高分析产品的质量，并且呼吁在情报评估中使用更加精确、标准化的语言，但他在1952—1967年管理国家评估办公室（Office of National Estimates）期间，让这个办公室与其所服务的决策者保持距离，并因此闻名。[1] 因此，我们所说的**肯特学派**（Kent school）的定义其实是一种担忧，担心情报官员与政策制定者之间的协调可能会出现问题，因为政客会尝试将情报政治化。[2] 为了保持自己的客观性，情报官员应该与政策制定者保持一定距离，告诉他们的只是他们需要知道的，而不是更多。支撑这一传统的逻辑是，只有情报官员才具备专业化的培训和经验，能够评估和正确使用绝大多数的情报，并且他们应该保持相对超然的心态，像大学教授那样远离政治。因此，政客应该放手让专业人员开展工作，并尽可能少地插手对情报机构的监督。

20世纪50年代至70年代初，肯特学派在美国情报界占据主导地位。当时正值冷战初期和越南战争，媒体开展的一系列调查导致中央情报局和联邦调查局（FBI）的相对独立性被叫停，也导致美国参议院成立了丘奇委员会。该委员会后来举行多次听证会，曝光了数十项隐蔽行动计划，

---

[1] Steury, Donald P. "Introduction." In *Sherman Kent and the Board of National Estimates: Collected Essays*. Washington, DC: Center for the Study of Intelligence, 1994.

[2] Wirtz, James J. "The Intelligence–Policy Nexus." In *Strategic Intelligence*, Vol. 1., edited by Loch K. Johnson. Westport, CT: Praeger, 2007.

其中许多都是几乎或完全没有通报给白宫或国会，这让许多美国人深感不安。这种情报传统面临的一项关键挑战是**委托—代理问题**（principal-agent problem）。具体而言，这里"代理"指的是情报机构，它可以访问委托方（政策制定者）无法访问的信息。这种信息不对称可以造成不同的激励动力：代理方认为有理由采取行动时，有可能并不符合委托方的长期目标，但却符合代理方自己的短期利益。[1] 美国情报界的情况就是如此，它实施的隐蔽行动计划可以推动实现情报界的近期目标，但却会遏制本国政治领导人的长期目标。

2. 盖茨学派

第二个学派是当今美国情报界中占主导地位的传统学派。这个学派认为情报必须具有可行动性，它的命名源自罗伯特·盖茨（Robert Gates）。盖茨是中央情报局前局长，也曾担任小布什（George W. Bush）政府和奥巴马（Barack H. Obama）政府的国防部长。[2] 情报必须可以在战术层面立即奏效，可以迅速获得执行，这样才能最大限度发挥其所产生的决策优势。情报官员应与政策界密切合作，理解并努力实现政客设定的目标。**盖茨学派**（Gates school）的成果之一，就是中央情报局已经从一个主要关注战略情报的组织，演变成"无人机式杀戮机器"。在盖茨的领导下，中央情报局大幅加强了开展隐蔽行动的能力，尤其是主导了无人机定点暗杀项目。自 2005 年以来，该项目已经击毙了 3000 多名疑似恐怖分子。

尽管盖茨学派提供的前景是以更加迅速的方式，响应政策制定者提出的需求和目标——这一点在信息时代非常重要，但它也有几项缺点。第一，强调政策团体的目标可能会导致**政治化**（politicization），即客观情报转化成产品和行动后，服务于政客政治目的，而非服务于国家利益。第二，将作战层面的优先级别置于分析之上，从而刻意转移资源和关注焦

---

[1] Blanken, Leo J., and Jason L. Lepore. "Principals, Agents, and Assessment." In *Assessing War: The Challenge of Measuring Success and Failure*, edited by Leo J. Blanken, Hy Rothstein, and Jason J. Lepore. Washington, DC: Georgetown University Press, 2015.

[2] Wirtz, "Intelligence–Policy Nexus."

点，使之放弃长期预测。此举有可能会减少情报提供的决策优势，因为美国情报界不太可能提供超视距预测，让本国决策者在决策时比对手更加明智。在这种背景下，盖茨居然会与这一学派产生联系，确实是一件有些讽刺的事情，因为在 20 世纪 90 年代初，在首次担任中央情报局局长时，他曾经相当自豪地谈到该机构生产的篇幅冗长的研究类情报产品。第三，无人机项目在打击恐怖组织领导人方面取得了显著的成功。但这是以数千名平民的伤亡为代价的。这些平民有男有女，还有儿童，都是非战斗人员，并没有参与敌对活动。他们的死让人们开始质疑无人机使用中的道德问题、无人机打击的"定向性"到底有多强，以及美国情报组织是否应当参与暗杀活动（不论根据国际法还是美国国内法，这样做都是非法的）。

3. 麦克劳克林学派

第三个情报传统被称为**麦克劳克林学派**（McLaughlin school），它的命名来自约翰·麦克劳克林（John McLaughlin）。麦克劳克林是从军 30 年的退伍军人，也是中央情报局前代理局长。这个学派介于肯特学派与盖茨学派之间，强调为政策制定者服务才是情报界的主要职能，同时提醒情报官员在工作中应当保持最高的专业标准。麦克劳克林指出，情报官员有责任厘清和压缩情报报告，以最大限度地发挥其对政策制定者的效用，警示决策者注意潜在的威胁，并提请其关注能够推动美国利益的机会。[1] 麦克劳克林意识到政治化的危险，所以还强调了向决策者提供备选观点这种做法的效用，因为政策制定者在处理某个事件时，不会主动认为其他相关观点是有效的。

看起来，麦克劳克林学派似乎居于肯特学派与盖茨学派之间，提供了一种理想的平衡。但在这种优势中，也隐藏着一个潜在的弱点。在情报界的作用这个问题上，肯特学派与盖茨学派的观点孰是孰非？对此麦克劳克

---

[1] McLaughlin, John. "Serving the National Policymaker." In *Analyzing Intelligence*, edited by Roger Z. George and James B. Bruce. Washington, DC: Georgetown University Press, 2008.（中译本《分析情报：国家安全从业者视角》2019 年已由金城出版社出版。——编注）

林学派并没有一个非常坚定的立场，所以它有可能只是占据了一个折中点，在摒弃盖茨学派的冒险行动之余，也并没有朝着强调肯特学派的超然客观性这个方向大步前进。事实上，政治化的风险可能不会减少，因为无法保证政客会听取情报官员的意见；[1] 但如果不把可行动性当作衡量标准，又可能会在政策制定者手中那个可以推动美国利益的工具箱中，去除一个相当重要的工具。

三、结论：情报的前景与局限

我们在本章指出，情报可以成为治国方略的重要工具。但在情报的作用这个问题上，目前仍然存在重大分歧。在本章结论部分，我们将总结在适宜使用情报的情况下，情报到底可以做些什么，以及它的局限性有哪些。在如何以及何时使用情报这个问题上，相关讨论往往是很难进行的，因为这是在决定如何定义国家目标，以及如何提供相关资源与手段，以实现这些目标。在情报到底能够做到什么这个问题上，政策制定者和选民公众的认识已经改变，不再认为情报可以让传统政策决定更加完善。情报原本可以完善传统政策决定，但从某些方面来看，过去 20 年间，在西方诸多民主国家里，这个过程已经开始走向崩溃。

我们的理想目标是获取决策优势或进入对手的决策循环，虽然情报并不总是能够满足这样的目标，**但情报所能做到的事情**（what intelligence can do），却可以创造条件，供决策者开展活动。这可能是在开展卓越的搜集工作和严谨的分析活动之后，提出关于威胁的预警。但它也可能不是预测未来，而是其他事项。情报可以让决策者对当前事件和过程的认识程度，远远超过对方决策者。2002 年秋，伊拉克独裁者萨达姆·侯赛因（Saddam Hussein）收到的情报极其糟糕，因此他进一步坚定信念，认为自己可以尽量减少与联合国武器核查人员的合作，降至足以让美国满意，

---

[1] Marrin, Stephen. "Why Strategic Intelligence Analysis Has Limited Influence on American Foreign Policy." *Intelligence and National Security* 32, no. 1 (2017): 1–18.

相信他没有大规模杀伤性武器（WMD）的程度，同时又保留足够的疑团，以威慑敌国伊朗，并讨好国内势力。但他错了。美国发动进攻，推翻了他的政权。除了预测和加深认识等好处之外，有效情报甚至可能具有缓解紧张局势的"副作用"，但通常都是以让人意想不到的方式起效的。在20世纪四五十年代，苏联对美国和英国政府进行渗透，虽然其特工对两国利益造成了极大的损害，但也向约瑟夫·斯大林（Joseph Stalin）表明，北约并没有入侵苏联的计划。[1] 因此，斯大林认为没有必要实施进攻西方的计划。

虽然情报在支持谋求国家利益方面有很好的前景，但局限性同样很大，其中最重要的就是这样一条简单的结论：无论搜集和分析做得多好，总有些事情是不可知的。此外，优质情报可以提供多种可能性。但用于精确预测的相关变量既不是静态的，也不是简单的，因为美国基于精确预测制定政策之后，对手就会针对该项政策做出反应，从而阻止预测结果的发生。此外，总会出现不可预见的行为体和事件，这说明政策制定者应该把更多的精力投入到打造相关机构的适应性上，而不是依赖情报界某种"水晶球"式的精确性。也许最令人沮丧的是，即使获得成功也往往会带来难以预料的后果。例如，2012年，海豹突击队第六小组对巴基斯坦阿伯塔巴德的一个大院发动突袭，击毙"基地"组织领导人奥萨马·本·拉登（Osama bin Laden），并从其计算机硬盘中获得了大量文件。然而，发动突袭的隐形直升机有一架坠毁，海豹突击队对其进行的拆解并不彻底。不久之后，外国情报官员便得到了一些尚未损坏的部件，也就是说，直升机的碳复合材料飞行表面和隐形涂层有可能会被开展逆向工程。

最后，在外交政策结果中，情报几乎从来都不是具有决定性的因素，它也不能修正设计欠妥的政策。当**情报失误**（intelligence failure）出现时，情报机构无法提供有效预警，也无法对威胁做出适当回应，这时情报的重

---

[1] Jervis, Robert. "Intelligence, Counterintelligence, Perception, and Deception." In *Vaults, Mirrors, and Masks: Rediscovering US Counterintelligence*, edited by Jennifer E. Sims and Burton Gerber. Washington, DC: Georgetown University Press, 2009, 77.

要性就显得格外突出了。德国拟于 1941 年 6 月发动进攻，但苏联并未做出回应，日本拟于同年 12 月 7 日偷袭珍珠港，美国也没有做出回应，这两件事均被认为是典型的情报失误。"9·11"恐怖袭击同样被认为是情报失误。2002 年秋，美国情报界对伊拉克大规模杀伤性武器问题所做的不准确判断也是如此。俄罗斯在 2016 年针对美国发动网络和信息行动，但美国情报界既未发现，也未阻止，此事也被定性为情报失误。[1]

毫无疑问，不论是美国情报界还是其外国竞争对手，在历史上都曾有过未能准确预测敌人行动，或无法以决定性方式进行有效干预的情况。情报是一项难度很高的工作，失败可能也是这场游戏的天然属性之一。但我们应该保持谨慎，不要把突然袭击、不精确预测或其他推定为情报惨败的情况，过早地归咎于情报组织。对于设计欠妥的政策，政客会有强烈的动机去让情报组织承担责任。在独裁政治体系中，独裁者经常将情报失误归咎于自己的下属，然而这些失败实际上是其灾难性决策的产物，但如果这些下属对事件做出了更加准确的描述，他们面临的下场将是被处决。德国在 1941 年 6 月 22 日入侵苏联，就是经常被人提起的一次情报失误。当时，斯大林得到德国驻东京大使馆线人理查德·佐尔格（Richard Sorge）提供的情报，里面指明了入侵的准确日期和时间。自 5 月起，德国飞机开始侵犯苏联领空，并沿着后来真正发动入侵的路线开展高空侦察。此外，德国独裁者阿道夫·希特勒（Adolf Hitler）撕毁他亲手签署的每一项国际协议，此事本应让斯大林有理由产生疑虑，担心希特勒遵守 1939 年《苏德互不侵犯条约》的时间到底能有多久。尽管苏联政权的可用人力情报（HUMINT）极其优秀，并且有许多指标表明德国构成的威胁越发严峻，但斯大林手下的将军们还是要为其领袖的决策失误承担责任。

民主国家的政客们也有类似的利益攸关，也会为糟糕的决策推卸责任。虽然美国情报界的官员不会因为直言不讳而面对死亡，但在美国情报

---

[1] 美国情报界认定，俄罗斯政府属意特朗普而非希拉里·克林顿，并采取行动支持特朗普当选。参见 ICA 2017-01D. "Assessing Russian Intelligence Activities and Intentions in Recent US Elections." January 6, 2017。

界等许多情报系统内部，职业道德以及情报部门与政策活动必须分离这两项因素，都让他们无法批评决策者。这样一来，政客就可以控制历史的书写过程，在其中减轻自己的责任。审查美国遭受恐怖袭击的《"9·11"委员会报告》在其他方面的探讨非常全面，但对美国情报界提出了措辞强硬的批评。然而，它却无视美国50年来在中东问题上的外交决策，而正是这些决策创造出有利条件，才让"基地"组织等极端组织得以冒头。同样，伊拉克大规模杀伤性武器一事是否属于情报失误？这个问题也存在一些争议。美国情报界提供的分析产品是用来支持决策者的，虽然它的质量存在疑问，但有证据表明，小布什政府已经下定决心出兵伊拉克，情报报告并没有对这一决定产生影响。[1]

在情报机构的行动独立性与所受的政治控制之间实现最优平衡，这是一项长期持续的挑战，没有国家能够完美无缺地完成这一挑战。然而，为了实现情报相对于传统政策工具的潜在优势，政策制定者和情报机构领导者必须积极找到某种方法，既可以推动国家利益，又不会让情报行动的来源与手段失效，还不会违背他们在服务公众时必须恪守的伦理和道德义务。在信息时代，随着技术搜集力量变得越发先进，威胁也变得越发难以预料，因此要想实现正确的平衡，可能比以往任何时候都更加困难。

四、关键词

情报研究	搜集	分析过程
活动类别	情报	秘密
竞争性情报	决策优势	决策循环
来源与手段	国家利益	不对称
战略情报	作战情报	战术情报
肯特学派	盖茨学派	政治化

---

[1] 关于情报对美国政策制定过程的最低影响效果，参见 Lowenthal, Mark M. *The Future of Intelligence*. Cambridge, UK: Polity, 2018, 9。

麦克劳克林学派　　　　情报局限性　　　　情报失误

五、延伸阅读

Betts, Richard K. "Analysis, War, and Decision: Why Intelligence Failures Are Inevitable." *World Politics* 31, no. 1 (1978): 61–89.

Gioe, David V. "Cyber Operations and Useful Fools: The Approach of Russian Hybrid Intelligence." *Intelligence and National Security* 33, no. 7 (2018): 954–973.

Herman, Michael. *Intelligence Power in Peace and War*. Cambridge, UK: Cambridge University Press, 1996.

Jensen, Mark A. "Intelligence Failures: What Are They Really and What Do We Do About Them?" *Intelligence and National Security* 27, no. 2 (2012): 261–282.

Jervis, Robert. *Why Intelligence Fails*. Ithaca, NY: Cornell University Press, 2010.

Johnson, Loch K. *National Security Intelligence*, 2nd ed. Cambridge, UK: Polity Press, 2017.

Marrin, Stephen. "At Arm's Length or at the Elbow: Explaining the Distance Between Analysts and Policymakers." *International Journal of Intelligence and Counterintelligence* 20, no. 3 (2007): 401–414.

Treverton, Gregory F., and Wilhelm Agrell. *Beyond the Great Divide: Relevance and Uncertainty in National Intelligence and Science for Policy*. Oxford, UK: Oxford University Press, 2017.

Zegart, Amy. *Spying Blind: The CIA, the FBI, and the Origins of 9/11*. Princeton, NJ: Princeton University Press, 2009.

[第 2 章]
情报的历史

克里斯托弗·费雷罗（Christopher J. Ferrero）

一、从古代到威斯特伐利亚体系[1]的情报

> 摩西打发他们去窥探迦南地，说：你们从南地上山地去，看那地如何，其中所住的民是强是弱，是多是少，所住之地是好是歹，所住之处是营盘是坚城？又看那地土是肥美是瘠薄，其中有树木没有？[2]

《圣经》中的这段文字，是关于情报任务的最古老记载。大约公元前 1300 年，以色列人逃离埃及的奴役，来到当时被称为迦南的应许之地。摩西遵照上帝的指示，派探子前往应许之地，去评估它的价值和征服它的难度。摩西派出的探子带回了流奶与蜜的故事，但也带回了迦南人如巨人般高大、难以击败的故事。在一番辩论之后，以色列人决定放弃进攻。他们因为缺乏信仰而被略施薄惩，被迫漂泊了 40 年之久。后来，约书亚又派出了一支侦察队伍，成功征服了应许之地。

无论这种说法的真实性究竟如何，也无论摩西的信仰到底有多坚定，

---

[1] 1648 年，欧洲诸国签署《威斯特伐利亚和约》，确立了威斯特伐利亚体系，结束了神权在欧洲一统天下的局面，奠定了以国家主权为核心的近现代国际关系。——译注
[2] Numbers 13:17–20.

但《圣经》显示的正是人类最早期时一位备受尊崇的领袖正在谋求"决策优势",也就是获取优于对手的知识,用它来对决策流程进行优化。在人类历史的大部分时间里,我们今天所说的"情报"的价值都得到了不同程度的认可。从古代中东到古代中国,从古希腊到中世纪欧洲,人们都可以看到情报的重要性,而那时情报的目的很多,从军事征服到政权安全,不一而足。我们可以用书籍来记载情报史,但本章无法尽述它的完整历史。本章更主要的目的是介绍古代、中世纪和早期现代重要的行为体和案例,提供美国情报发展演变的编年史,阐释情报在人类记忆里几次重大冲突(二战、冷战,以及 21 世纪打击极端主义和恐怖主义的战争)中的作用。本书部分重要主题有:情报对战争爆发和结果所能发挥的关键作用、技术的重要性、组织和管理等官僚机构面临的挑战,以及情报与民主之间的紧张关系。

(一)古希腊的情报

亚里士多德学派的"理性"(rationality)是西方文明的基础,所以也许有人会感到惊讶,因为在古希腊,几乎无人认可实践活动中的情报搜集与分析。亚里士多德提及情报搜集的情况已知只有一次,就是他在开创性著作《政治学》(*Politics*)中,建议对政治颠覆者开展监视。[1] 利用情报来识别内部危险,这是现代反情报和警务活动的一大特点,不论在民主国家还是在独裁国家并无区别。然而,纵观整个历史阶段,极度依赖情报,将其作为识别并迫害内部政治异见的工具,这种情况最容易出现在君主政府和专制政府当中,因为它们致力于自我保护,即**政权安全**(regime security),而这也是最为可怕的情况。本章所举案例,介绍了英国、法国和俄罗斯曾利用情报保障政权安全的情况。

虽然古希腊时期奠定了基础,人们得以发展出以逻辑和证据为支柱的现代科学方法,但在当时,迷信和占卜在涉及战斗的情报中发挥了主导作

---

[1] Andrew, Christopher. *The Secret World: A History of Intelligence*. New Haven, CT: Yale University Press, 2018, 37.

用。希腊指挥官更喜欢向神谕和梦境求教，无视战术监视和侦察报告。色诺芬（Xenophon）既是士兵，又是历史学家和哲学家，是他最早倡导先行派遣间谍，在战争爆发之前搜集战术情报的。但色诺芬也承认，相对占卜来说，这样做的价值其实不大。为了获悉自己命运的真正指南，人们必然求助诸神。色诺芬写道："在战争中，敌对双方都在密谋如何击败对手，但很少知道这些计划是否周密。在这个问题上，人们不可能找到真正的顾问，除了诸神。祂们无所不知。祂们会通过祭祀、飞鸟、异响和梦境，提前向任何祂们属意的人宣示预警迹象。"[1] 假使色诺芬能够看到天基图像或U–2间谍飞机，也许他在看待情报带来正确决策的可能性时，将会投以更大的热情。

关于古希腊政治中的命运主题，或许修昔底德（Thucydides）的讨论是最准确也最有名的，具体内容可以参阅他对公元前5世纪伯罗奔尼撒战争所作的历史记述和起因阐释。修昔底德指出，决定战争命运的并不是诸神的心血来潮或过人智慧，而是现实情况。他曾写道："雅典的实力发展壮大，再加上已经引起了斯巴达的警惕，因此战争不可避免。"[2] 修昔底德在古代描述的这种动态，在今天被称为**安全困境**（security dilemma）。在这种境况下，A国实力被B国视为威胁，导致B国采取防御措施，反过来威胁到A国安全。这种彼此视为威胁的认识，可以导致军备竞赛和战争，即使双方都不是真正希望出现这种结果，或都不曾真正受益于此，也是一样。战争的驱动力是恐惧，以及无法确定对方的意图。安全困境并非古希腊独有；它在引发战争中所起的作用，正是现代国际关系理论的核心。杰出的现实主义理论家约翰·米尔斯海默（John Mearsheimer）在其影响深远的著作《大国政治的悲剧》中，暗示了安全困境的悲剧性质。[3]

安全困境与情报的概念有着千丝万缕的关联。不确定性可以推动安全

---

[1] Andrew, Christopher. *The Secret World: A History of Intelligence*. New Haven, CT: Yale University Press, 2018, 36.

[2] Andrew, Christopher. *The Secret World: A History of Intelligence*. New Haven, CT: Yale University Press, 2018, 3.

[3] Mearsheimer, John. *The Tragedy of Great Power Politics*. New York, NY: W.W. Norton & Company, 2001.

困境的出现。情报可以减少不确定性，进而缓解安全困境。因此，情报是避免灾难性战争的核心事项。在安全困境导致雅典战败近 2500 年后，关于苏联真正核实力的情报，可以减少苏联"宣传"[1] 给美国带去的恐惧和不确定性，防止冷战军备竞赛恶化甚至爆发核战争。

即便安全困境造成了雅典和斯巴达之间必然爆发的冲突，它也并未决定战争的结局。雅典放弃了秘密情报和战略欺骗，导致己方处于劣势。著名情报历史学家克里斯托弗·安德鲁（Christopher Andrew）称："雅典没有像以色列人奉命'窥探'迦南那样，采取措施去'窥探'斯巴达，此事即便没有导致雅典民主在伯罗奔尼撒战争中的最终失败，也起到了推波助澜的作用。"[2] 雅典被欺骗行动所惑，在反情报领域也惨遭失败。在这些欺骗行动中，最重要的就是西西里一个名为厄基斯泰的小城邦所提的请求。它使用了一个精心设计的诡计来欺骗雅典，诱使雅典出手保护，助其免受更加强大的西西里城邦叙拉古的攻击。厄基斯泰从周边城镇收集黄金和其他财富，以此招待雅典外交官，骗得他们相信厄基斯泰是一个值得帮助的富庶盟友。[3] 公元前 415 年，雅典对叙拉古发动进攻，坚信在厄基斯泰的帮助下，最终可以征服整个西西里。在落入厄基斯泰的战略欺骗陷阱之际，雅典并不掌握关于西西里岛的面积或人口等基本要素的情报。雅典海军远征叙拉古失败，损失了 200 艘船只和数千名士兵。[4]

古希腊的情况，特别是雅典的这个案例，阐释了若干与情报有关、古今通用的主题：安全困境将会带来危险；有人倾向于更加重视直觉和占卜，而不是观察到的事实；有效的欺骗可以带来战略效益，极有必要开展有效的反情报；确实需要优质（或者哪怕基本的）战术和战略情报，以了解敌人的能力和意图。古希腊最后一个值得强调的主题，就是情报与民主

---

[1]　宣传（propaganda），英语中常为贬义，内容多为欺骗性质，与我们日常所说的宣传不同，下文此意均打引号。——译注
[2]　Andrew, *The Secret World*, 33.
[3]　Andrew, *The Secret World*, 33.
[4]　Andrew, *The Secret World*, 33–35.

之间的紧张关系。本章后文部分及本书其他章节都将指出，这种紧张局面也困扰着今天的民主国家。情报在民主国家中应该起到什么作用？在21世纪，民主国家已经认可了对外搜集情报的必要性。但对内情报的上限是什么？在什么情况下开放和尊重隐私会对情报构成威胁？伯罗奔尼撒战争期间，雅典政客伯里克利（Pericles）在一次葬礼演说中提到以下内容。他的发言很容易造成误会，让人以为这是两千多年之后，一场关于情报与民主辩论的讲话：

> 我们在政府中享有的自由也延伸到日常生活中。我们不会因嫉妒而彼此监视，也不会因隔壁邻人为所欲为而生气……我们城市的大门是向世界敞开的，从不将外国人视为异己，剥夺他们学习或观察的机会，尽管敌人通过窥视偶尔也会从我们的开放胸襟中获利。[1]

本章后文部分和本书其他章节指出，在21世纪，美国及其他民主国家一直都在设法努力，既要尊重伯里克利倡导的高尚情操，又要执行情报和安全措施，保护公民生命免受敌对行为体侵害，在二者之间找到适当的平衡。

（二）《孙子兵法》与《战争论》

就在古雅典领导人淡化战争中情报价值的同时，中国一位名叫**孙武**（Sun Tzu）的军事战略家和哲学家，却撰写出历史上最有影响力的一本作战指南，将情报与战争胜利联系在一起。在《孙子兵法》（*The Art of War*）中，情报是至关重要的。可以看出，孙武意识到防御性和进攻性的反情报，强调指出必须对己方能力和意图保密，必须积极开展欺骗。[2]《孙子兵法》也用了整整一章的篇幅，论述如何使用间谍。孙武在书中宣称，先

---

[1] Andrew, *The Secret World*, 33.
[2] Sun Tzu. *The Art of War*, Chapter 1: Laying Plans.

知是政治和军事成功的关键。如何才能获得先知？孙武的观点与和他同时代的雅典名将形成了鲜明对比："先知者不可取于鬼神，不可象于事，不可验于度，必取于人，知敌之情者也。"[1] 换言之，胜利需要人类特工针对敌人开展有效的搜集和分析。人力情报是当今必不可少的搜集手段。鉴于孙武在公元前5世纪对情报的狂热程度，如果他能活着看到现代搜集技术手段的发展，他的兴奋之情将是可以想见的。

19世纪初，一位名叫**卡尔·冯·克劳塞维茨**（Carl von Clausewitz）的普鲁士士兵兼战略家写下另一本关于战争活动的经典指南。它的书名是《战争论》（*On War*），命名方式与《孙子兵法》较为相似。与孙武的著作一样，克劳塞维茨的代表作是现代军事院校的标准读物。但在评价战争中的情报这个问题上，二者仍有很大的不同。克劳塞维茨著书立说的时间较孙武晚了2000多年，但仍然淡化了情报在战争中的价值。克劳塞维茨的态度表明，纵观历史进程，情报的影响力一直是非线性的。古往今来，优秀的思想家和政治家对情报价值的评估意见也是大相径庭的。在美国也是如此。

克劳塞维茨对战争中情报持怀疑态度，《战争论》中的这句话应当是最好的概括："战争中搜集的情报，大部分是互相矛盾的，甚至是错误的，绝大部分是相当不确定的。"[2] 克劳塞维茨持怀疑态度的原因之一是，任何一名人力情报间谍的视野都是有限的。"毕竟，一名士兵的视野通常不会超出他的射程范围……敌军可能藏身于每一片树林中，起伏地形的每一处褶皱里……另外夜晚也是一种很好的保护源。"[3] 空中监视、地理空间数据和夜视等现代技术，很可能可以平息克劳塞维茨的怀疑。事实上，现代军队并不认同他的怀疑。情报是美国军事理论的核心。"领域意识"（domain

---

[1] Sun Tzu. *The Art of War*, Chapter 13: The Use of Spies.
[2] Kahn, David. "Clausewitz and Intelligence." *The Journal of Strategic Studies* 9, no. 2–3 (September 1986): 117.
[3] Kahn, David. "Clausewitz and Intelligence." *The Journal of Strategic Studies* 9, no. 2–3 (September 1986):119.

awareness）和"信息优势"（information dominance）等术语，已经出现在 21 世纪无数的军事策划文件中。高科技情报力量与军事行动深度融合。我们的目标是冲破**战争迷雾**（fog of war），也就是处理好快节奏战斗所特有的机会、混乱和不确定性。

但这并不是说克劳塞维茨已经彻底过时。现代军队尚未彻底破除战争迷雾，时效性仍然至关重要。战术情报（比如关于敌人在战场上位置的情报）很快就会失效。某些类型情报的时效性（具体而言，就是战术情报的时效性极短），便足以证实克劳塞维茨的疑虑。即使有 21 世纪技术带来的种种好处，如何确保将准确情报及时提供给指挥官和决策者，仍然是情报专业人员面临的一项关键挑战。

克劳塞维茨对情报持怀疑观点，在分析领域也是如此。他以怀疑的目光看待人们进行客观分析的能力；他认为在大部分人的分析中，直觉、情感和先入之见可以击败事实。[1] 的确，认知偏见是情报分析领域中的一项持久挑战。为了克服这些问题，美国情报界开发了**结构化分析方法**（structured analytic technique），将科学方法的原则和最佳实践应用于情报分析领域。

最后，必须指出，虽然克劳塞维茨对军事行动中的战术情报持怀疑态度，但他确实承认政治—军事类战略情报的价值。你必须承认战场被迷雾所笼罩，但你仍然必须牢牢掌握大局：

> （我们）首先要检查自己的政治目的和敌人的政治目的。我们必须估量敌国的实力和局势。我们必须评估它的政府和人民的性格和实力，也必须评估我们的这些要素。最后，我们必须评估其他国家的政治倾向，以及战争可能造成的影响。[2]

---

[1] Kahn, David. "Clausewitz and Intelligence." *The Journal of Strategic Studies* 9, no. 2–3 (September 1986):120.

[2] Kahn, David. "Clausewitz and Intelligence." *The Journal of Strategic Studies* 9, no. 2–3 (September 1986):118.

尽管克劳塞维茨与孙武观点相左，但在战略情报的价值这个问题上，他与这位中国古代哲学家兼战略家堪称知音。上段言论，正好呼应了《孙子兵法》中的那句名言："知己知彼，百战不殆。"[1]

范例：孙武

中国是世界上最古老的文明古国之一，它认识到政治、战略与情报之间存在联系的时间远比其对手要早，尤其比那些西方对手更早。孙武将军是公元前6世纪的战略家，人们常说他是掌握了有效情报行动潜在作用的第一人。孙武在其久负盛名的论著《孙子兵法》中提出了我们所说的"间接方法"，强调要比对手更加明智，机动性更强，从而尽可能最大限度地节约兵力，在避免大战的同时还能威慑对手。孙武认为大量用兵的"正"法是愚蠢的，因为这样会摧毁城市，破坏军事行动的政治目标。相反，孙武提倡"奇"法，也就是了解敌军主帅，打击他的目的或战略，从而用尽可能最小限度的战斗将其击败。

和卡尔·冯·克劳塞维茨的《战争论》一样，在军事参谋院校和高校的战略和国际关系课程中，《孙子兵法》仍然是所有研究战争和政治的学生的必读著作。孙武的许多理论仍在影响当代中国人关于情报的思维，特别是"知己知彼"这条戒律，因为它在很大程度上预示了今天的信息战。[2] 但我们必须小心谨慎，不能小觑中国的战略思维和情报活动，认为只是孙武的遗产而已。[3] 真若如此，就会沦

---

[1] Sun Tzu, *Art of War*, Chapter 3: Attack by Stratagem.
[2] Blasko, Dennis J. *The Chinese Army Today*, 2nd ed. London, UK: Routledge, 2012, 127.
[3] 例如，参见 Sawyer, Ralph D. "Subversive Information: The Historical Thrust of Chinese Intelligence." In *Intelligence Elsewhere: Spies and Espionage Outside the Anglosphere*, edited by Philip H. J. Davies and Kristian C. Gustafson. Washington, DC: Georgetown University Press, 2013. 本章对中国古代战略进行了一次非常有用的调查，宣称这些历史遗产仍然主导着当代中国情报领导人的思维，但并没有提供任何实证证据。

> 为某位中国情报专家所说的"区域研究陷阱"的牺牲品。[1] 简言之，这种观点误认为中国情报的基础仅是孙武的思维和方法，暗示中国情报在时间上是停滞的，并没有像严格意义上更加理性的西方同侪那样向前发展。当代中国的情报行动包括的活动种类繁多，其中有些严格来说与西方同侪一样复杂，另一些则依赖于孙武和毛泽东思想的中国文化传统。

二、中世纪晚期和早期现代欧洲的情报

公元之后第二个千禧年的中叶，是英国、法国和俄罗斯等欧洲大国情报工作成型的时期。这一时期留下的遗产，不但推动了中世纪时期向早期现代时期的过渡，而且至今仍影响着这些国家的情报文化和情报实践。（要想进一步了解这些国家的情报活动，可见第4章"情报系统之比较"。）

（一）英国

英国情报极富传奇色彩，部分原因就是那个虚构的角色：詹姆斯·邦德，也就是007。长期以来，不论在现实生活中还是在间谍小说里，英国一直都是情报强国。现代英国情报可以追溯到伊丽莎白一世（1558—1603年在位）女王。伊丽莎白雇佣了"原版"的007。这个间谍名叫约翰·迪伊（John Dee），他给女王写信时，都会签上007作为识别身份的代码。大约400年后，小说家伊恩·弗莱明（Ian Fleming）从中获得灵感，将这个代号用在他所虚构的角色詹姆斯·邦德身上。[2]（不论过去还是现在，詹姆斯·邦德身上的其他间谍属性几乎都是不准确的。）

16世纪初的新教改革，是伊丽莎白领导的英国情报机构发展的主要

---

[1] Mattis, Peter L. "Assessing Western Perspectives on Chinese Intelligence." *International Journal of Intelligence and Counterintelligence* 25, no. 4 (2012): 678–699.

[2] Alford, Stephen. *The Watchers: A Secret History of the Reign of Elizabeth I*. London, UK: Bloomsbury Press, 2012.

幕后推动力量。伊丽莎白是新教徒，而天主教徒则忠于她的姐姐苏格兰女王玛丽，并且要抢夺她的王位。玛丽和英格兰天主教徒对自己构成威胁，因此伊丽莎白建立了一个被称为**守望者**（Watchers）的秘密情报机构。[1]"守望者"派出双重间谍渗入异见团体，截获并解码他们的通信，还挫败了针对女王的暗杀阴谋。"守望者"的首领是弗朗西斯·沃尔辛厄姆（Francis Walsingham）爵士，他正是女王的首席国务大臣。不幸的是，除了为英国制定有效的间谍术标准之外，沃尔辛厄姆还掌管着对嫌疑人实施酷刑的事宜，其中最有名的就是使用臭名昭著的拷问台。这种刑具可以拉伸囚犯的肢体，直至将其四分五裂。[2]虽然情报已逐步走向专业化，但合乎道德的审问手段的发展仍有很长的路要走。

（二）法国

中世纪晚期也见证了法国国家情报机构的发展。和英国一样，法国宗教改革也是情报的主要驱动力。宗教改革（1423—1483）之前在位的路易十一，是第一位经常使用情报的法国君主，而且他会雇佣数学家来解码所截获的通信。[3]然而，真正的法国情报之父是红衣主教黎塞留。1624—1642年，他在国王路易十三手下担任法国首相。亨利·基辛格（Henry Kissinger）曾说过，黎塞留还是"现代国家制度之父"。[4]基辛格写道："几乎没有政治家对历史的影响比他更大。"[5]

黎塞留到底做了什么，才能产生如此深远的影响？这只能在宗教改革的背景下理解。在黎塞留为法国王室效力期间，爆发了三十年战争，这场

---

[1] Alford, Stephen. *The Watchers: A Secret History of the Reign of Elizabeth I*. London, UK: Bloomsbury Press, 2012.

[2] Alford, Stephen. *The Watchers: A Secret History of the Reign of Elizabeth I*. London, UK: Bloomsbury Press, 2012.

[3] Denécé, Eric. "France: The Intelligence Services' Historical and Cultural Context." In *The Handbook of European Intelligence Cultures*, edited by Bob de Graaf and James M. Nyce. Lanham, MD: Rowman & Littlefield, 2016, 135–146.

[4] Kissinger, Henry. *Diplomacy*. New York, NY: Simon & Schuster, 1994, 58.

[5] Kissinger, Henry. *Diplomacy*. New York, NY: Simon & Schuster, 1994, 58.

战争被基辛格称为"人类历史上最残酷、破坏力最强的战争之一"。[1] 天主教反对维也纳哈布斯堡王朝发起的宗教改革，于是就有了这场三十年战争。哈布斯堡王室自诩拥有神圣罗马帝国那样一统天下的权威，自认为是天主教世界的合法政权。在这场战争开始的时候，哈布斯堡王朝的版图包括现代德国、西班牙和比荷卢三国，将法国团团包围。虽然法国信奉天主教，但它反对哈布斯堡对其独立性的侵蚀。尽管红衣主教黎塞留是天主教会的高级官员，但他宣誓效忠的是法国，并阐述了**国家利益**（raison d'état）的概念。在这个概念里，主权国家是最重要的政治机构，它的存亡和安全让人们有理由采取一切手段去保护它。[2]

在"国家利益"的大旗下，黎塞留利用国家资金，建立了一个保护法国王室的情报机构。他以国内异见人士（天主教徒和新教徒）为目标，实施勒索、恐吓和暗杀。[3] 他成立了一个被称为**小黑屋** [Cabinet Noir，又称"黑室"（Black Chamber）] 的机构，开展通信截获和密码破译等活动，负责监视法国贵族与外国政府之间的通信。[4] 黎塞留还派遣人力情报密探前往国外，从欧洲精英那里搜集秘密。这些密探有女仆、舞者和击剑手。[5] 黎塞留的情报机构谋求实现三个目标，以此支持法国。这三个目标是：削弱哈布斯堡王朝，防止外国干涉和颠覆法国，以及消灭法国的新教组织。[6] 该机构的工作基本上是成功的。

1648 年，各方签署《威斯特伐利亚和约》（Peace of Westphalia），结束了三十年战争。法国保住了独立地位和天主教身份。哈布斯堡王朝放弃了大一统主义（universalist）的主张。新教得到认可，归入欧洲图景。以

---

[1] Kissinger, Henry. *Diplomacy*. New York, NY: Simon & Schuster, 1994, 59.
[2] Kissinger, Henry. *Diplomacy*. New York, NY: Simon & Schuster, 1994, 58.
[3] Sankey, Margaret. "Cardinal de Richelieu." In *Encyclopedia of Intelligence and Counterintelligence*, Vol. 1, edited by Rodney P. Carlisle. New York, NY: Routledge, 2005, 529–530.
[4] Denécé, "France."
[5] Sankey, "Cardinal de Richelieu."
[6] Denécé, "France."

主权国家为基础的国际新秩序得到确立。主权国家之间保持权力平衡，这样就可以维持和平。这个新秩序的内在逻辑深受黎塞留的启迪。据称，教皇乌尔班八世在黎塞留去世时说："如果真有上帝，红衣主教黎塞留将会因为很多事情受到责罚。如果没有……好吧，他这一生非常成功。"[1]

在接下来的两个世纪，法国的情报活动一直活跃于君主制及共和制的各个国家，其中最重要的例子，就是法国在独立战争期间向美国提供情报支持，以及拿破仑在建立帝国时娴熟运用密码破译和欺骗行动。[2] 拿破仑说："一个被安排在正确地点的间谍能抵得过战场上的两万名士兵。"[3] 但在拿破仑之后，法国减少了对情报的投入，因此在 1870 年普法战争中战败。[4] 这场战争的影响极其深远，导致了现代德国的诞生。

（三）俄罗斯

俄罗斯情报的起源通常可以追溯到伊凡四世。伊凡四世又称伊凡雷帝（Ivan the Terrible），1547—1584 年在位。伊凡成立了一支凶猛的情报部队，取名**特辖军**（Oprichniki），在他们的帮助下，俄罗斯得以开疆扩土，伊凡也一跃成为实力强大的沙皇。伊凡的间谍会去骚扰俄国贵族，并没收他们的土地。盖尔·纳尔逊（Gail Nelson）称，这些人得到伊凡的支持，"被鼓励可以打击一切涉嫌不忠的团体，犯下包括大规模谋杀在内的一切罪行"。[5] 伊凡的权力不断扩张，人也变得越发偏执，精神也越发不稳定。1572 年，他决定清洗"特辖军"的高层。[6] 伊凡的理由并不明确，但苏联

---

[1] Kissinger, *Diplomacy*, 58.
[2] Denécé, "France," 135–137.
[3] Denécé, "France," 136–137.
[4] Denécé, "France," 138.
[5] Nelson, Gail. "Ivan IV (The Terrible)." In *Encyclopedia of Intelligence and Counterintelligence*, Vol. 1, edited by Rodney P. Carlisle. New York, NY: Routledge, 2005, 337–338.
[6] Nelson, Gail. "Ivan IV (The Terrible)." In *Encyclopedia of Intelligence and Counterintelligence*, Vol. 1, edited by Rodney P. Carlisle. New York, NY: Routledge, 2005, 337–338.

领导人约瑟夫·斯大林对此做出历史评估,称若非如此,"特辖军"将会杀死更多的人民,也会更加坚定地支持伊凡。[1]伊凡去世400年后,斯大林也在国内开展恐怖统治,对内发动清洗。

伊凡雷帝的皇位继承者们也很残暴,但程度较其仍有不如,不过他们确实继承了他的统治手段:维持一支忠于自己的情报部队。这些部队被称为**保卫部**(Okhrana,俄语即"保卫"之意)。保卫部的主要效忠对象是政权和统治者。官方对他们的存在一直秘而不宣,直到1891年才公开。20世纪初,他们因在欧洲各地从事间谍活动而令人生畏。他们的主要目标是移民至其他国家的俄罗斯人,因为他们怀疑这些人致力于推翻君主制。[2]1917年俄国革命爆发后,"保卫部"遭到解散,但代之以效仿其许多行为的新机构:**契卡**(Cheka)。契卡是布尔什维克胜利后组织的第一支情报力量。和"保卫部"一样,它的主要目的是确保政权安全。为此,官方统计数据显示,为了达成上述目的,在1918—1920年,契卡一共杀害了12733人。但一些历史学家认为这个数字可能超过30万。[3]梅丽莎·加扬(Melissa Gayan)称,这些数字虽高,却不会困扰列宁或契卡头目费利克斯·捷尔任斯基(Felix Dzerzhinsky),因为他们认为:"过度杀戮总好过被人推翻。"[4]

幸运的是,今天的俄罗斯并不以大规模法外处决而著称,但其情报文化的历史长达500年,其中的某些特征至今仍然相当明显:痴迷于政权安全,对国内异见的容忍度不高。2004年,俄罗斯总统弗拉基米尔·普京

---

[1] Nelson, Gail. "Ivan IV (The Terrible)." In *Encyclopedia of Intelligence and Counterintelligence*, Vol. 1, edited by Rodney P. Carlisle. New York, NY: Routledge, 2005, 337–338.

[2] Kisak, Paul. "Russia (Pre-Soviet)." In *Encyclopedia of Intelligence and Counterintelligence*, Vol. 1, edited by Rodney P. Carlisle. New York, NY: Routledge, 2005, 549–551.

[3] Gayan, Melissa. "Russia (Post-Soviet)." In *Encyclopedia of Intelligence and Counterintelligence*, Vol. 1, edited by Rodney P. Carlisle. New York, NY: Routledge, 2005, 548–549.

[4] Gayan, Melissa. "Russia (Post-Soviet)." In *Encyclopedia of Intelligence and Counterintelligence*, Vol. 1, edited by Rodney P. Carlisle. New York, NY: Routledge, 2005, 548–549.

（Vladimir Putin）宣称：“根本就没有前契卡特工这回事。”[1] 普京是前**克格勃**（KGB）特工，而克格勃是苏联情报机构，它的前身正是契卡。

三、独立战争至珍珠港事件时期美国的情报

从 1776 年发布《独立宣言》到 1947 年建立起一个永久性、机构化的美国情报体系，时间已经过去 170 多年。在此期间，美国领导人只是零星地、临时地使用情报。美国的总体趋势是在战争时期搜集和部署情报"资产"[2]，然后在和平时期减少情报工作或解散情报组织。许多美国领导人将情报与欧洲专制自私的治国手段混为一谈，后者正是这些国父所抵制的。情报是一门"肮脏"的生意，美国不会开展情报工作，这样才能维护民主，维护道德领导地位。关于这种态度，最著名、最精辟的体现就是美国国务卿亨利·史汀生（Henry Stimson）在 1929 年说过的一句话："君子不偷阅他人信件。"[3]

尽管乔治·华盛顿（George Washington）是彻底的理想主义者，但他对情报的重要作用没有丝毫的质疑或疑虑。关于这个问题，在美国建国后 171 年间的历任领导人中，华盛顿的观点并非共识，而是例外。历史学家克里斯托弗·安德鲁称，华盛顿在法印战争（1754—1763）中的经历让他成为情报的信徒。[4] 1766 年，这位美国开国元勋在一封信中写道："没有什么比优质情报更能挫败心怀恶意的敌人，也没什么比情报更值得下大力

---

[1] Matthews, Owen. "Vladimir Putin Resurrects the KGB." *Politico*, September 28, 2016. https://www.politico.eu/article/vladimir-putin-resurrects-the-kgb-moscow-security/.

[2] 资产（asset），是人员、设备和技术手段等的总称，有时也称之为"实力"。——译注

[3] Khazan, Olga. "Gentlemen Reading Each Other's Mail: A Brief History of Diplomatic Spying." *The Atlantic*, June 17, 2013. https://www.theatlantic.com/international/archive/2013/06/gentlemen-reading-each-others-mail-a-brief-history-of-diplomatic-spying/276940/.

[4] Andrew, Christopher. *For the President's Eyes Only: Secret Intelligence and the American Presidency From Washington to Bush*. New York, NY: HarperCollins, 1995, 7.

气去获取。"[1] 确实，美国得以建国，有可能要归功于华盛顿敏锐的情报意识。安德鲁估计，至少它"加速"了美国独立战争的胜利。[2]

（一）反情报诞生

1775 年，也就是《独立宣言》发布的前一年，大陆会议成立了**秘密通信委员会**（Committee of Secret Correspondence），在外国的外交圈子里建立并维持着一个间谍网络。但华盛顿本人对军事情报的直接管理才是最重要的。[3] 大陆军没有正式的情报部门，但华盛顿招募并组建间谍网，向自己通报英国军队的动向。这种战术情报帮他避免了许多会让其部队付出过高代价的战斗。[4] 华盛顿最有名的军事情报单位是**卡尔珀间谍网**（Culper spy ring）。它成立于 1778 年，任务是监视占领纽约市的英国军队。华盛顿手下还有其他许多成功的间谍小分队，他们的身份至今仍然保密。[5]

反情报（特别是情报欺骗）也是这些革命者获胜的核心要素。1777 年严冬时节，华盛顿率军驻扎弗吉谷，这期间他一手促成了一次欺骗行动，目的是让英国人以为他的军队比实际更强大，从而放弃进攻。具体做法是，他和他的同僚伪造文书和信件，夸大了美国骑兵和步兵的规模。接下来，华盛顿使用双重间谍，以确保这些文件能够落入英国人手中。这个计划成功了。英国人评估后认为，在弗吉谷对美军发动进攻的风险过高。安德鲁估计，如果不是这次进攻性反情报行动，大陆军有可能撑不过当年

---

[1] Andrew, Christopher. *For the President's Eyes Only: Secret Intelligence and the American Presidency From Washington to Bush*. New York, NY: HarperCollins, 1995, 7.
[2] Andrew, Christopher. *For the President's Eyes Only: Secret Intelligence and the American Presidency From Washington to Bush*. New York, NY: HarperCollins, 1995, 1.
[3] Andrew, Christopher. *For the President's Eyes Only: Secret Intelligence and the American Presidency From Washington to Bush*. New York, NY: HarperCollins, 1995, 7.
[4] Andrew, Christopher. *For the President's Eyes Only: Secret Intelligence and the American Presidency From Washington to Bush*. New York, NY: HarperCollins, 1995, 7–8.
[5] Andrew, Christopher. *For the President's Eyes Only: Secret Intelligence and the American Presidency From Washington to Bush*. New York, NY: HarperCollins, 1995, 8.

冬季。[1] 后来，欺骗行动又在约克城战役的关键战斗中发挥了作用。华盛顿再次伪造诱骗信件，称他将进攻的是纽约，而不是弗吉尼亚。[2]

（二）独立战争中的著名间谍

独立战争期间，美国情报活动中最著名的应当是间谍内森·黑尔（Nathan Hale）在绞刑架上的宣言。当时他说："我唯一的遗憾是，我只有一次生命献给我的祖国。"黑尔的爱国主义令人景仰，但他的任务完成情况却很糟糕。他在英军后方执行任务时，在没有必要的情况下，过早地暴露了自己的身份。他的身上深深刻下了这个时代美国情报部门的烙印，这很不幸，也很不公平。虽然他的案例准确地反映了独立战争中美国间谍并非都很专业的情况，但他很难代表乔治·华盛顿麾下美国情报部门的整体实力。在1789年至1797年担任总统期间，华盛顿并没有成立永久性的情报官僚机构，但其政府每年都将联邦预算的12%用于情报，这在历任美国总统中是最高的。[3]

华盛顿的继任者并不像他那样对情报满怀热情。新的共和国成立后，他们并没有在政府中为情报职业设立机构，从而导致1814年华盛顿特区遭英国洗劫等多次挫败。[4] 到1861年美国内战开始时，南方军和北方军都必须打造新的情报力量。亚伯拉罕·林肯（Abraham Lincoln）总统自然担心政府被推翻，所以把大量的注意力和资源都投入到反情报当中。为此，他雇佣了一个颇有胆识的私家侦探艾伦·平克顿（Allan Pinkerton）来主持北方军的情报工作。据说，平克顿在开战初期便挫败了暗杀林肯的阴谋。他的间谍还成功渗入南方军内部，以获取军事情报。北方军还有一位

---

[1] Andrew, Christopher. *For the President's Eyes Only: Secret Intelligence and the American Presidency From Washington to Bush*. New York, NY: HarperCollins, 1995, 9–10.

[2] Andrew, Christopher. *For the President's Eyes Only: Secret Intelligence and the American Presidency From Washington to Bush*. New York, NY: HarperCollins, 1995, 10–11.

[3] Andrew, Christopher. *For the President's Eyes Only: Secret Intelligence and the American Presidency From Washington to Bush*. New York, NY: HarperCollins, 1995, 11.

[4] Andrew, Christopher. *For the President's Eyes Only: Secret Intelligence and the American Presidency From Washington to Bush*. New York, NY: HarperCollins, 1995, 14.

非常有名的间谍哈丽雅特·塔布曼（Harriet Tubman）。虽然塔布曼最为人熟知的是从事废奴活动，但她也曾是北方军的间谍。她协助并亲自参与人力情报搜集任务，这项任务由活跃于南方军后方的前奴隶具体负责完成。他们的报告被称为**黑色邮件**（Black Dispatch）。塔布曼还曾与北方军上校威廉·蒙哥马利（William Montgomery）合作，于 1863 年在南卡罗来纳州领导了一次秘密行动，解放了 700 名奴隶。[1]

（三）情报中的新技术

虽然人力情报在美国南北战争中确实发挥了一定作用，但在情报史上，这一时期的亮点却是新技术及与这些技术相关的情报科目。19 世纪 40 年代，人们发明了电报，使军队和其他政府机构可以远距离快速通信。但电报通信可能会被截获和读取。因此，消息必须使用密码加密。当然，截获方也会让密码分析人员来破解密码。这种截获和解码电信的科目，在今天被称为通信情报（COMINT），它是信号情报（SIGINT）的子科目。林肯总统对通信情报表现出浓厚的兴趣，投入大量时间来研究陆军部电报操作员和密码破译员的工作。安德鲁称，电报通信和解密为林肯提供了"更加详尽的最新战争情报，这是其他任何情报来源都无法提供的"。[2]

林肯在南北战争期间担任总统时，还见证了人类首次使用顶空图像情报（overhead IMINT），向政策制定者通报信息的情况。1861 年 6 月，撒迪厄斯·洛（Thaddeus Lowe）使用热气球，提供了关于部队阵地的顶空情报。撒迪厄斯把自己观察到的情况拍成电报，直接发给林肯，而林肯就等在 500 英尺（约 152 米）长的电报线的另一端。此事当中有三个第一次：第一次从飞行器中向地面进行电子通信，第一次从空中平台发送实时传输侦察数据，以及第一次向美国总统进行这种形式的情报通信。[3]

---

[1] Office of the Director of National Intelligence. "1863: Harriet Tubman." Accessed January 5, 2020. https:// www.intelligence.gov/people/barrier-breakers-in-history/454-harriet-tubman.
[2] Andrew, *For the President's Eyes Only*, 19.
[3] Andrew, *For the President's Eyes Only*, 20.

（四）机构支持

尽管经历了内战的创伤和新技术的出现，但从 19 世纪末直到一战的这段时间里，美国在和平时期设置情报机构方面只迈出了有限的几步。1882 年，美国成立了**海军情报办公室**（ONI）。海军情报办公室这个海军部门，至今仍然是美国情报界的一分子。1885 年，陆军建立了自己的和平时期情报机构，即**军事情报局**（Military Intelligence Division）。今天，这个陆军情报下属机构被称为军事情报部队（Military Intelligence Corps）。

一战期间，美国军方和国务院开展合作，实施了一项新的临时倡议，以解密外国通信。该项计划的非正式名称是**黑室**（他们借用了红衣主教黎塞留的解密计划的名字），负责人是天才密码分析家赫伯特·雅德利（Herbert Yardley）。雅德利的这个项目从 1917 年一直持续到 1929 年，后被国务卿史汀生叫停。"黑室"成功破解了日本和拉丁美洲的密码，但从未破解过苏联的密码。1921 年之后，它便无力破解欧洲大国的密码了。[1]

虽然"黑室"遭到关闭，但在两次世界大战之间，陆军和海军仍然继续搜集并解密通信情报。在此期间，有个项目可在太平洋战场截获和解密日本通信，名为**魔术**（MAGIC）。1941 年 12 月 7 日的偷袭珍珠港事件，将美国卷入二战当中；如果美国能够预知此事，那很可能就是"魔术"提供的情报。虽然"魔术"较为成功，但也被各种挑战所困扰。富兰克林·罗斯福（Franklin D. Roosevelt）总统对它不感兴趣。他容忍了陆军和海军的组织混乱，放任了两大军种之间的竞争，即使在 1941 年 6 月任命威廉·多诺万（William Donovan）担任**信息协调员**（COI）之后，也没有将信号情报归于多诺万的麾下。[2] "魔术"的解密力量被随意瓜分。这些山头主义和交流不畅的做法，将在 50 多年后的"9·11"恐怖袭击前夕重演。

"魔术"也深受资源限制之苦。从 1939 年到 1941 年，只有 2—5 名密

---

[1] Andrew, *For the President's Eyes Only*, 69–70.

[2] Andrew, *For the President's Eyes Only*, 119.

码分析人员被派去破解日本海军密码。[1] 1940 年 12 月，日本开始使用一种新的密码，但上述资源限制延缓了美国对其开展解密的工作进度。国家安全局（NSA）历史学家弗雷德里克·帕克（Frederick Parker）表示，对于破译所截获日本海军密码这项工作，如果美国政府能够给予更高的优先级，并且提供更多的资源，美国海军极有可能预测出偷袭珍珠港一事。[2] 但珍珠港事件中的情报失误让美国备受刺激，从而参加二战，并有助于确保美国再也不会低估一个强大的、制度化的情报体系的重要性。

四、二战与现代美国情报体系诞生

二战期间，美国情报深受管理混乱之苦。[3] 尽管如此，它还是向前迈出了重要的一步。1942 年，罗斯福总统下令成立战略情报局（OSS）。它被公认为中央情报局的前身，局长威廉·多诺万在某些方面获得了更多的权力，前文有述，多诺万在一年前才刚被任命为信息协调员。设立信息协调员一职的目的是，改善那些履行情报职能的美国政府机构之间的交流和协调。但多诺万只是信息协调员，几乎没有权力开展情报行动。这种情况在战略情报局成立后有所改变。战略情报局负责执行搜集、分析和隐蔽行动，包括对准军事行动进行破坏和提供支持。然而，这些根本就不是多诺万理想的工作。军方在美国情报领域仍然占据主导地位。多诺万的战略情报局隶属参谋长联席会议。军方拒绝他手下分析人员接触军方的通信情报解密工作，此举阻碍了该局的分析工作。战略情报局与海军情报办公室等军方情报部门之间，经常爆发权势战争。[4] 1947 年，多诺万的构想实现，美国成立了一个永久性、集中式的情报机构。但在二者之间，是长达 5 年、极其艰难的官场斡旋。

---

[1] Andrew, *For the President's Eyes Only*, 120.
[2] Andrew, *For the President's Eyes Only*, 120.
[3] Andrew, *For the President's Eyes Only*, 131.
[4] Andrew, *For the President's Eyes Only*, 131–133.

图2-1 战略情报局局长威廉·多诺万

威廉·多诺万在二战期间执掌战略情报局,是现代美国情报体系的主要设计者

资料来源:CIA/Public domain/Wikimedia Commons

(一)英美伙伴关系

美国情报部门在二战期间经历了成长之痛,与此同时,英国情报部门却被证明是一台运转良好的机器。英美两国在战争期间形成了密切的情报关系。虽然在冷战期间,美国最终在这种关系中占据上风,但在20世纪40年代,更胜一筹的却是英国。在战争期间,英国尤其擅长密码破译和反情报。在**超级计划**(Project ULTRA)中,英美两国破解了纳粹的军事通信。加密这些通信的正是纳粹极力吹捧的**恩尼格玛密码机**(Enigma machine)。纳粹认为这种密码不可破解。但他们大错特错。一项高度机密的破译工作在英格兰的**布莱切利园**(Bletchley Park)启动,目的正是破解恩尼格玛。在著名数学家艾伦·图灵(Alan Turing)的帮助下,布莱切利园的这个团队制成并操作一台大型机械计算机,能够运行破解恩尼格玛所需的数百万次排列组合。这一突破对盟军击败纳粹德国至关重要。

英国还在人力情报领域击败了纳粹。英国利用**双十字系统**[1]，成功识破并策反了德国派去英国的所有特工。该系统利用英国在人力情报和通信情报领域的高超水准，德国的无能，以及英国作为岛国、较为隔绝的地理特点，大量吸收纳粹人力情报网络的成员。随后，这些双重间谍奉命参加了英国和盟军的欺骗行动，其中最有名的就是**刚毅行动**（Operation FORTITUDE）。它欺骗纳粹，使之相信盟军下一步将是向东进攻加莱海峡，以这种方式支持了1944年6月6日的诺曼底登陆。此次欺骗行动使用军事装备模型来欺骗敌人的眼睛，还伪造了无线电通信。"布鲁图斯"（BRUTUS）和"嘉宝"（GARBO）是英国的双重间谍，两人被双十字系统策反，向其纳粹上级提供了大量关于盟军战斗序列的虚假信息。[2]1944年5月盟军缴获的一张纳粹地图显示，此次欺骗行动已经奏效了。即使是6月诺曼底进攻开始之后，纳粹仍认为这是佯攻，目的是让德军不去关注更东部的真正进攻。因此，他们并没有出兵增援诺曼底。马斯特曼（J. C. Masterman）是双十字系统和刚毅行动的参与者和记录员，他在战后写道："即使最异想天开的策划者也没有料到，（盟军进攻东部的）威胁居然一直持续到秋季。"[3]

（二）战争结束

尽管盟军取得胜利，但二战令英国这个西方领导元气大伤，美国接过了西方世界领袖的责任。战争结束后，美国花了两年时间，才打造出一个和平时期集中式的情报机构。停战之后，战略情报局遭到解散，威廉·多诺万继续开展游说，呼吁成立一个永久性、集中式、可以直接向总统报告的情报机构。他遭到各军种和联邦调查局的反对，因为这些部门都认为多

---

[1] "双十字系统"的英文是Double-Cross System，其中Double-Cross一词本身就有"欺骗"和"出卖"的意思。——译注
[2] Masterman, J. C. *The Double-Cross System*. Guilford, CT: Lyons Press, 2012.
[3] Masterman, J. C. *The Double-Cross System*. Guilford, CT: Lyons Press, 2012, 164.

诺万侵犯了自己的官僚权势。[1] 媒体也反对多诺万提议建立"超级盖世太保式的机构"。[2] 美国对暴政的厌恶情绪太过强烈，因此有些人认为没有必要成立永久性的情报机构。

在 1945 年至 1947 年的两年时间里，这些国家安全主管机构之间争权夺势，并且各自为政，种种表现令哈里·杜鲁门（Harry Truman）总统越发感到失望。[3] 最后在 1947 年，杜鲁门接受了多诺万的方案。依据 1947 年《国家安全法》，美国成立了中央情报局，"目的是协调多个政府部门和机构的情报活动，维护国家安全利益"。[4] 中央情报局局长由中央情报总监（DCI）担任，他身兼两职，既是中央情报局的局长，又是范围更广的情报界的监督者。这位中央情报总监还担任了总统的首席情报顾问。依据《国家安全法》还成立了国防部，以更好地协调武装部队和国家安全委员会的工作，进而推动在外交和国防政策等问题上的机构间合作与协调。美国汲取了珍珠港事件和官僚系统管理不善的教训。但美国并没有完美地汲取这些教训，没能创建一个完美无缺的系统。后来，2001 年 9 月 11 日的恐怖袭击暴露了这个系统在设计和内部文化上的缺陷，此后美国情报界不得不接受审查，并再次重组。然而这时，美国终于做好准备，可以承担并出色扮演了世界大国的角色——刚好赶上与苏联针锋相对。

五、冷战时期的情报

冷战从 1945 年一直持续到 1991 年。它在 20 世纪下半叶的大部分时间里，提供了用以理解国际关系的主要框架。冷战是美国和苏联在多个领域开展的一场较量。它既是意识形态的，也是地缘政治的。这两个超级大国从未在重大战争中直接对峙，主要原因是核灾难的威胁。但两国通过遍

---

[1]　Andrew, *For the President's Eyes Only*, 145.

[2]　Andrew, *For the President's Eyes Only*, 147.

[3]　Andrew, *For the President's Eyes Only*, 169.

[4]　Andrew, *For the President's Eyes Only*, 170.

布全球的政治和准军事代理人彼此对峙，试图颠覆对方，并搜集大量关于对方的情报。双方都将对方视为生存威胁。关于冷战历史的书籍可谓汗牛充栋。本章篇幅有限，无法对冷战情报史进行全面介绍。因此，我们主要探讨三大主题：冷战导致美国发展以技术为中心的情报体系，美国在技术搜集（顶空图像）领域的进步阻止了核战争，以及苏联在人力情报方面取得的优势。

（一）美国情报与核军备竞赛

1945年，美国向日本投下2枚原子弹，结束了第二次世界大战。到1949年，苏联也拥有了核武器（主要是因为对美国开展了成功的间谍活动，此事将在本章稍后部分讨论）。到20世纪50年代，冷战正在如火如荼之际，美国却发现自己陷入了安全困境。苏联有多强大，威胁性又有多高？它拥有多少核武器？它是否会使用这些核武器，对美国发动强力打击？一位名叫彼得·波波夫（Pyotr Popov）的苏军情报特工主动提出要为中央情报局工作。20世纪50年代，人们担心苏联一意孤行，一心想要摧毁美国，波波夫提供的信息帮助缓解了这方面的担忧。[1] 但苏联的意图仍然是敌对的，它所开展的"宣传"和欺骗旨在威吓美国，让美国以为自己正在输掉这场刚刚开始的核军备竞赛。关于美国的这种认识，最著名的例子就是**轰炸机差距**（bomber gap）的神话，即美国认为，在研发能够向世界另一端投放核武器的轰炸机方面，苏联已经超过了美国。在另一个著名的例子中，苏联在莫斯科阅兵式上，让轰炸机消失在地平线之后，绕个大圈再飞一次，从而助长了这个神话的可信度。对现场观众进行视觉欺骗的做法，让人以为苏联有更多的轰炸机。但其实没有。

为了摸清苏联的军事力量和核力量，美国被迫把目光转向天空。彼得·波波夫等人力情报"资产"虽能提供帮助，但这种事件属于例外，并非常态。此外，苏联是地球上陆地面积最大的国家：占地800万平方英

---

[1] Andrew, *For the President's Eyes Only*, 214.

里（约 2072 万平方千米），面积大约是美国大陆的 3 倍。[1] 它还是一个封闭的极权主义体系：民主国家允许共产主义特工进入西方工作，任其自由行动，但西方特工在苏联根本享受不到这些待遇。出于这些原因，在 20 世纪五六十年代，美国致力于发展成为一个图像强国。美国开发和部署的第一个（可能也是最有名的）图像"资产"是 **U–2 侦察机**。它于 1956 年 7 月 4 日首次出动执行任务。U–2 让美国人在飞越苏联领土上空的时候，不会受到任何攻击。而 1956 年以前，美国情报飞机担心遭到击落，所以只能沿着苏联边境飞行。这些飞行任务极有助益：正是一架侦察机在苏联海岸搜集到的空中采样，探测出其在 1949 年开展的核武器试验。美国飞机原本无法进入苏联大部分地区，但在 U–2 飞机问世后这种限制便不复存在了。U–2 飞机可在 7 万英尺（约 2 万米）以上的高度飞行，位于苏联防空射程之外。它可以飞行 9 个小时，航程 5000 海里。[2] 这并不足以完美地覆盖苏联，但足以打破"轰炸机差距"的神话。1960 年，弗朗西斯·加里·鲍尔斯（Francis Gary Powers）执行了 U–2 在苏联领土上空的最后一次飞行任务。鲍尔斯被击落了。当时，一枚苏联防空导弹在离他极近的位置爆炸，破坏了飞机的尾翼。鲍尔斯侥幸未死，在苏联受审，最后通过交换战俘的方式被遣返回美国。此事对苏联来说是一次道义上和"宣传"上的胜利，但实际上对美国的搜集工作并没有造成很大的损害。1960 年 9 月，鲍尔斯在苏联受审，但彼时美国已经部署了第一颗天基成像卫星"日冕"（Corona）。[3] U–2 继续为重要任务服务，但卫星将对苏联开展更加全面的覆盖。有了卫星图像，美国分析人员就能将苏联空军基地、海军基地、指挥中心、防空系统、关键基础设施及其他设施，绘制

---

[1] Lindgren, David. *Trust but Verify: Imagery Analysis in the Cold War*. Annapolis, MD: Naval Institute Press, 2000, 48.

[2] Lindgren, David. *Trust but Verify: Imagery Analysis in the Cold War*. Annapolis, MD: Naval Institute Press, 2000, 34.

[3] Lindgren, David. *Trust but Verify: Imagery Analysis in the Cold War*. Annapolis, MD: Naval Institute Press, 2000, 3.

成地图。[1] 这一点极重要，因为它可以打破另一个关于苏联弹道导弹优势的神话。1957 年，苏联发射"伴侣"号（Sputnik）卫星，在太空领域击败美国。"伴侣"号卫星的发射表明，苏联将很快有能力使用洲际弹道导弹搭载核弹头，向美国发射，因为太空发射能力是洲际弹道导弹能力的前兆。苏联总书记尼基塔·赫鲁晓夫（Nikita Khrushchev）利用美国的恐惧，在 20 世纪 50 年代末大肆吹嘘，称苏联正在"像生产香肠一样"大量生产导弹。苏联确实在发展弹道导弹，但赫鲁晓夫言过其实。约翰·肯尼迪（John F. Kennedy）在 1960 年的总统竞选中，同样利用了人们对所谓**导弹差距**（missile gap）的担忧。但在他入主白宫椭圆形办公室之后，展示给他的绝密图像显示，苏联的威胁其实不大，小于他被误导后所以为的那种情况。

在防止冷战军备竞赛失控方面，卫星侦察的重要性无论怎样强调也不为过。关于苏联核力量的图像情报减少了不确定性，帮助美国在关键时刻收手，避免了本已极其危险的局势继续升级。在戴维·林格伦（David Lindgren）对图像和冷战军备竞赛所做的论述中，以下摘录值得我们思考：

> "日冕"侦察卫星提供了一份令人印象深刻的情报成果清单。因为这些卫星提供了苏联全境的照片，所以图像分析人员能够搜集到一份相当完整的苏联武器库存清单，洲际弹道导弹、远程弹道导弹、中程弹道导弹和地对空导弹等一应俱全。对导弹试射中心和生产设施进行反复拍摄，可以让分析人员确定对方正在研发的是什么导弹、它何时部署，以及需要多长时间才能进入运行状态。[2]

卫星还可用于搜集信号情报，其中包括外国领导人的长途电话。时至今日，美国在天基高科技情报搜集领域仍然处于领先地位。批评美国情报的人士总是说它过于以技术为中心，并宣称应对 21 世纪的挑战需要对人

---

[1] Lindgren, *Trust but Verify*.
[2] Lindgren, *Trust but Verify*, 121.

图2–2 "日冕"卫星拍摄的图像

1960年"日冕"卫星拍摄的第一张图像，能识别出一个苏联机场
资料来源：National Reconnaissance Office/Wikimedia Commons

力情报进行更多的投资。不论这话是否正确，美国以技术为中心不是没有理由的。冷战熔炉需要这样。

（二）避免世界末日：古巴导弹危机

古巴导弹危机（Cuban Missile Crisis）是冷战期间最著名的例子，它可以说明世界距离核冲突到底能有多近。事实上，此事并未引发一场灾难性的战争，很大程度上是由于良好的情报工作。古巴导弹危机于1962年10月爆发。当时，一架U–2侦察机的顶空图像显示，古巴正在安装苏联防空系统。在进一步图像搜集活动的帮助下，分析人员识别出几个新增的在建建筑，其外观类似苏联的远程弹道导弹发射场。苏联试图秘密地将古巴变成核导弹基地。他们的计划是最终在古巴建立40个弹道导弹发射场。他们还计划向这个岛国部署米格战斗机和4.5万名士兵。[1] 苏联为什么要这样做？如果这项计划完成，苏联就能以更快的速度对美国发动核打击。除了更容易使用核武器威胁美国之外，苏联还想保护其盟友菲德尔·卡斯特罗（Fidel Castro）。一年前，美国支持古巴准军事组织发动进攻，以推翻卡斯特罗政权，此事被称为**猪湾事件**（Bay of Pigs Invasion）。这次隐蔽行动宣告失败，不但执行不力，而且犹豫不决。这项任务受挫的原因是古巴情报部门的介入，以及进攻开始后，肯尼迪拒绝提供关键的空中支持。尽管此次失败令美国颜面尽失，但肯尼迪政府

图2-3　古巴导弹危机期间

1962年10月古巴导弹危机期间，肯尼迪总统与其国家安全特别小组（ExComm）共同研判情报简报

资料来源：Kennedy Library/Public domain/Wikimedia Commons

---

[1]　Lindgren, *Trust but Verify*, 68.

仍然通过**猫鼬行动**（Operation MONGOOSE），组织各种隐蔽行动，再三尝试推翻卡斯特罗。

如果说"猪湾事件"是肯尼迪总统任期内最黯淡的一幕，那么古巴导弹危机就是最耀眼的时刻。苏联部署导弹的举动正在威胁并破坏稳定，但如果对古巴基地采取行动，是否会引发美国一直希望避免的核战争？肯尼迪必须让这批导弹离开古巴，但又不能引发第三次世界大战。顶空侦察提供的早期预警给出了一周的时间，供这位总统及其顾问考虑手中的选项，避免采取轻率的、很可能是灾难性的反制措施。奥列格·潘科夫斯基（Oleg Penkovsky）也提供了关于苏联导弹行动的关键内幕。此人是苏联上校，很可能是冷战期间美国最宝贵的人力情报"资产"。在潘科夫斯基的帮助下，美国得以更好地评估苏联导弹何时可以进入运行状态。

凭借情报提供的决策优势，肯尼迪对古巴实施了封锁，并在13天的紧张对峙之后，以承诺不会进攻古巴和不公开地从土耳其撤回导弹作为交换条件，说服赫鲁晓夫撤回导弹。关于这场危机的结束时间，人们通常认为是10月28日，即赫鲁晓夫同意撤回导弹的当天。但问题仍然存在，那就是必须核实导弹是否已从古巴移除。卡斯特罗拒绝现场检查，所以美国继续进行空中侦察，直到确信导弹离开。最终，美国于1962年11月20日解除了对该岛的海军封锁。

（三）苏联人力情报的成功

冷战期间，美苏两国都采用了各种搜集手段。如前所述，美国在人力情报上取得了一些重要突破，在重视技术搜集的同时以此作为补充。与此同时，苏联在技术上也远非落后。它部署了间谍卫星和技术传感器。但苏联真正的闪光点集中在人力情报搜集领域。

在其缺陷和弊端被历史暴露之前，共产主义在西方人的眼中一直具有极大的吸引力，受过教育的精英也是如此。早在20世纪30年代，苏联就开始巧妙地利用这一点，以实现其人力情报目的。在美国，美国共产党（CPUSA）就是一个唾手可得的目标。约翰·厄尔·海恩斯（John Earl Haynes）和哈维·克莱尔（Harvey Klehr）是研究苏联在美开展间谍活动的领军历史学家，两人表示，美国共产党"确实是冷战期间的第五纵队，在美国内部活动，并且反对美国"。[1]1995 年，美国解密了一批苏联电报，共计 3000 份。对这些电报进行截获和解码的工作始于 1943 年，是在一个名为"**维诺那计划**"（Project VENONA）的信号情报项目下开展的。"维诺那计划"的解密成果，显示存在大范围、高层次的人力情报渗透，其程度令人震惊不已。海恩斯和克莱尔指出："到 1948 年……苏联人招募到的间谍，遍布美国政府中所有重要的军事或外交机构。"[2] 这些间谍中的许多人，都曾与美国共产党有过一些联系。这其中有 15 至 20 名战略情报局的成员，比如莫里斯·霍尔珀林（Maurice Halperin），是该局研究分析处的领导之一。[3] 还有财政部的高级官员哈里·德克斯特·怀特（Harry Dexter White），他向苏联通报了美国在战后秩序问题上的谈判红线。怀特代表美国参加了 1945 年的联合国成立大会，并提供了关于杜鲁门谈判策略的信息。几乎全靠这些信息，苏联才得以兼并拉脱维亚、立陶宛和爱沙尼亚等波罗的海国家。[4] 同样，罗斯福总统的心腹顾问劳克林·柯里（Lauchlin Currie）向苏联提供信息，后来证实这些情报让波兰在战后独立的过程中付出了高昂代价。[5] 政府航空科学家威廉·佩尔（William Perl）向莫斯科共享了喷气发动机技术，此举对朝鲜战争中美国领导的

---

[1] Haynes, John Earl, and Harvey Klehr. *Venona: Decoding Soviet Espionage in America*. New Haven, CT: Yale University Press, 1999, 7.

[2] Haynes, John Earl, and Harvey Klehr. *Venona: Decoding Soviet Espionage in America*. New Haven, CT: Yale University Press, 1999, 9.

[3] Haynes, John Earl, and Harvey Klehr. *Venona: Decoding Soviet Espionage in America*. New Haven, CT: Yale University Press, 1999, 331.

[4] Haynes, John Earl, and Harvey Klehr. *Venona: Decoding Soviet Espionage in America*. New Haven, CT: Yale University Press, 1999, 140–141.

[5] Haynes, John Earl, and Harvey Klehr. *Venona: Decoding Soviet Espionage in America*. New Haven, CT: Yale University Press, 1999, 146.

联军造成损失。[1] 另外还有阿尔杰·希斯（Alger Hiss）和惠特克·钱伯斯（Whittaker Chambers）等知名人士。

在苏联人力情报的众多成功案例中，或许最重要的当属渗入"**曼哈顿计划**"（Manhattan Project，美国设计核弹的秘密项目）内部一事了。苏联是通过**罗森堡间谍网**（Rosenberg spy ring）实现这一点的。罗森堡间谍网的命名来自朱利叶斯·罗森堡（Julius Rosenberg）和埃塞尔·罗森堡（Ethel Rosenberg），这对夫妇是纽约市的共产党员，身份公开。与罗森堡夫妇合作的是埃塞尔的兄弟戴维·格林格拉斯（David Greenglass），以及克劳斯·富克斯（Klaus Fuchs）和西奥多·哈尔（Theodore Hall），前者是"曼哈顿计划"中的技术人员，后两人是"曼哈顿计划"里的物理学家。他们向莫斯科提供了浓缩铀的配方、核生产设施的技术方案和弹头的工程设计。[2] 到1951年，美国已经掌握足够的信息，足以将罗森堡夫妇定罪并判处死刑。然而，最有力的证据却属于机密，需要等到1995年"维诺那计划"文件解密后才能公开。因此，1953年他们被处决时是引发了争议的。许多美国人认为罗森堡夫妇是红色恐慌的无辜受害者，而苏联政府也在发布"宣传"，支持这对夫妇自称无罪的虚假声明。

罗森堡夫妇终被绳之以法，但另一个臭名昭著的间谍网却全身而退，他们就是英国的"**剑桥五谍**"（Cambridge Five）。莫斯科将其称为"剑桥五杰"（Magnificent Five），原因是他们为苏联做出了极大的贡献。这个团体被称为"剑桥五谍"，是因为其成员在20世纪30年代，都曾在英国精英高校剑桥大学接受教育，并在那里被招募为特工。他们都在英国政府中担任高级职务，显然都是共产主义的真正信徒。在他们的协助下，莫斯科顺风顺水地进入20世纪50年代。"五谍"中的两人——盖伊·伯吉斯（Guy Burgess）和唐纳德·麦克莱恩（Donald Maclean），在第三

---

[1] Haynes, John Earl, and Harvey Klehr. *Venona: Decoding Soviet Espionage in America*. New Haven, CT: Yale University Press, 1999, 10.

[2] Haynes and Klehr, *Venona*.

名成员金·菲尔比（Kim Philby）的提示下，于1951年逃到苏联。菲尔比是军情六处的军官，在"剑桥五谍"中最臭名昭著，却也最全情投入。他有特权血统，这可能让他得到特殊照顾，助其免遭逮捕和责难。1951年，他因向伯吉斯和麦克莱恩通风报信而受到怀疑，但获准继续以多种身份为英国政府工作。1963年，他最终叛逃到苏联。1988年，他在苏联去世，至今仍被俄罗斯誉为英雄。"剑桥五谍"中的最后两人是军情五处的安东尼·布伦特（Anthony Blunt）和军情六处的约翰·凯恩克罗斯（John Cairncross），他们主动坦白，免遭起诉。"剑桥五谍"的攻击是一场反情报灾难，并在几年后，给华盛顿和伦敦之间的特殊情报关系带来压力。

如果说菲尔比是帮助苏联的英国人中最有名的，那么有两人堪称帮助苏联的美国人中最有名的。他们是中央情报局的奥尔德里奇·埃姆斯（Aldrich Ames），以及联邦调查局的罗伯特·汉森（Robert Hanssen）。从冷战后期直到冷战之后，两人一直都在为苏联从事间谍活动。埃姆斯在中央情报局负责苏联和反情报方面的工作。他在职业生涯的各个阶段，能够为人所知的都只有表现平庸、傲慢、酗酒，以及挥金如土的生活方式。不同于20世纪30年代从美国共产党招募的那些美国间谍，埃姆斯感兴趣的只有金钱和自我满足。1985年，埃姆斯把许多文件带出中央情报局的总部，这些文件的内容是该局派往苏联的多名人力情报"资产"的情况，但他却把这些文件卖给了苏联。在接下来的几年里，中央情报局在苏联的人力情报网络遭到灭顶之灾。此后的一项反情报调查最终指向了埃姆斯。1994年，他被判处终身监禁。但向苏联（和今天的俄罗斯联邦）提供美国间谍信息的并非只有埃姆斯一人。联邦调查局反情报专家罗伯特·汉森也在卖国。自1979年起，他便一直为莫斯科从事间谍活动，直到2001年，他才在一次秘密传递情报时被捕。汉森间谍活动造成的破坏比埃姆斯的还要严重。除葬送人力情报"资产"外，汉森还导致许多通信情报项目、军事技术和核战争计划失效，价值总计数百万美元。根据1917年《间谍法》，他同样被判处无期徒刑，在美国科罗拉多州的一所监狱里被单独囚禁。

图2-4　金·菲尔比和罗伯特·汉森

左图为一枚纪念金·菲尔比的苏联邮票。此人来自军情六处，是"剑桥五谍"之一。在为莫斯科从事间谍活动的美国人中，罗伯特·汉森（右图）所造成的破坏被公认是最严重的。1979—2001年，他先后为苏联和俄罗斯联邦工作

资料来源：(左图) Scanned and processed by Mariluna/Public domain/Wikimedia Commons；(右图) Federal Bureau of Investigation/Public domain/Wikimedia Commons

六、21世纪的情报："9·11"及其影响

尽管华盛顿和莫斯科之间继续进行着间谍游戏，但在20世纪末，人们对未来国际关系和国家安全状况持乐观看法。美国不再担心会与俄罗斯爆发核战争，而是越来越担心"流氓国家"和恐怖主义，尤其是一个名为"基地"组织的"暴发户"。但与冷战时期对核毁灭的恐惧相比，这些显得相形见绌。在千禧年的世纪之交，"基地"组织的威胁还是相对遥远的。当它开始发动攻击活动时，目标还是绝大多数美国人从未踏足过的世界其他地区。就在2001年的前9个月里，美国情报界密切监视着"基地"组织及其领导人奥萨马·本·拉登。但情报界是以一种类似"烟

囱"[1]的方式开展工作的,并没有共享那些原本有可能阻止"9·11"事件的信息。在某些情况下,不能共享信息自有法律方面的理由,因为对内情报和对外情报必须泾渭分明。总的来说,未能共享情报的主要原因是领导层缺乏远见,以及抱着嫉妒心态死守权势的文化,而后者早在珍珠港事件前后便已显露端倪。

(一)重组情报官僚机构

后来,"9·11"委员会调查了导致纽约和华盛顿遇袭中的情报失误问题,并出具一份报告,建议重组情报官僚机构。这导致了2004年《情报改革与恐怖主义预防法》的问世。依据这部法案成立了国家情报总监办公室。国家情报总监取代了身兼两职的中央情报总监,成为美国情报界的主管。国家情报总监被赋予新的权力,可在搜集和分析等领域的情报机构之间开展协调。国家情报总监还新成立了许多融合中心(fusion center),以确保处理类似问题的不同机构能有一个机制来开展协作。

在21世纪初开展全球反恐战争期间,国家反恐中心成为国家情报总监手下最主要的融合中心。国家情报总监还建立其他许多融合中心,以处理反情报和反扩散的问题。20世纪90年代初,美国的优先事项是重点关注大规模杀伤性武器扩散,加强这方面的情报。但在21世纪初,关于萨达姆·侯赛因治下伊拉克所掌握的大规模杀伤性武器的实力问题,世界各地的情报机构均未能做出准确评估,于是此事再次成为新的关注点,而且变得至关重要。美国认为伊拉克拥有强大的大规模杀伤性武器项目,于是在2003年进攻伊拉克。次年,小布什总统成立了美国大规模杀伤性武器情报力量委员会(通常被称为大规模杀伤性武器委员会),令其调查所发生的一切事情。该委员会于2005年发布了一份长达600页的报告,指出了情报搜集和分析方面存在的若干失误。这些失误包括对认知偏见的放任,以及在伊拉克活动的人力情报"资产"力量偏弱。

---

[1] 烟囱(stovepipe)一词,用来形容各情报科目内部上下贯通,但彼此毫无联络的局面,又称"井"式结构。——译注

（二）适应新的威胁

美国不得不自我调整，以便有能力应对恐怖主义等新威胁。卫星图像在评估恐怖分子力量时，所能发挥的作用不及在评估苏联导弹部队时的情况。但在 21 世纪前 20 年里，图像领域的进步与无人机技术的发展相得益彰，因此发现并击毙了数千名恐怖分子。美国还动用国家安全局庞大的资源和强大的技术力量，搜集到的通信情报比以往任何时候都要多。在恐怖主义和互联网的时代，策划下一次大规模袭击的主谋，可能是那些坐在私人住宅里，操作手机端社交媒体应用程序的人员。这是情报史上一项新的挑战，毕竟在过去，情报机构可以开展更有信心的活动，比如攻击国家领导人的通信线路，或攻击特定的建筑，开展窃听，以搜集关于下一个重大事件的情报。

这些 21 世纪的发展给美国情报带来了问题。虽然情报工作往往足以识别恐怖分子，以对其进行定点清除，但有时也会出错，目标附近的无辜平民也会死于"附带伤害"（collateral damage）。此外，2001 年《美国爱国者法案》（USA PATRIOT Act）规定，国家安全局可以自由行使窃听权限，这可能导致搜集和隐私方面出现滥用的情况，包括窃听无辜的美国人。**爱德华·斯诺登**（Edward Snowden）就提出过这项指控。他曾在 2013 年以签约职员的身份为国家安全局工作，后来披露了该机构多个项目的细节。尽管有人将斯诺登赞誉为"吹哨人"，但美国政府认为他是一名逃犯，绝大多数情报专业人士也认为他是叛国者。截至 2020 年，他仍然旅居莫斯科。2015 年，国会通过了《美国自由法案》（USA FREEDOM Act），以此取代《美国爱国者法案》。《美国自由法案》保留了《美国爱国者法案》的许多内容，但收回了情报界搜集海量美国公民数据的部分权力。

21 世纪初造就的另一难题，就是如何从恐怖分子嫌疑人处有效获取人力情报。小布什担任总统期间，美国使用**强化审讯技术**（EIT），因此遭受国际社会的批评。许多人认为这个术语是酷刑的委婉说法。强化审讯技术是针对人类生理和心理实施压力，包括睡眠剥夺、狭小禁闭和水刑。

2009年，贝拉克·奥巴马（Barack Obama）总统下达命令，要求审讯人员进行审讯时，恢复使用《美国陆军战地手册》。该手册符合《日内瓦公约》中相关战争法律的规定。

尽管这些困难与21世纪新的政治和技术环境有关，但美国仍然可以继续保持全球大国的优势地位。美国不断对专业情报官僚机构进行投资，这是它能继续保持优势的一个关键原因。

七、结论：评估3000多年的情报历史

从《圣经》时代到美国21世纪反恐战争，情报总是能够发挥作用。但这种作用一直都不是恒定不变的。一些领导人和社会重视它，另一些则不重视。对古希腊人来说，占卜比监视和侦察更重要。对于中世纪晚期和早期现代的欧洲君主来说，情报对政权安全至关重要。对于一个世纪前的伟大战略思想家卡尔·冯·克劳塞维茨来说，情报完全就是在浪费时间。对大部分美国早期领导人来说，这在道德上是绝对不能接受的。20世纪，在击败纳粹德国和防止与苏联爆发核战争方面，情报又居功至伟。

在21世纪，情报一直是美国安全和争议的源头。自2001年9月11日以来，拥有一个庞大、资金充足、专业的情报机构，成功地让美国领土没有再次发生其他重大恐怖袭击。山头主义（很明显，只有人类组织的政府才有这种情况）所造成的问题正逐步得到解决。许多人担心，21世纪无处不在的数字技术将会威胁民主。这种担忧在斯诺登事件中便有体现。然而，真正的情报反乌托邦更有可能出现在威权国家当中，如果这个国家将政权安全视为重中之重，并使用人工智能在任何时间监视任何人时就会如此。在世界各地，企业使用跟踪算法来推销人们感兴趣的产品，这样做反而会吓到用户。这种技术的应用可能相对无害，但却吓到了很多人，原因就是它预示着将来政府可以使用跟踪技术来监视人们，并强制人们做出"良好"的政治行为。如果说在20世纪，情报技术曾经很好地为人类服

务，那么它将如何为人类服务，才能在 21 世纪保持平衡？这仍然是一个开放的问题。

无论技术变化有多迅速，至少自 1648 年《威斯特伐利亚和约》签署以来，有两件事一直保持不变：第一，主权国家仍是世界政治中占据主导地位的行为体；第二，人类仍然有缺陷。在这两个条件下，最早由修昔底德（Thucydides）提出的安全困境将持续存在。只要各国不确定是否可以彼此信任，情报对人类活动就是至关重要的。

八、关键词

决策优势	政权安全	安全困境
孙武	卡尔·冯·克劳塞维茨	战争迷雾
结构化分析方法	守望者	弗朗西斯·沃尔辛厄姆
国家利益	《威斯特伐利亚和约》	特辖军
保卫部	契卡	克格勃
亨利·史汀生	秘密通信委员会	卡尔珀间谍网
内森·黑尔	艾伦·平克顿	哈丽雅特·塔布曼
黑色邮件	密码分析人员	撒迪厄斯·洛
（美国）海军情报办公室		（美国）军事情报局
黑室	赫伯特·雅德利	"魔术"项目
威廉·多诺万	信息协调员	（美国）战略情报局
"超级"计划	恩尼格玛密码机	布莱切利园
双十字系统	刚毅行动	1947 年《国家安全法》
中央情报局	轰炸机差距	U–2 侦察机
弗朗西斯·加里·鲍尔斯		"日冕"卫星
"伴侣"号卫星	导弹差距	古巴导弹危机
猪湾事件	猫鼬行动	奥列格·潘科夫斯基
"维诺那计划"	罗森堡间谍网	"剑桥五谍"/"剑桥五杰"

金·菲尔比　　　奥尔德里奇·埃姆斯　　罗伯特·汉森
《美国爱国者法案》　爱德华·斯诺登　　《美国自由法案》
美国《情报改革与恐怖主义预防法》　　美国大规模杀伤性武器委员会

九、延伸阅读

Alford, Stephen. *The Watchers: A Secret History of the Reign of Elizabeth I*. London, UK: Bloomsbury Press, 2012.

Andrew, Christopher. *For the President's Eyes Only: Secret Intelligence and the American Presidency From Washington to Bush*. New York, NY: HarperCollins, 1995.

Andrew, Christopher. *The Secret World: A History of Intelligence*. New Haven, CT: Yale University Press, 2018.

Bergman, Ronen. *Rise and Kill First: The Secret History of Israel's Targeted Assassinations*. New York, NY: Random House, 2018.

Godson, Roy. *Dirty Tricks or Trump Cards: US Covert Action and Counterintelligence*. New Brunswick, NJ: Transaction, 2001.

Haynes, John Earl, and Harvey Klehr. *Venona: Decoding Soviet Espionage in America*. New Haven, CT: Yale University Press, 1999.

Lindgren, David. *Trust but Verify: Imagery Analysis in the Cold War*. Annapolis, MD: Naval Institute Press, 2000.

Masterman, J. C. *The Double-Cross System*. Guilford, CT: Lyons Press, 2012.

[第3章]

情报与安全机构：组织与流程

乔纳森·史密斯（Jonathan C. Smith）

一、情报支持概述

1962年秋，苏联做出危险动作，此举有可能导致美苏冷战升级和危机爆发。美国针对古巴开展进攻性的活动（比如1961年的猪湾事件），苏联立刻还以颜色，在这个新盟友请求提供直接军事支持时，欣然表示同意。这些支持中包括**阿纳德尔行动**（Operation ANADYR），也就是向该岛国部署具有核能力的中程和远程弹道导弹。一旦这些导弹进入运行状态，苏联将在核平衡中真正与美国平起平坐。如图3-1所示，这些新导弹部署在古巴之后，如果苏联率先发动打击，留给美国的预警时间将大幅缩短。苏联认识到此举极其重要，于是开始以高度保密的方式部署这些武器。在这些导弹完全进入运行状态之前，他们并不希望美国注意到它们的存在。

1959年古巴革命不但让美国少了一个盟友，而且掌权的新政府与苏联走得越来越近，因此必须了解这个国家的情况，此事已经成为美国国家安全决策者的关键优先事项。另外，1962年11月美国将要举行国会中期选举，在此之前，这也是一个非常重要的政治问题。因此，一段时间以来，美国情报界一直遵照政策制定者的指示，监视着这个岛国的军事动向。

为了支持这一目标，情报界采用了多种情报搜集手段。古巴岛上的人力情报源和逃离的难民提供了关于该岛情况的种种信息。国家安全局监听的通信和电子信号,揭示了 SA-2 地对空导弹等苏联军事装备的部署情况。[1] 中央情报局和美国空军都在执行摄影侦察任务,但双方也在争论应该由谁来主导此番 U-2 高空飞行任务。[2]1962 年 10 月 14 日,一架 U-2 飞机拍到部署地点的照片,位于古巴西部圣克里斯托巴尔附近,内有多枚苏联中程弹道导弹。这些图像经过处理,交给图像判读员,他们

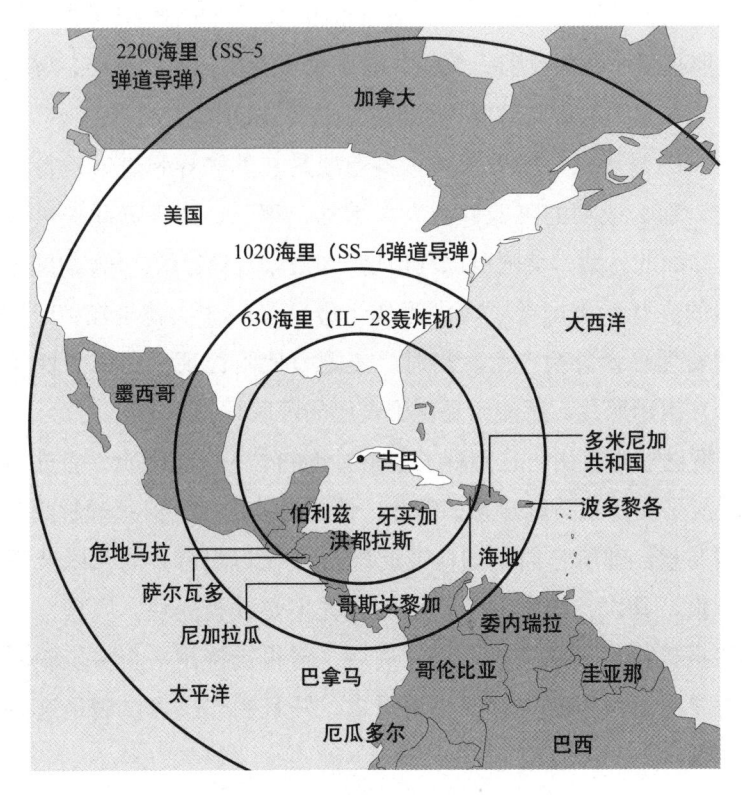

图3-1　1962年古巴作战区域

资料来源：Defense Intelligence Agency, DID Graphics+1(202) 231-8601/Public domain/Wikimedia Commons

---

[1] Center for Cryptographic History. *The NSA and the Cuban Missile Crisis. Fort Meade*, MD: Center for Cryptographic History, 1998, 7.
[2] Allison, Graham. *Essence of Decision: Explaining the Cuban Missile Crisis*. Boston, MA: Little, Brown, 1971, 122.

在研究这些新信息后，认为导弹尚未进入运行状态，但可能会在大约两周内进入。[1]1962年10月16日上午，国家安全事务助理麦乔治·邦迪（McGeorge Bundy）向约翰·肯尼迪总统做简报时汇报了这个情况。肯尼迪立即召集国家安全委员会执行委员会开会，研究美国应当如何应对这一最新事态发展。

这些新的侦察照片，再加上其他情报报告，在两个极其关键的方面为肯尼迪政府提供了决策优势。第一，有了关于此次部署的预警，美国军方可以在该地区集结兵力，从而提供进攻、空袭导弹基地或封锁该岛等政策选项。当时的假设是，如果这些军事选项是在苏联导弹进入运行状态之前发动的，那么成功的可能性会大大增加。第二，由于苏联矢口否认正在开展这方面的行动，美国可以利用这一信息加以驳斥，并发动国际社会支持美国的立场。美国做了许多工作，最有名的一次就是在10月25日的联合国安理会紧急会议上。当时，美国大使阿德莱·史蒂文森（Adlai Stevenson）出示照片，赫然正是位于古巴的苏联导弹基地。

这个案例非常有用，它阐释了本章讨论的若干关键要点。首先，美国的情报职能是支持政策制定者。因此，情报专业的学生必须理解决策结构中的各项要素，理解它们是如何彼此配合（或不配合）的，以及理解如何利用情报。其次，国家安全政策流程并不是铁板一块，同理，支持它的美国情报机构也不是铁板一块。最后，情报支持是一个多步骤的发展流程，需要考虑政策制定者的信息需求，并且制作出可以满足这些需求的成品情报。

---

[1] Walton, Timothy. "Cuban Missile Crisis." In *Challenges in Intelligence Analysis: Lessons From 1300 BCE to the Present*, 143–148. New York, NY: Cambridge University Press, 2011.

图3-2 1962年联合国安理会会议

资料来源：US government, unknown photographer/Public domain/Wikimedia Commons

二、美国系统内的国家安全框架

肯尼迪总统使用的国家安全政策流程是从何而来的？在18世纪80年代中期，美国新政府的设计者们在考虑这个系统的结构和权力时，必须调和彼此对立的价值观。一方面，他们担心政府中央集权的后果。在《联邦党人文集》(Federalist) 第10篇中，詹姆斯·麦迪逊 (James Madison) 讨论了"派系之恶" (Mischief of Faction)，并提出建议称，要想不让这些派系中的某一个独占鳌头，方法就是将政府权力打碎，并使这些碎片相互依赖。这就是美国政体中三权分立和制约平衡等原则的由来。立宪者们一致认为，这个政体应当包含三个相互独立且彼此平等的政府部门：国会、行政部门和司法部门。这三个部门各自拥有特定的政府权力，但许多关键职能却需要与另外两个部门中的某一个开展合作。例如，国会有权通过法案，但通常需要总统批准方可成为法律。

另一方面，这些立宪者认识到，这个新成立的美利坚合众国与所有民族国家一样，也需要拥有自我保护的能力。防止外敌入侵，是任何政府最古老和最根本的目标之一。麦迪逊在《联邦党人文集》第41篇中指出："防御外来威胁是文明社会的主要目标之一。"[1] 在1783年《巴黎条约》签署之后，英国从北美殖民地撤军，但仍对美国安全构成持续威胁，从而更加突显出这方面的需求。

因此，尽管这个政体打碎了许多领域的权力，但某些领域也禁止应用这一原则，比如国家安全领域。例如，虽然制宪会议曾建议设立多个行政机构，或在行政长官之下设立一个顾问机构，但最终批准的仍是**一元行政模式**。正如亚历山大·汉密尔顿（Alexander Hamilton）在《联邦党人文集》第70篇中指出的："一人行事，在决断、灵活、保密、及时等方面，无不较之多人行事优越得多。"他宣称，这是一个极其重要的事项，可以保护这个新成立的国家免遭外国进攻。[2]

因此，当我们探讨美国政府内部这些涉及国家安全的要素时，最好应当谨记这些立宪者在面对权力时的两难困境。在《宪法》当中，许多与国家安全有关的关键职能由立法和行政部门承担。例如，总统是行政长官兼武装部队总司令，但国会有权组建陆军和海军，有权宣战。此外，虽然总统有权决定各部部长和行政部门其他机构主官的人选，但这些任命大多需要参议院的批准。在二战后这些年里，行政部门的权力相比国会有所增长，通常是出于保护国家安全利益的理由。

---

[1] Madison, James. *Federalist* 41. Accessed July 3, 2019. https://www.congress.gov/resources/display/content/The+Federalist+Papers#TheFederalistPapers-41.

[2] Hamilton, Alexander. *Federalist* 70. Accessed July 5, 2019. https://www.congress.gov/resources/display/content/The+Federalist+Papers#TheFederalistPapers-70.

范例：什么是帝国总统制

美国《宪法》明确了一种理念：国会与总统等彼此独立的主体，必须共享权力。但如果总统不想共享呢？1973年出版的一本同名著作，使得"帝国总统制"（imperial presidency）这个理念开始流行。该书作者是曾在肯尼迪政府任职的历史学家小阿瑟·施莱辛格（Arthur Schlesinger Jr.），整本书的创作前提是：在20世纪，总统的权力膨胀，已经超过了宪法授权的限度。施莱辛格认为，这样一来，就会削弱政府其他部门，特别是国会追究总统责任的权力。

有两个涉及国家安全的领域可以准确反映施莱辛格的担忧。首先，随着美国崛起成为超级大国，总统越来越多的工作并不是与外国谈判以达成条约（treaty），而是与外国缔结国际协议（agreement）。国际协议并没有被《宪法》提及，也不需要参议院批准，因为《宪法》要求参议院批准的只有条约。例如，在这个国家成立的前50年里，美国通过谈判，一共达成了60项条约和27项国际协议。相比之下，在1940—1989年，美国是759项条约和13016项国际协议的缔约国。[1] 其次，有史以来，美国只在5次冲突中真正宣战（宣战需要国会表决），但"未宣战"的战争或冲突则有数百次之多，其中包括朝鲜战争、越南战争、波斯湾战争，以及"9·11"以来的所有军事行动。

请记住，这本书是施莱辛格在50年前写下的。从那时起直到今天，在你看来，相对国会来说，总统的权力是增加了，减少了，还是保持不变？

---

[1] Justia. "International Agreements Without Senate Approval." Accessed October 2, 2019. https://law.justia.com/constitution/us/article-2/20-international-agreements-without-senate-approval.html.

（一）国会

美国国会是两院制立法机构，由众议院和参议院组成，众议员438名，参议员100名。两院负责政策的研究、拟定和评估。为履行这一职能，两院都采用委员会框架，也就是议员组成小组，专注于某个特定的主题领域。国会绝大部分真正的活动，都是在这些委员会甚至下属委员会层面开展的。美国前总统伍德罗·威尔逊（Woodrow Wilson）曾经写道："举行辩论的国会只是展示给公众看的国会，委员会里的国会才是真正开展工作的国会。"[1]

美国国会主要有两类委员会。**授权委员会**（Authorizing Committee）的任务符合公众认知：他们在自己负责的特定专业领域，拟定各项政策和项目。两院授权委员会的组织结构，在很大程度上类似于行政部门的内阁结构。例如，众议院和参议院都有一个军事委员会，负责制定和监督政策，而这些政策主要由国防部负责执行。另外，两院也都设有**拨款委员会**(Appropriations Committee)，负责为这些政策和项目分配资金。毕竟，一个没钱实施的方案并不能真正存在。因此，拨款委员会的成员在所有政策领域都拥有极大的权力。正如某位观察人士曾指出的，"授权委员"认为自己是神，"拨款委员"知道自己是神。[2] 这种"钱袋子的权力"是关键的权力杠杆，让国会可以在一切公共政策领域，制衡政府的另外两大部门。

---

[1] Ornstein, Norman, and Thomas Mann. *Renewing Congress: A Second Report.* Washington, DC: American Enterprise Institute, 1993, 15.

[2] Lowenthal, Mark. *Intelligence: From Secrets to Policy,* 6th ed. Washington, DC: CQ Press, 2015, 288.（中译本《情报：从秘密到政策》2015年已由金城出版社出版。——编注）

图3-3 众议院例会

资料来源：US Marines

众议院和参议院负责情报政策的授权委员会，诞生于20世纪70年代初针对不当行为的指控。当时，有指控称军方、中央情报局和联邦调查局等国家安全组织在开展行动时，违反了美国的相关法律，对此，众议院和参议院都召集了"特别"（select，通常意味着该委员会是针对这个单项事件临时召集的）委员会来调查这些指控。这两个特别委员会都是以其主席的名字来命名的。参议院的特别委员会被称为丘奇委员会，因为它的主席是爱达荷州参议员弗兰克·丘奇（Frank Church）。众议院的特别委员会由纽约国会议员奥蒂斯·派克（Otis Pike）领导，因此被称为派克委员会。1975年，这两个委员会针对上述指控开展调查，并举行了公开听证会。此后，两院决定永久性保留这两个委员会。派克委员会更名为**众议院情报常设特别委员会**（HPSCI），丘奇委员会更名为**参议院情报特别委员会**（SSCI）。

经由此事，在美国政体内部，司法部门开始对情报事务开展永久性监督。其结果是，关于情报事务的国会听证会如今已是司空见惯。

图3-4 情报界领导人在参议院某委员会上作证

资料来源：Brian Murphy, ODNI Public Affairs

在涉及敏感问题时，可以不通知所有538名国会议员，只通知一个很小的国会议员团体，即所谓的**八人帮**（Gang of Eight）。"八人帮"由两院中多数党和少数党的领袖，以及两院各自的情报委员会组成。因此，它的成员是众议院议长和众议院少数党领袖、参议院多数党和少数党的领袖，另外还有众议院情报常设特别委员会和参议院情报特别委员会的两位主席及高级成员。

（二）司法部门

虽然根据《宪法》规定，司法这个政府部门与其他两个部门彼此独立、相互平等，但它在国家安全事务中发挥的作用，一直以来都弱于其他两个部门。司法部门的职能是裁决涉及法律领域的争端。此外，如果一项法律或政府行动违背了法院对《宪法》的司法解释，那么根据**司法审查**（judicial review）原则，该法律或政府行动将被视为无效。配上美国最高法院，这项权力就是至高无上的，因为最高法院端坐于联邦司法体系的顶点。有位作家曾经指出，如果在最高法院败诉，那你的上诉对象就只有上帝了。[1] 最高法院拥有解释《宪法》的权力，再加上司法审查的权力和法官终身制带来的政治隔离，使得司法部门有可能在政策问题上发挥决定性作用。前首席大法官查尔斯·埃文斯·休斯（Charles Evans Hughes）曾经指出："我们听命于宪法，但宪法听命于（法官）解释。"[2]

然而一直以来，最高法院拒绝受理国家安全案件，给出的理由是"政治问题"原则。根据这项原则规定，法院不愿裁决某些案件，因为法官认为它们最好由政府的另外两个民选部门，也就是国会和总统来处理。例如，法院一直不愿意审查1973年《战争权力法》是否违宪，因为理查德·尼克松（Richard Nixon）总统于1973年否决了该项法案，但这项否决又被国会推翻。自那以后，没有任何一位美国总统承认该项立法是符合《宪法》的，最高法院也没有审理过与该法律有关的案件。因此，人们并不清楚这项法律是否有效。不过近年来，最高法院变得更加愿意审理与国家安全有关的案件，因为这些案件已经影响到个人权利，比如非法拘禁和强化审讯措施等。

在国家安全方面，除最高法院外，司法机构还有一个领域可以发挥重要作用，那就是执行《外国情报监视法》（FISA）。这项立法于1978年获得通过，目的是保护《宪法》规定的个人权利，同时允许采取必要的高度保密性和监视手段，以保障追捕在美国从事间谍活动或恐怖主义活动的个人，试图在二者之间找到平衡点。《外国情报监视法》规定的相关工作流程，与第四修正案中明确规定的搜查令程序平行但不相交。第四修正案规定："除依据可能成立的理由，以宣誓或代誓宣言保证……不得发出搜

---

[1] Freer, Richard. *Civil Procedure*, 4th ed. New York, NY: Wolters Kluwer, 2017, 894.
[2] Hughes, Charles Evans. *Addresses and Papers of Charles Evans Hughes, Governor of New York, 1906–1908*. New York, NY: BiblioLife, 2009, 139.

查和扣押令。"[1] 但《外国情报监视法》的搜查令申请不在公共论坛上提交，因为这样有可能被疑似敌对外国势力发现，它需要提交给**外国情报监视法院（FISC）**的成员。该法院负责秘密审核搜查令申请，目的是避免惊动嫌疑人，以及为相关信息保密，从而保护国家安全。该法院由 11 名地区法院法官组成，他们由美国最高法院首席法官任命，任期 7 年。[2]

（三）行政部门

行政部门是联邦政府最大的部门，负责执行法律和政策。当你们想到联邦政府雇员有近 400 万人时，他们中绝大多数其实都是行政部门的雇员。因此，当社会上的人们与联邦政府互动时，大多数都是在与行政部门的成员打交道。从邮递员到现役士兵，再到当地社会保障办公室负责支付款项的人员，他们都来自行政部门的官僚机构。根据《宪法》规定，总统是行政部门主官，端坐在这个结构中的最高点。但这并不一定意味着总统完全掌控了行政官僚机构。哈里·杜鲁门总统在其继任者、退役五星上将德怀特·艾森豪威尔（Dwight Eisenhower）当选总统时指出，担任行政部门负责人完全不同于指挥一支部队。他说："可怜的艾克[3]——这里跟军队可是两回事。"[4]

行政部门的大部分人员都是在内阁系统内接受组织安排，开展工作的。在这种结构中，人员被组织起来并被划入内阁各部——各部负责执行某一特定领域的公共政策。例如，国务院人员的任务是与外国和国际组织开展外交活动。内阁各部的主官是内阁部长。这些部长担负两项主要

---

[1] Legal Information Institute. "US Constitution: Fourth Amendment." Accessed August 1, 2019. https://www.law.cornell.edu/constitution/fourth_amendment.
[2] Foreign Intelligence Surveillance Court. "About the Foreign Intelligence Surveillance Court." Accessed July 5, 2019. https://www.fisc.uscourts.gov/about-foreign-intelligence-surveillance-court.
[3] 艾克（Ike）是艾森豪威尔（Eisenhower）的昵称。——译注
[4] Kelly, Jason. "OctoPOTUS?" *The University of Chicago Magazine* 105, no. 1 (September–October 2012). https://mag.uchicago.edu/law-policy-society/octopotus.

职责：一是管理本组织内部的事务和人员，二是在本部特定的专业领域内向总统提供政策建议。因此，国务卿除了在外交事务上向总统提供建议之外，还应该管理组织事宜，比如向世界各地的美国大使馆派遣外交人员。目前，内阁由副总统和15位内阁部长组成。

三、国家安全官僚机构的发展

二战以来，行政部门内的国家安全官僚机构蓬勃发展。这些机构的扩张之举，是政府在各个不同时代，在面对紧迫地缘政治问题时所做的回应。然而，即便这些问题已时过境迁，官僚机构的扩张仍在继续，所有迹象都表明这种新的结构将会一直存在下去。美国联合专栏作家查理·里斯（Charley Reese）曾经指出："官僚机构一旦建立，就永远不会消亡。"[1] 这会让行政部门的权力继续增加，超越政府的另外两大部门。推动这种扩张的有两个最重要的历史事件，那就是冷战和后"9·11"安全环境。

（一）冷战

虽然二战是让美国成为超级大国的关键事件，也是让美国成为同盟国获胜的关键驱动力，但正是1945年后苏联这个新出现的威胁，突显出更有必要建立一个更加强大的永久性国家安全机构。从1941年12月日本偷袭珍珠港开始，美国参加了这场持续将近4年的世界大战。战事刚刚结束，美国便希望可以迅速解除动员。例如，战略情报局就是二战期间创建的，是一个强大的多功能的情报组织。1945年9月2日，日本投降。不到3周，战略情报局便正式解散了。

然而，美国以愈发警惕的目光，紧盯着苏联在世界各地的活动。在东欧，共产党在波兰和捷克斯洛伐克等苏联占领的国家掌权。在中东，苏联不愿从伊朗北部撤军，并试图向土耳其施压，要求扩大苏联通过土耳其海

---

[1] AZ Quotes. *Charley Reese*. Accessed July 10, 2019. https://www.azquotes.com/quote/1036991.

峡出入地中海的权限。此事导致美国做出回应，于1946年在伊斯坦布尔停靠"密苏里"号（Missouri）战列舰。

美国外交官乔治·凯南（George F. Kennan）在后来被称为"长电报"（Long Telegram）的电文中，阐述了这种新威胁的性质。1946年，他在美国驻莫斯科大使馆发电文时指出，反制苏联的这次威胁，"无疑是我们外交工作当前面临的最巨大的任务，也可能是我们外交活动有史以来被迫面临的最巨大的任务"。[1] 在凯南的描述中，苏联不相信有可能与西方和平共处。相反，苏联认为自己与西方资本主义国家的冲突是无休无止的，他们的主要目标是在一切可能的地方推进社会主义事业，以此削弱世界各地的资本主义。凯南对这个问题的阐述，以及苏联在二战后的所作所为，导致美国制定**遏制战略**（containment strategy），这项战略要求建立美国国家安全系统，反制苏联在世界各地的一切扩张企图。

图3-5　1946年，美国军舰"密苏里"号现身伊斯坦布尔

资料来源：Official US Navy photograph/Public domain/Wikimedia Commons

---

[1] Kennan, George. "The Long Telegram." February 22, 1946. http://www.ntanet.net/KENNAN.html.

《国家安全战略》

总统定期向国会提交《国家安全战略》(NSS) 文件。该文件旨在阐明美国国家安全的利益和目标，以及这些利益和目标所面临的威胁的范围。它还会评估国家安全机构是否有能力实现这些目标。例如，如果恐怖主义的持续威胁是一个安全问题，那么《国家安全战略》就应当讨论美国政府解决这个问题的能力。关于这份战略文件的具体要求，1986年《戈德华特—尼科尔斯国防部改组法案》第603节做出了明文规定。虽然按照这部法案的规定，这份文件应当每年编制一次，但目前的做法是每2—4年完成一次。[1]

《国家安全战略》是美国编制的最高级别的战略文件，意义在于可以作为一份总括文件，指导《国防战略》或《国家情报战略》等较低级别的战略文件。[2] 无论《国家安全战略》文件的驱动方式是自下而上提交方案，还是自上而下强制推行（在后一种情况下，总统和国家安全顾问下达命令，规定好它的结构和内容），它都是在国家安全委员会的机构间组织编写的。国家安全机构的各个部门会在考虑总统安排的优先事项的同时，在各个机构间政策委员会中协调彼此的意见，然后由副部长委员会和部长委员会合并这些意见。以往，这个过程需要9—18个月才能完成。

最新两版的美国《国家安全战略》分别于2015年和2017年编制。它们反映了两位总统所辖政府的观点，其中2015年的文件由奥巴马政府制作，2017年的文件由特朗普政府制作。可以肯定的是，二者在方法上存在差异。例如，2015年的文件极力强调多边主义和

---

[1] "Goldwater–Nichols Department of Defense Reorganization Act of 1986." Accessed November 5, 2019. https://history.defense.gov/Portals/70/Documents/dod_reforms/Goldwater-NicholsDoDReordAct1986.pdf.

[2] Stolberg, Alan. *How Nation-States Craft National Security Strategy Documents*. Carlisle Barracks, PA: Strategic Studies Institute, 2012, 71.

> 国际机构，而2017年的文件以"美国优先"作为主题，自然会更多地关注双边关系和单边行动。尽管如此，两届政府对国际环境的看法仍有极大的重叠部分。两份文件都强调确保国家安全不受恐怖主义或大规模杀伤性武器威胁的目标，也都认为经济繁荣是保障美国国家安全的一个关键目标。
>
> 　　这些《国家安全战略》文件是否准确？对此人们一直心存疑虑。毕竟它们都是公开的，所有人都可查阅，美国的对手也可以看到。通常来说，并不建议与你的对手共享战胜他的计划。虽然应当认识到该文件是面向公众的，但它确实也是一份总体表述，很好地阐释了当前国际体系中美国的利益和目标。

美国需要强化国家安全机构，这样才能在1946—1991年这场前所未有的冷战中与苏联竞争。军事力量是美国所做回应中的一项关键因素。凯南在电报中强调指出，苏联"对武力逻辑高度敏感"。[1] 但冷战将是一场长期竞争，两国之间不会爆发直接的军事冲突。相反，这将是多领域的竞争，必须以协同方式运用国家力量的所有手段，即外交、信息、军事和经济等手段。

1. 国家安全委员会

1947年《国家安全法》就是从组织机构的角度对冷战所做的主要回应，包含美国国家安全框架的三项重要变化。第一项重要变化是，成立**国家安全委员会**（NSC），这是总统对国家安全官僚机构开展管理时的一项重要举措，包括两项主要内容。一是成立了一个合法授权的顾问团队，便于总统在处理国家安全问题时为其提供咨询。虽然总统可以选择"非法定"成员来扩充这个委员会，但其法定成员仍然是副总统，以及国务卿、国防部长、能源部长和财政部长。参谋长联席会议主席和国家情报总监也是法定成员，但在委员会中没有投票权，只能在各自专

---

[1]　Keenan, "The Long Telegram."

业领域提供咨询意见。

二是国家安全委员会是一个管理系统，可以改善官僚机构各部门之间的协作。如果把美国政府各部门比作音乐家的手指，当它们能够在一个更加宏大的计划当中，如同音乐会一般彼此协作时，国家安全政策才更有可能成功。腓特烈大帝曾说过："没有武力的外交就像是没有乐器的音乐。"[1] 国家力量中的经济和情报实力等其他要素在彼此配合的时候，道理也是一样的。因此，如图3-6所示，国家安全委员会下设多层级的跨部门协作机制，负责辩论并制定提供给总统的政策选项。居于国家安全委员会之下的是部长委员会，国家安全委员会的许多成员正是该委员会的成员，但不包括总统。在该委员会之下是副部长委员会，由各部门的副职主官组成，比如副国务卿和参谋长联席会议副主席。最低一级是机构间政策委员会，负责特定的政策领域，比如军备控制、打击恐怖主义和东亚事务。这是政策领域的行动官员层级，他们负责官僚行动的具体执行和协调工作。

虽然1947年的立法没有专门提及国家安全顾问这个职位，但自1953年以来，这一职位在国家安全事务中的重要性与日俱增。除管理国家安全委员会的工作人员外，国家安全顾问还负责就相关政策事务向总统提供咨询意见。不同于国防部长或国家情报总监等高级顾问，这个职位并不需要参议院批准。因此，总统可以更加自由地选择自己属意的人选，无须任何额外的政治考虑。鉴于这一原因，再加上这位国家安全委员会顾问在总统身边工作的事实，无怪乎这一职位的重要性与日俱增。在最近多位总统的任期内，国家安全委员会顾问对总统决策的影响力变大，已经超过了国务卿等传统顾问。

---

[1] Goodreads. "Frederick the Great: Quotes." Accessed November 3, 2019. https://www.goodreads.com/quotes/9020207-diplomacy-without-arms-is-like-music-without-instruments.

```
┌─────────────────┐
│   国家安全委员会   │
└─────────────────┘
 ┌─────────────────┐
 │    部长委员会    │
 └─────────────────┘
  ┌─────────────────┐
  │   副部长委员会   │
  └─────────────────┘
   ┌─────────────────┐
   │  机构间政策委员会 │
   └─────────────────┘
```

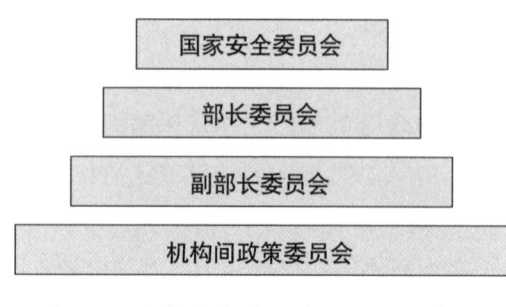

图3–6　国家安全委员会下属各级机构

2. 1947年《国家安全法》

1947年《国家安全法》带来的第二项重要变化是，不但成立国家安全委员会，而且成立了美国和平时期首个战略情报机构：中央情报局。虽然中央情报局并非战略情报局的直接继承者，但其早期领导层大多来自战略情报局。由于担心情报组织可能会对国内政治制度造成潜在损害，美国的对外和对内情报活动之间，有着非常明确的分界线。中央情报局获得的授权明确指出，它没有警务权力，也不得在美国领土开展行动。此类行动将由联邦调查局负责管理。与此同时，联邦调查局放弃了主要在拉丁美洲培养的外国情报力量。

1947年《国家安全法》带来的第三项重要变化就是加强了国家军事机构的实力。自建国以来，美国的海军部和战争部一直是彼此独立的机构。为了改善各军种之间的协作，《国家安全法》将它们统合起来，接受新成立的国防部领导。此外，它将陆军航空队升格成新的独立军种，也就是空军。它还保留了海军陆战队的独立军种地位，但需接受海军部领导。

3. 1986年《戈德华特—尼科尔斯法案》

冷战期间，军种间合作问题一直都是令人关切的事项。1986年《戈德华特—尼科尔斯法案》（Goldwater-Nichols Act）就是为了解决这个问题，它绕过四大军种的首长，精简了一线部队的指挥链。在此之前，各军种之间明争暗斗，使得美国在越战中的作战行动失利，也令1980年伊朗营救人质任务宣告失败。在这种新的系统下，海军作战部长或海军陆战队司令等军种首长不再介入作战行动的指挥链。相反，他们主要负责本军种部队的训练和装备。此外，他们也是参谋长联席会议成员，可以向总统提供军事建议。在这个新的"戈德华特—尼科尔斯框架"下，军事行动的指挥链可以从总统和国防部长直达作战司令部。这部法案提升了作战司令部的权力，如此它们就能以更加有效的方式，将所在战区内四大军种的部队统合如一。因此，美国欧洲司令部司令掌握的作战控制权，可以指挥欧洲全境的所有美军部队，不论何种军种。此外，该法案还授权这些作战司令部大力发展所辖部门情报资源，以支持各自的军事活动。

（二）后"9·11"环境

人们常说，2001年9月11日，世界发生了改变。这话听起来有些老生常谈，但对于美国国家安全来说，这一天的重要性无论怎么强调都不为过。19名"基地"组织的劫机者在美国境内发动袭击，造成3000多人死亡，极大地震动了国家安全界，原因有二。第一，这是几十年来美国国内发生的首次重大袭击。上一次最具可比性的类似例子，还是1941年日本偷袭珍珠港。美国非常担忧外国发动袭击，这种担心在美国建国以来的大部分时间完全没有必要。虽然**国土安全**（homeland security）一词在这个时代已然司空见惯，但在这次袭击之前，美国公众很少听过这个说法。

这次袭击令人震惊的第二个原因是，美国政府没有做太多准备，难以与"基地"组织等非国家行为体开战。恐怖主义团体不一定必须占据某个地理区域，他们不穿独特醒目的制服，以便混进其他游客当中，穿越国家的边境线。在过去半个世纪的大部分时间里，美国一直都在着手准备，以防可能与苏联爆发大规模国家间战争。而这次的新冲突是性质截然不同的冲突类型。2001年10月，也就是"9·11"事件一个月后，美国国内出现了一系列利用炭疽病毒发起的恐怖袭击，此事进一步坚定了美国国家安全界必须自我调整，以应对这种新型威胁的理念。

1. 国土安全部

在接下来的3年里，国家安全界在两个方面发生了根本性的变化。第一个变化是成立了国土安全部（DHS）。"9·11"恐怖袭击发生之后，小布什总统立即在总统行政办公室成立了国土安全部，以协调国土安全战略，防止美国境内发生恐怖袭击。这就是2002年11月新成立的这个内阁级部门的核心任务。除此之外，新部门还合并了22个业已存在的联邦机构，它们之前的职责全都涉及国内安全和打击恐怖主义。这次合并是1947年通过《国家安全法》以来，联邦官僚机构进行的规模最大的改组，也是有史以来最多样化的合并。[1] 合并机构时涉及的领域包括救灾（联邦紧急事务管理署）、边境保护（海关和边境保护局），以及高级政府官员保护（特勤局）等。值得一提的是，这次合并并不涉及联邦调查局，它仍然隶属司法部。

2. 2004年《情报改革与恐怖主义预防法》

"9·11"之后的几年里，第二个结构上的变化就是美国对情报界进行的改革。在"9·11"袭击的驱动下，并且受美国情报界于2002年就伊拉克大规模杀伤性武器问题出具《国家情报评估》的直接影响，2004年《情报改革与恐怖主义预防法》（IRTPA）对美国情报界的领导层进行了两项重大调整。首先，美国情报界的主官以前是中央情报总监，但现在改为国家情报总监。除了改变名称之外，它还把这个岗位的职责从总统的对外情报事务首席顾问，改为总统的国家情报首席顾问，这意味着其职权范围已经扩大，将国内安全事务也包括在内。其次，《情报改革与恐怖主义预防法》将美国情报界主官这个职务从中央情报局剥离出去。在2004年之前，中央情报总监身兼两职，既是美国情报界的主官，又是其中最重要机构的主官。

---

[1] Perl, Raphael. "The Department of Homeland Security: Background and Challenges." In *Terrorism— Reducing Vulnerabilities and Improving Responses*. Washington, DC: Office for Central Europe and Eurasia Development, Security, and Cooperation Policy and Global Affairs, 2004, 176.

图3-7 "9·11"世贸中心遭恐怖袭击

资料来源：UA_Flight_175_hits_WTC_south_tower_9-11.jpeg: Flickr user TheMachineStops (Robert J. Fisch) derivative work: upstateNYer/CC-BY-SA (https://creativecommons.org/licenses/by-sa/2.0)/Wikimedia Commons

四、美国政府系统内的情报组织

与其他国家情报机构的组织方式相比，美国情报界的官僚组织部署是独一无二的。它由17个独立的组织构成，由国家情报总监负责各组织间的协调。这个系统最大的特点就是分散式部署，目的是限制集中化的管理模式。

虽然美国情报界是美国政府系统内情报工作的中心，但必须强调一点，开展情报工作的并非独此一家。搜集、分析和使用信息以支持决策优势，这种做法被美国各级政府中的许多组织采用，甚至在政府之外也是如此。例如，当我们讨论美国情报界的17个部门时，其实还有其他具有情报职能的联邦组织，只不过它们并不正式隶属美国情报界。

图3-8 美国情报界徽章

资料来源：Defense Intelligence Agency

（一）情报界的领导层

国家情报总监是美国情报界的关键领导人，是总统和国家安全委员会情报事务首席顾问。国家情报总监由总统任命，但必须经过参议院批准，其核心任务是促进美国情报界 17 个部门的情报一体化，以此监督和指导《国家情报计划》（NIP）。国家情报总监还负责编写《国家情报战略》，为情报界提供战略指导。但他控制各情报机构的权力是有限的。国家情报总监对其他情报组织的人事事务没有控制权，在预算方面的权力也是有限的。国家情报总监根据美国情报界各机构提交的资料来制定《国家情报计划》的预算，不过重新规划资金的权力有限。因此，国家情报总监对美国情报界资产的管控权限不大，假如它处在更加集权的政体中，权力原本应该更大。

《国家情报战略》

《国家情报战略》旨在为情报界提供为期4年的指导，并应当支持当前新版《国家安全战略》所列的优先事项。该系列文件的法律基础是2004年《情报改革与恐怖主义预防法》；截至2019年，《国家情报战略》已经编写了4版，时间分别是2005年、2009年、2014年和2019年。

每一份《国家情报战略》既是对当前战略环境的描述，又是在业务目标与行政目标之间开展的组织筹划。业务目标侧重于"情报界面临的广泛的地区主题和职能主题，这些主题的优先级别将通过《国家情报优先事项框架》（NIPF）报呈情报界"。自2009年《国家情报战略》问世以来，这些目标相对稳定，主要侧重于恐怖主义、大规模杀伤性武器、反情报和网络问题等领域。

行政目标侧重于情报界内部人事和组织的管理工作，以及这些"资产"间的合作与协调。虽然这些目标的具体数目在各版战略中有所不同，但它们都侧重于如何促进组织内部的一体化和信息共享，如何吸引优秀人才进入情报界，以及如何通过创新来提高情报界的实力。新版《国家情报战略》侧重强调情报界工作人员的行为。2014年和2019年的文件里都有一份关于情报界职业道德原则的声明。2019年《国家情报战略》还包括一个行政目标，其重点是保障公民自由和实行适当的透明度，以保持情报界的可靠性，以及公众对情报界的信任。[1]

资料来源：The National Intelligence Strategy of the United States (2019)

---

[1] Office of the Director of National Intelligence. *The National Intelligence Strategy of the United States (2019)*. Washington, DC: Office of the Director of National Intelligence, 2019, 279.

然而，国家情报总监这个职位是决策世界与情报力量之间的关键中介。例如，国家情报总监办公室（ODNI）有一项任务，就是管理每年《国家情报优先事项框架》的编制工作。这份文件是确定、管理和交流国家情报优先事项的主要机制保障。如果内阁部门和机构需要情报支持，就会提交资料，再由总统和国家安全顾问来确定总体优先事项。[1] 也就是说，国家情报总监需要征求国家安全政策制定者的指示意见，以确保美国情报界提供的情报，能够以最有效的方式支持决策优势。

国家情报总监对整个美国情报界或许只拥有有限的权力，但在国家情报总监办公室内部，却拥有更加传统的组织权力，包括有权创建各个"中心"，以推进本组织的目标实现。**国家情报委员会**就是这些中心里历史最久的，因为它于1979年在《情报改革与恐怖主义预防法》实施前的情报体系下创建。它是美国情报界的中长期战略分析中心。国家情报委员会主要由经验丰富的分析人员组成，他们在各自的专业领域拥有广泛的专业知识，被称为国家情报官（NIO）。例如，马滕·范赫芬（Marten Van Heuven）拥有耶鲁大学历史学学位，被任命为东欧问题情报官之前，曾在多个驻欧机构担任外交官员。托马斯·施里夫（Thomas Shreeve）曾指出："分析人员认为，能被分配到国家情报委员会工作，这是资深、顶尖地位的标志。"[2] 以下文本框是一份国家情报官招聘公告的摘要版本，从中可以看出，这一职位需要广泛的背景和专业知识。[3] 这些国家情报官按地区和职能专长分门别类，负责撰写《国家情报评估》。但他们只负责编写

---

[1] Office of the Director of National Intelligence. *Intelligence Community Directive 204—National Intelligence Priorities Framework*. Washington, DC: Office of the Director of National Intelligence, 2015. https://www.dni.gov/files/documents/ICD/ICD%20204%20National%20Intelligence%20Priorities%20Framework.pdf.

[2] Shreeve, Thomas. "The Intelligence Community Case Method Program: A National Estimate on Yugoslavia." In *Intelligence and National Security Strategist*, edited by Robert George and Robert Kline, 333. New York, NY: Rowman & Littlefield, 2006.

[3] "National Intelligence Officer for North Korea." USAJobs. Accessed August 12, 2019. www.usajobs.gov/GetJob/ViewDetails/536125300.

初稿，主要是在整个美国情报界内，通过协作方式对这个分析产品进行审查和修订，以确保它可以体现17个组织的集体判断。除了编写《国家情报评估》之外，国家情报委员会还负责进行长期评估类开源分析，比如编写《全球趋势》（Global Trends）系列报告。

> **职业聚焦：朝鲜方向国家情报官（2019年）**[1]
>
> **主要职责**
>
> - 朝鲜方向国家情报官（NIO/NK）接受国家情报总监的领导，是负责朝鲜问题的高级分析主管。朝鲜方向国家情报官是国家情报总监的工作枢纽，负责所有与朝鲜有关的分析事务，并负责编制战略情报分析，以支持美国高层政策制定者。
>
> - 情报界将就朝鲜问题开展全方面的分析评估（例如《国家情报评估》《情报界评估》《情报界共识备忘录》），为此将广泛开展编写和协调工作，并针对这些工作进行监督，还将在相关人员为美国政府最高决策层提供重点突出、更具时效性的分析时，酌情对这些工作开展监督。
>
> - 协调、指导并在某些情况下亲自起草整个情报界的中期和长期战略分析，以支持并推动高层政策制定者和战斗人员深入了解朝鲜。你将作为朝鲜问题的主题专家和分析顾问，支持国家情报总监肩负的总统首席情报顾问这一职责。
>
> - 与情报界各机构的分析人员合作，编写《一体化情报战略》的分析部分，并对情报界旨在支持《一体化情报战略》的分析工作开展评估。配合国家情报总监这位国家情报管理者的工作，协助确保分析和搜集彻底实现一体化。
>
> - 领导、管理和指挥国家情报官朝鲜分部的专业级分析人员，评估其工作成绩，协作制定目标，并就个人和专业发展机会提供反馈

---

[1] "National Intelligence Officer for North Korea." USAJobs. Accessed August 12, 2019. www.usajobs.gov/GetJob/ViewDetails/536125300.

和指导意见。

申请资格
- 只有高级岗位（高级国家情报官、高级行政官、高级情报官、国防情报高级行政官及其他国防情报高级官员）的候选人可以申请。普通岗位雇员不得申请。

经验和教育方面的资格
- 在朝鲜事务（包括政治和安全事务）方面拥有公认并且丰富的专业知识。
- 在与决策高层开展有效合作方面拥有经验和专业知识，包括深入了解高层政策制定者目前在朝鲜事务上的情报需求和分析需求，以及他们在朝鲜问题上的优先事项。
- 在管理分析流程，了解情报界分析力量和优先事项，以及在情报界高层开展工作、努力驱动分析产品的生产等方面，拥有专业知识和经验。
- 在对跨机构、跨科目的情报界小组提供指导，帮助其处理各类职能性或地区性的分析工作方面，拥有并已展示相关能力。
- 拥有出色的沟通技巧，包括有能力对高层领导施加影响力，有能力与本组织内部和外部各级人员开展有效交流，有能力作口头报告，以及有能力以其他方式代表美国情报界参加机构间会议。

资料来源：National Intelligence Officer for North Korea. USAJobs (2019)

  国家情报总监办公室下辖的其他4个中心，可以准确反映出美国政府的情报优先事项。"9·11"事件之后的几年里，美国政府最优先的工作就是阻止恐怖主义和大规模杀伤性武器的扩散。因此，国家情报总监办公室于2004年成立国家反恐中心，于2005年成立国家反扩散中心。每个中心在各自负责的特定政策领域内，承担与国家情报总监类似的协调职能。例如，国家反情报与安全中心负责推动关键反情报职能（比如保护国家安全信息和流程）的一体化。国家内部威胁特别工作组在整个政府范围内开展工作，以检测、威慑和减缓美国情报界面临的内部威胁，自 2011 年以来，该特别工作组便一直与国家反情报与安全中心合署办公。最新成立的中心是网络威胁情报一体化中心。它于 2015 年成立，目的是研究外国网络威胁，提供美国情报界彼此验证后的分析，并确保这些信息可以在联邦政府的网络界（cyber community）进行验证和共享。

（二）中央情报局

通常来说，中央情报局是美国情报界最有名的机构，也是美国政府内部专门开展情报工作的两个独立机构中的一个（另一个是国家情报总监办公室）。它成立于 1947 年，总部设在弗吉尼亚州兰利市。它在最初设计时深受战略情报局相关经验的影响，最初的工作人员有大约三分之一来自战略情报局。[1] 和战略情报局一样，中央情报局是一个多功能组织，负责开展情报搜集和分析。另外，和战略情报局一样，它也在美国境外进行反情报和隐蔽行动。

虽然中央情报局分为 5 个处，但分析处和行动处一直都是该组织最重要的部门。分析处的任务是向各级政府提供及时客观的全源分析，但首要重心还是为高层政策制定者服务。事实上，国家情报总监在 2011 年的一份报告中指出，在整个美国情报界，中央情报局是国家安全事务方向全源情报的最大生产单位。[2]

行动处以前被称为国家秘密行动处，是中央情报局进行情报搜集、反情报和隐蔽行动等任务的主要力量。在搜集情报信息时，该处侧重于秘密搜集人力情报信息。中央情报局局长在该领域拥有丰富的资源和专业知

---

[1] Central Intelligence Agency. "History of the CIA." Accessed July 13, 2019. www.cia.gov/about-cia/historyof-the-cia.

[2] Director of National Intelligence. *US Intelligence: IC Consumer's Guide*. Washington, DC: Office of the Director of National Intelligence, 2011, 18.

识，是整个美国情报界人力情报搜集的职能主管，所起作用是在美国情报系统内 17 个情报组织开展此类搜集时，主导它们彼此协调和规避冲突等方面的努力。虽然在官方层面，中央情报局开展隐蔽行动的能力几乎并不为人所知，但有广泛报道称，在"9·11"之后的几年里，行动处这方面的力量大为扩张，目的是继续开展行动，打击"基地"组织等恐怖组织。

支持处和科技处虽然不太出名，但对本组织的正常运转也是相当重要的。支持处提供了大量的行政和后勤服务，以支持中央情报局的各项任务。这些服务职能包括采购、人员招募、医疗服务和场地安全等。科技处开发并应用新技术，用于搜集和处理情报信息。在某些方面，它就像詹姆斯·邦德电影中的角色 Q。该处网站指出："在科技处度过一天，就是在中央情报局的想象世界中度过一天。"[1] In-Q-Tel 是一家私人风险投资公司，专为中央情报局开发信息技术解决方案，事实上，成立该公司的灵感就来自 20 世纪 90 年代末科技处的领导人。[2]

最新的处级单位成立于 2015 年。数字创新处是近 50 年来中央情报局首个新增部门，从组织机构的角度反映出，与信息技术和计算机网络相关的问题愈发成为国家安全的优先事项。它的工作重点是使中央情报局的信息技术资产现代化，并将网络力量投入实际运用，以支持中央情报局的各项任务。开源中心作为开源情报搜集组织，是美国情报界所有开源部门的领军组织，与数字创新处合署办公。

为了促进组织内各项活动的一体化，中央情报局在 2015 年成立了多个任务中心，用这种组织结构来增强各处的力量。这个体系的运作机制，很像前面提到的"戈德华特—尼科尔斯改革"后的军队体制。各处提供培

---

[1] Central Intelligence Agency. "Science and Technology." Accessed July 13, 2019. https://www.cia.gov/officesof-cia/science-technology.

[2] Yannuzzi, Rick. *In-Q-Tel: A New Partnership Between the CIA and the Private Sector*. Washington, DC: Joint Military Intelligence College, 2000. http://www.cia.gov/library/publications/intelligence-history/in-q-tel.

[第3章] 情报与安全机构：组织与流程 | 085

局长办公室		
局长		
副局长		
执行局长		
副执行局长		

非保密

部门职能		卓越人才中心
对外情报关系事务局长助理	国会事务办公室	情报研究中心
军事事务副局长	法律总监办公室	多样化与包容性办公室
首席财务官	监察长办公室	参与和创新办公室
集团政策办公室	公共事务办公室	培训部门办公室
关键任务保障项目办公室	采购主管办公室	人才培养办公室
局长行政支持办公室	战略与集团管理办公室	人才管理办公室
执行秘书处		
有效性测量办公室		

非保密

各处					任务中心
分析处	数字创新处	行动处	科技处	支持处	非洲任务中心
高级分析科	机构数据科	人力资源科	全球访问科	人才管理中心	反情报任务中心
分析类产品生产与分发科	网络情报中心	情报与外交事务科	一体化任务科	集团事务科	反恐任务中心
资源与支持科	信息技术科	行动与资源管理科	任务资源科	设备与任务交付科	东亚与太平洋任务中心
战略项目科	开源科	政策协调科	大空侦察科	全球服务科	欧洲与欧亚大陆任务中心
	人才科	支持资源科	特别行动科	创新与一体化科	全球事务任务中心
			技术搜集科	医疗服务科	近东任务中心
			技术情报官培养科	人力资源科	南亚与东亚任务中心
			技术准备科	安全科	武器与反扩散任务中心
			技术服务科	资源管理小组	西半球任务中心

非保密

图 3-9 2015 年中央情报局组织结构图

资料来源：Central Intelligence Agency

训和资源，培养本处人员掌握特有的各类技术手段。然后，这些人员将与来自中央情报局其他各处的人员混编，加入某个专门处理特定地理区域或职能问题的任务中心。截至2015年，中央情报局已成立了10个任务中心，主要关注非洲、全球事务、反恐，以及反扩散等。[1]人们希望这样可以提高一体化水平和互操作性，减少"烟囱"等传统官僚难题。

在承担多种任务的组织中，经常会出现不同文化相互竞争的情况。在中央情报局，最严重的文化对峙存在于行动人员与分析人员之间。行动人员认为自己做的才是中央情报局真正的工作：在海外开展人力情报和隐蔽行动。一直以来，这个组织的领导高层大多都是行动人员出身。事实上，现任中央情报局局长吉娜·哈斯佩尔[2]职业生涯的绝大部分时间，都是在国家秘密行动处（现称行动处）度过的。[3]不同于开展行动的这些"酷孩子"，分析人员的特质被概括为聪明、内向，对自己的独立性非常敏感。一些中央情报局的退休人员认为，2015年的改革是有利于分析人员的，并称该项计划为"书呆子的报复"。[4]无论这一说法是否属实，它表明中央情报局内部一直存在的文化分歧，在某种程度上仍将继续存在。

（三）五角大楼和国防情报局

在美国情报界，五角大楼就是谚语中那只800磅重的大猩猩[5]。马克·洛文塔尔（Mark Lowenthal）曾经指出："国防部长对情报界的日常

---

[1] Central Intelligence Agency. "CIA Organization Chart." Accessed July 11, 2019. https://www.cia.gov/about-cia/leadership/cia-organization-chart.html.

[2] 吉娜·哈斯佩尔（Gina Haspel）已于2021年1月宣布"退休"。——译注

[3] Central Intelligence Agency. "Gina Haspel, Director." Accessed July 13, 2019. https://www.cia.gov/aboutcia/leadership/gina-haspel.html.

[4] Ignatius, David. "Will John Brennan's Controversial CIA Modernization Survive Trump?" *The Washington Post*, January 17, 2017. https://www.washingtonpost.com/opinions/will-john-brennans-controversial-cia-modernization-survive-trump/2017/01/17/54e6cc1c-dcd5-11e6-ad42-f3375f271c9c_story.html.

[5] 美国俚语，用来形容某个人或组织过于强大，可以为所欲为。——译注

掌控力，比国家情报总监要大许多。"[1] 例如，在国家情报总监负责协调的17个组织中，几乎一半由国防部负责管理。此外，虽然没有官方数字，但大多数评估都可以表明，美国情报界大约80%的预算和人力都在五角大楼的控制之下。

不过，国防部长对情报问题的关注力度通常不像国家情报总监那样高。比较不同组织的规模，我们就可以看出这一动态。如果把在国防部工作的所有文职和军方人员加在一起，你就会发现该组织大约有280万人。关于美国情报界的规模，目前还没有官方声明，但《纽约时报》2015年有篇文章表示，国防部有大约18万名情报人员。[2] 这还不到五角大楼全体人员的7%。因此，虽然国家情报总监可以把五角大楼视为本领域的主导力量，但情报事务却不一定是国防部的主要关注点。2002年，国防部情报事务副部长（USDI）一职的设立，便足以体现这一点，因为这在五角大楼只是第三级的领导岗位，只负责管理和监督等事务问题，比如涉及国防情报的预算和政策等。不过，虽然这位情报事务副部长对情报职能没有行动控制权，但许多人认为，这一职位在美国情报界的权力甚至比国家情报总监更大。

每个"制服"[3] 军事组织都有一个下属情报组织来支持本军种。在美国情报界，历史最久的情报组织是海军情报办公室，成立于1882年，专注于海上情报问题。国家地面情报中心位于美国弗吉尼亚州夏洛茨维尔市，是美国陆军情报产品的主要提供者。空军第25航空队和海军陆战队情报处也为本军种履行类似的职能。这4个组织由本军种部长负责管理，通常专注于作战层面的情报事务。

国防情报局（DIA）是独立于各军种之外的部门，除了支持已部署的军队，还专注于战略层面的国防问题。它成立于1961年，主要由文职人

---

[1] Lowenthal, *Intelligence*, 41.
[2] Shanker, Thom. "A Secret Warrior Leaves the Pentagon as Quietly as He Entered." *The New York Times*, May 1, 2015. https://www.nytimes.com/2015/05/02/us/a-secret-warrior-leaves-the-pentagon-as-quietly-as-he-entered.html.
[3] 西方往往有文官指挥军方的传统，所以在军事组织内既有文官，也有现役军人，往往以"西服"指代文官，以"制服"指代军人。——译注

员组成，只有30%来自军方。除生产全源分析产品外，它还在三个关键情报领域发挥重要作用。第一，它管理着国防武官处（DAO）。国防武官处负责向美国驻外使馆派驻军方人员。这些人员是与东道国军方接洽的联络人，并负责向国内通报自己的搜集成果。他们以这种身份开展工作，是美国情报界公开进行人力情报搜集的最大来源之一。第二，国防情报局能够发挥重要作用的领域，在于对测量与特征情报进行职能管理。国防情报局工作人员的职责还包括发挥主导作用，为美国情报界培养和协调测量与特征情报力量。第三，和中央情报局行动处一样，国防情报局也成立了一个新的部门，可以开展秘密的人力情报搜集。人们对国防秘密行动处（DCS）知之甚少，国防部前情报事务副部长迈克尔·维克斯（Michael Vickers）曾在2015年指出，尽管该部门在规模上无法与中央情报局相提并论，但它在不断发展壮大。[1]

国防情报局能够发挥作用的领域，还包括管理派往各作战司令部情报科（通常被称为J–2）的情报人员。目前有6个按地理位置设立的作战司令部[2]，还有5个按职能设立的作战司令部。这些组织里的情报人员通常不被计为美国情报界的成员。他们以自己负责的地理辖区或职能辖区为目标，提供重要的情报搜集和分析工作。

除了国防情报局之外，国防部其他下属情报组织通常被称为作战支援机构，包括国家地理空间情报局（NGA）、国家侦察局（NRO）和国家安全局。国家地理空间情报局是美国情报界地理空间情报领域的主导组织。除对图像进行分析外，它主要负责开展制图工作。

---

[1] Pavgi, Kedar. "Former Pentagon Intel Chief Says Military's Clandestine Service Is Growing." *Defense One*, July 23, 2015. https://www.defenseone.com/threats/2015/07/former-pentagon-intel-chief-says-militarys-clandestine-service-growing/118537/.

[2] 2018年，鉴于南亚的重要性不断提升，美国太平洋司令部更名为美国印度—太平洋司令部。参见"US Indo-Pacific Command Holds Change of Command Ceremony." US Indo-Pacific Command. Public Affairs Communication & Outreach, May 30, 2018. https://www.pacom.mil/Media/News/News-Article-View/Article/1535776/us-indo-pacific-command-holds-change-of-command-ceremony/。

近年来，国家地理空间情报局的任务是支持国家安全，此外还向在美国境内开展的救灾工作提供支持，具体做法是向政府的响应和恢复计划提供图像和绘图支持。

美国国家安全局总部设在米德堡，是美国情报界信号情报的主导机构。它在加密国家安全信息和解密对手通信方面发挥了巨大的作用，是这个国家数学家的最大雇主。（从人力和预算角度来看）它被公认为是美国情报界规模最大的组织，与网络情报事务也有极深的渊源。事实上，美国已于 2009 年在国家安全局内部成立了网络司令部。国家安全局局长兼任这个作战司令部的司令，此迹象表明国家安全局很可能会在美国情报界变得更加强大。一位观察人士指出："网络对情报界的重要性，将与半个世纪前的顶空卫星系统一样重大。"[1]

尽管国家地理空间情报局和国家安全局对美国国家安全极其重要，但如果没有国家侦察局，它们的大部分工作都是不可能完成的。国家侦察局是一个联合组织，工作人员来自国防部和中央情报局。它直到 1992 年才获得公开承认，是技术情报搜集行动的主要推动部门。它的任务主要是设计、建造和发射卫星，用以搜集技术情报信息，如图像和通信截获信息。通常，当你听到有官员提到**国家技术手段**（national technical means）时，说的就是国家侦察局搜集到的情报。该组织成立于 1961 年，目的是改善中央情报局与美国空军在图像搜集职能领域的彼此协作。然而到了现在，私人承包商在国家侦察局的行动中发挥着极其重要的作用。2009 年有人著书指出，该组织近 88% 的预算流向了私人公司。[2]

在美国系统中，国防部在情报事务上的影响力是否过大？在这个问题上，上述作战支援机构正是相关争论的关键点之一。例如，2004 年，在

---

[1] Kojm, Christopher. "Global Change and Megatrends: Implications for Intelligence and Its Oversight." *Lawfare Blog*, May 12, 2016. https://www.lawfareblog.com/global-change-and-megatrends-implications-intelligence-and-its-oversight.

[2] Paglen, Trevor. *Blank Spots on the Map: The Dark Geography of the Pentagon's Secret World*. New York, NY: Dutton, 2009, 178.

争论《情报改革与恐怖主义预防法》涉及的改革时，有人建议将国家侦察局、国家地理空间情报局和国家安全局的管理权限，从五角大楼移交给国家情报总监。这样一来，国家情报总监将在情报信息搜集中发挥重要作用，从而大大增强这一职位的权力，但国防部对此极力反对，并最终说服其在国会的盟友否决了这一提议。

图3-10　位于米德堡的国家安全局总部

资料来源：National Security Agency/Public domain/Wikimedia Commons

因此，国防部门是美国情报界的主导部门。五角大楼已经控制了绝大部分的情报界，此事早已引起人们对于**情报"军事化"**的担忧。事实上，国防秘密行动处等新兴机构的崛起，进一步刺激了这场争论。人们在批评这种发展势头时表示担忧：国防部控制的情报组织，可能会过于关注与军事安全直接相关的情报问题。这其实就是"工具定律"：如果你是锤子，那么每个问题都是钉子。相反，也有些人支持这种"军事化"，认为军事安全是国家安全的首要关切，因此，这一领域得到更多关注是理所应当的。

（四）情报界其他成员组织

和国防部各军种下设情报部门一样，许多非军事情报组织也都是内阁某部的下属机构，主要负责为该部政策领域提供支持。因此，它们的专业与其所服务的组织相互关联。例如，国务院情报研究局（INR）提供全源情报的分析和报告，以支持美国外交活动。与中央情报局等更加有名的美国情报界成员相比，许多此类组织被认为规模相对较小。例如，据说情报研究局有大约300人在该组织工作。

虽然美国国务院情报研究局是二战后才成立的，但以支持外交为目的的情报需求肯定不是新生事物。事实上，赫伯特·雅德利领导的"黑室"专门搜集通信截获信息，支持美国在20世纪20年代的外交努力。"黑室"于1929年遭到解散，理由正是国务卿亨利·史汀生那句"君子不偷阅他人信件"的名言。但情报研究局的创建，完全是脱胎于另一个正在解散的情报组织——战略情报局。1945年9月，杜鲁门总统关闭了战略情报局，国务院收编了该局的研究分析处，组建自己旗下新的情报部门。

虽然情报研究局的任务是向美国外交官提供全源情报支持，但其大部分工作都会用到外交机构驻外官员提交的报告。这些"电报"与驻外武官编写的公开人力情报报告非常相似，但包含的见解和评估有可能极其敏感。例如，在"电报门"中，维基解密在2010年披露了超过25万份的国务院电报，给美国在中东的外交努力造成损失。[1]

能源部情报与反情报办公室于1977年成立，主要负责就对外情报开

---

[1] Welch, Dylan. "US Red-Faced as 'CABLEGATE' Sparks Global Diplomatic Crisis, Courtesy of WikiLeaks." *Sydney Morning Herald*, November 29, 2010. https://www.smh.com.au/technology/us-redfaced-as-cablegate-sparks-global-diplomatic-crisis-courtesy-of-wikileaks-20101128-18ccl.html.

展技术分析。它的首要重心是评估外国行为体的核武器计划，也因此成为美国情报界反扩散情报工作的关键一环。它也研究能源安全领域的其他问题，比如放射性废料存放地点的安全问题。

虽然自20世纪60年代初以来，财政部一直保留了对外情报职能，但其情报分析办公室却是依据2004年《情报授权法案》设立的。各国财政部很少能够拥有本土情报力量，但人们认为它掌握这种能力，可以为美国财政部的任务提供分析和反情报支持。这意味着它的专长是金融情报（FININT）这个主题领域。在财政部内部，还有一个部门也在支持这项努力，那就是"金融犯罪执法网络"（FinCEN）。该组织以"追踪资金流向"为座右铭，与国内外合作伙伴协调合作，以生产情报，打击洗钱和其他金融犯罪。

图3-11　美国金融犯罪执法网络徽章

资料来源：Financial Crimes Enforcement Network

司法部（DOJ）旗下有两个机构是美国情报界的成员组织，缉毒局（DEA）和联邦调查局。不同于中央情报局和国防部内部的各个情报组织，这两个组织所负责的任务，更有可能使它们涉足与国土安全问题有关的对内安全行动。

缉毒局于2006年加入美国情报界，其旗下的国家安全情报办公室负责促进与本国政府的其他部门合作，在禁毒活动中开展协调，共享信息。它最为人所知的一次活动，便是抽调人力成立了埃尔帕索情报中心。该中心的工作重点是查明和监视美国—墨西哥边境的贩毒活动。

联邦调查局是司法部的另一个下属机构，同时也隶属美国情报界。虽然联邦调查局既拥有执法力量，也拥有情报力量，但根据联邦法律规定，联邦调查局的职权范围是对内情报搜集的主导机构。[1] 因此，除了打击重大盗窃活动、白领犯罪和腐败等事项履行传统执法任务外，联邦调查局还负责追捕外国间谍"资产"、颠覆分子和恐怖分子。在执法和情报之间左右权衡的问题上，近期美国强调反情报和打击恐怖主义，这使得联邦调查局调整工作重点，转而关注与情报有关的行动。[2]

调查局（BOI）最初是司法部长查尔斯·约瑟夫·波拿巴（Charles Joseph Bonaparte）于1908年创建的，1935年更名为联邦调查局。在最初几年，它的工作重点主要是处理抢劫银行和绑架等执法问题。例如，在20世纪30年代，联邦调查局击毙或逮捕了多个臭名昭著的罪犯，比如"机关枪"凯利（Machine Gun Kelly）、"娃娃脸"纳尔逊（Baby Face Nelson）和约翰·迪林杰（John Dillinger）。二战和冷战期间，联邦调查局也在努力打击外国间谍威胁，只是成效不太显著。它甚至在拉丁美洲开展对外情报搜集和反情报行动，直到1947年中央情报局成立才收手。

联邦调查局发展壮大的一个关键驱动因素是埃德加·胡佛（J. Edgar Hoover）。他于1924年首次被任命为调查局局长，后来一直担任联邦调查局局长，直到1972年去世。在他长达48年的任期内，联邦调查局的重要性与日俱增，成为这个国家的主要执法机构，同时也是强大的对内反情报组织。然而，胡佛使用情报搜集手段的方式极具侵略性，有时甚至是非法的，这让人们对他在政治系统中的权力表示担忧。具体来说，众所周知，胡佛掌握着政府领导人的"档案"，这使他有可能恐吓民选官员，甚至恐吓总统。

该组织的情报任务受到"9·11"袭击的严重冲击。"9·11"委员会担心联邦调查局在2001年袭击发生之前，没有就"基地"组织构成的威胁与中央情报局有效地协调工作。此外人们认识到，联邦调查局的情报职

---

[1] Carter, David. *Law Enforcement Intelligence: A Guide to State, Local, and Tribal Law Enforcement Agencies*. Washington, DC: US Department of Justice, Office of Community Oriented Policing Services, 2004, 16.

[2] Smith, Jonathan. "Homeland Security Intelligence." In *Threats to Homeland Security*, 2nd ed., edited by Richard Kilroy. New York, NY: John Wiley & Sons, 2018, 418.

能需要加强。崇尚暴力的非国家行为体企图在美国境内发动大规模恐怖袭击，这种威胁便是另外一种安全威胁。结果，联邦调查局于2005年成立情报处，大批情报分析人员流入联邦调查局。事实上，2012年有人著书指出，在"9·11"之后的几年时间里，情报人员的数量增长了200%。[1]

图3-12 联合反恐特遣部队

资料来源：FBI/Public domain/Wikimedia Commons

除了设在华盛顿的总部之外，联邦调查局在美国各地共设有56个外勤办事处。每个办事处配有一个外勤情报组（FIG），以支持在其辖区内开展的行动和调查。它们利用语言学家、分析人员和特工，搜集并评估来自本辖区的情报信息，以支持华盛顿总部。此外，每个联邦调查局的外勤办事处至少管理着一个**联合反恐特遣部队**（JTTF），以便与联邦、州和地方等各级其他政府组织开展协作。

和司法部一样，美国情报界也有两个成员组织隶属国土安全部。海岸警卫队情报部门创立于1915年，当时是为海岸警卫队助理司令服务的办公室。它最初只是一个很小的办公室，但在禁酒令期间和后来的二战期间有了极大

---

[1] Priest, Dana, and William Arkin. *Top Secret America: The Rise of the New American Security State*. New York, NY: Little, Brown, 2011, 151.

的发展。目前，这个组织主要支持海岸警卫队负责处理的一系列海上安全问题，包括禁毒、港口安全和阻止外国人移民等。美国情报界的最新成员是国土安全部情报分析办公室，该办公室于2012年加入美国情报界。情报分析办公室可以协调国土安全部所属但并非加入美国情报界的各个情报部门（如特勤局）的工作，此外还可以向国家掌控的情报组织提供培训和援助。

（五）情报界以外的情报

虽然在介绍美国政府系统内的情报时，许多讨论都集中在组成美国情报界的17个组织上，但必须强调，情报工作也会由联邦政府的其他部门完成，还会由私人组织和其他各级政府完成。另外必须强调，这些美国情报界的情报力量正在发展壮大。因为它们的重点是搜集和判读信息，以帮助改进决策，所以说情报是一个蓬勃发展的行业领域。

在2011年出版的《绝密美国》（Top Secret America）一书中，达纳·普里斯特（Dana Priest）和威廉·阿金（William Arkin）指出美国有85.4万人拥有绝密的安全许可。[1] 这反映出的情况很可能是，有些联邦组织虽然使用涉密信息，但并不隶属美国情报界。例如，我们注意到，国土安全部情报分析办公室和海岸警卫队情报部门是美国情报界的成员。不过国土安全部也有自己的情报行动组织，即海关和边境保护局、特勤局以及运输安全管理局。甚至疾病控制预防中心和税务局这样的组织，也在使用情报专业人员支持本组织的任务。

在联邦层面还有一种情报支持，那就是使用私人承包商。私人承包商是与政府谈判后订立合约，为政府提供特定服务的公司。为了履行合同，它们必须为本公司雇佣具有必要专业知识的人员。通用动力、L3和科学应用国际公司等许多大型国防企业，都在通过这种方式为美国政府提供情报支持。依赖私人承包商的做法并不是新生事物，而是整个联邦政府内部的普遍情况。例如，保罗·莱特（Paul Light）曾经指出，2015年约有

---

[1] Priest, Dana, and William Arkin. *Top Secret America: The Rise of the New American Security State*. New York, NY: Little, Brown, 2011, 10.

370万私人承包商为联邦政府的各个项目工作。[1]

私人承包商组织也可以提供情报支持,支持在全国和地方等层面越来越多的情报行动。在"9·11"袭击之后,美国所有州都在发展情报力量。大部分州都成立了融合中心。如图3-13所示,有些州还不止一个。目前,美国共有79个融合中心开展工作。这些组织的目的是促进各级政府之间的信息共享,特别是与国土安全部情报分析办公室的信息共享。然而,这些融合中心经常与地方执法部门的情报组织开展协作,因为后者正在加紧掌握这些职能,以支持犯罪分析,以及围绕情报展开的警务举措。

图3-13 美国各融合中心

资料来源:US Government Accountability Office from Washington, DC, United States/Public domain/Wikimedia Commons

---

[1] Light, Paul. "Issue Paper: The True Size of Government." *The Volker Alliance*, October 5, 2017. www.volkeralliance.org/publications/true-size-government.

五、情报循环及对它的批评

（一）情报循环的起源

现代"情报循环"（intelligence cycle）是将情报信息产生流程进行可视化的尝试，但这并不是第一次尝试。在20世纪早期，人们认为情报流程的某些要素是情报技能中非常重要的，但并没有真正讨论这些要素之间的协调问题。例如，虽然一战中《美国陆军条例》指出，对情报进行的搜集、整理和分发都是"基本职能"，但没有迹象表明这些步骤已经形成一个更加宏大的流程，并在其中彼此协调。[1]

情报循环的概念在二战前后的若干年间变得更加重要。随着情报官僚机构规模不断扩大，显然极有必要为新晋人员制定工作流程和培训项目。1948年，菲利普·戴维森（Phillip Davidson）和罗伯特·格拉斯（Robert Glass）合著《给指挥官的情报》（*Intelligence Is for Commanders*）一书，首次提到"情报循环"。他们在介绍这个循环时，描述的步骤并不如现代版本的情报循环那样详尽具体，但他们提出的循环遵循以下概念：情报生产是一个依次发生的流程，目的是促进提供给决策者的信息支持。戴维森和格拉斯指出："这种关系可以说构成了情报的基本原理。"[2]

国家情报总监办公室认为，当前版本的情报循环流程包含六个步骤，它们是：规划和定向、搜集、处理和开发利用、分析和生产、分发、评估。当然，这个模型所包含步骤比以前的版本要多。不过，情报流程是一个旨在支持政策制定者的循环，这个组织原则一直没有变化。《美国情报界用户指南》（*US IC Consumer's Guide*）将情报循环流程描述为"高度动

---

[1] Wheaton, Kristopher. "Thinking in Parallel: A 21st Century Vision of the Intelligence Process." *Sources and Methods Blog*, June 6, 2014. https://sourcesandmethods.blogspot.com/2014/06/thinking-in-parallel-21st-century.html.

[2] Davidson, Phillip, and Robert Glass. *Intelligence Is for Commanders*. New York, NY: Military Services, 1948, 6.

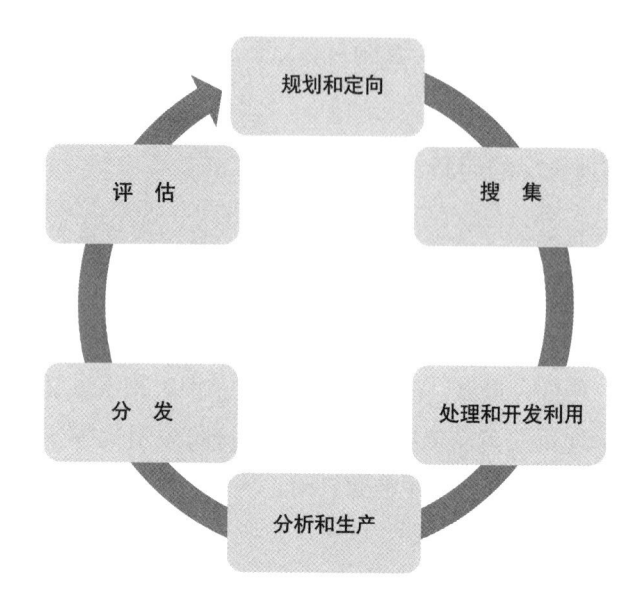

图3-14 当前版本的情报循环

态的、连续的、永无休止的",戴维森和格拉斯等早期学者可能完全同意这一观点。[1]

(二) 要素概述

1. 规划和定向

因为情报的根本目的是为政策制定者提供信息优势,所以有理由假定这一流程的起点是政策制定者阐明需求。需求是对信息要求的陈述。它通常可以找出决策者当前"知识库"(knowledge base)中存在的差距,以便提升他们的态势感知能力。这些需求旨在确定需要搜集什么,如何对其开展分析,以及如何将需求反馈提供给政策制定者,以此驱动情报循环流程中剩下步骤的落实。不幸的是,政策制定者通常都不会积极或热情地参与这个流程。

---

[1] Office of the Director of National Intelligence. *US National Intelligence: An Overview*. Washington, DC: Office of the Director of National Intelligence, 2011, 10.

[第3章] 情报与安全机构：组织与流程 | 099

决策高层不去参与情报循环流程，可能源于两个问题。第一，许多高层政策制定者缺乏对国家安全流程的总体认识，尤其是不了解情报支持所能起到的作用。请回想美国总统当选前的背景履历。在白宫最近的七位主人中，只有两人担任过国家层面的民选官员，四人曾任州长。现任总统入主白宫之前，完全没有政府工作履历。[1] 事实上，在这七人当中，只有老布什（George H. W. Bush，1989—1993年在位）在成为总统前有过情报工作履历：1976—1977年，他曾担任中央情报总监。这些政策制定者在这方面的经验相当有限，因此就任之后，可能不太了解情报运作方式，不太清楚情报能否为其利益服务。

图3-15　中央情报总监会议场景

资料来源：Central Intelligence Agency from Washington, DC/Public domain/Wikimedia Commons

---

[1] 笔者这里指的是唐纳德·特朗普。他当选总统之前只是商人，毫无从政经验。这七位总统依次是卡特、里根、老布什、克林顿、小布什、奥巴马、特朗普。——译注

白宫高层政策制定者不太参与情报循环流程的第二个原因是，情报和国家安全等事务只是其众多关切领域中的一个。如果你能想象一下他们就任时还面临大量其他的优先事项——国内政策问题、联邦司法机构的任命人选、总统连任及其他事项，你就更容易明白为何这些政策制定者或许本该重视并驱动情报循环流程，但却并没有那样做。

1971年，国家安全委员会的情报委员会成立，此事足以让人看到高层政策制定者缺乏参与的情况。这个机构原本是为回应管理和预算办公室的一项研究成果而成立的，因为该研究发现，情报界几乎完全没有收到过尼克松政府高级官员的任何指导意见。这个委员会的成立会议只开了30分钟，而第二次会议是在两年半之后举行的。[1] 虽然其他总统也曾尝试借助不同的机构来解决这个问题，但都面临类似的局面。理查德·贝茨（Richard Betts）在撰写《情报的敌人》（*Enemies of Intelligence*）一书时指出，高层政策制定者的"关注本身就是一种稀缺的资源"。[2]

一直以来，情报需求的主要类型只有两种：或是长期的，或是临时的。长期需求针对的情报问题具有持续重要性，因此人们可以提前较长时间来规划它们的研究工作。例如，美国在冷战期间担忧苏联的核能力，因此关于这一主题的情报产品，可以按照既定的时间表进行规划和编制。再如，当卡斯特罗于1959年在古巴掌权并开始与苏联结盟时，美国情报界一直都在监视古巴的军事发展动向。1962年7月，美国发布题为"古巴的局势和前景"的《国家情报评估》，就是对前一份相同主题《国家情报评估》所做的更新。

相比之下，临时需求往往是为了回应意外事件而拟定的。通常，这些临时需求可被视为需要立即关注的紧急问题。例如，1962年10月14日，美国在古巴发现SS-4弹道导弹发射场，这时苏联的意图就成为一

---

[1] Betts, Richard. *Enemies of Intelligence*. New York, NY: Columbia University Press, 2009, 71.

[2] Betts, Richard. *Enemies of Intelligence*. New York, NY: Columbia University Press, 2009, 68.

项临时需求。在肯尼迪总统看来，评估苏联此番部署是否为第三次世界大战的前奏，以及评估美国做出政策回应之后苏联可能如何应对，这些需求都不能等到下一年再说。关于这个问题，美国编制题为"苏联对美国在古巴的某些做法的反应"的《国家情报评估》特刊，在导弹曝光后的一周内发布。

长期需求和临时需求之间存在紧张关系，原因是搜集请求的数量总是太多，多于能够回应这些请求的资源的数量。这种动态被称为**零和博弈**（zero-sum game）。在这种情况下，在某个特定系统当中，资源的总量是固定的。因此根据定义，如果一个领域需要追加额外的资源，那么其他领域就必须损失同等数量的资源。要想说明零和博弈，拔河就是一个很好、很直观的类比。如果一方在角力中后退一英尺（约0.3米），那么你可以很肯定地说，另一方必然前移了一英尺。所以说，把这个理论放到情报世界，如果出现了新的临时需求，而且必须加以处理，那么其他长期搜集需求将会遭受损失。有时这被称为**临时需求的暴政**（tyranny of the ad hocs）。

人们尝试解决政策制定者提供输入资料的问题，最新一次尝试是创建《国家情报优先事项框架》。该系统是中央情报总监乔治·特尼特（George Tenet）于2003年开发的，它其实就是一个情报主题的电子表格，而不是罗列所有情报需求的清单。《国家情报优先事项框架》旨在把握国家安全委员会高层政策制定者眼中的优先事项。国家情报总监负责对其进行管理，并负责确保政策制定者每年对这份文件进行审查。

编写《国家情报优先事项框架》有助于找出"行为体—问题"网格构成的关切点，也有助于确认政策制定者对这个问题的重视程度。为此，这份电子表格的竖列标出了一些可能的情报行为体（国家和非国家行为体），而它的横行是一系列重要主题。然后，它列出国家安全政策制定者关注的领域，并用数字1到5对事项优先级进行排序，其中1为最高优先级。例如，表3–1以假说方式进行介绍，指出政策制定者对监视朝鲜弹道导弹技术很感兴趣，但对菲律宾在这方面的实力并不关心。同样，美国政策制定者在考虑菲律宾时更加关心禁毒问题，在考虑朝鲜时对此就不太在意。

表 3-1 《国家情报优先事项框架》假说示例

	反情报	禁毒	网络威胁	地区稳定	恐怖主义	大规模杀伤性化学武器	大规模杀伤性核武器	弹道导弹
日本			4	5				
朝鲜	2	5	2	3			1	1
菲律宾		2			4			
韩国	5			4				

2. 搜集

如果政策制定者的问题是目前所掌握信息无法回答的,那么情报职能部门必须提供一个搜集新信息的机制,以支持这方面的工作。这是搜集流程的起点。首先是管理来自该流程第一步的需求。涉及以下问题：哪些需求是最重要的,什么搜集手段最适用于该项需求,以及哪些搜集资源确实对这项任务是可用的。不幸的是,在美国情报界内部,管理需求的工作是分散的,分散到几个特定情报科目的系统当中。以国家信号情报需求流程（National SIGINT Requirements Process）和测量与特征情报需求系统（MASINT Requirements System）为例,目前这两个系统负责管理本科目的搜集流程。[1]

要想具备搜集信息的能力,通常首先必须掌握两项关键要素：传感器和平台。传感器是能够搜集具有情报价值的信息的装置。例如,在古巴导弹危机中,显示哈瓦那以西苏联导弹发射场的图像来自地理空间搜集传感器（即照相机）。然而,这部相机还需要某种装置,让它可以出现在正确的时间和地点,去搜集该项信息。如果这个例子中提到的照相机并没被安装在 1962 年 10 月 14 日飞越古巴的 U-2 飞机上,我们就不会搜集到这项重要的情报信息。事实上,在发现导弹之前的一个月里,美国出现了"照片差距",因为它叫停了飞越古巴上空的 U-2 飞行任务,导致相机传感器

---

[1] Clark, Robert. *Intelligence Collection*. Washington, DC: CQ Press, 2014, 461.（中译本《情报搜集：技术、方法与思维》2021 年已由金城出版社出版。——编注）

无法就位，没有搜集到所需的情报。因此，搜集传感器必须与搜集平台匹配工作。这些平台通常是某种类型的运载工具，即卫星、飞机或其他。但并非所有平台都必须是可移动的。闭路监控和其他监视传感器通常安装在电线杆、建筑物或其他固定物体上，而且安装数量越来越多。

图3-16 为U-2侦察机安装相机

资料来源：US Air Force photo

搜集信息的传感器分类，通常被称为情报搜集的五大科目。人力情报是最古老的情报搜集形式，甚至在《圣经》中也曾提到。在《民数记》中，当摩西命令间谍潜入迦南，搜集关于这片土地好坏和居民实力的信息时，他进行的就是人力情报搜集。尽管人们普遍认为所有人力情报都是秘密人力情报（亦被称为间谍活动），但也存在其他类型的搜集行动，同样是直接的人类互动。例如，武官或外交官员都会非常了解驻在国情况，并会报告自己在这个国家的活动情况，这被称为公开人力情报。对难民和叛逃者进行盘问（古巴革命后的几年里就是如此），这种做法也会被归类为公开人力情报。人力情报搜集的另一种形式是审讯。在审讯中，线人通常会被搜集信息的组织拘捕（并有可能遭到胁迫）。

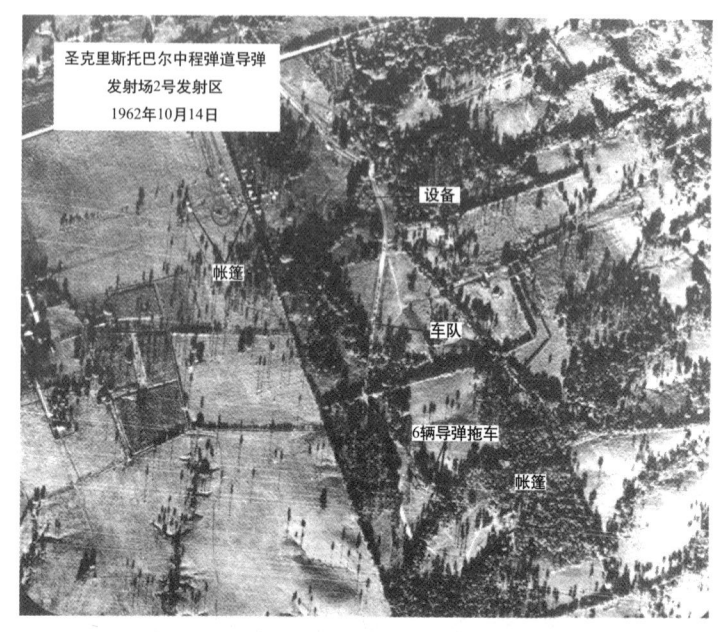

图3-17 古巴导弹危机中的导弹发射场

资料来源：National Archives and Records Administration/Public domain/Wikimedia Commons

来自非保密来源的情报通常被称为开源情报。虽然互联网和社交媒体发展壮大，极大地拓展了潜在开源情报的搜集量，但人们使用这种搜集手段已有一段时间。1948年，中央情报局首任局长罗斯科·希伦科特（Roscoe Hillenkoetter）指出："80%的情报来自外国书籍、杂志和无线电广播等平淡无奇的来源，以及了解国外事务的人员提供的普通信息。"[1]

技术驱动的搜集手段是情报搜集的最新补充，其大多数方法都是在过去200年里发展起来的，有地理空间情报、信号情报、测量与特征情报。在这些搜集手段中，大部分都是由**遥感**（remote sensing）这一概念驱动的。这个概念表明，有可能在不直接接触目标的情况下搜集信息。因此，虽然人力情报通常需要人们之间开展互动，但可以将地理空间传感

---

[1] Richelson, Jeffrey. *The US Intelligence Community*, 5th ed. New York, NY: Routledge, 2008, 318.

器安装在离地球数百英里（1英里约为1.6公里）的卫星平台上，以及搜集目标的身上。

在情报搜集流程中，搜集到材料后要将其存储起来，而驱动存储工作发展的关键正是上述这些技术搜集科目。无论是因为搜集目标的数量极多，还是因为数据文件的体积极大，情报搜集数据的存储问题都是长期存在的，并且愈发严重。情报组织不断开发出更多的存储设施，以解决这个问题。例如，2012年，美国国家安全局在犹他州建立了一个大型数据存储设施，名为"蜂巢"（Bumblehive）。一份报告指出，它的存储容量超过5000亿GB。[1] 尽管它的容量极大，但还是有限的。搜集数据不断流入，存储这些信息的能力也在不断增大，二者形成两难困境，类似"不可移动的物体与不可抗拒的力量"的悖论[2]。

3. 处理和开发利用

在这个多传感器平台和技术日益先进的时代，人们在搜集过程中搜集到的信息量，已经远远超过需求量。例如，较新型号的MQ-9"收割者"无人机能在37小时内，不间断地通过传感器搜集数据。[3] 虽然这是具有潜在价值的监视数据，但必须采用某种处理过程，提取有用的信息，分离掉那些搜集到但与情报流程无关的数据。当搜集平台执行任务时，对于敌军军事设施，每拍一张合格图像，同时就会拍出数百或数千张空旷地点的图像。有位情报分析人员说过："我把90%以上的搜集结果都扔在剪辑室的地板上。"

这种区分相关数据和无关数据的过程，通常被称为"小麦脱壳"（又称去芜存菁），这种做法可以追溯到收割谷物过程。农民必须把他们珍视的小麦和没有任何进一步用途的保护性外壳（谷壳）分开。情报流程就像

---

[1] Goodwin, Bill. "Interview: James Bamford on Surveillance, Snowden and Technology Companies." *Computer Weekly*, January 5, 2016. https://www.computerweekly.com/feature/Interview-James-Bamford-on-surveillance-Snowden-and-technology-companies.

[2] 如果物体不可移动，力量就是可以抗拒的；如果力量不可抗拒，物体就是可以移动的。——译注

[3] Szondy, David. "MQ-9 Reaper Big Wing Sets Predator Flight Endurance Record." *News Atlas*, June 1, 2016. https://newatlas.com/predator-b-mq-9-endurance-record/43620/.

那些在田间耕作的农民一样，不但必须拥有能够搜集所有数据的资源，而且必须将数据归入正确的类别当中。

对情报搜集进行处理和开发利用时，可根据搜集类型的不同采取不同的形式。例如，对发生在外国的电话通话进行信号情报截获，可能需要借助翻译，才能知道该电话通话是否包含具有相关性的信息。如果对方使用某个系统对通信进行编码，就可能需要解码。人力情报经常需要对线人的可信度进行评估。例如，在1962年1月之前，从古巴流出200多份报告，均称岛上存在核武器和弹道导弹。[1]但因为苏联部署这些导弹系统的行动是从1962年夏天开始的，所以这些报告是不可信的。

在情报循环的搜集阶段和处理阶段，人们投入的资源往往是不平衡的，而且技术发展加剧了这一问题。一名军方高官曾经谈到使用全动态视频开展搜集的无人机数量增多，并指出："我们正在传感器的海洋游泳，并已淹没在数据当中。"[2]这造成了一个潜在的信息瓶颈：具有关键情报价值的信息可能已被搜集到，但可能会被搁置，然后才会进入情报循环的后续环节。又或者，更糟糕的情况是搜集到的信息根本不会得到处理。毕竟，那些已被搜集但从未得到处理的信息，很可能根本不会被人看到，从而引发了"为什么要搜集这些信息"的问题。情报机构已对该项挑战做出回应，具体做法是研发技术解决方案（比如图像识别软件和人工智能），帮助管理处理阶段的工作量。

处理和开发利用阶段还有一个潜在问题，就是系统是否使用了适当的"过滤器"来评估信息。也就是说，如果你问的问题是错误的，你就可能会在不经意间，混淆了什么是"小麦"与什么是"谷壳"的问题。由此引发的结果就是情报失误。例如，美国情报界在很大程度上错过了苏联解体

---

[1] Caddell, Joseph. "Discovering Soviet Missiles in Cuba." *War on the Rocks*, October 19, 2017. https://warontherocks.com/2017/10/discovering-soviet-missiles-in-cuba-intelligence-collection-and-its-relationship-with-analysis-and-policy/.

[2] Magnuson, Stew. "Military Swimming in Sensors and Drowning in Data." *National Defense Magazine*, January 1, 2010. http://www.nationaldefensemagazine.org/articles/2009/12/31/2010january-military-swimming-in-sensors-and-drowning-in-data.

事件，因为它在面对搜集到的关于该国经济和社会状况的数据时，所投入的重视程度远远不及军事问题。

也有可能在处理和开发利用阶段就已出错。1941年1月，美国收到秘鲁驻东京大使馆的警告，内容是日本政府意图与美国开战，但美国并未采信，因为国务院认为秘鲁人是不可信的。[1] 同样，有判断认为伊拉克政府保留了秘密生物武器项目，而代号"弧线球"（Curveball）的伊拉克叛逃者提供的评估被认为是可信的，从而进一步支持了这个判断。但后来人们却发现这一判断是错误的。"弧线球"在英国《卫报》2011年刊登的一篇文章中承认，他向美国人撒了谎。[2]

4. 分析和生产

虽然原始情报（raw intelligence）通常指的是单源信息，但大多数分析人员都努力将全源分析加入成品情报（finished intelligence）当中。这意味着分析是许多不同的情报搜集源造就的。例如，在古巴导弹危机中，U-2飞机对导弹拖车进行成像时，就提供了关于苏联实力的有用（但有限）分析。然而，一旦将这些信息与通过人力及开源等搜集手段搜集到的情报，以及分析人员所受的教育和所掌握的专业知识结合起来，就有可能让人们更好地认识到事态的严重性。

成品情报分析可以满足各种决策需求。它可以是描述性的，比如中央情报局的《世界概况》，提供了世界各国的基本背景。而在另一些情况下，分析有可能侧重于解释，让人们了解当前的问题，比如《总统每日简报》（PDB）。还有的分析产品在本质上是评估性的，这意味着它们是预测未来的尝试，比如《国家情报评估》。此外，分析也可能侧重于提供预警，提醒人们注意那些将会影响本国或本国重要利益的敌方行动，这就是所谓的

---

[1] Walton, Timothy. "Pearl Harbor." In *Challenges of Intelligence Analysis: Lessons From 1300 BCE to the Present*, 89–98. New York, NY: Cambridge University Press, 2011.
[2] Chulov, Martin, and Helen Pidd. "CURVEBALL: How US Was Duped by Iraqi Fantasist Looking to Topple Saddam." *The Guardian*, February 15, 2011. https://www.theguardian.com/world/2011/feb/15/curveball-iraqi-fantasist-cia-saddam.

征候与预警（I&W）。归根结底，关于"情报分析有哪几种类型"这个问题，回答它的逻辑应该是到底有哪些知识可以推动决策优势。

不可否认，情报分析的主题和格式数量极多，但它们都有一个共同点：在提供高质量的分析时，人们面临多重挑战。首先，几乎总有一些证据是不可获得的。这种不确定性就像是你在尝试完成拼图，但有许多碎片是缺失的。其次，更为重要的是，对手经常会察觉到你在试图分析他们的行动，所以会采取措施，让你的分析变得更加难以开展。这可能包括使用伪装等信息拒止行动，或是积极误导等欺骗行动。例如，盟军实施"刚毅行动"，在1944年诺曼底登陆地点的问题上欺骗德国。德国获得信息称将有进攻发生，对此盟军并没有完全否认，他们只是提供了虚假信息，以此破坏德国情报部门的分析努力。在古巴导弹危机中，苏联竭力拒止一切蛛丝马迹，以防美国发现其部署导弹，许多重要的苏联高级领导人，甚至驻美大使都不了解此事。[1] 最后，也许最擅长欺骗我们的就是我们自己。为此，分析人员在编写分析产品的过程中，在开展批判性思维时，必须提防认知偏见及其他缺陷。

此外，因为情报分析的前提往往都是不完整的信息和假说，所以必须有效地与决策者开展交流，告知他们哪些是分析结果已经知道的，哪些是还不知道的。因此，如果要把搜集材料加入分析产品中，鉴于这些材料可能存在一定程度的不确定性，许多人会再加入一个置信水平（confidence level）因素，以便告知用于编写分析产品的材料存在哪些优点和缺点。同样，因为分析人员在得出结论时，所依据的通常是证据、假说和推论的某种组合，所以他们通常会在判断中加入评估性语言。例如，在2002年关于伊拉克的《国家情报评估》中，他们没有说伊拉克会在未来十年拥有核武器。鉴于他们并不掌握某些信息碎片（例如未来可能发生的情况），他们评估指出，伊拉克**可能**（probably）在未来十年拥有核武器。[2]

---

[1] Caddell, "Discovering Soviet Missiles in Cuba."
[2] National Intelligence Estimate. *Iraq's Continuing Program for Weapons of Mass Destruction*. Washington, DC: National Intelligence Council, Key Judgements Section, 2002.

5. 分发

分发是由有效交流的概念驱动的。分析人员掌握信息是远远不够的，他们必须能向决策者传递这些信息。如果不具备有效交流的能力，这基本上与完全不掌握信息是等效的，换言之，情报流程对决策者来说将是毫无价值的。有种方法可以用来理解这个问题：分析和分发就像是乘法算式中的两个因数，任何数乘以零都等于零。

除了高质量的分析和有效的交流技巧之外，分析团队必须能够接触到决策者。这一点至关重要。许多分析人员担心，自己可能会遭受与古希腊卡珊德拉（Cassandra）相同的命运。在古希腊神话中，卡珊德拉是特洛伊公主，她许诺委身于太阳神阿波罗，以换取预言能力。但她对阿波罗食言了，于是阿波罗赐予她预言的能力，以及无人相信她的诅咒。有人说情报部门掌握了决策者所需的重要信息，但却无法提供这些信息（或不被决策者相信），这种想定情景[1]对情报分析人员来说简直就是一场噩梦。

假定接触渠道是存在的，那么向决策者分发情报分析和情报产品的方法，就会像情报产品类型一样多种多样。主要区别存在于书面产品与口头情报简报之间。可以肯定的是，书面产品需要决策者的积极参与，因为他们必须阅读产品，才能从中获得价值。这些产品可以很短，比如《总统每日简报》；也可以很长，比如《国家情报评估》。但《总统每日简报》及《国家情报评估》等大多数情报产品，都是一次性的活动，遵循按要求编写和分发的流程。而有些产品（比如征候与预警）更像是不断更新的"活文档"。情报产品的口头分发主要指向用户的听觉和视觉感官。这类简报通常还会在屏幕上投放演示幻灯片，或者以书面或平板电脑等形式提供。

分发要求必须认清受众到底是谁。决策者面对的主要难题就是时间紧迫。因此，在情报分发的工作中，在编写分析产品时必须强调**开篇立论**（BLUF）这种格式。除此之外，还必须了解正在接收情报分析的特定个人

---

[1] 想定情景（scenario），又作"情景"或"想定场景"，是策划、设想或预期可能发生的情况、事件、背景等。——译注

的背景。有两位总统，他们偏好的《总统每日简报》各有不同，其案例就很有启发性。据称，小布什总统（2001—2009 年在位）在听取《总统每日简报》时，更喜欢传统的口头汇报方式，并会向汇报人员提问。但他的继任者贝拉克·奥巴马总统（2009—2017 年在位）显然更喜欢接收书面《总统每日简报》，并会对其进行研究，然后提出书面问题。[1] 关键点并不在于这个必然比那个更好，而在于美国情报界的成员组织如果了解用户的背景和学习偏好，就能以更加有效的方式开展交流。

图3-18　情报简报官

资料来源：US Air Force photo by Master Sgt. Beth Holliker/Released

6. 评估

如果情报流程真的是一个循环，那么来自决策者的反馈就是至关重要的，因为它可以改进这个流程。撇开其他不谈，如果分发给决策者的最终分析产品没能充分满足他们的需求，那么这个流程就应当重新开始，以尝

---

[1] Theissen, Marc. "Why Is Obama Skipping More Than Half of His Daily Intelligence Meetings?" *The Washington Post*, September 10, 2012. https://www.washingtonpost.com/opinions/why-is-obama-skipping-more-than-half-of-his-daily-intelligence-meetings/2012/09/10/6624afe8-fb49-11e1-b153-218509a954e1_story.html.

试解决这一缺陷。2011年《美国情报界用户指南》指出:"持续不断的评估和反馈是极其重要的……这样就可以调整和完善情报活动和分析,以便更好地满足用户不断发展变化的信息需求。"[1]

不幸的是,正如决策者并不总是会热情地参与制定情报需求一样,提供批评和反馈以改进这一流程的做法,通常也并不具有优先级别,无法推动这项工作。有人认为政策制定者的时间极其有限,只能专注于眼前的瞬时决定。如果这一概括是准确的,那就不难理解为何他们几乎无法停下脚步,思考更加重要的问题了。

不过,我们也可以在交付情报分析成果时,对决策者所做的回应进行解读,以此收集评估和反馈。这是口头简报优于通过书面产品分发情报分析的一个潜在优势。由于与决策者进行口头交流的简报是"现场直播"的(通常也是面对面的),决策者可能会提出问题,也可能会在做出评论时,以较不明显的方式向情报简报官提供评估和反馈。另外也有可能在做简报过程中,对决策者的非语言交流做出评估,以此获得一些评估和反馈。可以肯定,通常这种反馈是低于情报专业人士的期望值的。

六、结论:批评和备选方案

虽然情报循环是理解情报生产流程的一种常见框架,但它必然会受到批评。许多人批评它已经过时。情报循环是信息时代之前发展起来的,因此,可能无法反映组织理论中出现的变化。例如,罗伯特·克拉克(Robert Clark)试图将其解释为一个以目标为中心的流程,在这个流程中,一体化和网络等所创造的情报生产方式,与传统模型所描述的方案是截然不同的。[2]

---

[1] Director of National Intelligence. *US Intelligence: IC Consumer's Guide*. Washington, DC: Office of the Director of National Intelligence, 2011, 12.

[2] Clark, Robert. *Intelligence Analysis: A Target-Centric Approach*, 3rd ed. Washington, DC: CQ Press, 2010, 13. (中译本《情报分析:以目标为中心的方法》2013年已由金城出版社出版,2025年推出第2版。——编注)

许多学者批评的焦点在于，情报循环并不能够准确描述现实中的情报流程。阿瑟·赫尼克（Arthur Hulnick）指出，情报循环在描述情报流程时，没有包含情报的两大主要领域，即反情报和隐蔽行动。[1] 许多批评意见也指出，这一流程中的许多步骤是同时发生的，而情报循环描述的流程却是依次递进的，无法反映实际情况。事实上，马克·洛文塔尔在描述情报流程时使用了一种多层次的模型。在他的描述中，多个循环同时发生，在整个流程中，反馈一直进行，从不间断。[2]

温斯顿·丘吉尔曾有一句名言："有人说，民主是最糟糕的政府形式，只是所有其他的形式都已经屡次尝试过。"[3] 也许，在使用情报循环来解释情报生产方式时也是如此。作为对情报流程的描述，它显然是有局限性的。但对于创造情报产品以支持决策优势的流程来说，它确实找出了其中涉及的最基本要素。特别是对于即将加入情报行业的新晋人员来说，这是重要的第一步。到目前为止，还没有其他的备选模型可以获得足够多的支持，足以取代情报循环。

七、关键词

一元行政模式	拨款委员会
美国众议院情报常设特别委员会	美国参议院情报特别委员会
司法审查	外国情报监视法院
遏制战略	美国国家安全委员会
《戈德华特—尼科尔斯法案》	《情报改革与恐怖主义预防法》
美国国家情报总监	《国家情报优先事项框架》

---

[1] Hulnick, Arthur. "What's Wrong With the Intelligence Cycle?" *Intelligence and National Security* 21, no. 6 (2006): 961.

[2] Lowenthal, *Intelligence*, 85.

[3] Churchill, Winston. "The Worst Form of Government." International Churchill Society. Accessed September 30, 2019. https://winstonchurchill.org/resources/quotes/the-worst-form-of-government/.

美国国家情报委员会	美国国防部情报事务副部长
国家技术手段	情报"军事化"
联合反恐特遣部队	融合中心
情报循环	零和博弈
遥感	征候与预警
开篇立论	

八、延伸阅读

Best, Richard. "Intelligence and US National Security Policy." *International Journal of Intelligence and Counterintelligence* 28, no. 3 (2015): 449–467.

Bolton, Kent. *US National Security and Foreign Policymaking After 9/11: Present at the Re-creation*. New York, NY: Rowman & Littlefield, 2007.

George, Roger. *Intelligence in the National Security Enterprise*. Washington, DC: Georgetown University Press, 2020.

Kennedy, Robert. *Of Knowledge and Power: The Complexities of National Intelligence*. New York, NY: Praeger Security International, 2008.

Matthais, Willard. *America's Strategic Blunders: Intelligence Analysis and National Security Policy*, 1936–1991. State College, PA: Penn State University Press, 2001.

Phythian, Mark. *Understanding the Intelligence Cycle*. London, UK: Routledge, 2014.

Quigley, Michael. "Revitalizing Intelligence: The History and Future of HPSCI, the IAA, and Congressional Oversight." *Harvard Journal on Legislation* 56, no. 2 (2019): 341–353.

Tropotei, Teodor. "Criticism Against the Intelligence Cycle." *Scientific Research and Education in the Air Force* (May 2018): 77–88.

Wolfensberger, Donald. "The Return of the Imperial Presidency." *The Wilson Quarterly* 26, no. 2 (2002): 36–41.

Zegart, Amy. *Eyes on Spies: Congress and the United States Intelligence Community*. Stanford, CA: Hoover Institute Press, 2011.

[第 4 章]
情报系统之比较

乔纳森·阿库夫

一、情报研究案例

我们已经讨论了美国情报和国家安全的机构及流程，现在开始探讨其他国家的情报系统。我们将选择哪些国家开展讨论？我们是应该孤立地对其进行评价，还是将它们相互比较？分析这些国家的最佳方法是什么？这些就是在被称为比较政治学（comparative politics）的跨学科研究领域，政治科学家和历史社会学家一百多年来一直都在讨论的问题。[1] 从事情报研究的学者很大程度上会忽视社会科学，他们更加青睐历史叙事、传记和来自商学院的原始案例研究方法，后来才终于开始采用更加严谨的研究方法。[2] 在本章中，我们将对五个重要民族国家的情报系统进行比较，并会

---

[1] 20 世纪初，德国社会学家马克斯·韦伯（Max Weber）率先分析不同的政治和经济制度，开展比较社会科学研究。参见 Weber, Max. *Economy and Society*, Vols. 1 and 2, edited by Guenther Roth and Claus Wittich. Berkeley: University of California Press, 1978。

[2] 美国情报界经常使用案例研究，但往往并不遵循基本的社会科学方法。请比较以下内部培训文件：Shreeve, Thomas W. "Experiences to Go: Teaching With Intelligence Case Studies." Discussion Paper Number 12. Washington, DC: Joint Military Intelligence College, 2004, with the scholarship of Davies, Philip H., and Kristian C. Gustafson, eds. *Intelligence Elsewhere: Spies and Espionage Outside the Anglosphere*. Washington, DC: Georgetown University Press, 2013。

借鉴上述部分见解。

在比较政治学中，我们所考察的国家被称为案例（case）。在更加广义的背景下，案例指的是一切研究对象，无论是政治领导人、恐怖组织，还是政府团体。在我们的表述中，**案例研究**（case study）就是使用一个特定的框架来评估经验证据，从而对一个或多个案例进行分析。使用分析性、解释性的框架，可以将案例研究与单纯的新闻描述区分开来，这种分析可以是定性的，也可以是定量的，还可以两者兼而有之。在比较政治学中，案例研究有五个主要功能：创造理论、检验理论、找出可以影响案例的要素、权衡这些要素的相对重要性，以及解释那些本身就很重要的案例。[1] 无论在情报实践还是在情报研究的学术学科中，我们都很少使用或检验理论。然而，我们感兴趣的是那些从理论框架中产生的要素，因为正是这些要素造就了案例的当前性质，并可能影响它们未来的活动和关切，这些要素在情报中经常被称为**驱动因素**（driver）。最后，情报官员和学者对某些案例的兴趣比其他案例更大。必须平衡那种想要面面俱到的研讨冲动，为此，我们侧重强调的案例应该可以直接影响情报官员推动国家利益的工作，或是在情报研究领域具有重大学术意义。

（一）案例选择

我们选择将要开展分析的国家，这个过程被称为**案例选择**（case selection）。在选择一个或多个案例时，第一个且最重要的标准是：确定这是审查两个及以上案例的比较研究，还是个案研究。在本章中，我们将分析五个案例，这是一种跨国比较的研究形式，是对多个国家或国际组织进行的比较。这种案例研究非常有用，因为它是研究各个案例的变体（variation），即每个案例的不同特点。跨国比较能让我们把案例视作天然实验室，以确定哪些特征在情报活动中是重要的。但是，人们并非只能研究多个案例，从中发现足够的变体，进而得出一般性结论。如果在一段时

---

[1] Van Evera, Stephen. *Guide to Methods for Students of Political Science*. Ithaca, NY: Cornell University Press, 1997, 55.

间内进行个案研究，也可以发现这个案例在不同时期呈现出的不同变体，从而实现与跨国比较大致相同的效果。[1]

选择案例时使用的第二个标准，直接涉及案例研究的一项核心功能：审查重要案例。在这种情况下，重要性是一种相对属性，比如在二战期间击败纳粹德国的过程中，苏联所起作用与希腊所起作用孰轻孰重？衡量重要性的依据也可以是一国经济的相对规模、外交影响力或地理位置，所有这些都可以决定这个国家是否具有战略重要性。另外，我们关心的还有这个案例能否代表一个更大的案例合集。例如，对美国进行案例研究时，不仅因为分析美国这个国家本身很重要，而且因为此类研究更具普遍适用性，适用于许多曾在历史上影响过世界政治的国家，即所谓的"大国"。当我们选择了一个国家，或是虽然选择了多个表现为某种变体的国家，但由于我们将要分析的是一个更大的民族国家合集，而且这些国家基本上全都符合合集所具有的共同特征时，我们就得到了一个**代表样本**（representative sample）。

在案例选择中经常采用的第三个标准是，案例能在多大程度上反映研究主题。例如，我们可以进行一项跨国研究，探讨各国军方如何彼此联手，开展禁毒行动。尽管在哥斯达黎加所在地区，毒品贩运构成重大挑战，但我们可能并不会选择哥斯达黎加，因为它在1948年就已经废除了军队。[2] 在本章中，讨论重点是情报组织，它们如何在其所栖身的政治制度中运作，以及它们使用何种手段来推动国家利益。因此，我们不会选择一个不具备军事力量，甚至几乎完全不具备情报力量的国家，因为它不会告诉我们在更广泛意义上，情报能够发挥怎样的政治作用。

---

[1] Dover, Robert, and Michael S. Goodman, eds. *Learning From the Secret Past: Cases in British Intelligence History*. Washington, DC: Georgetown University Press, 2013; and Blanken, Leo J., Hy Rothstein, and Jason J. Lepore, eds. *Assessing War: The Challenge of Measuring Success and Failure*. Washington, DC: Georgetown University Press, 2015.

[2] 比较政治学的研究者注意到，哥斯达黎加本来可被选为一个对照案例，以评估隐含的无效假设，即军队对禁毒行动的效力几乎没有影响。但为简洁起见，我们不在此处研究这个问题。

根据这些标准，哪些国家会被选中呢？我们根据上述标准得出的要素，选出了开展跨国比较的样本。首先，我们根据**政体类型**（regime type）的变体，即一个国家的政府形式来选择案例。具体而言，样本可以是民主国家（美国、英国、法国、德国和以色列），也可以是一些独裁国家。但政权分类远非这种相对简单的区分。比较政治学有一项关键的发现，那就是总统制政体国家的民主程度，往往不如议会制政府国家，即使前一种政体在形式上也是民主的。[1]这种政体可能拥有巨大的影响力，可以影响情报工作的开展方式、监督所能起到的作用，以及情报在更加广泛意义上影响政治的程度。因此，我们的样本既有民主政权，也有独裁政权，既有总统制政体，也有议会制政体。

除了政体类型方面的变体外，我们还会从样本国家的重要性和它们的相对情报实力这两种变体入手。我们选择的几个国家都是具有全球影响力的国家，比如美国和俄罗斯。其他样本国家虽然没有那么强大，但却仍然能够利用自己的国力，影响所在地区以外的政治局势。例如，法国与非洲许多前法国殖民地都保持着安全关系，并一直主动部署军队，支持这些国家打击激进的伊斯兰恐怖主义。英国是世界上最大的经济体之一，经常在远离本国海岸的地方开展情报行动。但这两个国家都不是与美俄体量相当的国家。此外，我们还选择了德国和以色列，它们拥有相当强大的情报力量，但出于各种原因，通常并不会在所处地区以外的地方使用这种力量。最后，案例选择应当着眼于具备地区性质的变体，选择来自欧洲、中东等的案例。

（二）用于分析的理论透镜

案例选择完成之后，我们应该如何分析样本国家？比较政治领域一般遵循三项研究传统：文化、结构主义和理性选择理论。[2]在此背景

---

[1] Linz, Juan. "The Perils of Presidentialism." *Journal of Democracy* 1, no. 1 (Winter 1990): 51–69.

[2] Lichbach, Mark Irving, and Alan S. Zuckerman, eds. *Comparative Politics: Rationality, Culture, and Structure*. Cambridge, UK: Cambridge University Press, 1997.

下，文化（culture）是指研究案例的身份、规范、象征和实践，所有这些都是早已有之的，并可用来解释所研究国家的目标和活动。在情报研究中，学者们用文化来解释情报组织的跨国变体，因为既有明显美式的情报活动开展方式，也有明显俄式的情报活动开展方式。[1] 相反，结构主义（structuralism）侧重关注一个社会的制度结构，即它的各种政治、经济和社会机制是如何安排部署和相互作用的。政府各个机构是如何组织和彼此互动的，由此产生的结构又将如何影响政治目标？关于这些问题的描述，长期以来一直在情报研究领域占据主导地位。最后，理性选择理论（rational choice theory）强调个人的理性计算，即在利益与追求利益时付出的代价之间左右权衡。理性选择理论在情报研究和情报实践中几乎不会发挥什么作用。当情报专业学生或情报工作人员试图确定一位政治领导人是否理性时，在援引"理性"一词时，他们往往会犯错，因为这是一种典型的**假两难推理**（false dichotomy）。一个人在吃早餐时可能是完全理性的，此时做出外交决策却可能是完全不理性的。当它用在比较政治学当中时，并不算是真正的理性选择理论，另外它不适合用于预测未来事件。

由于理论在情报实践和研究中应用极少，我们将综合运用上述这些传统，侧重情报活动中的文化变体，同时侧重每个民族国家的机制和利益。在探讨这些案例时，我们将探讨情报组织的结构与职能（structure and function），以及监督与之相关的国内政治机构。此外，我们也将介绍文化、结构和利益造成的影响。我们将研究所有案例的结构与职能，探讨所有传统的优点，而不会只讲一点，不顾其他。

二、英国

英国是英格兰、苏格兰、威尔士和北爱尔兰组成的政治联盟，通常被

---

[1] De Graaf, Bob, and James M. Nyce, eds. *The Handbook of European Intelligence Cultures*. Boulder, CO: Rowman & Littlefield, 2016; and Willmetts, Simon. "The Cultural Turn in Intelligence Studies." *Intelligence and National Security* 34, no. 6 (2019): 800–817.

称为"大不列颠",以前一直是世界上最强大的民族国家之一。在其鼎盛时期,大英帝国坐拥 4 亿多人口和全球四分之一的领土。英国自 16 世纪起便是"大国"之一,在一战中加入协约国一方作战,在二战中加入同盟国一方作战。但二战几乎使英国彻底破产。冷战期间,英国逐渐失去了几乎所有的前殖民地,只保留了少数几个。20 世纪 70 年代的经济衰退,导致英国情报界的预算大幅削减。苏格兰、爱尔兰和威尔士的分离运动近年又有愈演愈烈之势,而英国可能脱离欧盟一事[1]也构成了巨大的挑战。尽管英国仍然是世界第五大经济体,并拥有联合国安全理事会常任理事国席位,但它的军事力量远远不及历史上曾经拥有的地位,不及当代国际体系中最强大的那几个国家。然而,它的情报力量仍然强于绝大多数国家,这让它经常能在世界政治中"越级挑战"。

(一)军情五处(安全局)

不同于某些民主国家,情报在英国外交政策制定和战略思维中一直发挥着重要作用。英国是情报史上最重要的国家之一。许多民族国家情报机构的结构,都或多或少地借鉴了英国的体制,因为英国的情报系统从创建之初,便强调专注对内情报的机构与专注对外情报的机构,在职能上必须泾渭分明。尽管英国间谍经常在伊丽莎白一世的王朝中发挥巨大的作用,但英国情报体系直到 1909 年才正式确立。当时成立的是军情五处(MI–5),又名"安全局"(Security Service),后被称为"特勤局"(Secret Service Bureau)。军情五处隶属内政部,是英国主要的对内情报机构,负责反情报和反恐等工作。其中,反恐活动接受军情五处联合恐怖主义分析中心的监督。另外,该中心还从英国其他情报机构抽调人员开展工作。虽然英国军情五处的职权范围类似于美国联邦调查局,但与这个美国机构不同的是,它并不是执法机构。军情五处不再继续专注于逮捕和审讯嫌疑人,而是充分发挥优势,策反外国渗透人员,让他们在相当长的一段时间

---

[1] 2020 年 1 月 31 日,英国正式脱离欧盟。——译注

里，与自己表面上的上级暗地为敌。虽然执法权限不明带来了滥用权力的可能性，但从历史经验来看，军情五处能够出色发挥作用，让外国特工背叛自己的上线，比如在二战期间，它就策反了纳粹德国派往英国的全部"资产"。

军情五处并不是英国唯一一个负责执行对内情报任务的组织。正如军情五处是内政大臣麾下的机构一样，刚刚成立的国家打击犯罪局（NCA）也是一个执法组织，负责打击有组织犯罪、人口贩运、网络犯罪、武器走私，以及其他一切由它负责调查的严重跨境犯罪活动。此外，伦敦警察局（MPS，又名苏格兰场）运用自己的情报力量，保卫英国王室、议会和希思罗机场，并在各方努力应对首都面临的重大反恐威胁时提供支持。由于英国采取一元政体形式，即所有政府机构都由国家政府控制和管理，在这些机构之间开展协调要比在联邦制度下更加容易，因为后者将大部分的权力交由地区或当地管辖。英国的这些机构隶属内阁各部，其负责人直接听命于管理相应内阁部门的议员[1]。

（二）军情六处（秘密情报局）

同样成立于1909年的军情六处（MI-6）又名秘密情报局（SIS），听命于外交大臣，负责海外情报行动。它可能是世界上最有名的情报组织，原因就是虚构角色詹姆斯·邦德与它有关。詹姆斯·邦德与形形色色的美女特工花天酒地，关系暧昧，却能一直为秘密情报局所用。就像它的外国姐妹组织一样，军情六处的工作重点是开展人力情报搜集和隐蔽行动。由于英国大学更加注重语言教育，社会招聘也强调这些技能，英国情报部门在人力情报活动中一直享有巨大优势，这是美国及其他外国对手所不能比拟的。时至今日，这种情况在很大程度上仍然存在。不过人们应该注意，不要过度强调英国对人力情报的依赖，即便最古老的信号情报组织之一是英国的。**政府通信总部**（GCHQ）最早成立于1919年，当时是政府的代码和密码学校，也是世界上首屈一指的信号情报和密码机构。二战期

---

[1] 即该部大臣。在英国，内阁成员必须是议会议员。——译注

间，政府通信总部的前身在布莱切利园开展通信截获和解密工作。有了代号"超级"（ULTRA）的计划，并在波兰情报部门早期工作的帮助下，英国政府得以破解被认为是不可破解的恩尼格玛密码机，读取了经其加密的所有德国信号流，也让盟军获得了远远超过对手的巨大优势。时至今日，英国政府通信总部仍对已知身份的俄罗斯间谍开展监控，早在2015年便发现了他们与唐纳德·特朗普身边的人员之间存在可疑互动。相比之下，很久之后，美国情报机构才意识到俄罗斯试图渗入其总统候选人竞选活动。[1]

图4–1　英国政府通信总部大楼

位于英国格洛斯特郡切尔滕纳姆，人称"甜甜圈"[2]

资料来源：British Ministry of Defence

---

[1] Harding, Luke, Stephanie Kirchgaessner, and Nick Hopkins. "British Spies Were First to Spot Trump Team's Links With Russia." *The Guardian*, April 13, 2017. https://www.theguardian.com/uk-news/2017/apr/13/british-spies-first-to-spot-trump-team-links-russia.

[2] British Ministry of Defence. Accessed September 12, 2020. http://www.defenceimagery.mod.uk/.

（三）联合情报委员会

英国情报界在人力情报和信号情报上拥有优势，因此可以接触高级别的政策制定者，可对国家的外交和战略方向产生很大的影响。1936 年，联合情报委员会（JIC）将情报分析和管理各机构信息流的工作集中在自己手中。联合情报委员会仍然作为主要载体，负责产生战略情报评估，同时为英国政府管理英国情报界，此外，军事类分析任务由国防部下属机构**国防情报参谋部**（DIS）负责。联合情报委员会有一项重要职能，即制定搜集需求，确定搜集优先事项，这与美国《国家情报优先事项框架》大致相同。但矛盾之处在于，尽管英国早已将情报管理工作集中在一起，远远早于美国（相对弱势的）国家情报总监采取类似的行动，但不久前英国认定，单凭联合情报委员会并不足以充分协调国防和情报活动。2010 年，**英国国家安全委员会**（NSC）成立。这个组织汇集了英国首相和多名内阁大臣，联合情报委员会主席、军情五处、军情六处和政府通信总部等机构的负责人，以及国防参谋长。乍一看，成立国家安全委员会之后，似乎会给决策流程额外增加一个官僚层级，从而减慢了决策速度。事实上，国家安全委员会权力极大，能够以联合情报委员会无法做到的方式，在各机构之间迅速调拨资源，加强危机响应，加强对安全和情报事务的高效指导。[1] 成立国家安全委员会的做法是一项明显的进步。相比之下，以前各机构只顾争取内阁各部的资源投入，其中最夸张的就是部长级情报机构委员会，因为在 20 世纪 90 年代，部长级情报机构委员会甚至接连 4 年没有召开过一次会议。[2]

尽管联合情报委员会的作用被国家安全委员会削弱，但它在协调《英美防卫协定》（UKUSA）方面仍然发挥了至关重要的作用。《英美

---

[1] Goodman, Michael S. "The United Kingdom." In *Routledge Companion to Intelligence Studies*, edited by Robert Dover, Michael S. Goodman, and Claudia Hillebrand, 135–144. Oxford, UK: Routledge, 2014.

[2] Phytian, Marky. "The British Experience With Intelligence Accountability." *Intelligence and National Security* 22, no. 1 (2007): 88.

防卫协定》(又称"五眼联盟",Five Eyes),是世界上最重要的多边情报协议。"五眼联盟"提供框架,供美国、英国、加拿大、澳大利亚和新西兰开展广泛而深入的情报合作,具体做法包括使用被称为"石鬼"(STONEGHOST)的通信网络,直接共享机密材料。"五眼联盟"的成功为扩大情报合作提供了基础,不再仅仅局限于英语国家。"欧洲高阶信号情报"(SSEUR)组织被称为"十四眼联盟",极大地拓展了"五眼联盟"国家与德国、意大利、瑞典、比利时和西班牙等国之间的情报共享。

(四)对英国情报界的监督

尽管联合情报委员会早期创造了行动优势,政府与情报界之间也有良好的工作关系,但英国对情报的监督一直都很薄弱。英国政治领导人未能实施充分的监督,导致冷战期间军情五处滥用国内监控手段,制造了一系列丑闻,其影响范围之广,几乎与美国联邦调查局的"反谍计划"(COINTELPRO)不相上下。该处生成了数十万份关于英国公民的档案,其中包括对几名在职议员开展监控后生成的档案。英国情报组织还曾大肆开展侵犯人权的活动,在其前海外殖民地是这样;在爱尔兰北部,针对爱尔兰共和军这个恐怖组织的成员开展情报行动时也是这样。[1] 在此期间,英国议会平民院——下院既没有权力,也没有能力对情报行动开展监督,原因是英国首相有权控制情报界的活动,而且这种权力是不受限制的。最后,英国建立起一个法律框架,在 1989 年通过了规范军情五处的《安全局法》,在 1994 年通过了规范军情六处和政府通信总部的《情报机构法》,在 1993 年成立了第一个监督委员会。尽管情报与安全委员会(ISC)拥有大多数议会委员会所没有的法定权力,但其成员须由首相选择。如此看来,这一点让它基本上不可能撰写年度报告。另外,此项报告的提交时间和内容也由首相控制。尽管英国法院设有一个权力调查仲裁法庭来处理英国公民的投诉,但"议会至上"的原则可以确保法院在监管情报界行动方面几乎没有

---

[1] Walton, Calder. *Empire of Secrets: British Intelligence, the Cold War, and the Twilight of Empire*. London, UK: Harper, 2013.

发言权。此外，英国很有可能退出欧盟，此事意味着欧洲人权法院对外管辖权宣告结束，但这项权力正是20世纪七八十年代推动情报监督的一项关键动力。[1] 尽管英国情报官员身负禁令，不得从事支持任何政党的活动，并且肩负广泛意义的"捍卫王国"任务，但议会对情报的监督仍然不力。英国情报官员基本上只受到自己良心的约束，不受民选议员的监督。而议员除非有意挑战首相，否则几乎不会为情报机构的活动提供资源。

（五）英国情报组织的表现

尽管英国情报界在搜集人力情报和信号情报方面，以及在与政策制定者密切协调方面表现出极大的优势，但其历史上也曾有过重大的情报失误。在1956年苏伊士危机期间，它没有预测到埃及、美国和苏联对此可能的反应，结果是灾难性的。英国情报部门开展工作，力图阻止各地的反殖民主义叛乱，尽管在马来西亚和也门取得了些许成功，但总体而言，这些努力几乎没有产生影响，没能阻止英国的缓慢衰落。反情报失败更是带来了极大的破坏效果。在20世纪30年代，五名剑桥大学的学生被苏联招募，进入情报和外交部门后，以本国为目标开展间谍活动。这些学生中有多人来自上层家庭，因此很快就能够在这些组织中获得有影响力的职位。他们后来被称为"剑桥五杰"，几十年来一直从事间谍活动，但从未被人识破。尽管最后有几人被拆穿身份，并被逮捕或逃到莫斯科，但也许最重要的一点是，军情六处的金·菲尔比坚决否认与苏联有任何联系，也没有面临叛国罪的刑事起诉，并获准从军情六处辞职。冷战期间，苏联其他"资产"屡屡渗入英国情报机构内部。菲尔比是一位著名教授兼外交官的儿子，他在军情六处的前同事也为他提供保护，使其免遭军情五处的怀疑，这让只从"正确家庭"招募情报人员的普遍做法显得格外反讽。[2] 菲尔比后于1963年叛逃，再加上女王艺术馆馆长安东尼·布伦特同为"剑

---

[1]　Phytian, "The British Experience With Intelligence Accountability," 77.
[2]　Macintyre, Andrew. *A Spy Among Friends: Kim Philby and the Great Betrayal*. New York, NY: Broadway Books, 2014.

桥五杰"的身份暴露，但首相玛格丽特·撒切尔（Margaret Thatcher）又强行压下了布伦特的案件，直到 1990 年才将此事公之于众，凡此种种，都无助于增强公众对情报部门的信心。这些失败破坏了英美两国之间的合作，但也是可以理解的，因为两国愈发担心渗透活动增多，导致共享的材料可能会被"注水"。后来有人指控军情五处负责人罗杰·霍利斯（Roger Hollis）爵士也是苏联特工，这种说法可能是错误的。不过，招募工作太过业余，反情报也很薄弱，二者叠加，造成的破坏遗祸数十年之久。

2003 年伊拉克战争前夕，美国情报界曾经掉入分析失败的陷阱；英国情报界亦步亦趋，也掉入同一个陷阱当中。虽然英国情报来源提供的报告比媒体报道要准确得多[1]，但联合情报委员会的分析仍以极其荒谬的方式，夸大了伊拉克构成的威胁。事实上，伊拉克并没有大规模杀伤性武器计划。英国首相托尼·布莱尔（Tony Blair）还错误地声称，伊拉克有能力在接到命令 45 分钟内，发动大规模杀伤性武器袭击。英国情报界的消息人士后来告诉记者说，联合情报委员会的评估已被"加料"，以便让它看起来比实际情况更有说服力，这正是布莱尔及其内阁大臣们对其进行政治化的手段之一。《巴特勒报告》（Butler Review）就是对该情报所做的事后检讨分析，它指出联合情报委员会的分析人员因为某些缘故，没有意识到军情六处的搜集存在重大缺陷。[2] 这场战争本已非常不受英国公众的欢迎，这些事件披露之后更是让人认为，布莱尔决定进攻伊拉克并非出自真正的善意，这也导致英国军队在伊拉克部署的时间变得有限。

尽管监管不力和一再发生情报失误等情况困扰着英国情报界，但它仍然是英国的重要工具，也是世界政治中不可忽视的力量。英国在 21 世纪

---

[1] Davies, Philip H. J. "A Critical Look at Britain's Spy Machinery." *Studies in Intelligence* 49, no. 4 (2005). https://www.cia.gov/library/center-for-the-study-of-intelligence/csi-publications/csi-studies/studies/ vol49no4/Spy_Machinery_4.htm.

[2] Report of a Committee of Privy Counsellors. *Review of Intelligence on Weapons of Mass Destruction*. London, UK: The Stationery Office, 2004. news.bbc.co.uk/nol/shared/bsp/hi/pdfs/14_07_04_butler.pdf.

面临许多威胁，需要有效的情报。俄罗斯再度崛起，现在已经威胁到北约中英国的欧洲盟友。尽管大英帝国早已不复存在，但英国与大多数英联邦国家（其前殖民地）的关系仍然相当稳固。英国将情报资源部署到巴基斯坦和多个西非国家，帮助它们打击那些破坏稳定的激进恐怖组织。英国也面临来自恐怖组织的重大国内恐怖主义威胁。这些组织发动多次爆炸活动，2005年在伦敦，2007年在格拉斯哥，2017年在曼彻斯特，共造成数十人死亡，数百人受伤。还发生过一些恐怖袭击，甚至有货车司机在地标建筑伦敦桥上驾车冲入人群。另外，在议会所在地威斯敏斯特教堂前，也有行人遭到类似的袭击。

三、法国

法国在国际体系中的地位与英国相似。法国与这个欧洲邻国的情况很像，几个世纪以来一直也是"大国"。但法国在二战中战败，又在冷战期间的冲突中付出了高昂的代价，失去了殖民帝国的身份，因此实力大减。不过，和英国与英联邦国家的情况一样，法国也与它在东非和亚洲的许多前殖民地保持着良好的关系，还会派遣军队保护它们。2014年，法国部署军事力量，协助乍得、马里、布基纳法索、毛里塔尼亚和尼日尔在该地区开展反恐活动。法国是排名前十的经济体，是北约的重要成员国，也是联合国安理会常任理事国。但不幸的是，法国也和英国一样，在冷战结束后财政紧缩，导致对军事和情报组织的资金投入不足。但法兰西共和国保留了一些情报力量，仍然能够在全球范围内开展行动。近期法国在改革和现代化方面的努力，显示出其未来的雄心壮志，即跻身于美国、俄罗斯等彼此竞争的新兴格局。

（一）早期法国情报界

法国的间谍活动至少可以追溯到法王路易十三的宫廷。在路易十三统治期间，红衣主教黎塞留操纵着一个间谍网络，以支持自己实现中央集权的努力，因此建立起现代法国。以黎塞留的遗产为基础，无数领导人走上政治舞台，无数政府机构得以建立，19 世纪初最值得一提的有：创建了**国家宪兵**（Gendarmerie Nationale），它是国家警察部队，能够发挥军事情报支持作用；创建了**国家警察**（Sûreté），它是英国苏格兰场和美国联邦调查局效仿的先驱；拿破仑手下秘密警察约瑟夫·富歇（Joseph Fouché）开展监视活动。然而，直到法国军队总参谋部第二局（Deuxième Bureau）于 1874 年成立，这才标志着一个更加常态化的法国情报系统问世。[1] 第二局拥有强大的密码力量和出色的人力情报，在 20 世纪 30 年代末至 1940 年 6 月法国战败前，它一直操纵特工在德国总参谋部内部开展工作。德国占领法国后，第二局继续在法国维希傀儡政府内部及法国殖民地开展活动。[2] 二战结束后，法国军队的每个军种都保留了第二局的部门，但总参谋部第二局却演变成今天的**军事情报局**（DRM），负责武官事务、搜集地理空间情报，以及协调各军种的情报输出。美国电子战在海湾战争中大获成功，促使法国成立情报与电子作战旅（BRGE）。最后，国防部安保局（DPSD）成为军方的反情报组织，负责法国军方人员和关键基础设施的安保事务。

（二）对外安全总局

自 1946 年以来，战略情报的职能主要由**对外安全总局**（DGSE）负责。二战结束后，法国主权回归，第四共和国成立，以前对外情报活动集中在第二局的局面被彻底改变了。尽管对外安全总局隶属武装部（2017 年前被称为国防部），但它是一个文官情报组织，可直接向法国总统或总理报告，并为法国军方提供战略情报和支持。对外安全总局是一个精于人

---

[1] 第二局下设多个机构。为简便起见，本章并没有介绍法国情报组织的所有名称和迭代。

[2] Denécé, Eric. "France: The Intelligence Services' Historical and Cultural Context." In *The Handbook of European Intelligence Cultures*, edited by Bob de Graaf and James M. Nyce. Boulder, CO: Rowman & Littlefield, 2016, 139.

力情报的组织。它下辖的行动处拥有相当强大的隐蔽行动能力，并在该领域与法国军方特种部队密切协作，共同开展行动。此外，对外安全总局拥有极其强大的信号情报力量，在欧洲排名仅次于英国政府通信总部。冷战期间，对外安全总局将搜集活动的重点集中在东欧，因为法国之前曾与当地各国建立安全关系。法国希望可以将这些过去的关系转化成情报金矿，但事实证明这种想法是错误的，因为尽管法国人力情报获取情况好于北约其他国家，但对外安全总局屡屡未能预测出重要事件，其中就有苏联及各代理政权发动的镇压：1956 年在匈牙利，1968 年在捷克斯洛伐克，1981 年在波兰。战略预测方面存在不足，这个问题持续困扰着对外安全总局，令其难以支持法国的外交和军事行动。

（三）法国情报改革

1907 年，法国成立了一个最终被称为**情报总局**（RG）的机构，它见证了法国对内情报力量的极大拓展。情报总局受内政部下属国家警察的监督，负责国内安全，其早期活动主要是打击无政府主义者、共产主义者和反对法兰西第三共和国的法西斯主义者。情报总局身负执法和反情报的双重职能，同时也负责打击有组织犯罪。另一个专注国内的重要情报机构是**领土监视局**（DST），它成立于 1946 年。在 2008 年情报改革之前，在长达 60 多年的时间里，领土监视局负责反情报、反恐怖主义和边境安全，其中最后一项与国家宪兵的职责有所重叠。在阿尔及利亚独立战争（1954—1962）期间，法国军方使用了残酷的反叛乱措施，参与这场冲突的领土监视局同样极力使用这些措施。他们对可疑叛乱分子使用酷刑，并采取信息行动打压呼吁和平解决冲突的更加温和的声音。后来成立的国家情报与海关调查局（DNRED）及反非法金融流通情报处理与行动署（TRACFIN），分别负责打击走私和洗钱活动。

冷战结束，随后出现新的威胁，这些情况导致法国情报界的结构发生重大变化。最重要的改革源自 2008 年的一份政策文件，该文件要求领土监视局和情报总局合并，成立**国内安全总局**（DGSI）。2014 年，国防和安全总秘书处（SGDSN）成立，扩大了法国总理对军事情报局、对外安全总局和国防部安保局的跨部门权力。此外，根据法国总统的指示，国家安全与国防委员会（CDSN）成立，成员包括总理和相关的内阁各部，负责为法国情报界制定行动准则。最后，法国设立了国家情报协调员（CNR）一职，直接对法国总统负责。

（四）对法国情报界的监督

尽管近年来法国情报界的管理状况有所改善，但它仍然为领导和监督等问题而苦恼。设立国家安全与国防委员会和国家情报协调员的目的就是为了缓解这个问题，但因为第五共和国的宪法结构，所以情报界的指挥权一下就从一个部门转到另一个部门手中。法国政体为混合式总统制，总统是国家元首，总理是政府首脑。不过，政治权力集中在总统手中，总统任命总理，决定总理手下内阁的性质，允许或不允许总理管理情报活动，还可以在五年总统任期内罢免总理一次，并启动国民议会重新选举。监督基本上是不存在的。虽然现在国民议会有一个常设委员会，但其作用仅限于接收证词，以及撰写总结报告，几乎没有任何权力。情报政治化也是一个由来已久的问题。国内情报搜集一直被用在法国的竞选活动当中。2011年，国内安全总局有丑闻爆出：与弗朗索瓦·奥朗德（François Hollande）总统有政治关系的年轻新人在升迁时得到偏袒，挤掉了经验更加丰富的情报官员。此事削弱了该局内部的士气。

（五）法国情报组织的表现

法国情报组织以往的表现令人喜忧参半。人们确实可以列出一长串灾难记录，最早是在1894年，当时法国军方以阿尔弗雷德·德雷富斯（Alfred Dreyfus）上尉为目标，煽动反犹太运动，此举意在掩盖军事情报部门的无能，没有发现法国军中混有德国特工一事。冷战期间，在20世纪50年代，苏联多次渗入对外安全总局内部，加上不久前有传言指责称，对外安全总局自20世纪70年代起，积极"帮助苏联对抗其盟友美国"，这些情况给法国战略情报蒙上了阴影。[1]对外安全总局还曾主持过几次灾难性的隐蔽行动，在法属魁北克煽动叛乱，在比夫拉（尼日利亚）挑起内战。后者造成大约 50 万人丧生，至今仍未平息。1985 年绿色和平组织船只"彩虹勇士"号（Rainbow Warrior）发生爆炸，20 世纪 90 年代法国航空公司跨大西洋航班上针对外国商人开展窃听行动，这两起事件与对外安全总局存在明显联系，这些情况表明该局开展隐蔽行动的能力长期存在缺陷，也表明其政治判断存在严重问题，在开展此类有望获得边际回报的行动时，看不到其中明显蕴含的反冲风险。不过，法国情报灾难的记录可能被过分夸大了。二战之前，法国针对纳粹德国开展的情报工作是优于英国的，第二局不应该为 1940 年之后的失败负责。[2]不久前，在 2012 年，法国对外安全总局发现美国国家安全局试图渗入爱丽舍宫，对法国总统开展间谍活动，这是一项极高的技术成就。但在总体分析、技术搜集、国内安全的行动冗余，以及过于复杂的管理系统等方面，法国仍存在结构性弱点。

　　在国际利益方面，法国长期以来一直捍卫自己的行动自由。1966 年，法国反对北约的联合指挥结构，因为这会让北约最大贡献者美国拥有特权，此后法国便退出了这个联盟。尽管最终法国在 2009 年以正式成员身份重返北约，但法国的核学说仍与北约存在冲突。法国注意到关于伊拉克大规模杀伤性武器的情报质量相对较低，因此拒绝参加 2003 年的进攻行动，后来的事件证明这一决定是正确的。不过，法国经常部署部队开展反恐和维稳行动，包括在 2001 年至 2012 年期间，派遣数千名士兵参加北约的阿富汗任务。法国面临的国内威胁是发达国家中最为严重的，它来自激进的恐怖主义。过去几十年里，法国在这方面的记录相当惨痛，共遭遇

---

[1] Poirier, Dominique. *Napoleon's Spies: Revelations From a Spy Who Came in From France*. CreateSpace, 2018.

[2] Schuker, Stephen A. "Seeking a Scapegoat: Intelligence and Grand Strategy in France, 1919–1940." In *Secret Intelligence in the European State System, 1918–1989*, edited by Jonathan Haslam and Katrina Urbach. Palo Alto, CA: Stanford University Press, 2014.

数十起袭击，数百人死亡。2015—2018 年，法国一直处于紧急状态，并且全面部署其安全资源。近期恐怖袭击的数量有所下降，但并不确定是因为法国如上所述加快了相关行动的节奏，或是因为情报部门进行了组织改革，还是仅仅因为"伊斯兰国"在叙利亚的地盘遭到破坏。作为北约成员国，法国面临俄罗斯东山再起的威胁，包括其对 2017 年法国总统选举发动的网络攻击，尽管此次攻击没有产生效果，原因是法国法律规定投票前封锁新闻，但此事仍然表明克里姆林宫是一种长期威胁。最后，法国寻求加强与德国在信号情报领域的合作，因为法国正在推行一项更加宏大的计划，以促进欧盟政治一体化进程。虽然法国试图与英美等北约其他成员国开展更加广泛的安全与情报合作，但这项计划目前遭遇挫折，阻力来自英国退出欧盟，以及时任总统特朗普的政策和做法——特朗普在法国的支持率仅徘徊在 10% 左右。

四、德国

与英法等北约盟国形成鲜明对比的是，德国与情报活动的关系是矛盾的。自 1871 年第一个统一的德意志民族国家建立以来，德国以同盟国身份参加第一次世界大战，并在纳粹的领导下，发动了人类历史上破坏力最大的战争，也就是第二次世界大战。纳粹暴政的遗产、由此造成的大屠杀的恐怖，以及战后德意志民主共和国（DDR）对国内的监控达到前所未有的程度，这些因素使德国极力削弱了情报在政治中的作用。自 19 世纪以来，德国一直都是一个经济大国，国内生产总值位列世界第四，至今仍然是欧洲经济的驱动力。但自冷战结束以来，德国削减了国防预算，导致人员和装备严重短缺。虽然德国也在部署军队以支持北约的阿富汗任务，但由于缺乏政治意愿，这些部队参加战斗行动的情况受到极大的制约。[1] 在

---

[1] Rid, Thomas, and Martin Zapfe. "Mission Command Without a Mission: German Military Adaptation in Afghanistan." In *Military Adaptation and the War in Afghanistan*, edited by Theo Farrell, Frans Osinga, and James Russell. Palo Alto, CA: Stanford University Press, 2013.

国内，美国监视长期任职的总理安格拉·默克尔（Angela Merkel）一事曝光，以及德国一些情报组织与美国国家安全局开展合作，这些情况导致欧美加强情报合作、打击伊斯兰恐怖主义的努力宣告失效。同样，由于与俄罗斯签署了长期天然气协议，德国一直不愿公开对抗俄罗斯对北约的步步紧逼。但和法国一样，德国也面临来自国内、地区和国际的种种威胁。对此，德国必须开展有效的情报行动。

（一）联邦情报局

二战失败后，德国一分为二，德意志联邦共和国（西德）是北约成员国，德意志民主共和国（东德）是共产主义集团华约的成员国。无论是西德，还是1990年统一后的德国，其主要战略情报组织都是**联邦情报局**（BND）。在纳粹政权的最后几天，德军东线外军处前处长赖因哈德·格伦（Reinhard Gehlen）隐匿了大量文件，并保留了他在东欧的线人网络。格伦凭借这些文件和手下特工，从美国那里获得金钱和后勤支持，并利用这些资金和支持来建造基础设施。最终，这些基础设施在1956年被建成联邦情报局。不幸的是，他手下所有外国"资产"都被苏联人识破并策反，更加糟糕的是，格伦愿意雇佣前纳粹分子，而这些人当中有的早已被苏联拉下水了。联邦情报局彻底瘫痪，原因是网络遭到渗透，格伦领导能力太差，以及总部里存在"鼹鼠"[1]——其中就有苏联反情报主官海因茨·费尔费（Heinz Felfe）。1968年，格伦被迫退休，联邦情报局开始历经缓慢的发展过程，最终成为名副其实的专业情报组织。

现代的联邦情报局有效得多，尽管它也受到所处政治环境的限制。从理论上讲，联邦情报局直接向总理办公厅（Kanzlei）报告，这似乎是个能够影响政策的理想位置。但情报曾被纳粹用来压迫民众，所以在外交或国内决策中几乎不会发挥作用。尽管如此，联邦情报局在所有德国大使馆都派驻官员，他们使用这些"驻地"的手法，与美国中央情报局开展海外行

---

[1]　即内奸。——译注

动时并无二致。联邦情报局拥有出色的信号情报力量，是"十四眼联盟"成员。联邦情报局负责为政府各部门主官定期召开的会议提供战略情报简报，其组织结构类似于美国国家安全委员会。

> **范例：联邦情报局总部**
>
> 　　间谍机构试图建造愈发先进的建筑，以便开展自己的行动。德国的联邦情报局也不例外。它的总部大楼位于柏林市中心，占地面积很大，完全不同于以前使用的建筑群，后者位于慕尼黑寂静的郊区普拉克，规模相对不大，而且已经使用50年之久。新建的联邦情报局大楼四周有几棵钢制的"棕榈树"，庭院里还有一座巨型雕塑，它们都是为了能让这个由水泥、钢铁和玻璃打造的建筑，在某种程度上显得更加人性化。这座大楼历经12年修建，投资总额超过12亿美元，终于在2019年初启用，大约有4000名工作人员入驻。[1]
>
> 　　间谍机构总部可以充当官僚行政中心，也可以用来展示先进的建筑，此外它们的设计通常还具有象征意义，可以呼应更加重要的政治原则。新的联邦情报局大楼有1.4万个窗户，这不禁让人联想到国会大厦（Reichstag）重建后的穹顶，后者内侧装有镜子，所有人都可以直接透过镜子，看到联邦议院的活动情况。这两座大楼都在建筑中强调玻璃，象征着战后德国政府的透明度：绝不允许德国安全机构侵犯人权，或是协助破坏民主。另外，先进技术一直与此类象征意义如影随形，因为这种窗户经过设计，可以防备激光麦克风或其他先进的窃听设备。
>
> 　　新的联邦情报局总部令人印象深刻，但它并非没有问题。这栋建筑推迟5年交付，超出预算42%，在最初的蓝图被盗之后，不得

---

[1] Schultheis, Emily. "World's Biggest Intelligence Headquarters Opens in Berlin." *The Guardian*, February 8, 2019. https://www.theguardian.com/world/2019/feb/08/worlds-biggest-intelligence-headquarters-opens-berlin-germany-bnd.

不彻底重新设计。[1]2015年曾经发生一起事故，被德国媒体戏称为"水门事件"：未经授权的入侵者潜入建筑工地，破坏厕所，造成严重的漫水，也导致工期延误。[2]德国的"水门事件"说明了修建安全设施时面临的巨大挑战，这是一个持续存在的问题，过去也曾困扰其他间谍机构。冷战期间，美国斥以巨资，精心建造了美国驻莫斯科大使馆。但在人员入住之前，克格勃已经找到一种可以在墙内安装监听设备的方法：将设备藏在浇筑用的混凝土当中。美国政府拒绝使用这栋建筑，十多年间一直闲置。最后，美国情报机构找到击败这种苏联时代监控技术的方法，采取了代号"高帽行动"（Operation TOP HAT）的举措：他们将大楼的最高两层切掉，代之以新的楼层。[3]

图4-2 位于德国柏林的联邦情报局总部[4]

资料来源：Olaf Kosinsky/CC BY-SA 3.0 DE (https://creativecommons.org/licenses/by-sa/3.0/de/deed.en)/Wikimedia Commons

[1] Scally, Derek. "Mockery Greets Berlin's 'Megalomaniacal' New Spy HQ." *The Irish Times*, February 8, 2019. https://www.irishtimes.com/news/world/europe/mockery-greets-berlin-s-megalomaniacal-new-spy-hq-1.3787280.

[2] Schultheis, "World's Biggest Intelligence Headquarters Opens in Berlin."

[3] Stanley, Alessandra. "In Moscow, US Hushes Walls That Have Ears." *The New York Times*, May 4, 1997. https://www.nytimes.com/1997/05/04/world/in-moscow-us-hushes-walls-that-have-ears.html.

[4] Kosinsky, Olaf. "BND Headquarters in Berlin." Created August 30, 2019. https://en.wikipedia.org/wiki/Headquarters_of_the_Federal_Intelligence_Service#/media/File:2019-08-30_BND_Zentrale_Berlin_OK_0318.jpg.

一直以来，虽然联邦情报局都在为德国军方（联邦国防军）提供战略情报，但联邦国防部旗下也有几个情报组织。联邦国防军的**战略监视司令部**（KSA）负责搜集信号情报，尤其关注电子作战和地理空间情报。战略监视司令部是德国的主力网络组织。**军事反情报局**（MAD）为军方提供反情报。德国军方所有的情报组织都受联邦国防部指挥。

联邦宪法保卫局（BfV）隶属联邦内政部，是德国开展对内情报的主导机构。从它的名字可以看出，德国非常重视在情报与保护公民自由举措之间保持微妙的平衡。联邦宪法保卫局主要开展人力情报搜集，职责包括反情报和反恐。不同于英法等国的一元政治体制，德国是联邦制国家，在16个州级政府中设有类似的对内情报部门。这些州级情报部门被称为州宪法保卫局（LfV），其运作方式类似于美国州级或地方级的执法和情报机构，比如纽约警察局的情报部门或堪萨斯州调查局。另外还有两个对内情报和安全组织在德国情报系统内运作，它们隶属内政部，负责处理网络安全的方方面面。其中，联邦信息安全办公室（BSI）负责联邦一级的网络安全，而安全领域信息技术中央办公室（ZITiS）负责处理执法和国内安全组织提出的密码分析和数字支持等需求。和美国联邦系统的情况类似，德国在协调联邦级和州级机构的活动时同样举步维艰。[1]

（二）对德国情报组织的监督及其表现

对德国情报组织开展监督的工作变得更加困难，因为机构的数量增加了，而且它们处理的任务也变得更加复杂。联邦情报局由总理办公厅直接监督，而16个州宪法保卫局由各州指挥，这种分权是联邦制度的直接结果。自2009年以来，德国议会（联邦议院）开始对联邦级机构开展更加有效的监督，明确界定了它们的职责和权力。这些加强监督的举措，极大地缓解了德国因为前述情报历史问题而对情报机构施加的限制。这方面仍有更多的工作需要完成。

---

[1] Krieger, Wolfgang. "Germany." In *The Handbook of European Intelligence Cultures*, edited by Bob de Graaf and James M. Nyce, 155–156. Boulder, CO: Rowman & Littlefield, 2016.

一直以来，德国既要满足政治文化和法律结构方面的要求，又要满足情报和反恐任务方面的需求，很难在二者之间取得平衡。冷战期间，联邦宪法保卫局面临重大困难，无力应对国内恐怖主义和情报威胁等造成的复杂局面。1972 年，巴勒斯坦恐怖组织"黑色九月"对以色列运动员发动屠杀，就是联邦宪法保卫局的奇耻大辱。20 世纪 70 年代，巴德尔－迈因霍夫团伙（Baader-Meinhof Group，又称"红军旅"）发动许多袭击，其中包括劫持飞机、制造爆炸，以及暗杀西德总检察长。德国情报部门也未能发现"基地"组织汉堡小分队的活动情况——"9·11"恐怖袭击就是"基地"组织发动的。鉴于这段惨痛的历史，德国现在应该非常熟悉如何打击恐怖主义了。但联邦宪法保卫局和军事反情报局在联邦议院都遭到严厉的批评，因为它们未能在国内安全机构和联邦国防军的队伍中发现新纳粹渗透人员。在德国总理默克尔接纳近 100 万难民后，伊斯兰恐怖分子发动了数次袭击，虽然强度不高，但引起了媒体的更多关注。和美国一样，有数据表明，德国本土极右翼势力构成的威胁，仍然高于同时期移民中伊斯兰激进分子的威胁。不管怎样，两者构成的危险表明，德国在加强国内监控方面仍有很长的道路要走。

尽管德国和北约其他成员国家一样，都面临着俄罗斯东山再起的威胁，但德国对抗俄罗斯的努力一直不温不火。这个联邦共和国还与俄罗斯达成了有限的情报共享协议，主要目的是减少西欧境内的俄罗斯有组织犯罪活动。此外，德国是俄罗斯天然气的最大购买方。这些天然气的输送管道系统横跨东欧，通过波罗的海海底。默克尔及其前任格哈德·施罗德（Gerhard Schröder）都不愿破坏这种关系。但无法解释的是，施罗德居然是俄罗斯天然气巨头"俄罗斯天然气工业股份公司"（Gazprom）的董事会成员。最后，自冷战结束以来，德国军方和情报部门一直资金不足。在默克尔当政时期，预算削减极其明显，以至于德国无法将小型潜艇舰队派往海上，无法为其海外部队提供后勤支持，也无法让一个师级规模的坦克部队开展作战行动。

五、以色列

情报机构在以色列享受无与伦比的尊崇，其程度是发达世界其他民主国家无法比拟的。以色列是技术先进的现代经济体，是信息技术的领军国家，也是世界上最大的武器出口国之一。几乎从 1948 年建国开始，以色列情报组织就一直保持进攻态势，开展隐蔽行动，以求减少周边阿拉伯国家不断发起的边境袭击。可以这样讲，以色列情报界坚信一点，那就是以色列必须直接消灭对手，而不是先将其击败再谈其他。[1] 尽管在 1948 年至 1973 年的四次战争中，**以色列国防军**（IDF）在战场上耀武扬威，其情报部门取得了公认的优势，并且以色列非常乐于运用这两点优势，但它既没能取得战争胜利，也没能实现和平。以色列人仍然处于"哈马斯"和"真主党"发动袭击的威胁之下，前者在加沙地带以外地区活动，后者位于黎巴嫩。尽管以色列已经与埃及和约旦缔结了和平协议，但 1993 年《奥斯陆协议》宣告失败，美国总统比尔·克林顿（Bill Clinton）和小布什发起的几次努力也宣告失败，这几乎彻底打消了以色列和巴勒斯坦之间达成和平的希望。

以色列得以建国，很大程度上是几个犹太恐怖主义组织出力的结果，因为正是它们赶走了英国殖民政府。[2] 其中两个恐怖主义组织，"以色列自由战士"（Lehi，又音译作"莱利"）和"国家军事组织"（Irgun，又音译作"伊尔贡"）的部分成员，以及犹太武装组织"哈加纳"（Haganah），后来都加入了以色列早期的情报组织。这些情报组织和法国相应的情报机构一样，经历了多次调整和更名。以色列情报系统的总体结构包括：军方情报组织、国内安全机构，以及提供战略政治情报和军事情报的对外情报机构和分析支持组织。与世界上其他国家的情报系统相比，以色列情报界

---

[1] 参见 Bergman, Ronen. *Rise and Kill First: The Secret History of Israel's Targeted Assassinations*. New York, NY: Random House, 2018。

[2] Pedahzur, Ami, and Arie Perliger. *Jewish Terrorism in Israel*. Cambridge, UK: Cambridge University Press, 2009.

有一个相当突出的特点,就是各机构之间的高度协调。在以色列,军方与非军方、对内与对外行动的组织和过程,都是紧密结合在一起的。

(一)摩萨德及其伙伴组织

这些组织中最重要的就是**摩萨德**(Mossad),它是以色列最主要的对外情报机构。摩萨德在几乎所有情报领域都拥有世界顶级的搜集力量。它还指挥着两个非常厉害的隐蔽行动小队:"刺刀"(Kidon)和"堡垒"(Metsada)。虽然这两个小队都曾执行消灭特定目标的暗杀计划,但"刺刀"更加有名,因为它的成员很可能参与了"上帝之怒行动"(Operation WRATH OF GOD)。这是以色列针对"黑色九月"恐怖分子及其支持者发动的暗杀活动,因为这些人应当对1972年慕尼黑夏季奥运会上谋杀以色列运动员一事负责。尽管摩萨德的关注重心是中东,但它在全球各个角落开展行动,从赶赴阿根廷抓捕纳粹战犯阿道夫·艾希曼(Adolf Eichmann)的举世闻名的行动,到今天与昔日的敌人巴基斯坦三军情报局开展协调,打击伊斯兰武装分子,不一而足。摩萨德还有一个金融情报机构,以及一个庞大的技术研发部门,前者负责打击洗钱,后者与美国中央情报局相应部门的实力不相上下。就像联邦情报局与德国总理办公厅的关系一样,摩萨德局长报告的对象并不是内阁某部,而是国家总理。

战略情报由其他非军事和军事组织提供。外交部下辖政治研究中心(CPR),为总理提供对全球及地区政治事件的评估,以及决策支持。虽然它确实搜集某些情报,但行动能力远远逊色于以色列其他机构。**军事情报局**(AMAN)是以色列国防军的情报机构。它是全源搜集机构,也可开展分析。军事情报局的密码部门是8200部队,其实力堪与美国国家安全局及英国政府通信总部相媲美。英法两国的情报系统如果能与特种作战部队开展密切协作,都会以此为荣,但以色列军事情报局更胜一筹,它自己麾下就有陆基和海基特种作战部队。军事情报局还负责管理以色列武官部门504部队。

以色列国家安全局通常被称为**辛贝特**(Shin Bet),是以色列最主要的反情报机构。和摩萨德及军事情报局的情况一样，辛贝特的行动彰显了各机构之间的密切合作。辛贝特负责反情报和国内安全等职责，此外在以色列国防军和摩萨德开展暗杀计划时，它还负责提供目标情报。辛贝特提供此类合作，但其公开身份却是对内安全机构。这种情况再次表明，当其他国家声称在全球化的世界里，应当打破对内情报与对外情报的区别时，以色列已经把这个概念付诸实践了。和摩萨德一样，辛贝特直接向总理报告。

（二）对以色列情报组织的监督及其表现

以色列的政体形式是混合式总统制，类似于德国，但与法国迥异。不过在以色列的政府系统中，总统在很大程度上是象征性的。真正的权力属于总理。以色列也是一元政治体制，安全组织及其活动在当地、地区和全国等层面不存在区别。以色列警察的情报部门、反恐小组"国境警察特勤队"（Yamam），以及边境安全部队，都可随时与辛贝特及情报界其他部门开展协调，因此以色列开展国土安全行动时，比联邦系统国家要容易许多。监督以色列情报系统的工作，是通过三项机制完成的。首先，总理监督各机构的表现，具体做法是通过这些机构所属部门的部长，以及三军司令委员会（Committee of the Heads of Service，委员会主席为摩萨德局长）开展监督。其次，以色列议会（Knesset）也能开展部分监督，监督渠道是情报、特勤、俘虏和失踪士兵下属委员会，它与英国的系统一样，在很大程度上仅限于总理允许的范围。最后，以色列任命了不同的独立委员会，以评估各情报机构的表现。兰道委员会产生的影响力，比总理或议会等领导层更大。该委员会曾呼吁人们关注辛贝特对巴勒斯坦因犯实施酷刑，如今辛贝特被要求必须遵守以色列宪法，不得再犯。不过他们是否真的照章办事，目前尚不可知，因为总理本雅明·内塔尼亚胡（Benjamin Netanyahu）政府对遵守宪法禁令一事几乎没什么兴趣。

以色列一再渗入敌对政府和情报机构内部，暗杀敌方的炸弹制造者和科学家，并在友好国家搜集技术情报（包括对美国开展情报行动），从而极大地助力了以色列的核武器项目。[1] 以色列的情报行动多种多样，而且最为重要的一点是，它们大多都成功了。但这些活动取得成功后，也会招致其他国家的反感，而不仅仅是触怒以色列在该地区的竞争对手。以色列曾利用招募到的美籍特工、美国海军文职情报人员乔纳森·波拉德（Jonathan Pollard）来获取关于监视与通信项目的极端敏感的材料。此事一直都是美以外交上的一大难题，历经五任美国总统也未能解决。同样，在"上帝之怒行动"期间，以色列主动在中立或友好国家开展暗杀活动，从而恶化了其与西欧大部分国家的关系。2011 年，以色列在迪拜杀死一名"哈马斯"领导人，此事产生了同样的影响。以色列对外出售情报信息技术和承包服务，这种做法也一直存在争议。以色列曾将这些手段卖给墨西哥的客户，供其监视反对销售含糖饮料的人员——此类饮料导致该国肥胖流行。于是多个目标的手机被"黑立方"（Black Cube）黑客入侵，随后目标失踪。再举一例，以色列的情报和安全机构曾主动对巴勒斯坦和阿拉伯的目标使用武力，此事极大地促成了第一次和第二次"暴动"（Intifada，1987 年和 2000 年）的爆发。以色列镇压了这两次"暴动"，从而加强了该国政治的军事化，也进一步加剧了暴力活动的循环往复。再者，自 1948 年以来，以色列情报机构往往选择在恐怖分子及其支持者发动袭击之前将其击毙。以色列情报部门这种"安排与上帝会面"[2] 的做法，并没有为和平创造条件。此类悲剧提醒世人，情报无法弥补政策失误。

其他挑战仍然存在。正如作战行动中的明显缺陷会遭到指责一样，以色列情报界的分析力量偶尔也会受到质疑。1973 年，苏伊士运河对岸的埃及军队和戈兰高地的叙利亚军队同时发动进攻，几乎彻底消灭了以色列。但以色列情报部门未能发现这次袭击的准备工作，未能准确预测这些

---

[1] Thomas, Gordon. *Gideon's Spies: The Secret History of the Mossad*. New York, NY: St. Martin's Press, 2009, 87–104.

[2] Bergman, *Rise and Kill First*, 39.

阿拉伯国家的意图。此事经常被人援引，并被称为情报失误。虽然最新的学术研究指出，情报分析人员准确预测出此次进攻，只不过军事情报局的高层既不相信该项预测，也没有将其报告给以色列决策层[1]，但无论如何，以色列情报系统确实是失效了。同样，辛贝特在判读以色列极右翼势力的意图时表现糟糕，也因此在为总理伊扎克·拉宾（Yitzhak Rabin）提供安保措施时表现懈怠，导致拉宾总理在 1995 年被人暗杀。该事件凶手是一名激进的犹太定居者，反对与巴勒斯坦人讲和。最后，以色列情报机构之间密切协作，令国家获益匪浅。但情报机构之间存在冗余，换言之，这些机构会在对方的地理或技术辖区内活动，造成资源浪费。

六、俄罗斯

几乎自现代俄罗斯诞生以来，间谍活动、监视、隐蔽行动和"宣传"，便一直是俄罗斯这个国家所独有的特征。1881 年亚力山大二世遇刺之后，这个沙皇帝国开始依靠秘密警察"公共安全与秩序保卫部"（Okhrana，又音译作"奥克拉那"），监视持异见人士，渗入政治团体内部，谋杀或监禁国内反对者。1917 年俄国革命爆发之后，苏联崛起。此后，一个由秘密警察和监狱组成的庞大架构建立起来，其对内和对外情报组织在国内执行共产党的意志，在国外策动革命。这些情报机构被苏联人称为"机关"（organ），它们构成了这个共产主义国家的核心，存在的目的是保证苏联共产党可以落实马克思列宁主义的政治理想。1991 年苏联解体后，俄罗斯联邦在鲍里斯·叶利钦（Boris Yeltsin）领导的短暂民主时期保留了大部分情报力量。但 1999 年弗拉基米尔·普京（Vladimir Putin）的崛起，见证了俄罗斯回归威权统治，也见证了国内外情报活动的再度复兴。由于经济萎靡不振、技术创新水平低下、人口

---

[1] 参见 Bar-Joseph, Uri. "Intelligence Failure and the Need for Cognitive Closure: The Case of the Yom Kippur War." In *Paradoxes of Strategic Intelligence*, edited by Richard K. Betts and Thomas G. Mahnken. London, UK: Frank Cass, 2003。

不断减少，俄罗斯面临全球地位下降的严峻未来。身为前克格勃中校的普京自上任伊始，就试图扭转俄罗斯实力下滑的颓势，并公开宣称苏联解体是一个错误，俄罗斯应该试图再次合并 1991 年独立出去的 14 个国家。尽管就经济实力和军事力量而言，俄罗斯联邦只能算是苏联的影子，但它投入安全和情报组织的资源仍是极其庞大的，远远超过当前应有的比例。和苏联的做法如出一辙，这笔开支将用于保卫普京政权，以及进一步推进俄罗斯的领土野心。

对苏联和俄罗斯的情报系统开展分析，一直都是一项重大挑战。首先，这是一个典型的"拒止区域"，俄罗斯限制外国人自由活动，令学术研究和情报行动都难以展开。其次，这两个政权都在不断地释放虚假信息和进行"宣传"，因此不论是政府消息人士，还是私人部门中的政府代理人，其提供的一切信息都是不可信的。最后，美国高校的语言培训资源有限，使得俄语成为一个难以分析的目标。西方情报机构极难打入苏联系统内部，以至于在冷战最激烈的时候，分析人士依然束手无策，只得在每年莫斯科红场的五一游行期间，观察政治人物与主席台上苏联总书记座位距离的远近，以此评估他们在政治局中的相对影响力。

（一）克格勃及其伙伴组织

冷战期间，苏联主要情报机构是**克格勃**（KGB），即"国家安全委员会"，这是一个全源机构，将庞大的国内监视和反情报力量，与广泛开展的技术搜集和海外活动统合在一起。苏联解体后，克格勃拆分成两个机构，名义上按照对内和对外任务加以区分，这与英美等国情报系统的区分方式大致相同。**对外情报局**（SVR）由克格勃第一总局直接发展而成，负责在俄罗斯境外开展情报行动。对外情报局开展全源搜集与分析、间谍活动和隐蔽行动等。从克格勃余烬中崛起的第二个机构是**联邦安全局**（FSB），负责监督俄罗斯的信号情报机构——联邦政府通信与信息资源署（FAPSI），主要任务是反情报、国内安全和反恐。联邦安全局规模庞大，雇佣了大约 7 万名官员和 10 万名边防人员，还从事一些执法活动，包括禁毒行动，以及打击俄罗斯有组织犯罪。这些机关原本分别负责对内和对外任务，泾渭分明，但 2016 年之后这条界线变模糊了。

对外情报局和联邦安全局得到俄罗斯情报系统中几个相对较小机关的支持。联邦海关署（FTS）提供针对外国情报机构的技术反情报，它也是克格勃某个下属组织直接发展而成的。联邦海关署与原苏联加盟共和国的许多后继情报机构保持着良好的关系。联邦保护局（FSO）和总统特别项目总局（GUSP）也是从克格勃前下属部门衍生而成的组织。联邦保护局和总统特别项目总局负责俄罗斯军事基地的安全，以及重要政客的人身保护，包括普京本人在克里姆林宫办公室的人身安全。[1]

苏联和俄罗斯联邦的军事情报之间有很强的延续性。俄罗斯军事情报机构是**总参情报总局**（GRU，又音译作"格鲁乌"），在俄罗斯系统中是独一无二的，因为它是唯一一个在苏维埃政权消亡后，不必改变名称或任务的组织。总参情报总局是俄罗斯陆军总参谋部的下属机构，向俄罗斯武装部队和战略情报部门提供战场情报。和对外情报局及联邦政府通信与信息资源署一样，总参情报总局拥有强大的信号情报力量。另外也和联邦安全局一样，这些力量是在 2016 年部署的。总参情报总局抽调 26165 部队和 74455 部队的部分力量组成"奇幻熊"（Fancy Bear），开展网络行动。总参情报总局的工作还得到互联网研究所的进一步助力。该机构是一个"巨魔农场"[2]，它与俄罗斯情报活动的关系几乎没有任何隐瞒。

---

[1] Pringle, Robert W. "The Intelligence Services of Russia." In *The Oxford Handbook of National Security Intelligence*, edited by Loch K. Johnston, 784. Oxford, UK: Oxford University Press, 2010.

[2] 巨魔农场（troll farm），这里的"troll"是指故意发表煽动性言论，引发矛盾或转移注意力的人，类似我们常说的"水军"。——译注

图4-3 位于俄罗斯圣彼得堡的互联网研究所[1]

资料来源：Charles Maynes, Voice of America

有人开展网络活动，破坏针对俄罗斯运动员使用血液兴奋剂的国际调查。2014年，与俄罗斯政府有关联的叛乱分子在乌克兰上空击落马来西亚航空公司一架喷气式客机。26165部队和74455部队与这两起事件均有关联。[2] 此前，在2007年，有人发动网络行动攻击爱沙尼亚。在2008年夏天俄罗斯与格鲁吉亚发生冲突期间，也有人使用网络行动攻击格鲁吉亚政府。总参情报总局的下属部队与这两次行动均有关联。

（二）对俄罗斯情报界的监督及其表现

俄罗斯名义上是混合式政体，总统是国家元首，总理是政府首脑，但实际上这种说法完全没有意义。自1999年被叶利钦总统任命为总理以来，

---

[1] Maynes, Charles. "Inside the Internet Research Agency: A Mole Among Trolls." *Voice of America*, April 17, 2018. https://www.voanews.com/a/inside-the-internet-research-agency-a-mole-among-trolls/4352107.html.
[2] Oliphant, Roland. "What Is Unit 26165, Russia's Elite Hacking Centre?" *The Telegraph*, October 4, 2018. https://www.telegraph.co.uk/news/2018/10/04/unit26165-russias-elite-military-hacking-centre/.

普京就一直在努力消灭反对其政权的有组织政治反对力量。尽管俄罗斯议会（杜马）有五个政党的代表出席，但他们都支持普京，可以确保立法机构不会反对他的统治。因此，俄罗斯联邦没有情报监督制度。正如在苏联时期所做的那样，俄罗斯的这些机关都是为了保卫国家元首的权力而存在的。

俄罗斯这些机关目前开展的行动多种多样，从应对车臣伊斯兰分裂分子构成的国内威胁，到在叙利亚开展国际隐蔽行动，不一而足。2007—2016年，对外情报局总部的规模几乎翻了一番，人员很可能也会等比例增加。冷战期间，克格勃开办了一个名为"小堪萨斯"的间谍培训机构，以培训"非法人员"。"非法人员"（illegal）是他们自己的叫法，即以外国人身份渗入对方关键机构内部的克格勃情报人员。这些"非法人员"项目可以让克格勃情报人员占据特定职位，从而影响众多美国盟友的政治和经济决策。[1] 时至今日，虽然并非所有的俄罗斯"非法人员"都会受到这种训练，但安插潜伏特工的做法仍在继续。2010年，安娜·查普曼（Anna Chapman）和其他九名俄罗斯"非法人员"遭到美国联邦调查局围捕。查普曼是前克格勃官员的女儿，任务是渗入美国金融机构内部，寻找诱发金融危机的方法。她嫁给英国丈夫后，通过这层婚姻关系，在著名的巴克莱投资银行找到一份工作，后来又成立了自己的咨询公司，地址距离华尔街仅一步之遥。2010年，她在对外情报局的几名同事被捕——他们在多所高校、一家美国智库和一家电信公司就职。尽管2010年的这个"非法人员"团伙几乎完全没有发挥作用，其间谍手法也很粗疏，但此次行动涉及范围极广，这才是令人惊讶之处。不久前，玛丽亚·布蒂娜（Maria Butina）渗入多个美国保守团体内部，其中就有全美步枪协会。后来，她得以接触与这些团体有关联的几名美国共和党政客。尽管布蒂娜从未受到间谍罪的指控，但她的活动带有俄罗斯人力情报行动的一些特征。

近来，俄罗斯情报界还利用私人公司从事隐蔽行动。这些公司充当幌

---

[1] Andrew, Christopher, and Vasili Mitrokhin. *The Sword and the Shield: The Mitrokhin Archive and the Secret History of the KGB.* New York, NY: Basic Books, 1999.

子，以隐瞒接受俄罗斯情报官员指挥的事实，从而保持了合理可否认性（plausible deniability）。2014年俄罗斯占领克里米亚，部署了被国际媒体称为"小绿人"的俄罗斯特种部队（Spetsnaz），以及身着军装但不佩戴身份标识徽章的情报人员。"小绿人"伪装成支持"回归祖国"的当地"民兵"，自称在乌克兰民众中享有广泛支持。事实上，他们占领了关键的政府设施和通信中心，使乌克兰政府无法发动有组织的反抗。俄罗斯还以类似的掩护手法雇佣私人军事承包商，事实上这些人员是由俄罗斯军方退役及现役士兵，以及情报官员组成的。为了支持其在中东最后的盟友——叙利亚的阿萨德（Assad）政权，俄罗斯部署了一个神秘的准军事组织，其名为瓦格纳集团（Wagner Group）。但这种幌子组织的做法并不局限于军事承包商。英语新闻媒体"今日俄罗斯"，其实就是俄罗斯情报机构开展"宣传鼓动"（AGITPROP）行动的幌子机构。"今日俄罗斯"几乎并不否认这种联系，其总编辑曾宣称，她自己"正在对整个西方世界发动信息战"。[1]

（三）俄罗斯情报的未来

俄罗斯依赖石油和武器出口，而且完全无力参与现代全球经济，因此面临一个高度不确定的未来。虽然表面看来，普京似乎振兴了俄罗斯这个国家和这些机关，但其外交政策咄咄逼人，又利用情报部门来实现这些政策，这些做法造成的长期结果可能并不是延迟俄罗斯的衰落，而是使其加速。在英国举行脱欧公投及法德美等国举行选举时，俄罗斯对其发动虚假信息和网络黑客攻击，此举可能不会软化这些国家对俄罗斯的态度，只会令其变得更加强硬。冷战期间，克格勃不断制造情报政变。它通过中央情报局和联邦调查局的高级反情报官员，比如奥尔德里奇·埃姆斯和罗伯特·汉森等特工，多次渗入美国情报界最高层。尽管这些"资产"让苏联

---

[1] Nimmo, B. "Question That: RT's Military Mission." Atlantic Council, Digital Forensics Lab, January 8, 2018. https://medium.com/dfrlab/question-that-rts-military-mission-4c4bd9f72c88.

得以打掉美国间谍组织,并极大地遏制了美国人力情报活动,但这没能阻止苏联解体,也没能真正提升其后俄罗斯政权相对于其他国家的实力。

七、结论:各国情报系统的异同

在本章中,我们考察了五个重要民族国家的情报系统。我们使用政治制度比较研究中的常用框架,分析了这些组织的结构和功能,文化和历史对其运行的影响,以及这些系统中政客和情报组织的利益和政策偏好。此外,我们还评估了这些组织的管理方式,特别是涉及政治监督的管理。我们发现这些系统之间存在某些共性,最显著的就是在情报活动和任务方面,普遍存在对内与对外的区分。我们也注意到,各情报系统之间存在极大的差异,这并不总是用政权类型来解释。当学生开始研究情报组织是如何运作的,以及这些组织是如何嵌入更加宏大的政治结构和过程的时候,他们就应该考虑采用类似的分析方法,以便理解针对这些情报系统开展的比较研究。

八、关键词

案例研究	驱动因素
案例选择	跨国比较
政体类型	结构主义
理性选择理论	假两难推理
(英国)军情五处	(英国)国家打击犯罪局
伦敦警察局(苏格兰场)	一元政体形式
(英国)军情六处	(英国)政府通信总部
(英国)联合情报委员会	(英国)国防情报参谋部
(英国)国家安全委员会	"石鬼"通信网络
欧洲高阶信号情报	《安全局法》

《情报机构法》	（英国）情报与安全委员会
苏伊士危机	剑桥五杰
《巴特勒报告》	国家宪兵
（法国）军事情报局	（法国）对外安全总局
（法国）情报总局	（法国）领土监视局
（法国）国家情报与海关调查局	（法国）国内安全总局
（法国）反非法金融流通情报处理与行动署	
（法国）国防和安全总秘书处	（法国）国家安全与国防委员会
（法国）国家情报协调员	（德国）联邦情报局
（德国）战略监视司令部	（德国）军事反情报局
（德国）联邦宪法保卫局	（德国）联邦信息安全办公室
（德国）安全领域信息技术中央办公室	
以色列国防军	摩萨德
（以色列）军事情报局	辛贝特
克格勃	（俄罗斯）对外情报局
（俄罗斯）联邦安全局	格鲁乌
（俄罗斯）联邦政府通信与信息资源署	

九、延伸阅读

Aldrich, Richard J. *GCHQ: The Uncensored History of Britain's Most Secret Intelligence Agency*. London, UK: Harper, 2011.

Andrew, Christopher. *Defend the Realm: The Authorized History of MI-5*. New York, NY: Vintage, 2010.

Andrew, Christopher, and Oleg Gordievsky. *KGB: The Inside Story*. New York, NY: HarperCollins, 1990.

Barsky, Jack. *Deep Undercover: My Secret Life and Tangled Allegiances as a KGB Spy in America*. New York, NY: Tyndale Momentum, 2018.

Dahl, Erik J. "Getting Beyond Analysis by Anecdote: Improving Intelligence Analysis Through the Use of Case Studies." *Intelligence and National Security* 32, no. 5 (2017): 563–578.

Dietrich, Jan-Hendrik. "Of Toothless Windbags, Blind Guardians, and Blunt Swords: The Ongoing Controversy About the Reform of Intelligence Services Oversight in Germany." *Intelligence and National Security* 31, no. 4 (2016): 397–415.

Garthoff, Raymond L. *Soviet Leaders and Intelligence: Assessing the American Adversary During the Cold War*. Washington, DC: Georgetown University Press, 2015.

Gazit, Shlomo. "Intelligence and the Peace Process in Israel." *Intelligence and National Security* 12, no. 3 (2008): 35–66.

Hayez, Philip. "'*Renseignement*': The New French Intelligence Policy." *International Journal of Intelligence and Counterintelligence* 23 (2010): 474–486.

Krier, Wolfgang. "The German Bundesnachrichtendienst (BND): Evolution and Current Policy Issues." In *The Oxford Handbook of National Security Intelligence*, edited by Loch K. Johnson. Oxford, UK: Oxford University Press, 2010.

Pascovich, Eyal. "Military Intelligence and Controversial Political Issues: The Unique Case of Israeli Military Intelligence." *Intelligence and National Security* 29, no. 2 (2013).

Ragin, Charles C., and Howard S. Becker, eds. *What Is a Case? Exploring the Foundations of Social Inquiry*. Cambridge, UK: Cambridge University Press, 1992.

[第 5 章]

情报行动

小理查德·基尔罗伊（Richard J. Kilroy Jr.）

一、我们如何搜集情报

2012 年，美国国家安全局防务承包商雇员爱德华·斯诺登透露，美国情报界一直在对美国公民进行情报搜集。对许多老一辈美国人来说，这不禁让人回想起 20 世纪六七十年代的情形，当时情报机构遭到调查，因为它们开展情报活动的对象是大学校园的学生团体，尤其是反对越南战争的团体。对于 2001 年 9 月 11 日恐怖袭击以后成长起来的年轻美国人来说，他们一直生活在《美国爱国者法案》之下，对此反应甚微。这被视为一种代价，是在安全胜过自由的恐怖时代所必须付出的代价。美国国家安全局开展国内监视项目，中央情报局针对恐怖分子嫌疑人使用强化审讯技术和非常规引渡计划。许多美国人认为，这些都是美国情报界积极支持国际和国内反恐行动的必要手段。[1]

本章研究的是情报行动。首先，我们在考虑到当代安全环境和各国今天面临的对手之际，探讨了情报的复杂性和面临的挑战；然后讨论了情报搜集规划，以及如何利用情报来源与手段，搜集具有情报价值的信息；接

---

[1] Kilroy, Richard J., Jr. "Terror and Technology: Domestic Intelligence Collection and the Gossamer of Enhanced Security." *Journal of Policing, Intelligence and Counter Terrorism* 12, no. 2 (2017): 119–141.

下来探讨了五大情报搜集科目，即人力情报、信号情报、地理空间情报、测量与特征情报和开源情报，以及网络情报等新的领域；最后，探讨了军事情报，包括国防情报结构，各军种情报机构、作用和任务，以及科技情报。

二、当代情报行动的复杂性与挑战

（一）情报行动是什么

当需要对情报行动做出定义时，许多人自然而然会想到间谍活动。虽然这种活动是由情报组织开展的，但情报行动涵盖的范围更加广泛。美国《军事及相关术语词典》(*Dictionary of Military and Associated Terms*) 将情报行动定义为：

> 由各种情报组织和活动在情报流程中执行的各种情报和反情报任务，（情报流程包括）分析和生产；搜集；分发；评估和反馈；规划和定向；处理和开发利用。[1]

这个定义包含的概念被称为情报循环（见第 3 章）。换言之，情报行动被认为是搜集情报信息、分析情报信息、生产情报产品的整个过程。不过许多情报组织确实将分析职能和行动职能加以区分。例如，中央情报局有五个处级组织，其中就有分析处和行动处，行动处侧重于开展活动以搜集外国情报，分析处侧重于生成情报产品。[2]

---

[1] Department of Defense. "Intelligence Operations." In *Dictionary of Military and Associated Terms*, 108. As of June 2020. https://www.jcs.mil/Portals/36/Documents/Doctrine/pubs/dictionary.pdf.

[2] Central Intelligence Agency. "Organizational Chart." Last updated October 9, 2015. https://www.cia.gov/about-cia/leadership/Org_Chart_Oct2015.pdf.

除搜集活动外，情报行动还包括反情报和隐蔽行动，我们将在第6章和第7章分别讨论。此外，也可以将这两项看作情报行动的子集，或将其视作独立出来的职能。例如，约翰·布伦南（John Brennan）在2013年成为中央情报局局长，此后他成立了8个中心，划分依据主要按照情报对象的地理位置，但也按照主题，比如有一个中心专门从事反情报。成立这些中心的目的是促进分析人员和搜集人员之间的交流和协调，这个想法最早是在"9·11"事件之前，随着中央情报局**反恐中心**（CTC）成立而出现的，并在2003年国家情报总监办公室下属**国家反恐中心**成立之后，逐步发展起来的。

（二）不断演变的行动环境

纵观历史，情报行动一直被认为是国家的专属领域，可让本国获得优势，力压其他国家。为此，我们经常把战时情报行动视作军事组织的职能，因为军事组织希望使用更加厉害的武器，采用更加巧妙的战略战术，在战场上击败对手。不过在许多冲突中，如果某个国家掌握的情报更胜一筹，那么即便战斗人员和资源不足，也能在战场上取得胜利。中国古代军事家孙武总结说："不战而屈人之兵，善之善者也。"[1] 换言之，通过高明的情报可以找到对手的重心，如果令其重心失守，那么这个国家甚至没有能力去发动一场战争。例如，在越南战争期间，美国的重心是公共舆论和参战意愿。虽然北越在军事上并没有打败美国，但最终却赢得战争的胜利，原因就是美国公众不再支持战争，不再信任约翰逊（Johnson）政府。[2]

冷战时期，美国情报行动的重点目标是苏联。美国投入数十亿美元，发展可以对抗苏联军方的情报能力，包括投放配有先进雷达及其他搜集手

---

[1] Giles, Lionel. *Sun Tzu on The Art of War: The Oldest Military Treatise in the World*. London, UK: Luzac, 1910, 19.

[2] Sheehan, Neil. *A Bright Shining Lie: John Paul Vann and America in Vietnam*. New York, NY: Vintage Books, 1988.

段的卫星、飞机和舰船。在冷战随时可能升温的情况下，情报是至关重要的，可用于确定对手的优势和弱点。由于很难开展人力情报搜集活动，打入极权主义国家的"拒止区域"，中央情报局和军方情报机构开始使用**国家技术手段**（NTM），这种做法已经成为情报搜集的重中之重。[1]

冷战期间的行动环境面临限制极多，这决定了美国情报界必须发展尖端技术。1961年成立的国家侦察局正是这样的情报机构，它的任务是研发和投放所谓的间谍卫星，而第一颗就是中央情报局于1960年开发的"日冕"。中央情报局使用卫星向太空投放照相机，这样其所接收的图像就可以拍到以前无法进入的苏联地区。它的问题是胶片筒必须从卫星上抛下，再出动飞机加以回收。[2] 这种做法不能及时获得摄影情报产品，不久后将被淘汰，代之以能够在太空提供近乎实时数字图像的卫星。

冷战结束后，行动环境发生了显著变化。以前只用来针对苏联开展搜集的情报搜集平台，现在已被情报界用来监视其他国家，协助执行非传统军事任务，比如在拉丁美洲开展的禁毒行动，以及后来在阿富汗和伊拉克开展的反恐和反叛乱行动。情报必须具备可行动性，以支持战场上的战术作战行动，因此必须以更加直接的方式，将情报搜集资源交到奉命部署的部队手中。特别值得一提的是，无人机的使用变得更加普遍，可以为**侦察、监视和目标捕获**（RSTA）活动提供实时搜集力量。无人机还有助于缩短"感知—攻击"（sensor-to-shooter）这种能力的链条，为情报搜集平台提供能够与目标交战的手段。在运用隐蔽行动打击恐怖分子嫌疑人时，这种能力将变得更加明显。

---

[1] Smith, Clarence E. "CIA's Analysis of Soviet Science and Technology." In *Watching the Bear: Essays on CIA's Analysis of the Soviet Union*, edited by Gerald K. Haines and Robert E. Leggett. Washington, DC: CIA Center for the Study of Intelligence, 2003. https://www.cia.gov/library/center-for-the-study-of-intelligence/csi-publications/books-and-monographs/watching-the-bear-essays-on-cias-analysis-of-the-soviet-union/article04.html.

[2] Jensen, Carl, David McElreath, and Melissa Graves. *Introduction to Intelligence Studies*. New York, NY: CRC Press, 2013.

（三）评估对手

情报行动的关键职能之一，就是评估对手或威胁，并对其做出回应。当进行威胁评估时，情报界使用的标准通常是能力加意图。换言之，有些国家拥有的军事实力，有能力对美国造成伤害，但这些国家（比如北约盟国英国、法国和德国）并不具有这样做的意图。与之相反，一些国家和非国家行为体显然具有伤害美国的意图，但并不拥有可被视为严重威胁的能力（比如委内瑞拉、叙利亚、"伊斯兰国"和"基地"组织）。

在冷战期间，情报分析人员擅长评估苏联的军事武器、能力、学说和战术，因为他们重视情报行动，并搜集关于这一威胁的信息。此举可以帮助美国军队开展训练，以应对一场与苏联及其代理势力交战的潜在冲突，因为伊拉克等其他国家会使用苏联的武器和战术。20世纪90年代，柏林墙倒塌，许多苏联华约卫星国实行民主制度，但其军队仍然保留了绝大部分苏联时代的装备，并使用苏联时代的战术进行训练，因此有能力威胁美国利益。随着这些国家开始与北约国家一体化，并以其他国家的武器取代本国的苏联时代武器，它们的能力和意图都发生了变化。此外，一些北约成员国确实拥有美国军事装备，但也在考虑购买俄罗斯的军事装备。这便造成了操作方面的挑战，原因是一些武器系统并不兼容，但如果提供技术细节以解决技术问题，又会造成情报问题，让旨在击败俄罗斯某项能力的美国武器系统失效。

> **范例：土耳其购买俄罗斯S-400防空导弹系统**
>
> 2018年12月，土耳其宣布正在履行相关手续，准备购买俄罗斯S-400地对空导弹系统，尽管它早已与美国签订合同，购买新式F-35隐形战斗机。这两种武器系统的设计目的就是击败对方。此外，S-400无法与北约其他防空系统一体化，因此无法支持在南欧建立战区防空系统的构想。美国提议向土耳其出售"爱国者"防空导弹系统，但成本却是俄罗斯系统的两倍。如果土耳其同时使用F-35和

> S-400，那么F-35的制造商必须将技术细节提供给S-400，这样该系统才不会攻击F-35。然而，此举将会让旨在寻找S-400弱点的情报搜集努力失效。[1]

冷战结束后，情报界仍在思考俄罗斯、伊朗和朝鲜等民族国家构成的威胁，但扩大了情报重点的范围，开始评估恐怖组织、贩毒集团和国际犯罪组织等非国家行为体构成的威胁。"9·11"之后，最主要的重点开始转而指向恐怖主义构成的威胁，情报行动开始侧重于提供直接支持，帮助派驻阿富汗和伊拉克的前线军事指挥官打击"基地"组织及其附属运动。一直以来，军方情报机构都肩负使命，负责向与敌军交战的部队提供战术和作战等方面的情报支持；不过，国家安全局、中央情报局、国防情报局和国家地理空间情报局等战略情报组织，也开始越来越多地参与其中，支持这些军事部队。这些机构在美国欧洲司令部和美国中央司令部等战区级司令部派驻代表，他们可以作为联络人员，请求本机构提供行动支持、搜集支持和分析支持。有时这被称为组建**国家情报支持小组**（NIST）。此外，美国军方情报官员可以通过一个名为**国家力量战术利用**（TENCAP）的项目，向情报机构的同僚寻求情报支持。[2]

2001年，小布什政府发动全球反恐战争，因此这些国家级情报机构增派代表进驻军方司令部，直接与海外恐怖组织交战。美国特种作战司令部曾向阿富汗派遣军队，以打击"基地"组织，以及击败在阿富汗窝藏恐怖分子的塔利班武装。但在此之前，中央情报局早已在阿富汗派遣了行动小组。美国军方增加了作战基地的数量，使之可以覆盖阿富汗全境，此后

---

[1] Macias, Amanda A. "A Messy Multibillion-Dollar Weapon Sale Between Turkey, Russia and the US Just Got More Complicated." *CNBC*, December 9, 2018. https://www.cnbc.com/2018/12/19/a-messy-multi-billion-dollar-weapon-sale-between-turkey-russia-and-the-us-just-got-more-complicated.html.

[2] Federation of American Scientists. "TENCAP (SIGINT and IMINT)." Accessed May 5, 2019. https://fas.org/spp/military/program/sigint/tencap.htm#N_44_.

中央情报局也向这些基地派遣分析人员和行动人员，帮助提供及时的、具有可行动性的情报，以打击潜在目标。2009 年，阿富汗东部靠近巴基斯坦边境的查普曼营地（Camp Chapman），就是此种中央情报局活动基地。不过，那里的美国情报搜集人员被"基地"组织的一次秘密行动盯上了。

> **范例：阿富汗霍斯特省查普曼营地爆炸案**
>
> 2009 年 12 月 30 日，中央情报局遭遇单日最多的人员损失。当天，1 名"基地"组织恐怖分子引爆自杀式背心，炸死了 7 名美国情报人员、1 名约旦情报官员和他本人。查普曼营地位于阿富汗霍斯特省，靠近巴基斯坦边境和被称为"联邦直辖部落区"（FATA）的地方，情报机构认为奥萨马·本·拉登就藏在那里。胡马姆·哈利勒·阿布穆拉勒·巴拉维（Humam Khalil Abu-Mulal al-Balawi）是一名约旦激进分子，约旦情报官员认为他已被策反，成为打击"基地"组织的主力特工。中央情报局认为他掌握了本·拉登手下二号人物艾曼·扎瓦希里（Ayman al-Zawahiri）的第一手资料，很想获得机会对其进行盘问。中央情报局急于获得有可能抓获本·拉登的情报，于是同意放弃正常的安全检查和预防措施，允许巴拉维进入查普曼基地，与中央情报局官员面谈。[1]

"9·11"以来的 19 年间，美国一直在世界各地发动打击恐怖组织的战争。这些非国家行为体对情报行动构成了重大挑战，因为冷战期间使用的许多传统情报搜集技术手段都对它们无效。前军方资深情报官员韦恩·迈克尔·霍尔（Wayne Michael Hall）准将称，今天的对手具有独特的能力，使情报行动特别具有挑战性。这样的能力包括：隐身性（能够融入民众当中）、精神和组织上的敏捷性（能够迅速适应行动环境中不断变化的条件）、

---

[1] Young, Steve. "Using a Principal Agent in Intelligence Collection in Afghanistan." In *Critical Issues in Homeland Security: A Casebook*, edited by James D. Ramsay and Linda A. Kiltz. Boulder, CO: Westview Press, 2014.

保密性和行动安全性（能够出色地利用"行动安全性"，保护自己免遭发现）、使用网络（难以渗透）、实现目标的意愿和动机（包括实施自杀行为）、有能力主动采取措施（运动和行动自由）、通过广泛人力情报来搜集情报、民众支持（通过胁迫民众，或利用人们对其事业的同情），以及有效利用低技术和高技术的能力（通信、指挥和控制等方面的能力）。[1]

三、情报搜集规划

（一）制订搜集计划

情报循环的第一步是规划和定向。有句话叫"垃圾进，垃圾出"，在理解情报界能否有效响应用户的需求时非常贴切。如果情报产品的用户（国会、总统、国家指挥当局等）在向情报界表述具体需求时，不使用经过审核的情报生产需求，也不提出有待解决的具体问题（或业已明确的情报差距），那么情报搜集人员就只能猜测分析人员以及最终用户到底需要的是什么。

早在"9·11"事件，以及随后根据2004年《情报改革与恐怖主义预防法》成立国家情报总监办公室之前，当时兼任中央情报局局长的中央情报总监便已制订出**国家对外情报计划**（NFIP）。军方情报机构对国家对外情报计划也有贡献，制订了**总体国防情报计划**（GDIP），后者作为一项指导方针，阐明了在情报资源、预算和人员等方面的具体需求，使国防部能够搜集情报，生产出情报用户所需的情报产品。[2] 国家对外情报计划和总

---

[1] Hall, Wayne Michael, and Gary Citrenbaum. *Intelligence Collection: How to Plan and Execute Intelligence Collection in Complex Environments*. Santa Barbara, CA: Praeger Security International, 2012.（中译本《情报搜集：复杂环境下的规划与实施》2024年已由金城出版社出版。——编注）

[2] Department of Defense. *General Defense Intelligence Program (GDIP) Management*. Department of Defense Directive No. 3305.5. Washington, DC: Defense Technical Information Center (AD-A270-423), May 9, 1986.

体国防情报计划提供框架，以便相关部门可以根据不同情报机构手中的可用搜集资源，制订搜集计划。例如，中央情报局被指定为人力情报搜集的主要职能主管机构，国家安全局被指定为信号情报搜集的主要职能主管机构，国家地理空间情报局被指定为地理空间情报搜集的主要职能主管机构，等等。

搜集需求必须经过《**国家情报优先事项框架**》审核，确定其优先次序。这个框架是"9·11"之后，在小布什政府当政期间，于 2003 年 2 月问世的。2004 年国家情报总监办公室成立，《国家情报优先事项框架》由负责情报整合的国家情报副总监进行监督和管理。[1] 情报产品的用户（白宫、国会、国家安全委员会、军方等）可直接向国家情报总监办公室提交需求，也可通过情报界的**国家情报主管**（NIM）及各职能主管向该办公室提交需求。国家情报总监办公室将审核这些需求，然后确定优先事项及可用资源，并通过制定搜集需求的方式来回应这些提交的需求。然而《国家情报优先事项框架》并不是一成不变的。它每季度更新一次，可以根据不断变化的国际政治和安全事态发展，对不断发展的临时需求做出响应。由于这些新的临时优先事项会与现有的优先事项产生冲突，一些情报分析人员将此称为"临时需求的暴政"，因为它们可以抢夺其他搜集需求的优先度。[2]

（二）搜集主管的作用

在商业世界，"中间人"（middleman）一词所指的人员，是居于产品生产者与消费者之间的个人，他们通常会增加消费者的成本。一些企业主张取消中间人，让消费者直接对接生产商，购买产品。在情报世界，情报产品的生产者（分析人员）和行动者（搜集人员）之间的"中间人"，就

---

[1] Director of National Intelligence. *Intelligence Community Directive 204: National Intelligence Priorities Framework*. Washington, DC: Office of the Director of National Intelligence, January 2, 2015.

[2] Lowenthal, Mark. *Intelligence: From Secrets to Policy*, 7th ed. Washington, DC: CQ Press, 2017, 79.

是搜集主管。搜集主管可以发挥关键作用，在分析人员找出情报差距后，针对这些差距生成搜集需求，用这种方法把分析人员的需求通报给搜集人员。这些搜集需求须由负责管理搜集的人员拟定，不同职能主管要求使用不同的格式填写，人力情报搜集需求发给中央情报局或国防情报局，信号情报需求发给国家安全局，地理空间情报需求发给国家地理空间情报局，等等。搜集主管应当接受培训，以了解搜集人员的能力和分析人员的需求。这些主管可发挥极其关键的作用，能够辨别出哪个情报科目是分析人员最有可能需要的。

职业聚焦：情报搜集主管（2019年）

需求：南卡罗来纳州查尔斯顿市肖空军基地防务承包商雇员

搜集主管应当面向美国空军及其他政府机构，协助创建并编写作战能力文件、演示文稿、格式化消息、背景文件、关注事项和工作人员一揽子总结，供美国空军中央司令部高级管理层审阅。

搜集主管应当根据要求，协调并安排与军方及相关伙伴单位召开视频电话会议。

搜集主管应当根据绩效工作声明，在其涉及的各项职能范围内，设置非正式和正式的培训课程，为初级情报分析人员提供培训。

搜集主管应当向美国中央司令部提供空中情报支持，并支持美国空军中央司令部与各个国家级机构、美国中央司令部及其各下属机构对接。

搜集主管居于分析人员和搜集人员之间，提供双向交流。该主管不仅要代表分析人员生成搜集需求，还要帮助向搜集人员提供反馈，让他们了解自己搜集的信息是否满足分析人员的需要，或者是否需要开展额外的搜集工作。在某些情况下，比如在进行人力情报报告时，搜集人员可能要面对分析人员提出的持续性情报需求（比如要求其搜集关于某外军炮火系统的信息），于是该搜集人员会带着这些长期性的问题，去询问可能掌控此

类信息的访问权限且自己有权询问的一切信息源。在报告编制完毕，分析人员收到这份报告之后，该分析人员可能会进一步提出额外的问题，并在搜集主管生成针对特定信息源的搜集需求后，要求该搜集人员继续跟进。由于该搜集人员可能不再掌握对该信息源的访问权限，搜集主管有可能不得不通过搜集需求流程，要求其他部门或机构对该信息源进行后续询问。搜集主管向搜集人员提供的反馈意见极其重要，可以帮助该搜集人员调整这个流程，从而向信息源提出正确的问题，以便能够回应该分析人员的需求。

在"9·11"袭击之后，在小布什政府发动全球反恐战争期间，情报界面临巨大的压力，各方要求其找出一个信息源，引领美军抓捕或击毙"基地"组织领袖奥萨马·本·拉登。获取具有可行动性的情报，从而找出本·拉登等"基地"组织的关键领导人，这项工作的时效性极强，因此分析人员与搜集人员之间的直接交流有所加强，不再坐等搜集主管处理询问结果并分发给分析人员。此外，分析人员也被部署到阿富汗，协助询问工作，并在相关人员盘问信息源时到场。[1] 这项举措给搜集人员和分析人员造成了安全方面的挑战，因为他们通常需要在战争前线开展工作，暴露在恐怖袭击的威胁之下，就像 2009 年中央情报局在阿富汗霍斯特省查普曼营地开展行动时那样。

（三）搜集需求流程

情报搜集需求一般分为两类：向下对属于本组织的、级别较低的有机[2]资源下达任务，或向上对本组织所在指挥系统之外的级别较高的机构提交信息需求。例如，在战斗态势下，某营参谋部门的陆军情报官（S-2）会在该营指挥一些有机"搜集员"，比如一个侦察兵排，或被派出直接与敌人交战的部队。因为这名 S-2 隶属该营，所以他可以生成搜集任务，并下达给下属部队。如果该营指挥官需要关于某个较大范围地区，

---

[1] Hall and Citrenbaum, *Intelligence Collection*.
[2] 这里的"有机"是指具有组织属性，或属于某个组织。下同。——译注

或关于当前行动区域以外地区的额外情报，以备未来作战行动所用，那么该名 S–2 就要生成信息需求，提交上级指挥部（旅、师或更高），请求上级部队提供搜集支持（例如，远程侦察巡逻、无人机或其他搜集平台）。有时，一支部队可能确实需要某个职能主管机构（如中央情报局、国防情报局或国家安全局）开展战略情报搜集，可能会用到国家层面的技术搜集手段。为协助这一流程，这些机构可能会在该部队派驻联络官，他们被称为**国家情报支持小组**，可以代表所驻部队生成搜集需求，然后直接发送给自己所属的原机构。

范例：美国南方司令部与墨西哥

美国南方司令部以前位于巴拿马，其司令巴里·麦卡弗里（Barry McCaffrey）陆军上将于 1996 年当选为新的"禁毒沙皇"，领导比尔·克林顿总统的国家毒品管制政策办公室。他原定陪同时任国防部长威廉·佩里（William Perry）访问墨西哥，会见墨西哥的"禁毒沙皇"何塞·德赫苏斯·古铁雷斯·雷洛略（José de Jesús Gutiérrez Rebollo）陆军上将。因为墨西哥不在南方司令部辖区范围内，因此该司令部的 J–2 部门没有麦卡弗里将军访问期间将要会见的军官的履历，自然也没有雷洛略将军的资料。一份信息需求被发送到驻南方司令部的国防情报局联络官手中，因为他能获得这些主要官员的履历资料，以支持麦卡弗里将军的此次访问。讽刺的是，此次访问 11 周之后，雷洛略将军被指控与墨西哥"卡特尔"合谋贩毒。[1]

图 5–1 描绘的是通用搜集需求的管理流程。这个例子来自《美国陆军战地手册》，实际上每个情报界成员机构都有适用于自身的搜集管理流程。不过，各情报机构与搜集主管所遵循的流程非常相似。

---

[1] Wilkinson, Tracy. "Jose de Jesus Gutierrez Rebollo Dies at 79; Disgraced Mexican General." *Los Angeles Times*, December 20, 2013. https://www.latimes.com/local/obituaries/la-xpm-2013-dec-20-la-me-jose-gutierrez-rebollo-20131221-story.html.

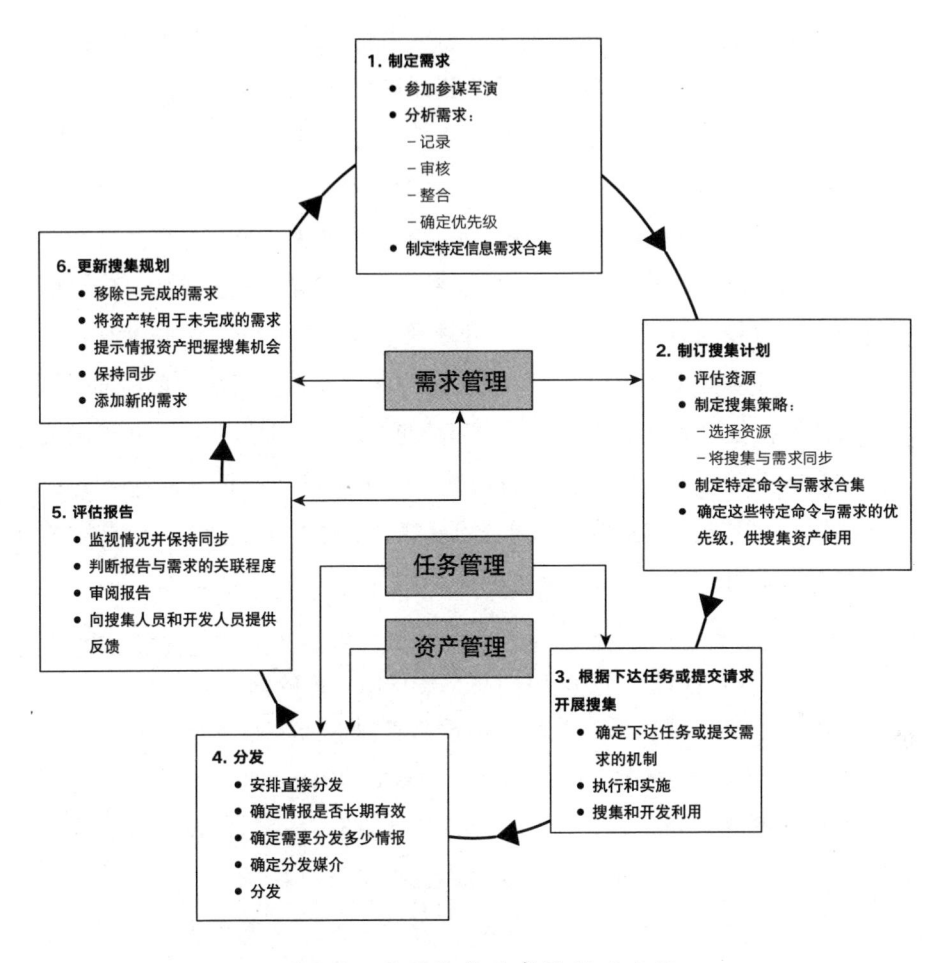

图5-1 通用搜集需求的管理流程

资料来源：Department of the Army 2003

四、五大情报搜集科目及其他

（一）人力情报

当人们想到**人力情报**时，通常会想到詹姆斯·邦德、间谍和间谍活动。虽然间谍和间谍活动是以隐蔽的（covertly）或秘密的（clandestinely）

方式使用人力资源，开展情报搜集，但人力情报的绝大部分工作实际上都是公开进行的。各国驻外使馆都在公开进行情报搜集，武官（Defense attaché，DATT）就是此类搜集的一个例证。在美国，武官为大使工作，但他们必须通过国防情报局武官系统，分配到各自的工作地点。武官进入联合军事武官学校和国防语言学院，在严格的培训项目中学习。

隐蔽人力情报和秘密人力情报的职能主管机构是中央情报局。中央情报局下设**国家秘密行动处**（NCS）。开展秘密人力情报的人员是拥有官方掩护身份的行动官（operation officer）。这意味着如果他们被发现在外国从事间谍活动，很可能会被认定为不受欢迎的人，并被遣送回国。开展隐蔽人力情报的人员是没有官方掩护身份的"委托代理"（principal agent）或身居海外的外国人。这意味着如果身份暴露，这些特工将受到外国法律的管辖，会被拘捕，在战时甚至会被处决。

范例："寡妇间谍"玛蒂·彼得森

冷战期间，首批因在苏联为美国从事间谍活动而被捕的妇女中就有玛莎（玛蒂）·彼得森[Martha (Marti) Peterson]。1975年，玛蒂是中央情报局的一名行动官，她在官方身份掩护下，在美国驻莫斯科大使馆工作。她被指派为亚历山大·奥戈罗德尼克（Aleksandr Ogorodnik）的专案官（case officer）。亚历山大·奥戈罗德尼克是苏联外交部的一名中层官员，代号"三宫"（TRIGON）。玛蒂与"三宫"从未真正会面。他们通过一系列的情报秘密传递点互相传递信息。后来，"三宫"被苏联情报机构克格勃发现，玛蒂在一次秘密传递情报时被捕。她被宣布为不受欢迎的人，返回美国。奥戈罗德尼克在审讯期间自杀，自杀工具是中央情报局配发的一支钢笔，里面装有氰化物毒丸。[1]

---

[1] Peterson, Martha D. *The Widow Spy: My CIA Journey From the Jungles of Laos to Prison in Moscow.* Wilmington, NC: Red Canary Press, 2012.

虽然人力情报已经存在了几千年，但在美国，它的起源可以追溯到独立战争时期。第一个因此类行为被处决的"间谍"是内森·黑尔。乔治·华盛顿将军手下的卡尔珀间谍网负责对英国军队开展间谍活动，黑尔就是这个组织的成员。黑尔是爱国者，但并不是优秀的间谍，没有使用隐显墨水等当时已知的间谍手段。他在被抓之后，立刻承认自己是大陆军的士兵。因为他在敌后被逮捕，穿着便服伪装成教师，所以被当作间谍，最后被绞死。[1]

美国南北战争期间，双方都在使用人力情报，以支持各自的军事行动。格伦维尔·道奇（Grenville Dodge）少将是尤利西斯·格兰特（Ulysses S. Grant）将军手下的情报主管，在南方军的后方掌握着一个间谍网络，共有100多名特工。他开展间谍工作的手段相当高明，既注重保护手下特工的身份，又巧妙掩饰了支付给他们的报酬数额。他在与手下特工通信时，使用密码术对通信内容进行编码。1863年，道奇提供的情报成为取胜关键，令格兰特得以在密西西比州维克斯堡战役中，发动了一场节约兵力的军事行动，战胜了约翰·彭伯顿（John Pemberton）中将。[2]另一位北方军间谍头目是艾伦·平克顿，他曾支持北方军乔治·麦克莱伦（George McClellan）将军发动的战役。南北战争结束后，他因自己的"平克顿国家侦探社"而声名鹊起，因为这个侦探社帮助解散了"莫莉·马奎尔斯"（Molly Maguires）和其他工会组织。[3]平克顿侦探社今天仍然存在。北方联邦军还利用妇女作为间谍。伊丽莎白·范卢（Elizabeth Van Lew）来自里士满，是废奴主义者。她在南方邦联的首都掌握着一个间谍组织，以支持自己的事业，希望可以结束奴隶制，保持美国统一。战争结束后，她受到邻居的极力排斥，以至于1875年她母亲去世时，有人援引她的话

---

[1] Rose, Alexander. *Washington's Spies: The Story of America's First Spy Ring*. New York, NY: Random House, 2006.

[2] Lotter, David. "Grenville Dodge (1831–1916)." *Signal Corps Association 1860–1865*. Accessed May 9, 2019. http://www.civilwarsignals.org/pages/spy/pages/dodge.html.

[3] Civil War Academy. "Alan Pinkerton 1819–1884." Accessed May 9, 2019. https://www.civilwaracademy.com/allan-pinkerton.

说，都没有足够的朋友在葬礼上充当抬棺人。[1]

在南方邦联一方，女性在支持南方军方面也发挥了突出作用。罗斯·奥尼尔·格林豪（Rose O'Neal Greenhow）是一位社交名媛，她利用自己在华盛顿特区的政治关系，为南方军提供情报。博勒加德（P. G. T. Beauregard）将军将自己在1861年第一次奔牛河战役中取得的胜利，归功于格林豪提供的情报。"她派了一名信使，一位名叫贝蒂·杜瓦尔（Bettie Duvall）的年轻女子，让她扮成农场女孩的模样，这样就能在离开华盛顿时，顺利通过链桥上联邦哨兵的盘查。然后策马飞奔，赶往弗吉尼亚州费尔法克斯法院大楼，将消息送到那里的南方邦联官员手中。"[2] 这一时期最神秘的人物是玛丽·苏拉特（Mary Surratt），她被当作南方间谍被捕，并被指控是策划暗杀亚伯拉罕·林肯总统的阴谋者之一。她在华盛顿特区的寄宿公寓被南方特工使用，她的儿子小约翰·苏拉特（John Surratt Jr.）也是这些特工中的一员。尽管她在整个审判中一直坚称无辜，但她最终被判犯下共谋罪，并成为1865年第一个被联邦政府绞死的女性。[3]

在一战和二战期间，欧洲的人力情报行动得到广泛的开展。一战中最有名的间谍是玛塔·哈丽（Mata Hari），一位带有异域风情的荷兰舞蹈家。她运用这个行业最古老的一种"把戏"，引诱目标泄露机密。她最终因为替德国从事间谍活动，于1917年被捕并被处决。在莫斯科，有个波兰面包师也在为德国充当间谍，他的做法是在自己面包店的橱窗里，运用不同方式陈列面包，以此发送编码信息。许多德国和英国的特工都会伪装成商人，以便获准进入对方国家，通过雪茄和沙丁鱼等"商品"来传递信息。[4]

---

[1] Schoof, Heidi. *Elizabeth Van Lew: A Civil War Spy*. North Mankato, MN: Capstone, 2005, 88.

[2] History Editors. "Spying in the Civil War." *History*, February 3, 2019. https://www.history.com/topics/american-civil-war/civil-war-spies.

[3] Blakemore, Erin E. "The Enduring Enigma of the First Woman Executed by the US Federal Government." *Time*, June 30, 2015. http://time.com/3935911/mary-surratt/.

[4] King, Melanie. "Thanks for the Spycraft, World War I: The Fight That Launched an Explosion of Espionage Innovation." *Boston Globe*, August 3, 2014. https://www.bostonglobe.com/ideas/2014/08/02/thanks-for-spycraft-world-war/lrjmteHDfRevXdP9qGACHN/story.html.

美国人力情报是在二战期间，在威廉·多诺万将军的战略情报局的领导下成长起来的。多诺万掌握一个复杂的间谍网络，可以在敌后开展破坏行动。战略情报局被认为是中央情报局和军方特种作战司令部的前身，因为它既从事情报搜集，也开展隐蔽行动。在位于弗吉尼亚州兰利市的中央情报局总部大厅，至今仍然保留着多诺万的雕像。二战期间，英国还通过特别行动局（SOE）和秘密情报局（也称军情六处），成功开展间谍活动。二战期间，这些英国机构彼此不和，也与美国战略情报局不和。然而它们的目标是一致的：通过间谍活动、破坏活动、虚假信息、欺骗和反情报等，击败纳粹德国。二战期间，在为特别行动局工作的间谍中，最成功的是薇拉·阿特金斯（Vera Atkins），她是罗马尼亚人，移民来到法国，被英国最著名的间谍头目威廉·斯蒂芬森 [William Stephenson，可参见电影《无畏的人》（*A Man Called Intrepid*）] 招募。德怀特·艾森豪威尔将军认为阿特金斯和她的法国抵抗网络居功至伟，有力地支持了诺曼底进攻，极大缩短了整场战争的持续时间。[1]

在整个冷战期间，人力情报是美国和苏联手中的宝贵情报源，这两个国家以对方及其盟国为目标，成功实施了种种间谍行动。二战期间，苏联招募了金·菲尔比等"剑桥五杰"，他们支持共产主义，针对英国和美国开展间谍活动，传递盟军针对德国（以及后来针对苏联）开展情报行动的信息。史上最成功的人力情报行动之一，就是美国招募了苏联总参情报总局（格鲁乌）的奥列格·潘科夫斯基上校。此人代号"英雄"，提供了关于古巴部署核导弹的关键信息，帮助美国在1962年10月古巴导弹危机期间，制定包括海上封锁在内的各种政策选项。[2] 在对武器威力的影响方面，最有影响力的间谍是苏联电子工程师阿道夫·托尔卡切夫（Adolf Tolkachev）。托尔卡切夫代号"球体"（SPHERE），是一名异见人士，对腐败的苏联制度倍感失望。他有权访问敏感军事技术信息，并将其提供给

---

[1] Stephenson, William. *Spymistress: The True Story of the Greatest Female Secret Agent of World War II*. New York, NY: Arcade, 2011.

[2] Suvorov, Viktor. *Soviet Military Intelligence*. London, UK: Grafton Books, 1986, 155.

美国，因为他在 20 世纪七八十年代提供情报的价值极大，所以获得"十亿美元间谍"的称号。[1]

20 世纪 90 年代冷战结束后，人力情报行动并没有随之消失。如果说确实有什么不同的话，那就是许多国家将注意力转向经济间谍活动，所以此类行动的规模扩大了。

（二）信号情报

虽然**信号情报**被视为一种更加现代的技术情报搜集形式，但在追溯起源时，我们可以看到人们使用一些明显的非技术手段发送和接收信息。北美土著使用烟雾信号发送编码信息，而海军船只使用旗语和信号灯（阿尔迪灯）开展通信，以防被对手搜集。事实上，信号情报是从密码破译开始的，可以追溯到几千年前。二战期间，在太平洋战场的军事行动中，美国海军陆战队使用纳瓦霍族人充当代码话务员，用其民族独有的语言迷惑日本信号情报工作。德国和日本使用恩尼格玛等复杂的密码机，但这些机器最终都被破解了。[2]

通过情报搜集来截获通信，是信号情报的应用形式之一，称为**通信情报**（COMINT）。电报、电话、无线电和后来出现的互联网创造了新的通信手段，由此，利用通信情报开展情报活动的工作也相应发生变化。冷战

---

[1] Hoffman, David E. *The Billion Dollar Spy: A True Story of Cold War Espionage and Betrayal*. New York, NY: Doubleday, 2015.

[2] 通常，代码（code）在语义（semantics）层面使用，而密码（cipher）在句法（syntax）层面使用。代码是一种映射方法，存储在密码本中，密码则是根据算法，将每个符号加以变化（参见 Khan Academy. "Ciphers vs. Codes"，访问时间为 2020 年 9 月 14 日，网址为 https://www.khanacademy.org/computing/computer-science/cryptography/ciphers/A/ciphers-vs-codes）。国家密码博物馆位于美国马里兰州米德堡，展示了密码破译和密码分析的历史，包括纳瓦霍语密语译电员的历史，另外也介绍了德国使用恩尼格玛密码机的情况，以及盟军通过"超级"情报行动破译德国密码、通过"魔术"情报行动破译日本密码的情况。参见 National Security Agency Central Security Service. "National Cryptologic Museum"，访问时间为 2020 年 9 月 14 日，网址为 https://www.nsa.gov/about/cryptologic-heritage/museum/。

期间，以微波天线作为载体的通信，可以借助卫星使用天基系统加以截获。海底电缆问世后，这种搜集便不可能进行了。不过，情报机构设计出相当高明的行动，仍在试图窃听这些电缆，搜集通信情报。

> **范例："常春藤之铃行动"**
>
> 1972年，美国和苏联开展外交活动，以减少两国武器库中核武器的数量。《第一阶段限制战略武器条约》（SALT I）刚刚签署完毕，美国就寻求通过情报搜集，核实苏联遵守该项条约的情况。中央情报局发起名为"常春藤之铃行动"（OPERATION IVY BELLS）的情报行动，在十多年的时间里，一直成功地对鄂霍次克海的海底电缆进行窃听，搜集未加密的信息流通情况。苏联没有加密的原因在于，他们认为该项传输是安全的。通过这次机密信号情报行动获得的情报，可以用来支持美国在1979年《第二阶段限制战略武器条约》（SALT II）谈判中的立场。[1]

信号情报的另一种形式是**电子情报**（ELINT），搜集非通信类电子信号，比如雷达和其他发射装置产生的信息。电子情报主要用于战术和作战层面的战争，比如电子战。电子情报包括无线电干扰，以及探测防空或炮兵雷达站等。信号情报在战略层面的应用形式，被称为**外国仪器信号情报**（FISINT），它在冷战期间极其重要，原因是核战争构成威胁。美国搜集苏联导弹发射场的释放信号，以探测能够到达美国的洲际弹道导弹的试验或发射情况。

20世纪60年代，第一批信号情报卫星"旨在探测和定位防空雷达，确定电子战斗序列（EOB，可列出苏联防空系统雷达的类型和位置），从

---

[1] Blitz, Matt. "How Secret Wiretapping Helped End the Cold War." *Popular Mechanics*, March 30, 2017. https://www.popularmechanics.com/technology/security/a25857/operation-ivy-bells-underwater-wiretapping/#.

而在爆发战争时，协助美国轰炸机穿透苏联防空系统，飞抵军事目标"。[1]这些搜集需求需要动用通信情报、电子情报和外国仪器信号情报等，针对相关信号开展搜集，因此国家侦察局设计的卫星必须是多用途平台，这就提出了重大挑战：需要安装多部天线，在不同频率搜集通信、雷达和遥测数据。

美国国家安全局成立于1952年，是通信情报搜集的职能主管机构。1958年，电子情报也被纳入它的职责范围。今天，国家安全局和中央安全局（CSS）在美国马里兰州米德堡[2]以外的地区开展工作。国家安全局负责搜集外国信号情报，并承担信息保障职责，保护国防部的信息系统不受到外国情报机构、非国家行为体和其他国家安全威胁的影响。[3] 国家安全局管理国家安全行动中心，该中心向国家指挥当局提供全天候的行动支持。国家安全局局长（DIRNSA）是现役军旗级（三星）将军，直接向国防部长和国家情报总监负责。2009年，美国网络司令部在米德堡成立，国家安全局局长兼任美国网络司令部司令。

（三）地理空间情报

虽然许多人可能认为**地理空间情报**是一门相对较新的情报科目，但它的起源可以追溯到几个世纪之前。在被称为地理空间情报之前，地图、图表、制图产品、航空摄影和其他图形图像，都能让决策者了解地形、地貌、气候和天气条件，因为这些因素可以影响军事行动、侦察和导航。以美国为例，1803年1月，托马斯·杰斐逊（Thomas Jefferson）总统委托刘易斯（Lewis）和克拉克（Clark）开展考察，为从法国手中购买的土地绘制地图。这笔交易后来被称为"路易斯安那购地案"，使这个新成立国

---

[1] Bradburn, David D., John O. Copley, and Raymond B. Potts. *The SIGINT Satellite Story*. Washington, DC: National Reconnaissance Office, 1994 (Declassified February 10, 2016), 5.

[2] 米德堡是国家安全局总部所在地。——译注

[3] Office of the Director of National Intelligence. *Intelligence Consumer's Guide*. Washington, DC: Office of the Director of National Intelligence, 2013.

家的陆地面积增加了一倍。[1]19 世纪初，美国海军依赖水文测量产品，绘制本国新增领海和国际航道的海图，推动商业和运输业发展。[2]

航空摄影可以追溯到 18 世纪末的欧洲，当时人们使用的是观测气球。美国南北战争时期，北方军就在使用这种气球。但因为采用系留方式，所以它的观测范围有限。一战期间飞机问世，此后航空摄影开始名副其实地在空中支持战场作战。二战期间，**摄影情报**（PHOTINT）有了极大的发展，专门用于摄影侦察的飞机开始投入使用，提供战术支持和作战支持。直到冷战时期，在先进的载人和无人搜集平台出现之后，**图像情报**（IMINT）才真正得到扩大使用。

1956 年，美国开始部署 U–2。这是一种专用的"间谍飞机"，能够在 7 万英尺（约 2.1 万米）高空飞行，深入苏联腹地拍摄高分辨率照片，试图确定苏联核力量和核防御的水平。苏联反制美国情报搜集力量的手段是开发远程地对空导弹（SA–2），该导弹曾在 1960 年击落空军上尉弗朗西斯·加里·鲍尔斯（Francis Gary Powers）驾驶的 U–2。因此，美国改用新一代间谍飞机。相比 U–2，这种飞机的飞行高度更高（8 万英尺，约 2.4 万米），飞行速度更快（3 马赫），以便避开苏联的防空系统。[3]

---

[1] Thomas Jefferson's Monticello. "Thomas Jefferson: Louisiana and Lewis and Clark." Accessed July 3, 2019. https://www.monticello.org/thomas-jefferson/louisiana-lewis-clark/the-louisiana-purchase/.

[2] Lowenthal, Mark, and Robert M. Clark. *The 5 Disciplines of Intelligence Collection*. Washington, DC: CQ Press, 2015, 116.（中译本《情报搜集的五大科目》2021 年已由金城出版社出版。——编注）

[3] Jensen, McElreath, and Graves, *Introduction to Intelligence Studies*, 96. A–12 是中央情报局的间谍飞机，早在 1960 年前便已开始研发，但 1962 年才投入使用。其后的型号是 1964 年空军的 SR–71，这款飞机可以装载更多的燃料，飞行更长的时间，并可以搭载一名侦察助理官（参见 Lockheed Martin. "Creating the Blackbird"，访问时间为 2020 年 9 月 14 日，网址为 https://www.lockheedmartin.com/en-us/news/features/history/blackbird.html）。

图5–2 SR–71"黑鸟"

在美国弗吉尼亚州尚蒂伊市国家航空航天博物馆乌德沃尔-哈齐中心，一架 SR–71"黑鸟"正在展出

资料来源：Photo by Richard J. Kilroy Jr., March 7, 2017, by permission

20世纪60年代，美国研发出第一颗成像卫星，代号"日冕"。它仍然使用胶片和航空摄影技术，但现在是在外太空使用这些技术。"日冕"使用的胶卷筒系统，可以从卫星上弹出，然后会打开降落伞，并在重返地球大气层时被空军飞机回收。最后，这些胶卷会被送往华盛顿特区，那里有一个新成立的**国家图像解译中心**（NPIC）。该中心由中央情报局和国防部联合掌管，其图像分析人员（称为"斜视者"，squint）负责使用最新的映绘桌（light table）技术对这些胶卷进行分析，以提高所生成图像的质量。20世纪70年代末，美国发射了第一批具有近实时电光成像能力的卫星。这些高分辨率图像可以直接下载到卫星地面站，并提供给情报分析人员。这时的情报分析人员，就可以制定出新的图像产品搜集需求，其所要求的图像产品应当是现有可用的，应当比早先的摄影产品响应速度更快。

今天，国家地理空间情报局是负责处理情报界对地理空间情报需求的职能主管机构。它分为东西两区，东区位于弗吉尼亚州斯普林菲尔德市，西区位于密苏里州圣路易斯市。国家地理空间情报局是 2003 年，由退役空军中将詹姆斯·克拉珀（James Clapper）一手创建的。克拉珀后来还曾担任贝拉克·奥巴马总统的国家情报总监。国家地理空间情报局的前身是国家成像与测绘局，后者是国防制图局和国家图像解译中心于 1996 年合并后成立的。今天，地理空间情报局向情报界所有机构提供地理空间情报支持，尽管其行动控制权由国防部掌握。未来，地理空间情报和情报界将会面临诸多挑战，其中就有商业卫星成像崛起所带来的挑战，我们将在"开源情报"一节讨论。

（四）测量与特征情报

在情报分析人员面临的挑战中，确定对手武器的威力就是其中之一。武器威力在冷战期间尤为关键，因为它可以维持北约国家和华沙条约国家之间的军事力量平衡。在双方潜在冲突的问题上，绝大多数的想定情景都是以欧洲爆发常规冲突作为开始，而华约国家在欧洲拥有军队数量优势，因此北约国家希望能在武器系统和军事力量方面拥有质量优势。

测量与特征情报（MASINT）可被定义为"以技术方式生成的信息，可提供核爆炸等特定事件的独有特征，或通过光学、声学和地震传感器，对目标的独有特征进行定位、身份识别和描述"。[1] 换言之，测量与特征情报可被看作"美国情报界的《犯罪现场调查》[2]"，因为它采用的分析方法是法医鉴定式的。[3] 军事情报分析人员经常使用**技术情报**（TECHINT）这个术语来描述自己的工作，也就是使用不同类型的搜集平台，确定外国军事装备的威力，其中包括通过人力情报来获取实物样本（例如，获取一块苏联 T–80 主战坦克的集体防护内衬，以确定它对核生化武器的防护能力）。

---

[1] Reagan, Mark L., ed. "Measurement and Signature Intelligence." In *Terms and Definitions of Interest for Counterintelligence Professionals*, 212–213. Washington, DC: Federation of American Scientists, June 9, 2014. https://fas.org/irp/eprint/ci-glossary.pdf.
[2] 《犯罪现场调查》（*Crime Scene Investigation*，CSI），是美国刑侦类电视剧，讲述刑事鉴别科学家利用技术手段侦破案件的故事。——译注
[3] Lowenthal and Clark, *The 5 Disciplines of Intelligence Collection*, 163.

今天，测量与特征情报汲取了技术情报中使用的许多手段，以便能将六大主要子科目归入自己的名下，如图 5-3 所示。

电光包括紫外线、可见光和红外线的图像和特征。雷达包括成像、合成孔径（SAR）、超视距（OTH）和激光等雷达。射频（RF）包括定向能（DE）、电磁脉冲（EMP）、意外辐射和闪电。地球物理包括声学、地震和磁力等。核辐射包括 X 射线、γ 射线和中子。材料取样包括废水、微粒和碎片，以及化学和生物取样。[1]

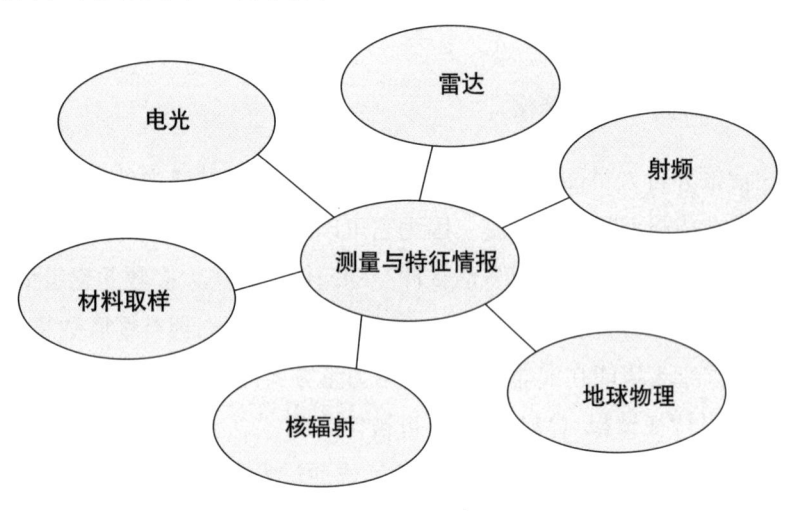

图 5-3　测量与特征情报子科目

因为测量与特征情报不是由某个情报机构单独搜集的（例如，没有国家层面的测量与特征情报机构），所以其职能主管部门为国防情报局，理由是绝大部分分析工作都涉及科技情报。每个军种都有自己的科技情报中心（将在本章的"军事情报"一节讨论）。例如，美国海军是声学情报的主要搜集力量，负责针对外国海军开展声学情报行动，以及掌握其舰船、潜艇和水下武器系统的特征。

---

[1] Lowenthal and Clark, *The 5 Disciplines of Intelligence Collection*, 177.

> **范例：《猎杀"红十月"号》**
>
> 1990 年，汤姆·克兰西（Tom Clancy）的小说《猎杀"红十月"号》（The Hunt for Red October）被拍成电影，肖恩·康纳利（Sean Connery）饰演叛变的苏联潜艇舰长雷缪斯（Ramius），亚历克·鲍德温（Alec Baldwin）饰演美国海军情报分析人员杰克·瑞安（Jack Ryan），试图弄清楚雷缪斯的意图。用以判定苏联潜艇是否叛逃的一个关键证据，就是美国潜艇声呐技术人员"琼斯"[由考特尼·万斯（Courtney B. Vance）饰演]获得的声学情报，他探测到"红十月"号做出了一次特殊的海底机动，名为"疯狂伊万"（crazy Ivan），这种机动只有雷缪斯才能指挥完成。[1]

（五）开源情报

虽然**开源情报**被认为是一门新兴情报科目，但它一直被情报分析人员所使用。通常，这些来源都是非机密的（unclassified），因为它们通常来自非情报的来源与手段（比如新闻报道或学术研究）。不过，要想被认定是开源情报，它们必须通过三项测试：一是信息的来源需要公开可用，二是这些来源必须合法，三是需对这些来源进行适当审查，以确保可靠性。[2]

冷战期间，开源情报为情报分析人员提供了急需的信息源，因为他们必须了解"铁幕"背后那些国家的出版社和媒体正在报道什么。中央情报局通过外国广播信息处（FBIS），为共产主义国家的印刷和广播媒体（电视广播）提供翻译服务。外国广播信息处的产品对情报分析人员、学术界，及国务院都是可用的。此类产品可以提供敏锐见解，让人了解上述国

---

[1] IMDb. "*The Hunt for Red October* (1990)." Accessed July 5, 2019. https://www.imdb.com/title/tt0099810/fullcredits?ref_=tt_ql_1.
[2] Jardines, Eliot A. "Open Source Intelligence." In *The Five Disciplines of Intelligence Collection*, edited by Mark M. Lowenthal and Robert C. Clark. Washington, DC: CQ Press, 2016, 5.

家是如何开展媒体、通信和政府活动的。

互联网和社交媒体的出现，给情报界带来太多的新增开源情报，但去芜存菁的能力变得更加难以为继，这是因为信息源的数量增多，对其进行审查时面临的挑战加剧。在 2016 年美国总统选举中，虽有媒体质疑特朗普政府的说辞，但特朗普政府发出"假新闻"的指控，目的是让人们不再相信一切此类媒体来源，此举令人极其头疼。美国情报界也未能幸免。当时，俄罗斯情报机构影响了社交媒体（特别是脸谱网），以支持特朗普当选，因此构成威胁，于是美国情报界针对该项威胁开展了评估，但这位总统却质疑自己麾下情报界出具的评估意见。[1]

开源情报对情报分析所做最重要的一项贡献，体现在地理空间情报领域，就是商业卫星成像的可用性，因为这种成像能力往往可以与情报界自己的卫星平台相媲美。1972 年，第一颗陆地卫星（Landsat）发射，将卫星图像提供给美国地质勘探局等情报界以外的用户，供其绘制土地使用、环境和气候变化、森林火灾损害和地表水范围等地图。但这些早期产品的分辨率并没有达到美国情报界需要的程度，无法区分坦克和商用卡车。较新一些的商业图像提供商，比如法国视宝公司（SPOT），以及美国 Maxar 公司（前数字地球公司）和美国 Planet 公司，纷纷提高了分辨率和可访问性，因此情报界现在认为开源卫星图像是一种可行的搜集平台，可以满足自己的搜集需求。[2]

尽管情报机构都可以获取开源情报，但国家情报总监办公室还是在 2005 年建立了开源中心（Open Source Center）。它作为情报源，提供的材料来自"互联网、数据库、新闻、广播、电视、视频、地理空间数据、照

---

[1] Davis, Julie Hirschfeld. "Trump, at Putin's Side, Questions US Intelligence on 2016 Election." *The New York Times*, July 18, 2018. https://www.nytimes.com/2018/07/16/world/europe/trump-putin-election-intelligence.html.

[2] Werner, Debra. "NRO Shares Plans for Commercial Imagery Acquisition." *Science News*, June 9, 2019. https://spacenews.com/nro-shares-plans-for-commercial-imagery-acquisition/. 情报界运用开源情报的更多信息，参见 Olcott, Anthony. *Open Source Intelligence in a Networked World*. New York, NY: Bloomsbury, 2012。

片和商业图像，其中包括经过翻译的外国来源材料"。[1] 开源中心隶属中央情报局，是情报界开源情报的职能主管机构。冷战期间，它对外国广播信息处的管辖权限失而复得，在兜了一圈之后又回到自己手中。2015年，开源中心更名为开源集团（Open Source Enterprise）。[2]

（六）网络威胁情报

一些情报文献认为，在网络空间搜集的情报应当视作一门全新的情报科目，名为**网络情报**（cyber intelligence）。[3] 情报界一度使用"计算机情报"（COMPUINT）一词来戏称这个科目，原因就是互联网不断发展扩散。但大多数分析人员并不考虑将这个领域作为搜集情报的情报源（比如，来自太空的信号情报或地理空间情报并不会被认为是"太空情报"）。事实上，**网络威胁情报**（cyber threat intelligence）一词在情报界已经流行起来，因为这种威胁针对的正是网络空间的特定搜集平台。因此，国家情报总监办公室虽然在2015年建立了网络威胁情报一体化中心（CTIIC），但它并没有被视作"网络情报"的职能主管机构，而是被视作一个融合中心，负责整合针对特定威胁开展的搜集工作。这里所说的特定威胁，是一个国家在控制关键基础设施时，所用信息系统面临的威胁。[4]

情报搜集仍然是情报行动的主要内容之一，因为情报分析依赖信息搜集。本节指出，搜集在许多领域均有开展，而且它们全都可以支持分析。在这些领域，一个领域的重要性并不会高于其他任何一个。情报产品的生产情况，取决于对"全源"情报搜集中信息源的访问情况。因为大多数情

---

[1] Jensen, McElreath, and Graves, *Introduction to Intelligence Studies*, 103.
[2] Kringen, John. "Rethinking the Concept of Global Coverage in the US Intelligence Community." *Studies in Intelligence* 59, no. 3 (September 2015): 3.
[3] Mattern, Troy, John Felker, Randy Borum, and George Bamford. "Operational Levels of Cyber Intelligence." *International Journal of Intelligence and CounterIntelligence* 27, no. 4 (2014): 702–719. doi: 10.1080/08850607.2014.924811.
[4] Stroebel, Warren. "US Creates New Agency to Lead Cyberthreat Tracking." *Reuters*, February 10, 2015. https://www.reuters.com/article/us-cybersecurity-agency/u-s-creates-new-agency-to-lead-cyberthreat-tracking-idUSKBN0LE1EX20150210.

报搜集平台和来源均为军方所掌握,而且情报界有一半机构隶属国防部,所以本章将"军事情报"单列一节。

五、军事情报

(一)国防情报结构

在情报界的 17 个成员机构中,有 8 个隶属国防部。4 个军种(陆军、海军、空军和海军陆战队)各有一个情报组织,其余 4 个机构也都是国家层面的组织(国防情报局、国家安全局、国家侦察局和国家地理空间情报局)。虽然美国海岸警卫队也被认为是"武装部队"的军种之一,但它并不隶属国防部。事实上,它是国土安全部的下属部门,但也被认为是情报界旗下的一个独立机构。它可在海上安全和情报等领域发挥巨大作用,因此事实上,它的情报协调中心与位于马里兰州休特兰市的海军情报办公室(ONI)国家海事情报中心(NMIC)合署办公。

国防部管理的国家级情报机构支持多种情报行动,包括搜集、分析,甚至隐蔽行动。国防情报局位于华盛顿特区的阿纳卡斯蒂亚-波林联合基地,为各军种及遍布全球的作战司令部提供情报支持。例如,国防情报局掌握国防人力情报业务,包括公开搜集(由武官等实施)和秘密搜集。国防情报局派驻各个地区作战司令部的联络官,可以提供"向后求援"的能力,让所驻司令部能够利用国防情报局的搜集和分析来源,毕竟这些司令部通常无法触及此类来源。总部位于米德堡的国家安全局还通过联络官和设在全球各地的搜集站点,向这些军方司令部提供信号情报支持。这些搜集站点由各军种情报机构驻守。例如,美国国家安全局设在夏威夷的站点既有军方人员,也有文职人员(包括斯诺登这样的合同承包商雇员),他们在站点内工作,为"战斗人员提供量身定制的信号情报和网络安全支持"。[1]

---

[1] National Security Agency Central Security Service. "NSA/CSS Hawaii." Accessed July 9, 2019. https://www.nsa.gov/about/cryptologic-centers/hawaii/.

位于弗吉尼亚州斯普林菲尔德市比弗堡和密苏里州圣路易斯市的国家地理空间情报局,可以提供地理空间情报支持,具体做法是借助位于弗吉尼亚州尚蒂伊市的国家侦察局提供支持,因为后者控制着国家级技术搜集手段的任务下达权限。

(二) 各军种情报机构

每个军种的情报机构都是为了支持本军种需求而组建起来的。美国陆军情报与安全司令部(INSCOM)位于比弗堡,由军方情报单位组成,向部署全球的陆军部队提供直接支持。例如,第500军事情报旅(MIB)驻地位于夏威夷州斯科菲尔德军营,专为美国陆军太平洋司令部提供情报支持,而陆军太平洋司令部负责支持美国印度—太平洋司令部。第500军事情报旅下设军事情报营(比如位于扎马营地的第311军事情报营),这些营负责支持在亚洲—太平洋战区开展多科目情报行动的美国陆军部队。[1] 陆军部署战术和作战层面的搜集平台,包括:RC–12X"护栏"固定翼飞机(主要是信号情报)、AN/TYQ–224地面站(多源情报)、陆军分布式通用地面系统(DCGS–A),还有一些基于无人机和直升机的系统,以及手提式和便携式搜集系统。

海军情报办公室通过4个中心,向游弋全球各地的美国海军舰队提供情报支持。这4个中心分别是尼米兹作战情报中心、法拉格特技术分析中心、肯尼迪非常规作战中心和霍珀信息服务中心。[2] 海军还部署了许多情报平台,包括"观察岛"(Observation Island)号军舰(T–AGM–23,测量与特征情报)、P–3"猎户座"飞机(信号情报)[3],以及MQ–4C"特里同"和MQ–8"火力侦察兵"等无人机平台。海军陆战队情报司令部位于弗吉

---

[1] US Army. "500th Military Intelligence Brigade-Theater: Units." Accessed July 9, 2019. https://www.inscom.army.mil/MSC/500MIB/Units.html.

[2] Office of Naval Intelligence. "Centers of Excellence." Accessed July 9, 2019. https://www.oni.navy.mil.

[3] 老旧的P–3"猎户座"飞机正被海军的P–8"海神"飞机取代,这种飞机除了具有情报、监视和侦察能力之外,还可以进行反潜作战。

尼亚州匡提科镇，可为海军陆战队部队提供直接支持，但其身份却是隶属海军部。因此，它的情报支持作用主要集中在战术行动层面，即动用有机的情报搜集能力，支持部署在外的海军陆战队。这种有机情报搜集能力，包括提供专门的情报、监视和侦察（ISR）资源，如战术信号情报搜集系统。[1]

> **范例：中美撞机事件**
>
> 2001年4月，一架美国海军EP-3"白羊座II"飞机在中国近海海域搜集信号情报。一架中国歼-8战斗机观察到这一情况，于是抵近这架美国海军侦察机，试图加以拦截，最终发生碰撞。中国战斗机飞行员王伟遇难，而这架EP-3被迫在中国海南岛紧急迫降。

提供空军情报支持的是空军第25航空队，位于得克萨斯州拉克兰空军基地。它由6个联队和1个技术应用中心组成。第9侦察联队驻地位于加利福尼亚州比尔空军基地，负责外出开展活动，控制着西海岸和太平洋战区的众多侦察中队。第9侦察联队控制的机载情报搜集平台包括U-2"龙夫人"、T-38"禽爪"和RQ-4"全球鹰"。[2] 空军掌握着军方使用的大部分机载情报搜集平台，比如RC-135V/W"铆钉接头"（多光谱）、RC-135U"战斗派遣"（战略通信）、MQ-9"收割者"（战术无人机）、OC-135B"开放天空"（条约监督）和E-3"哨兵"（战斗管理），以及阿拉斯加州申雅岛的固定相控阵雷达站（导弹跟踪）。

---

[1] US Marine Corps. *Marine Corps Intelligence Reconnaissance and Surveillance Enterprise Plan 2015–2020*. Arlington, VA: US Marine Corps, September 2014. https://www.hqmc.marines.mil/Portals/133/Docs/MCISRE_Final_Sept2014.pdf.

[2] Beale Air Force Base. "9th Reconnaissance Wing." November 21, 2016. https://www.beale.af.mil/Library/Fact-Sheets/Display/Article/279932/9th-reconnaissance-wing/.

图5–4　RC–135V/W"铆钉接头"

资料来源：US Air Force

（三）军事情报的作用和任务

军队在战争的战术、作战（战区）和战略层面开展情报行动。各军种在不同级别都有专门的情报参谋部门，为接受支持的司令部协调情报任务。在美国陆军，分配给一个军事单位的最低战术级别的情报参谋军官是营级S–2[1]（情报部门）。S–2军官及情报参谋部门负责向指挥官提供情报支持。例如，在一个装甲营里，情报参谋部门的构成是一名军官（上尉或中尉）、一名主管士官（通常是一名E–6参谋军士），以及三四名具有军事情报职业专长的额外抽调军人。旅级部队也有类似的结构（也是S–2）。在师和军级部队，它被称为G–2（因为这些组织由将军指挥）。营级情报参谋部门掌握有机的搜集资源，比如侦察排和其他战斗部门。旅级情报参谋部门有权对该旅各营的有机情报部队下达任务，并能得到师一级军事情报营资源的补充。一切额外的情报搜集需求，或是呈交G–2参谋处，以获得师级有机情报资源的支持，或是发送给军级（或更高一级的总部）。

---

[1]　S–2 为 section 2 的缩写，既指该部门主官，又指整个部门。——译注

海军陆战队的地面作战部队有类似于陆军 S–2 的组织结构，只是该军种没有旅或师级单位。海军陆战队的组织层级为营、海军陆战队远征队（MEU）和海军陆战队远征军（MEF）。海军陆战队军事情报营设在海军陆战队远征军（类似陆军的师级单位）一级，可为作战人员提供情报支持。例如，第 1 军事情报营驻地位于加利福尼亚州彭德尔顿营地，可以支持随海军太平洋舰队一同部署的海军陆战队远征军。

海军的情报参谋部门是 N–2。海军使用首字母为 N 的参谋系统来表示作战指挥级别（例如，中队、打击群和舰队等不同级别）。在军舰一级，存在两种形式的参谋结构：战斗组织和行政组织。21 世纪初，被称为**网络中心战**（NCW）的新的海军学说问世，由此，海军开始改变自己的参谋结构，合并了 N–2 和 N–39（信息行动），以协调情报和信息行动，支持网络中心战。这一理论变化反映了计算机网络行动在军队中的崛起，它把进攻性计算机网络攻击，与防御性计算机网络防御和旨在搜集情报的计算机网络开发等功能统合在一起。

空军的情报部门是 A–2，可设在中队、大队、联队和编号航空队等各级单位，以及更高的总部参谋部门。中队相当于陆军或海军陆战队的营。大队相当于旅，由两三个中队组成。联队相当于师。编号航空队相当于军或更高一级。空军情报军官和士官也作为飞行机组成员，搭乘情报搜集平台，比如 RC–135V/W "铆钉接头" 的情报员就有 14 人之多。[1]

五角大楼的联合参谋部，以及战区和战略层级的各地区性和职能性作战司令部（比如美国中央司令部等）都是联合司令部，因此其情报部门代号为 J–2[2]。联合司令部的人员来自所有军种，他们带来各自军种情报组织的知识，可以支持联合司令部的任务。例如，在美国南方司令部的责任战区，情报支持就是提供关于该地区所有武装部队的情况，包括学说、战

---

[1] US Air Force. "RC-135V/W Rivet Joint." May 23, 2012. https://www.af.mil/About-Us/Fact-Sheets/Display/Article/104608/rc-135vw-rivet-joint/.

[2] 首字母为 J 是因为联合参谋部的英文为 Joint Staff，与前面海军（Navy）的 N–2 和空军（Air Force）的 A–2 同理。——译注

术、武器系统和主要领导人。1995 年，秘鲁与厄瓜多尔之间的边境摩擦演变成一场旷日持久的冲突，于是 J-2 向这个战区部署人员，以帮助双方部队解除动员，并识别交战双方使用的武器系统（其中许多是苏联时代的老式设计）。

对于所有层级（战术、作战和战略）司令部的情报部门来说，它们中的绝大多数都在执行类似的任务，包括：了解该地区友军面临的威胁（来自其敌对国家和恐怖分子等可能的非国家行为体），根据指挥官的优先情报需求（PIR）制定搜集需求，通过被称为**战场情报准备**（IPB）的过程深入认识责任战区，并在必要时为作战行动和隐蔽行动提供情报支持。司令期望参谋部门的情报官员能够提供威胁力量的战斗序列，包括责任战区所有潜在威胁的规模、构成和实力。如果情报官员并不掌握有机搜集力量，无法领受旨在响应司令优先情报需求的任务，那么该名官员就会向更高一级的司令部发出信息请求。大多数战区作战司令部都有来自国家级机构（中央情报局、国家安全局、国防情报局和地理空间情报局等）的代表，他们组成"国家情报支持小组"，可向原单位求援，以满足搜集需求。

（四）科技情报

三大军种（陆军、空军和海军）都有专门的科技情报机构，可以提供对其他国家军事力量的评估意见。陆军国家地面情报中心（NGIC）位于弗吉尼亚州夏洛茨维尔，专门研究外国军队的实力，即评估学说、战斗序列和军事武器系统。它是在 1994 年，由外国科技中心和情报威胁分析中心合并而成。它的关键职能之一是研究在战场上缴获的或通过采购计划获得的装备，对其进行"外国材料开发"（foreign material exploitation），以此获取情报。空军在代顿市莱特—帕特森空军基地也有一个类似的中心，名为国家航空航天情报中心（NASIC）。它的工作重点是侦察外国军用飞机和防空系统的技术实力，获取相关情报。陆军国家地面情报中心隶属于陆军情报与安全司令部，但国家航空航天情报中心却不再隶属于空军第 25 航空队。自 2014 年以来，后者直接向五角大楼美国空军参谋部报告工作。海军的科技情报职能由海军情报办公室的法拉格特技术分析中心负责执行，该中心与位于马里兰州休特兰市的国家海事情报中心合署办公。它可以评估各外国海军的技术能力，并对外国海军系统进行外国材料开发。

六、结论：情报行动小结

本章主要探讨情报行动，具体方法是研究当代的安全环境和今天面临的对手，研究情报的复杂性和挑战。本章讨论了搜集规划，以及如何使用情报来源与手段，搜集具有情报价值的信息。本章探讨了情报搜集的五大科目，即人力情报、信号情报、地理空间情报、测量与特征情报和开源情报，另外也讨论了网络威胁情报。最后，本章探讨了军事情报，包括国防情报结构、各军种情报机构、作用和任务，以及科技情报。有两个领域可以归入情报行动的范畴，但本章却没有涉及，它们是反情报和隐蔽行动。本书的各位撰稿人认为，这两个主题非常复杂，而且涉及面极广，所以应当各列一章。我们将在第6章对反情报进行更深入的探讨，在第7章对隐蔽行动进行更深入的研究。

七、关键词

美国情报界	（美国）国家反恐中心
国家技术手段	侦察、监视和目标捕获
（美国）国家情报支持小组	"国家力量战术利用"项目
国家对外情报计划	总体国防情报计划
《国家情报优先事项框架》	国家情报主管
人力情报	（美国）国家秘密行动处
信号情报	通信情报
电子情报	外国仪器信号情报
（美国）国家侦察局	地理空间情报

摄影情报	图像情报
（美国）国家图像解译中心	测量与特征情报
开源情报	（美国）网络威胁情报一体化中心
情报、监视和侦察	网络中心战
战场情报准备	

八、延伸阅读

Hall, Michael, and Gary Citrenbaum. *Intelligence Collection: How to Plan and Execute Intelligence Collection in Complex Environments*. Santa Barbara, CA: Praeger Security International, 2012.

Hoffman, David. *The Billion Dollar Spy: A True Story of Cold War Espionage and Betrayal*. New York, NY: Doubleday, 2015.

Jensen, Carl, David McElreath, and Melissa Graves. *Introduction to Intelligence Studies*. New York, NY: CRC Press, 2013.

Kilroy, Richard J., Jr. "Terror and Technology: Domestic Intelligence Collection and the Gossamer of Enhanced Security." *Journal of Policing, Intelligence and Counter Terrorism* 12, no. 2 (2017): 119–141.

Lowenthal, Mark. *Intelligence: From Secrets to Policy*, 7th ed. Washington, DC: CQ Press, 2017.

Lowenthal, Mark, and Robert C. Clark. *The 5 Disciplines of Intelligence Collection*. Washington, DC: CQ Press, 2015.

Olcott, Anthony. *Open Source Intelligence in a Networked World*. New York, NY: Bloomsbury, 2012.

Peterson, Martha D. *The Widow Spy: My CIA Journey From the Jungles of Laos to Prison in Moscow*. Wilmington, NC: Red Canary Press, 2012.

Rose, Alexander. *Washington's Spies: The Story of America's First Spy Ring*. New York, NY: Random House, 2006.

Schoof, Heidi. *Elizabeth Van Lew: A Civil War Spy*. North Mankato, MN: Capstone, 2005.

Sheehan, Neil. *A Bright Shining Lie: John Paul Vann and America in Vietnam*. New York, NY: Vintage Books, 1988.

Smith, Clarence E. "CIA's Analysis of Soviet Science and Technology." In *Watching the Bear: Essays on CIA's Analysis of the Soviet Union*, edited by G. K. Haines and R. E. Leggett. Washington, DC: CIA Center for the Study of Intelligence, 2003.

Stephenson, William. *Spymistress: The True Story of the Greatest Female Secret Agent of World War II*. New York, NY: Arcade, 2011.

Suvorov, Viktor. *Soviet Military Intelligence*. London, UK: Grafton Books, 1986.

Young, Steve. "Using a Principal Agent in Intelligence Collection in Afghanistan." In *Critical Issues in Homeland Security: A Casebook*, edited by J. D. Ramsay and L. Kiltz. Boulder, CO: Westview Press, 2014.

[第 6 章]
反情报

小理查德·基尔罗伊

一、间谍和阴谋的世界

阿里·穆罕默德（Ali Mohamed）是埃及伊斯兰"圣战"组织（EIJ）和"基地"组织成员，因犯间谍罪于1998年在美国被捕。其实，穆罕默德是一名三重特工，既是美国陆军特种部队成员，又是联邦调查局的线人，也是中央情报局新近招募的成员。虽然美国情报机构认为自己已经策反穆罕默德，将其转变为美国的情报"资产"，但事实上，他仍在为埃及伊斯兰"圣战"组织和"基地"组织从事间谍活动，并且提供情报，以支持1993年的世贸中心爆炸行动。[1]孙武在《孙子兵法》中指出，反情报工作极其重要，可以找出敌方的间谍，但也暗示如果该名间谍继续为敌人工作，有可能发生潜在损害。

反情报被认为从属于情报行动（见第5章），但本书单独列出一章讨论这个主题，以提供更加深入的讨论，让人们深入了解它的重要性。某国掌握了最先进的情报搜集能力，可以搜集关于对手的情报，但这几乎没有用处，必须采用同样先进的反情报活动进行自我保护，防范针对本国开展的情报行动。

---

[1] Combating Terrorism Center at West Point. "Ali Mohamed: A Biographical Sketch." June 2011. https://ctc.usma.edu/app/uploads/2011/06/Ali-Mohammed.pdf.

二、反情报的作用和任务

（一）反情报定义

美国《军事及相关术语词典》对反情报（CI）行动做出定义，称其为"一种主动活动，旨在识别、开发、中和或吓阻针对美国的外国情报搜集和恐怖活动"。[1] 军方将反情报活动集中在战术和作战层级的战场上，同时联邦调查局和中央情报局也有责任在战略层级开展反情报。联邦调查局主要在国内开展行动，重点是对手在美国境内开展的情报行动。其任务包括：

- 保护美国情报界的秘密，运用情报集中开展调查工作，并与我们的合作伙伴政府开展协作，以降低出现间谍活动和内奸威胁的风险。
- 保护国家的关键资产，如国防、情报、经济、金融、公共卫生和科技等部门的先进技术和敏感信息。
- 反击外国间谍开展的活动。联邦调查局开展主动调查，可以识别这些间谍的身份，并阻止他们正在开展的活动。
- 防止大规模杀伤性武器落入坏人之手，并利用情报来驱动联邦调查局的调查工作，以防止威胁成为现实。[2]

中央情报局可以开展对外反情报行动，具体做法是通过其**反情报任务**

---

[1] Department of Defense. "Counterintelligence Operations." In *Dictionary of Military and Associated Terms*, 52. As of June 2020. https://www.jcs.mil/Portals/36/Documents/Doctrine/pubs/dictionary.pdf.

[2] Federal Bureau of Investigation. "What We Investigate: Counterintelligence." Accessed July 15, 2019. https://www.fbi.gov/investigate/counterintelligence.

中心（CIMC），"分析外国情报机构的能力、意图和活动"。[1] 中央情报局前局长迈克·蓬佩奥（Mike Pompeo）提升了该中心在中央情报局的地位，允许其主任直接向自己报告。此外，为了防止过去的反情报失误（比如阿里·穆罕默德事件）再次重演，该中心的工作有相当大一部分是以更好的方式，对中央情报局以开展间谍活动为目的招募到的特工进行审查。[2] 该中心还将努力开展工作，防止外国情报机构识破中央情报局在其情报组织中招募的特工。2010年，中央情报局有此类特工在中国活动，但其间谍网络被捣毁。

> **范例：中国国家安全部抓捕中央情报局间谍**
>
> 从2010年开始，中国国家安全部开始抓捕一些被识破间谍身份的人，原因是美国中央情报局未能保护与这些特工的敏感通信。中央情报局一直使用的通信系统是为在中东开展行动而开发的，他们认为它是不可攻破的。中央情报局没有考虑到的是，中国采用更加先进的手段开展网络行动，并破译了美国情报界用来与其特工通信的代码。据称，在察觉遭到攻破之后，中央情报局悄然开展了一次撤退行动，试图赶在这些"资产"被捕之前，让他们中的部分人员逃离中国。[3]

---

[1] Gertz, Bill. "CIA Director Seeks Stronger Counterintelligence Against Spies and Leakers." *The Washington Free Beacon*, January 18, 2018. https://freebeacon.com/national-security/cia-director-seeks-stronger-counterintelligence-spies-leakers/; Central Intelligence Agency. "Counterintelligence at the CIA: A Brief History." As of March 23, 2018. Accessed September 23, 2020. https://www.cia.gov/news-information/featured-story-archive/2018-featured-story-archive/counterintelligence-at-cia-a-brief-history.htm.

[2] Gertz, "CIA Director."

[3] Dorfman, Zach. "Botched CIA Communications System Helped Blow Cover of ... Agents." *Foreign Policy*, August 18, 2018. https://foreignpolicy.com/2018/08/15/botched-cia-communications-system-helped-blow-cover...agents-intelligence/.

（二）反情报官

在军队内部，反情报官被分配到战术和作战部队，以便向军队司令部提供反情报支持。在旅一级，反情报官通常是准尉，与旅参谋部的 S-2 情报官密切合作。反情报官可以协助评估所在部队人员的训练水平，找出其面临的威胁，保护敏感信息。在冷战期间的德国，反情报官会以便服为掩护开展行动，去当地酒吧与服务员攀谈，看看他们愿意透露哪些关于自己所在部队的信息。该反情报官还会进行"垃圾箱潜水"，也就是仔细翻找办公室产生的垃圾，看看哪些东西被扔掉了，以及所发现的信息是否可以提供关于部队战备的细节。在演习期间，反情报官还会前往部队部署地点，看看部队离开后都留下什么东西，比如密码本、钥匙，甚至武器或其他敏感物品。

职业聚焦：情报行动专家（反情报）

GS 0132-13（2019）

概述

这个职位隶属国土安全部美国海岸警卫队，是负责马萨诸塞州波士顿市情报与刑事调查、反情报、行动与调查的助理司令的部下。

职责

你将担任情报行动专家，负责反情报工作，并且是美国海岸警卫队第一区（D1）常驻特工的负责人。你将负责在整个第一区执行反情报活动、开展反情报调查，负责海岸警卫队人力情报任务，负责与内部和外部的合作伙伴协调这些相关活动。

典型工作任务

在波士顿地区执行海岸警卫队反情报任务，包括针对那些被派来或前来支持第一区的反情报特工，管理他们所执行的反情报活动。

在情报机构内部，反情报官负责调查内部人员，找出可能被对手情报机构招募的人员。最著名的反情报官或许当属中央情报局的詹姆斯·安

格尔顿（James Angleton）。冷战期间，他负责在中央情报局内部找出苏联"鼹鼠"，并将反情报工作称为"乱镜丛"[1]。安格尔顿是个极具争议的人物，在美国情报界内部令人生畏，因为他支持采取备受质疑的手段，查证被怀疑为敌国特工的人员。他的所作所为，以及中央情报局开展的"混乱行动"（Operation MHCHAOS，打击持不同政见的学生团体）招来指控，指责其侵犯美国公民的公民自由。中央情报局开展的反情报行动和联邦调查局开展的**反谍计划**，旨在打击被怀疑为共产党员的人员，但最终导致美国国会开展调查。丘奇委员会和派克委员会在20世纪70年代举行多场听证会，对情报界在美国境内开展活动的能力产生重大影响。[2]

今天，经济间谍活动造成的威胁越来越大，许多美国公司，特别是那些参与国防工业的公司都有专职反情报人员在私人部门开展工作，目的是找出哪些敌对情报机构正在针对自己的公司和雇员开展招募活动。联邦调查局有一个专门的经济间谍处，负责协助这些美国企业内部的反情报人员，防止商业机密被盗。联邦调查局根据1996年《经济间谍法》的授权开展行动，致力于保护商业秘密免受外国间谍活动的侵扰，并呼吁美国企业采取下列行动，以防遭受渗透：

- 认识威胁；
- 识别并评估商业秘密；
- 实施一个明确的保护商业秘密的计划；
- 保护实体商业机密，限制人们接触商业机密；
- 为员工提供持续的安全培训；
- 制定"内部威胁"项目；

---

[1] "乱镜丛"（a wilderness of mirrors），出自英国诗人托马斯·艾略特（Thomas Stearns Eliot）的诗作《枯叟》（*Gerontion*）。"乱镜丛"的译法，参见湖南人民出版社1985年版《英国现代诗选》。该诗的主旨是混乱与绝望。——译注

[2] Robarge, David. "The Angleton Phenomenon." *CIA Studies in Intelligence* 53, no. 4 (December 2009). https://www.cia.gov/library/center-for-the-study-of-intelligence/csi-publications/csi-studies/studies/vol53no4/201ccunning-passages-contrived-corridors201d.html.

- 在你的机密信息遭受不可逆转的损害之前，主动向联邦调查局报告可疑事件。[1]

（三）内奸威胁

一直以来，对美国造成最大破坏的间谍案件都是内奸所为，他们虽是美国公民，却为其他的反情报组织工作。因为这些人有权接触机密信息，了解自己所在机构针对敌方（比如冷战期间针对苏联）正在开展的情报行动，所以他们经常可以破坏这些行动。更重要的是，他们会让这些机构招募的特工面临生命危险。

范例：奥尔德里奇·埃姆斯和罗伯特·汉森

美国历史上最臭名昭著的两个间谍应当是中央情报局的奥尔德里奇·埃姆斯和联邦调查局的罗伯特·汉森。埃姆斯在1985年至1993年期间为苏联从事间谍活动，而汉森的间谍活动发生在1979年到2001年，那时冷战已经结束很长时间了。汉森的间谍活动令世人极度震惊，原因是他在联邦调查局就是负责反情报工作，这使他能够接触关于苏联及后来的俄罗斯在美国国内外开展情报活动的信息。"他们的泄密导致数百名在苏联活动的美国'资产'身份暴露，但他们对美国军方造成的最直接损害，是暴露了一位高层'资产'。德米特里·波利亚科夫（Dmitri Polyakov）将军是苏联情报部门的负责人，也是为美国工作的一位重要间谍，他提供的信息涉及苏联反装甲导弹技术和古巴导弹危机等。波利亚科夫的身份被埃姆斯和汉森泄露之后，军事情报的'源泉'被拦腰阻断，波利亚科夫也于1988年遭到处决。"[2]

---

[1] Department of Justice, Federal Bureau of Investigation. "Economic Espionage: Protecting America's Trade Secrets." Accessed July 15, 2019. https://www.fbi.gov/file-repository/economic-espionage-1.pdf.

[2] Nye, David. "11 Spies Who Did the Worst Damage to the US Military." *Real Clear Defense*, June 3, 2015. https://www.realcleardefense.com/articles/2015/06/04/11_american_spies_who_did_the_worst_damage_to_the_us_military_108022.html.

反情报官要想发现自己机构面临的潜在威胁，必须了解什么动机才会让人从事间谍活动，愿意主动对祖国犯下叛国罪行。传统的动机是金钱（M）、意识形态（I）、妥协（C，或胁迫），以及自利（E），统称 MICE。[1]奥尔德里奇·埃姆斯的动机主要是金钱，而罗伯特·汉森的动机主要是自利和由此而来的兴奋心情。国防情报局的情报分析人员安娜·蒙茨（Ana Montes）于 2001 年被判有罪，罪名是为古巴从事间谍活动。她的动机是意识形态，因为她在弗吉尼亚大学和约翰·霍普金斯大学求学期间，开始支持拉美地区的革命运动，并在校园公开批评美国在该地区推行的外交政策。[2]1985 年，美国海军陆战队中士克莱顿·隆特里（Clayton Lonetree）在美国驻莫斯科大使馆担任警卫，结果被维奥莱塔·塞伊娜（Violetta Seina）色诱。塞伊娜是美国大使馆雇佣的俄罗斯女性，但实际上是苏联情报机构克格勃的特工。隆特里违反了不得与俄罗斯国民交好的政策禁令，于是出现妥协弱点，因此被克格勃胁迫，由此开始从事间谍活动，为苏联提供关于美国使馆及工作人员的情报，起初只是莫斯科使馆的，后来还有驻奥地利维也纳大使馆的。[3]

尽管 MICE 确实有助于了解许多间谍案件的动机，但它并不能捕捉到所有原因，无法全面解释为何在当代安全环境下，有人会与其他国家和非国家行为体接触，从事间谍活动，挑战反情报官。罗伯特·恰尔迪尼（Robert Cialdini）提出，RASCLS 是"大规模影响力武器"，他试图通过自己对心理学和市场营销的研究，来认识人类动机的复杂性。RASCLS 是

---

[1] Burkett, Randy. "An Alternative Framework for Agent Recruitment: From MICE to RASCLS." *Studies in Intelligence* 57, no. 1 (March 2013). https://www.cia.gov/library/center-for-the-study-of-intelligence/csi-publications/csi-studies/studies/vol.-57-no.-1-a/vol.-57-no.-1-a-pdfs/Burkett-MICE%20to%20RAS-CALS.pdf.

[2] Patterson, Thom. "The Most Dangerous US Spy You've Never Heard Of." *CNN*, August 8, 2018. https:// www.cnn.com/2016/07/06/us/declassified-ana-montes-american-spy-profile/index.html.

[3] History of Spies. "Clayton Lonetree." Accessed July 23, 2019. https://historyofspies.com/clayton-lonetree/.

对等互惠（R）、权威性（A）、稀缺性（S）、言行一致（C，以及连贯性）、偏好（L）和社会证明（S）的统称。[1] 希望招募间谍的情报官不再局限于MICE所指的传统动机，开始着眼于多种因素，以求了解人类的行为。了解恰尔迪尼提出的这种"大规模影响力武器"，可以帮助反情报官了解人性的弱点和漏洞，因为敌对情报机构和非国家行为体（如恐怖组织和犯罪组织）会针对这方面下手，招募己方人员。

三、防御性反情报

（一）基本原理

反情报本质上是防御性的，因为它的目标是防止对手搜集具有情报价值的信息。汉克·普朗昆（Hank Prunckun）指出，防御性反情报的基本原则是侦测和吓阻。[2] 但防御并不意味着被动。换言之，防御性反情报也采取更加主动的措施，以便能够侦测并吓阻威胁。为了能够侦测威胁，任何组织都会遵循一些基本原理，以识别威胁、评估风险和确定漏洞，最终加强己方防御。**威胁评估**遵循一个简单的公式：威胁（T）=能力（C）+意图（I）。能力可以进一步评估为知识（K）+资源（R），意图可以进一步评估为愿望（D）+期望（E）。威胁评估完成后，开展**风险评估**就可确定该组织遭到打击等威胁的可能性（L，即概率），以及如果威胁成真的后果（C）。然后可以开展**漏洞评估**，以确定组织存在的弱点，具体公式为漏洞（V）=目标信息吸引力（A）+易突破性（EP）+影响（I）。[3] 如果组织能够注意这些弱点，就可以采取有效措施，对多

---

[1] Burkett, "Alternative Framework," 7.
[2] Prunckun, Hank. *Counterintelligence: Theory and Practice*. Lanham, MD: Rowman & Littlefield, 2013, 25.
[3] Prunckun, Hank. *Counterintelligence: Theory and Practice*. Lanham, MD: Rowman & Littlefield, 2013, 54–69.

个安全领域进行审查，以吓阻威胁。

（二）安全领域

反情报专业人员开展此类评估，就能找出本组织最有可能面临的威胁或风险，或最有可能存在的漏洞，就防御对策提供合理建议，以保护自己的组织。换言之，如果一个组织评估后认为，最有可能的威胁是内奸，而不是试图从外部访问本组织的人员，那么它将着重采取不同的措施，审查实体、人员、信息、网络和通信等五个安全领域，以侦测并吓阻这种类型的威胁。

在实体安全这个领域，反情报人员必须投入极大精力，关注相应威胁，具体做法是采取各种防御措施，比如设置屏障（墙）、锁门、安装安保摄像头、雇佣保安，以及安装入侵检测系统。无论是谁，只要访问过任何一个情报机构，都证明必须经过严格的安全措施，才能获得对该设施的访问权限。进入设施之后，还会遇到不同等级的安全访问权限，它们的划分依据是数据隔离情况，以及"是否需要知道"。

在美国情报界内部，人员安全领域也极严格，目的是确保在该组织工作的雇员不会是敌方特工。他们获得安全许可的时间可能需要一年或更长，取决于许可的级别和该组织工作的敏感性。典型的人员安全措施包括背景审查（刑事、财务、医疗等）、调研（面试、就业史、住所、外国联系人、社交媒体等），某些情况下还包括测谎仪（测谎仪测试）。员工获得安全许可后，必须签署保密协议，承诺对自己在工作中接触的机密信息保密，不向未经授权的人员透露这些信息。

信息安全是指采用一切措施，保护机密或敏感信息不被泄露，具体做法是以正确方式处理、标记、储存和销毁此类材料。在计算机技术问世之前，机密信息几乎总是存储在印刷文件上，需要使用专门的容器，比如保险箱、大型房间或**敏感隔离信息设施**（SCIF）。因为今天绝大多数的机密信息都是以数字格式存储在计算机驱动器里，所以仍然需要将这些计算机和数据库放置在类似实体设施中，以保护这些信息。

网络安全是使用安全的网络来传输机密信息，并确保不使用非机密的计算机系统发送绝密信息。军方使用三种网络来隔离机密信息，即联合全球情报通信系统（JWICS；绝密，码字）、机密互联网协议路由器网络（SIPRNet；机密，非码字）和非机密互联网协议路由器网络（NIPRNet；非机密，仅限官方使用）。最新的进展是使用"情报百科"（Intellipedia），它类似维基百科，却是保密网站，可以让情报分析人员以机构间的方式共享情报产品，但它从未流行，没能成为人们想象中的用以创建和共享《国家情报评估》的协作工具。[1]

通信安全在历史上是指如何保护无线电或电话通话不被通信情报搜集。虽然仍然需要保护敏感通信，避免使用不安全的电话讨论机密信息，但在今天，通信安全的重点主要在于网络空间，需要监控情报界雇员在电子邮件、社交媒体、聊天室、短信、Snapchat（快照）及其他媒介上讨论的内容。敌方情报机构仍然使用不同的通信手段，试图通过社会工程学[2]、鱼叉攻击[3]和其他手段获取敏感信息。尽管今天人们在数据加密方面已经取得巨大进步，但只要有人略有疏忽，通过电话向隶属外国情报机构且未经授权的个人透露密码，那么这个接收方就可以获得访问安全网络的权限。

> **范例：2016年美国司法部遭到攻击**
>
> "美国司法部遭到社会工程学攻击，导致20000名联邦调查局雇员和9000名国土安全部雇员的个人信息泄露。黑客自称已经访问了

---

[1] Dreyfuss, Emily. "The Wikipedia for Spies and Where It Goes From Here." *Wired*, March 10, 2017. https://www.wired.com/2017/03/intellipedia-wikipedia-spies-much/.

[2] 社会工程学（social engineering），即利用人的本能反应、好奇心、信任、贪便宜等弱点，进行欺骗或伤害等，以获取自身利益。短信诈骗和电话诈骗都用到社会工程学。近年来，越来越多的黑客开始利用社会工程学实施网络攻击。——译注

[3] 鱼叉攻击（spearfishing），是一种黑客攻击手段，将木马程序伪装成电子邮件的附件，发至目标电脑，诱骗受害者点击。不同于以前"撒网"式随机感染目标，它被用于攻击特定目标，故以"鱼叉"命名。——译注

1TB 的数据，并从中下载了 200 GB 的敏感政府文件。

"在此次攻击中，黑客首先通过某些未知手段，访问了一名司法部雇员的电子邮件账户。然后，他试图访问一个需要访问代码的网络入口，但他没有访问代码。这名攻击者并没有放弃，而是拨打了司法部的电话，自称是新员工，请求帮助，结果对方提供了访问代码供他使用。有了代码，他就可以使用偷来的电子邮件凭证，访问司法部内网。于是，他便能够掌握完全的访问权限，访问司法部网络上三台不同的计算机，以及包含军方电子邮件和信用卡信息的数据库。他泄露了司法部的内部联系信息，以此作为自己发动黑客攻击的证据，但尚不清楚他还访问了哪些其他数据，也不知道他可能从司法部内网中窃取了什么信息。"[1]

四、进攻性反情报

（一）基本原则

有这样一条公理，称最好的防守是发动一次好的进攻。换言之，不要坐等对手找你，你要积极主动地向对手发起挑战，在反情报行动中更是如此。因此，正如汉克·普朗昆指出的，进攻性反情报的基本原则是侦测、欺骗和中和。[2] 与防御性反情报一样，侦测也是为了了解威胁、风险和漏洞。欺骗是采取行动，故意误导对手，具体做法是让他们在开展搜集工作时偏离轨道，并且花费过多的时间或资源。中和更多是指直接开展行动，以挫败搜集，具体做法是使用反间谍、陷阱、欺骗和其他方法。

---

[1] Poston, Howard. "The Top Ten Most Famous Social Engineering Attacks." Infosec Security Awareness, July 26, 2018. https://resources.infosecinstitute.com/the-top-ten-most-famous-social-engineering-attacks/#gref.

[2] Prunckun, *Counterintelligence*, 25.

一切进攻性反情报行动必须与防御性反情报行动共同开展。否则，这种努力将适得其反，最坏的情况会让敌方重视那些最诱人的目标。例如，如果一个欺骗故事[1]中的主要军事行动是两栖攻击，那么准备发动攻击的海军陆战队必须开展训练和攻击演练，就好像真有一场主攻一样（而且不应让执行者知道自己执行的就是欺骗行动）。同样，进攻性反情报也必须与情报搜集行动彼此配合，以确保在情报差距这个问题上，传递给敌方的信息与欺骗行动或压制行动是一致的（例如，将搜集重点放在发动两栖攻击的滩头上，假装它确系主攻目标）。

（二）欺骗行动

人们认为，温斯顿·丘吉尔曾说过："在战时，真相是如此珍贵，以至于它必须用谎言作为保镖才能保护。"[2]1944年6月，盟军发动诺曼底登陆进攻法国并大获成功，证实了一场欺骗行动确实存在。许多人认为这是有史以来最成功的大规模战区级战时欺骗行动。[3]为了编制这样一个周密编排的欺骗故事，并让德国人相信它，盟军投入了极大的力量进行策划，从使用充气坦克和虚假通信，到让士兵佩戴假的部队徽章，再到在地面上伪造车辆轨迹，以便让航空成像中的"装甲集群"呈现出高度真实性。欺骗措施甚至包括建立一支建制完整但事实上并不存在的军队，即乔治·巴顿（George Patton）中将指挥的美国第一集团军群，目的是让希特勒相信主攻地点是加莱海峡，而不是诺曼底，并因此命令德军预备队按兵不动，支持加莱方向的法国海岸线防御。[4]

军事欺骗是使用诱饵和伪装等非常简单的手段，掩饰部队的实际位

---

[1] 这里的"故事"（story）是指欺骗行动所设定的虚构内容，类似"剧本"。——译注
[2] International Churchill Society. "Correct Attributions or Red Herrings?" Spring 2006. https://winston-churchill.org/publications/finest-hour/finest-hour-130/correct-attribut.
[3] Brown, Anthony Cave. *Bodyguard of Lies: The Extraordinary True Story Behind D-Day*. New York, NY: Harper Collins, 1975.
[4] Brown, Anthony Cave. *Bodyguard of Lies: The Extraordinary True Story Behind D-Day*. New York, NY: Harper Collins, 1975.

置，或编造关于武器威力的虚假陈述。在地面上观察时，它们可能看起来很假，但从空中或侦察卫星上看，它们可以非常有效地引诱敌人攻击这些可疑目标。

图6-1　俄罗斯S-300地对空导弹诱饵

资料来源：Xabier Eskisabel/CC BY-SA (https://creativecommons.org/licenses/by-sa/2.0)/Wikimedia Commons

军事欺骗也可能是开展更加复杂的行动，比如发动佯攻、演示假象、展示骗局和实施计谋（战争诡计）。人们认为，它们是战时欺骗对手的合法手段。根据《武装冲突法》，"不诚实行为"（perfidious act），或者说不诚实是不合法的，是对旨在保护非战斗人员或医疗部队的现行战争法则的肆意操纵。例如，在军事建筑上画一个红十字，诱使对手相信这是一家医院，从而避免成为攻击目标。同样，运兵车也不得通过悬挂红十字（或红新月）的方式来掩饰自己的活动，从而掩盖真正的军事行动。[1]

---

[1] Joint Forces Staff College, National Defense University. "Joint Publication 3-13-4: Military Deception." January 26, 2012. https://jfsc.ndu.edu/Portals/72/Documents/JC2IOS/Additional_Reading/1C3-JP_3-13-4 _MILDEC.pdf.

> **范例：背包诡计（HAVERSACK RUSE）**
>
> 第一次世界大战期间，英国在巴勒斯坦开展的行动陷入僵局，未能在加沙—贝尔谢巴战线成功击败德国与土耳其的联军。在两次袭击加沙失败后，将军阿奇博尔德·默里（Archibald Murray）爵士被将军埃德蒙·艾伦比（Edmund Allenby）爵士取代。艾伦比决定使用欺骗计划，让德国人相信针对贝尔谢巴的攻击只是佯攻，下次主攻的目标仍是加沙。艾伦比的新任情报官理查德·迈纳茨哈根（Richard Meinertzhagen）少校设计了一个诡计，让人在一次侦察巡逻时丢下一个背包。背包里有作战计划的细节，可以让人看出针对贝尔谢巴发动的攻击只是佯攻。为了让德国人相信这是真的，它里面还有"丢失"背包的军官的个人物品，包括他妻子写的家信，信里还谈到他们刚刚出生的儿子（信是由埃及一家医院的陆军护士写的）。迈纳茨哈根借助人力情报和被截获的信号情报来支持这个欺骗故事，具体做法是让英国士兵和澳大利亚士兵"闲聊"，谈及这名情报官丢失重要文件。结果是英国成功对贝尔谢巴发动主攻，后来又在加沙击败了德土联军。[1]

（三）中和

在反情报中，"中和"（neutralization）一词所指的能力，可以使对手的情报搜集行动变得无效，或是挫败对手的活动，以此击败对手的搜集努力。它与欺骗并不相同，因为你在运用欺骗时，目的是让对手情报行动所搜集的信息正是你希望他们搜集的，并让他们相信这些信息，从而强化对手可能已经形成的一切感知偏见。中和的最低目标是让对手的搜集工作变得无效，最高目标是真的能让搜集平台（或特工）丧失能力，无法执行任

---

[1] Eddow, Andrew W. *The Haversack Ruse, and British Deception Operations in Palestine During World War I*. Unpublished master's thesis. Newport, RI: US Naval War College, June 17, 1994. https://apps.dtic.mil/dtic/tr/fulltext/u2/a279574.pdf.

务。中和方面的例子就是抓获一名可疑的间谍，或瓦解一个间谍网络（比如 20 世纪 80 年代美国海军的沃克家族间谍网）。它还可以是干扰敌方的雷达，防止其识别出战场上的潜在目标。对于空中侦察平台，中和可以是与该平台交战（例如击落无人机或飞机），或通过采取威胁举动，限制该平台飞越某一位置上空的能力。

中和对手情报行动的努力，也可以是编造虚假陈述，或创造可能吸引敌方注意的目标，以此转移敌方资源，目的是引开威胁，以及更容易击败对手。"9·11"恐怖袭击不久后，国防部奉命提供国土防御，以支持涉足这个国土安全任务新领域的其他联邦机构，目的是保护美国的潜在目标。2002 年 2 月举行的盐湖城冬季奥运会就是一例。恐怖分子认为奥运会等大型体育赛事是相当不错的目标，可以对其发动袭击（比如 1972 年慕尼黑夏季奥运会发生的那次恐怖袭击）。当时，军方向执法机构提供了更多的安全和情报支持，包括识别敌对势力搜集情报的一切潜在努力，并设法中和该项威胁所掌握的情报力量，使之无法获得关于犹他州现有安全部署的情报。

五、反情报面临的当代挑战

（一）网络领域

今天，人们愈发难以开展行动，对抗敌方情报搜集，原因在于网络空间的可用信息数量极其庞大。如第 5 章所述，对于能够通过互联网访问海量信息的情报搜集人员来说，开源情报一直都是他们的一大福音。从另一个角度来看，这意味着敌对情报组织也可以访问这些信息，从而对反情报和安全界提出挑战。近年来，变得愈发诱人且更加有利可图的恶行并不是打劫银行或抢劫商店，而是网络犯罪，网络情报威胁也随之显著扩大，因为越来越多的国家正在发展网络情报搜集能力，网络战部队甚至能够攻击关键基础设施和政府机构。

在网络空间对抗敌方情报搜集的任务，落在联邦、各州和地方政府机构，以及私人部门的头上，它们共同努力，迎击这些威胁。20世纪90年代，联邦调查局携手中央情报局和国防部，共同成立了**国家基础设施保护中心**（NIPC）。该中心跟踪针对美国电网、电信、供水、金融和交通部门发动的网络入侵。"9·11"袭击后，它的职能移交给新成立的国土安全部，今天则由**网络安全与基础设施安全局**（CISA）负责。该局在21个关键基础设施部门建立了一系列的信息共享与分析中心（ISAC），以此与私人部门开展合作，帮助这些行业发现网络间谍活动和潜在的网络攻击。[1]

国家安全局有一项任务是通过信息保障来实现计算机网络防御，保护国防部各机构的信息系统免受入侵。据国家安全局介绍，通常所说的针对国防部系统发动的网络攻击，往往都是由敌方情报机构发动的"网络侦察"，以求寻找可以开发利用的漏洞，从而找出访问机密信息的方法。这些漏洞还可作为传递恶意代码的中间节点，以便日后真正发动网络攻击时使用。[2]

（二）国家反情报与安全中心

在情报界内部，"根据2002年《反情报加强法》第902节（《美国法典》第50篇第3382节）设立的**国家反情报执行办公室**（NCIX），是国家情报总监办公室的下属机构"。[3]2014年，国家情报总监将国家反情报执行办公室与国家情报总监办公室的其他下属职能机构（比如安全

---

[1] National Council of ISACs. "About NCI." Accessed July 19, 2019. https://www.nationalisacs.org/about-nci.

[2] National Security Agency. "Cyber Security Report: NSA/CSS Technical Cyber Threat Framework v2." A Report From Cybersecurity Operations, the Cybersecurity Products and Sharing Division, November 13, 2018. https://www.nsa.gov/Portals/70/documents/what-we-do/cybersecurity/professional-resources/ctr-nsa-css-technical-cyber-threat-framework.pdf.

[3] US Code, Title 50: War and National Defense, Chapter 44, Section 3031, National Counterintelligence Executive, 2015: 502.

评估中心、特别安全中心和国家内部威胁特别工作组）合并，以便更好地协调该机构正在履行的所有反情报职能。今天，**国家反情报与安全中心**（NCSC）的任务是"保护和捍卫美国的基础设施、相关设施、机密网络、信息和人员"。[1]

为了执行这项任务，国家反情报与安全中心负责编写《国家威胁识别和优先事项评估》（NTIPA），以确定开展反情报搜集、调查和行动时的优先事项。该中心还负责制定项目预算和评估意见，以体现国家情报总监在战略层面的优先排序思路。它也对发生在各情报机构内部的间谍案件进行损害评估，即评估其对来源与手段的影响，以及为补救该项影响而产生的相关成本。这些案件各有不同，一个间谍案件的影响可能会持续数年，损害国家安全，甚至将情报界自己的搜集平台或特工置于危险境地。该中心还负有教育使命，可以提高人们对反情报的认识，加强推广，强化为情报界全部 17 个机构提供的培训。它还会支持美国政府内部的其他联邦机构，支持私人部门。

六、结论：反情报小结

反情报是情报行动的关键组成部分。它贯穿于情报循环的所有步骤，可以影响规划和定向、搜集、处理和开发利用、分析、分发、反馈，因为所有环节都很容易受到敌方情报行动的影响。反情报对美国联邦、各州和地方政府机构以及私人部门也是至关重要的，因为它们愈发成为敌方情报行动的目标。

必须查明敌方情报机构入侵私人部门的情况，此事也日益受到关注，因为经济间谍活动可以变成国家安全威胁。俄罗斯和伊朗等国家发动先进的情报搜集行动，刺探美国的技术和工业情况，从而构成了网络空间中的

---

[1] Office of the Director of National Intelligence. "History of NCSC." Accessed July 19, 2019. https://www.dni.gov/index.php/ncsc-who-we-are/ncsc-history.

高级持续威胁（advanced persistent threat）。[1] 根据估算，窃取商业机密每年可对美国经济造成 4500 亿美元的损失。

反情报工作可以侦测、吓阻，并在必要时欺骗及中和外国情报行动，它并没有随着冷战的结束而减少。如果说有什么不同，那就是从事间谍活动的国家和非国家行为体的数量大幅增加，因此这种努力也随之有所增加。了解敌方情报机构构成的威胁和己方情报机构（以及其他政府组织和私人企业）面临的风险或漏洞，可以帮助这些机构和组织在反情报领域制定适当的政策、程序和战略。

七、关键词

（美国）反情报任务中心　　　　　国家安全部
反谍计划　　　　　　　　　　　　威胁评估
风险评估　　　　　　　　　　　　漏洞评估
保密协议　　　　　　　　　　　　敏感隔离信息设施
（美国）国家基础设施保护中心　　（美国）网络安全与基础设施安全局
信息共享与分析中心　　　　　　　（美国）国家反情报执行办公室
（美国）国家反情报与安全中心　　《国家威胁识别和优先事项评估》

八、延伸阅读

Barker, Rodney. *Dancing With the Devil: Sex, Espionage and the US Marines: The Clayton Lonetree Story*. New York, NY: Simon & Schuster, 1996.

Brown, Anthony Cave. *Bodyguard of Lies: The Extraordinary True Story Behind D-Day*. New York, NY: HarperCollins, 1975.

---

[1] National Counterintelligence and Security Center. *Foreign Economic Espionage in Cyberspace, 2018*. Accessed July 19, 2019. https://www.dni.gov/files/NCSC/documents/news/20180724-economic-espionage-pub.pdf.

Burkett, Randy. "An Alternative Framework for Agent Recruitment: From MICE to RASCLS." *Studies in Intelligence* 57, no. 1 (March 2013). https://www.cia.gov/library/center-for-the-study-of-intelligence/csi-publications/csi-studies/studies/vol.-57-no.-1-a/vol.-57-no.-1-a-pdfs/Burkett-MICE%20to%20RASCALS.pdf.

Dorfman, Zach. "Botched CIA Communications System Helped Blow Cover of Chinese Agents." *Foreign Policy*, August 18, 2018. https://foreignpolicy.com/2018/08/15/botched-cia-communications-system-helped-blow-cover-chinese-agents-intelligence.

Grimes, Sandra, and Jeanne Vertefeuille. *Circle of Treason: CIA Traitor Aldrich Ames and the Men He Betrayed. Annapolis*, MD: Naval Institute Press, 2012.

Jensen, Carl, David McElreath, and Melissa Graves. *Introduction to Intelligence Studies*. New York, NY: CRC Press, 2013.

Lowenthal, Mark. *Intelligence: From Secrets to Policy*, 7th ed. Washington, DC: CQ Press, 2017.

Olson, James M. *To Catch a Spy: The Art of Counterintelligence*. Washington, DC: Georgetown University Press, 2019.

Prunckun, Hank. *Counterintelligence: Theory and Practice*. Lanham, MD: Rowman & Littlefield, 2012.

Robarge, David. "The Angleton Phenomenon." *CIA Studies in Intelligence* 53, no. 4 (December 2009). https://www.cia.gov/library/center-for-the-study-of-intelligence/csi-publications/csi-studies/studies/vol53no4/201ccunning-passages-contrived-corridors 201d.html.

Vise, David A. *The Bureau and the Mole: The Unmasking of Robert Philip Hanssen, the Most Dangerous Double Agent in FBI History*. New York, NY: Atlantic Monthly Press, 2002.

[第 7 章]
隐蔽行动

克里斯托弗·费雷罗

有时，公开开展外交活动或公开使用军事力量，并不能帮助一个国家实现国家安全和外交政策的目标。在这种情况下，该国领导人往往会寻求第三选项[1]，那就是**隐蔽行动**（covert action）。隐蔽行动完全不同于其他更加常见的情报活动。情报机构的主要任务是搜集、处理、分析、分发信息，为决策者提供决策优势。其作用是为决策提供客观支持，而不是制定或执行外交和国家安全的政策。隐蔽行动却是这一规律中的例外。在隐蔽行动中，情报机构可以帮助制定并执行外交和国家安全的政策，但执行该项政策的方式必须是施以伪装的（亦即隐蔽的），目的是掩盖本国政府的参与痕迹，制造合理可否认性。1947年《国家安全法》将隐蔽行动定义为"美国政府开展的一项或多项活动，以求影响国外的政治、经济或军事等条件，目的是让美国政府所起的作用并不明显，或不会被公开承认"。[2]

读者应该可以注意到，这个官方定义存在一些问题。第一，隐蔽行动试图影响条件和结果。这完全不同于情报机构进行的常规搜集和分析。情

---

[1] 第三选项（third option，又作 third alternative），这是斯蒂芬·科维（Stephen R. Covey）提出的概念，是指在非此即彼的二元对立选项之外，转换思路，提出更好的"第三选项"，尽可能满足所有人的要求。——译注

[2] Office of the Director of National Intelligence. "1947 National Security Act." Accessed January 4, 2020. https://www.dni.gov/index.php/ic-legal-reference-book/national-security-act-of-1947.

报界在开展相对较为少见的隐蔽行动时，不再是世界事务的观察者和分析者，而是可以塑造事件的参与者。正如本章稍后解释的，此类活动不可能在美国国内开展，除非得到严格的监督，以及总统的指令。第二，这个官方定义宣称，隐蔽行动针对的条件和事件都是"国外的"；美国政府不得针对国内目标开展隐蔽行动，因为这样做是非法的。第三，这个官方定义没有明确由哪个或哪几个机构负责隐蔽行动。在美国，中央情报局是隐蔽行动的事实领导机构，但总统得到法律授权，有权委派其他机构负责隐蔽行动。军方实体是隐蔽行动的常见备选执行方。在许多情况下，军队和情报机构会开展合作，或是各行其是，执行那些构成隐蔽行动的活动。自2001年9月11日恐怖袭击以来，中央情报局隐蔽行动与军方特种作战行动之间的界限开始变得模糊。关于隐蔽行动与军事行动之间的灰色地带，本章将在稍后加以解释。第四，读者可能会注意到"并不明显，或不会被公开承认"这些词语的细微差别。"理想"的隐蔽行动不会是明显的，因为"明显"就是明确的，或是显而易见的。然而，有时非常明确或显而易见的情况是，隐蔽的外国行动正在驱动事件的发生发展，例如叛乱分子获得了黑市无法提供的先进武器。在某些情况下，甚至可能明显看出谁是源头，比如在20世纪80年代阿富汗"圣战"者抵抗苏联行动期间，美国向他们提供"毒刺"防空导弹，以及自"9·11"袭击以来，中央情报局使用无人机袭击巴基斯坦恐怖分子。在此类情况下，使用"隐蔽"这个术语可以迫使人们不太费力地相信（这个借口）。但美国政府仍然不会以公开或正式的方式承认这些活动。这样做至少可以保持些许的合理可否认性。否认责任可以保全目标的面子。公开承认可能会让目标别无选择，只能实施报复。让活动一直暗中进行，这样做可以阻止蓄势待发的冲突升级，以及彻底爆发。如果隐蔽行动已变得明确，但并没有得到公开承认，此时人们可以用一个自相矛盾的修饰语来形容，那就是**公开的隐蔽行动**（overt-covert action）。[1] 近年来，公开的隐蔽行动变得愈发普遍。各国政府都在

---

[1] Wettering, Frederick. "(C)overt Action: The Disappearing 'C.'" *International Journal of Intelligence and Counterintelligence* 16, no. 4 (2003): 570.

开展官方否认的行动，但这些行动往往明显是他们的责任。

> **秘密的与隐蔽的**
>
> 把"秘密的"（clandestine）和"隐蔽的"（covert）两词互换使用是一个常见的错误。这其中有一个非常重要的区别，"秘密的"意味着一个特定行动是可以归因的（attributable），但也是无法查明的（not detectable）。例如，美国知道俄罗斯正在试图搜集关于美国的情报，因此可以把此类情报搜集归因于俄罗斯。美国清楚很多情况，比如很清楚某些派驻美国的俄罗斯外交官其实就是间谍，正在使用官方掩护身份开展活动。但是，如果这些俄罗斯特工在开展秘密行动时无懈可击，美国就不知道他们具体搜集了什么，也不知道他们是如何或何时搜集到的。他们从事间谍活动的具体行为是无法发现的。因此，我们主要使用"秘密的"一词来描述"隐秘的搜集努力"。
>
> 当有人开展隐蔽行动时，其所开展的活动可能是显而易见的，或是可被查明的。仍可继续保密的是该活动的发起方。换言之，该"行为体"的身份已被掩饰。例如，假设伊朗正在开展隐蔽行动，去武装一个与沙特阿拉伯政府交战的叛乱组织。沙特可能会注意到他们正在打击的叛乱组织已经获得了新的先进武器。一旦叛乱团体开始使用这些武器，这一事实就很难继续保密。仍然未知（即隐蔽）的是这些武器的来源。叛乱分子的武器从何而来？如果伊朗能够成功掩饰，或以表面合理的方式否认自己提供了这些武器，那么它就成功发动了一次隐蔽行动。
>
> 虽然理解秘密的与隐蔽的之间的区别可能颇费一番功夫，但请谨记以下基本区别：隐蔽行动不是搜集行动，而是经过掩饰的活动，目的是实现特定的外交政策目标。

一、隐蔽行动的类型

隐蔽行动可以表现为多种形式。通常，一个推行隐蔽行动战略的国家会采用多种策略，以实现自己的政策目标。隐蔽行动最常见的类型如下：

- 信息行动；
- 政治活动；
- 经济活动；
- 蓄意破坏；
- 政变；
- 支持准军事行动；
- 秘密参加战斗；
- "定点清除"和暗杀。

（一）信息行动

信息和观念拥有强大的力量，是世界政治中的主要"货币"。因此，各国政府试图驾驭和影响信息环境，以求保护或促进国家利益，也就不足为奇了。并非所有此类努力都是隐蔽的。各国政府会定期发表公开声明，许多政府会公开资助某种形式的国家媒体。但当国家试图以保密的、不可归因的方式影响信息环境时，它就进入了隐蔽行动的领域。此类活动常被称为"宣传"行动。《韦氏词典》（*Merriam-Webster*）将"宣传"定义为"散布思想、信息或谣言，目的是帮助或伤害某个机构、某项事业，或是某个个人"。[1] 尽管这一定义认为"宣传"包括真实准确的信息，但该词具有负面含义，经常被人用来驳斥或诋毁自己并不赞同的信息。**信息行动**（information operation）一词更加中性，因而更有助于讨论政府是如何影响信息环境的。此类行动有时也被称为**心理行动**（psychological

---

[1] *Merriam-Webster.* "Propaganda." Accessed June 11, 2019. https://www.merriam-webster.com/dictionary/propaganda.

operation)。[1] 无论使用哪个术语，这些行动的目的都是影响目标受众的想法和信念，以便实现某个国家目标。

不论隐蔽信息行动散播的是真理还是谎言，都会隐瞒信息源，但它们的隐蔽程度可能各不相同。灰色信息行动只具备有限的可否认性。[2] 关于灰色信息行动的一个例子是自由欧洲电台和自由电台（RFE/RL）的运作。冷战时期，这些实体在铁幕背后传播美国"宣传"。人们只要具备中等智力水平，就可以猜到这些广播至少得到美国政府某种程度的支持。20 世纪 60 年代中期发生泄密事件，证实这些广播属于中央情报局的某个隐蔽项目。[3] 但这些广播仍在继续播出。1972 年，美国国会将这些广播电台剥离中央情报局的控制，让它们接受广播理事会的管理，成为美国政府的公开工具。到 1999 年，广播理事会负责管理美国政府出资支持的所有国际广播机构，包括自由欧洲电台和自由电台、美国之音、萨瓦电台（主要面向中东）、马蒂电台（主要面向古巴），以及自由亚洲电台。尽管这些电台在新闻中宣扬亲美，但法律禁止它们传播"虚假信息"(disinformation)。[4]

黑色信息行动无法彻底隐瞒信息源。通常，彻底隐瞒的做法对行动成功至关重要，因为信息提供者的身份可能会让其提供的这则信息失效。[5] 请思考这样一种想定情景，美国希望在伊朗境内发布可以支持美国利益的真实信息。因为许多伊朗人习惯于不信任美国，伊朗政府会将这些信息斥为是敌人恶意捏造的，而且知道美国是信息源以后，反而有可能"伤害"到伊朗境内的一切预期受益者，所以这则信息的最优发布方式，就是消除一切美国的"指纹"。

---

[1] Stempel, John. "Covert Action and Diplomacy." *International Journal of Intelligence and Counterintelligence* 20, no. 1 (2007): 122–135.

[2] Stempel, John. "Covert Action and Diplomacy." *International Journal of Intelligence and Counterintelligence* 20, no. 1 (2007): 122–135.

[3] Wettering, "(C)overt Action," 562.

[4] Wettering, "(C)overt Action," 566.

[5] LeGallo, Andre. "Covert Action: A Vital Option in US National Security Policy." *International Journal of Intelligence and Counterintelligence* 18, no. 2 (2005): 354–359.

彻底隐瞒也可能是虚假信息行动成败的关键所在。俄罗斯的"巨魔"(troll)曾成功搅起美国社会和政治紧张局势，具体做法是冒充美国人，在网上发布煽动性材料。如果读者知道俄罗斯"巨魔"就是消息源，则可以想见，所有帖子产生的影响都会减弱。20世纪80年代初，苏联在印度新闻媒体上刊登了一个虚假的故事，称艾滋病是美国在马里兰州德特里克堡的一个军事实验室制造的。这一隐蔽行动的目的是破坏全世界对美国的印象，具体而言，就是让此事看起来像是华盛顿设计了生物武器，专门用来对付非洲人和"同性恋"者。这个故事在全球引起了极其广泛的关注，以至于美国反情报部门发现苏俄就是消息源之后，罗纳德·里根（Ronald Reagan）总统要求苏联总书记米哈伊尔·戈尔巴乔夫（Mikhail Gorbachev）出面否认这则谣言，并澄清事实（戈尔巴乔夫照办了）。[1]如果这个虚假故事最早出现在共产党报纸《真理报》上，全球大众就不太会相信了。

（二）政治活动

第二类隐蔽行动是**政治活动**。它包括的活动范围极广，而且比信息行动走得更远，可以用来支持被看好的政治行为体和结果。例如，一个政府从事隐蔽政治活动时，可能会将技术、后勤和财政援助，提供给某个团体，希望它能赢得选举，或以其他方式获得或继续保持权力。在后勤和技术方面提供援助的例子，就是促进某个政治运动中各成员之间的交流，以及培训政治行为体开展有效的竞选活动。财政援助可以用来支付政治组织自身运转及游说呼吁时的日常开销，比如制作竞选文字材料，或是用于不太体面的目的，例如行贿和购买选票。

二战后美国实施了首次重大隐蔽行动，试图影响意大利的选举，因为当地的意大利共产党日益强大，已经威胁到总理阿尔奇德·德加斯佩里

---

[1] Qiu, Linda. "Fingerprints of Russian Disinformation: From AIDS to Fake News." *The New York Times*, December 12, 2017. https://www.nytimes.com/2017/12/12/us/politics/russian-disinformation-aids-fake-news.html.

图 7-1 《时代》杂志封面人物德加斯佩里

1953 年，意大利总理阿尔奇德·德加斯佩里荣登《时代》杂志封面。中央情报局实施隐蔽行动，目的是影响外国选举，支持亲西方的候选人，德加斯佩里于 1948 年成为此类活动的第一位受益者[1]

资料来源：Boris Chaliapin/Public domain/Wikimedia Common

（Alcide De Gasperi）的天主教民主党政府。参与此次行动的中央情报局前官员表示，意大利的共产主义和左翼政党每月可从外国资助者那里获得高达 1000 万美元的资金，而共产党的势力也在超越意大利工会。[2] 美国国务院和刚刚成立的中央情报局携手合作，向天主教民主党及其他反共政治团体提供用以反制的援助和资金，其中许多团体还得到梵蒂冈的支持。关于这笔资金，其中有一部分是向意大利裔美国人社区和反共产主义工会呼吁筹措的。此外，美国还组织了一场写信运动，让意大利裔美国人写信给

---

[1] Chaliapin, Boris. "Alcide De Gasperi on Time Magazine Cover, 1953." Wikimedia Commons. Last updated July 5, 2020. https://commons.wikimedia.org/wiki/File:Alcide_De_Gasperi-TIME-1953.jpg.

[2] Mistry, Kaeten. "Approaches to Understanding the Inaugural CIA Covert Operation in Italy: Exploding Useful Myths." *Intelligence and National Security* 26, no. 2–3 (June 2011): 253.

自己的意大利同胞，向其保证自己在资本主义美国的生活质量相当优越，并敦促他们抵制共产主义。[1] 这一案例说明政治活动和信息行动通常是同时进行的。

值得一提的是，这一切都是在德加斯佩里总理知情同意的情况下发生的，因为正是他向美国寻求援助的。德加斯佩里要求的不仅仅是隐蔽的政治支持，他还寻求军事援助，因为他担心左翼游击队实施颠覆，或苏联支持发动政变。应其请求，美国秘密向其政府提供了军事援助。德加斯佩里也认为应当对政治和军事援助保密，让意大利共产党没有机会把天主教民主党说成是西方帝国主义的傀儡。[2] 这位意大利总理的主动求援，诠释了绝大多数隐蔽行动的一个重要特点。尽管有中央情报局无所不能的神话存在，但隐蔽行动并不会凭空创造出特工和结果。在政治活动中，以及在下文阐释的隐蔽行动的其他变体中，隐蔽行动想要取要成功，其支持的对象必须是目标国内部的行为体，他们必须志同道合，他们的利益必须是独立的、早已存在的。

政治活动通常是非暴力的。政治活动的非暴力属性偶有例外，比如使用**密探**（agents-provocateurs）。1953 年，美国在伊朗雇佣密探，目的是制造一种印象，让人们认为首相穆罕默德·摩萨台（Mohammad Mossadegh）无法控制新近出现的威胁，但其实是英美两国想要让他下台。这些伊朗国内的密探收钱办事，扮作无法无天的街头暴徒。他们破坏国家和宗教纪念碑，另外他们还导致了一些暴力冲突。这些密探的效果极其显著，以至于真正的伊朗共产党也加入示威，并没有意识到这些人是在执行中央情报局的阴谋。[3] 最终，推翻伊朗总理的隐蔽行动取得成功（本章后面将对这个案例进行更加全面的介绍）。虽然通常是非暴力的，但任何形式的隐蔽政

---

[1] Mistry, Kaeten. "Approaches to Understanding the Inaugural CIA Covert Operation in Italy: Exploding Useful Myths." *Intelligence and National Security* 26, no. 2–3 (June 2011): 253.

[2] Mistry, "Approaches to Understanding the Inaugural CIA Covert Operation in Italy," 264–265.

[3] Gasiorowski, Mark. "The 1953 Coup D'etat in Iran." *International Journal of Middle East Studies* 19, no. 3 (1987): 261–286.

治活动都有可能产生意料之外的暴力后果。

多年来，特别是自冷战结束以来，美国推广民主的做法变得愈发公开。[1]1983年，里根总统设立了国家民主基金会（NED）。国家民主基金会及其下属组织有时被称为准非政府组织（quasi-NGO），因为它们是私人的、独立的，但也接受联邦资金。此外，它们的使命符合美国的长期宏大战略，即"促进民主"。世界各地的政府都很精明，它们越来越多地利用政府组织起来的非政府组织（GONGO）充当幌子，以此开展政治活动和信息行动。[2] 这种政府性非政府组织的存在，增加了独立的合法非政府组织在敌对环境下开展工作时面临的危险，因为非政府组织的人员往往会被视为间谍。近年来，俄罗斯采取多种措施，限制外国非政府组织在本国领土开展行动，理由是担心它们是外国实施干预的工具。

在保护立陶宛、斯洛伐克、罗马尼亚和保加利亚等冷战后成立的民主政府方面，国家民主基金会发挥了一定作用。它还支持反对力量在2000年南斯拉夫选举中，击败了塞尔维亚强人斯洛博丹·米洛舍维奇（Slobodan Miloşević）。国家民主基金会在南斯拉夫的活动虽然是公开进行的，但类似典型的隐蔽政治活动。它为民主党候选人的竞选活动提供资金和培训，分发海报、贴纸和T恤，还组织摇滚音乐会，以唤起民众的热情，吸引公民参与选举。[3] 国家民主基金会的下属机构有国际共和研究所、国际私人企业中心和团结中心。国际私人企业中心在商务部办公，而团结中心专注工会，它命名的由来是1989年波兰赢得首次自由选举的政党"团结运动党"。

---

[1]　Wettering, "(C)overt Action."
[2]　Vojtíšková, Vladislava, Vít Novotný, Hubertus Schmid-Schmidsfelden, and Kristina Potapova. *The Bear in Sheep's Clothing: Russia's Government-Funded Organisations in the EU*. Brussels, Belgium: Wilfried Martens Centre for European Studies, 2016. https://www.martenscentre.eu/publications/bear-sheeps-clothing-russias-government-funded-organisations-eu.
[3]　Wettering, "(C)overt Action," 567.

（三）经济活动

第三类隐蔽行动是**经济活动**。经济活动旨在开展相关活动，破坏目标的经济。它的例子包括煽动劳工罢工，操纵货币和商品价格，破坏经济基础设施，以及散布虚假信息，以削弱消费者或投资者对一个国家或市场的信心。例如，人们认为美国在20世纪70年代初协助智利罢工，并努力压低世界铜价的做法，是其开展隐蔽行动，推翻智利社会主义领导人萨尔瓦多·阿连德（Salvador Allende）的策略之一。[1] 支持经济活动的观点认为，领导人能否获得政治支持，往往取决于他们是否有能力提供民众认可的生活水平。如果经济受损，政治领导人就会失去支持，进而丧失权力。但开展隐蔽经济活动是要受到限制的，原因是伦理道德方面的担忧，害怕伤害无辜民众。为了尝试推翻某个外国领导人，向其对手提供隐蔽政治援助是一回事，而为了削弱这个领导人，给全体民众造成经济困境就完全是另一回事了。绝大多数的经济胁迫都是公开发生的。自20世纪90年代以来，经济制裁已经成为美国青睐的外交政策工具。但在过去20年里，出于不愿伤害无辜民众的伦理担忧，美国开展量身打造"智能"制裁措施，以求减少对无辜民众的影响，只打击那些威胁美国利益的团体和个人。

（四）蓄意破坏

第四类隐蔽行动是**蓄意破坏**（sabotage）。从广义上讲，"蓄意破坏"一词可以用来描述几乎所有类型的破坏，包括非暴力性质的破坏。例如，如果信息行动播下了不稳定的种子，那它就可被解释成蓄意破坏。然而，关于蓄意破坏还有一个更加常见且更加精确的含义，就是"对目标的物质资产造成实体性伤害或破坏"。对工厂、作物、运输节点和计算机网络等关键经济基础设施发动隐蔽的实体攻击，就会将经济活动和蓄意破坏合二为一。但蓄意破坏更常用来打击军事目标，在减缓大规模杀伤性武器扩散方面

---

[1] Stempel, "Covert Action and Diplomacy," 126.

一直极有帮助。人们相信美国曾以遥控方式，蓄意破坏了朝鲜的某些导弹。[1]多家媒体报道曾暗示，美国曾经延缓了伊朗的核计划和导弹计划，具体做法是让存在缺陷的零件逐步渗透，悄然进入德黑兰大规模杀伤性武器的供应链当中。

历史上最为有名、记录最详尽的隐蔽蓄意破坏案例，当属2010年针对伊朗纳坦兹铀浓缩设施发动的**计算机网络攻击**（CAN）。此次隐蔽行动由美国和以色列联合实施，将恶意代码植入控制伊朗铀浓缩离心机的软件当中。离心机以极高速度旋转，可以产生离心力，分离出制造核武器的铀-235同位素。这种恶意软件名为"震网"（Stuxnet），它导致离心机失控、故障和爆炸。据《纽约时报》记者戴维·桑格报道，此次行动影响了纳坦兹大约五分之一的离心机，并将伊朗的核计划推迟了两三年。有人向他提供了关于此次行动的惊人内幕，他将其写入《对抗和隐藏》一书当中。[2]这次隐蔽行动代号"奥运会"（OLYMPIC GAMES），是已知首次使用恶意软件造成的实体破坏。尽管这是在贝拉克·奥巴马总统在位时进行的，但这项隐蔽行动的源头却是小布什总统。当时，小布什要求手下顾问在允许伊朗继续实施铀浓缩，以及使用军事力量阻止铀浓缩之外，提供第三选项。当恶意软件脱离操作人员的控制，开始影响全世界的计算机之后，该项行动就暴露了。

（五）政变

第五类隐蔽行动是支持政变。**政变**的词源是coup d'état，它是法语单词，指的是推翻和更换领导人或执政政权。政变不同于革命的地方在于，它保留制度，取代精英；相反，革命寻求取代整个制度体系。政变必然要

---

[1] Sanger, David E., and William J. Broad. "Hand of US Leaves North Korea's Missile Program Shaken." *The New York Times*, April 18, 2017. https://www.nytimes.com/2017/04/18/world/asia/north-korea-missile-program-sabotage.html.

[2] Sanger, David. *Confront and Conceal*, 206–207. New York, NY: Broadway Paperbacks, 2012.

让政变对象措手不及。否则,政变的目标很可能会抢在被推翻之前,逮捕政变策划者,清洗疑似叛徒。军方常会参与政变,因为他们控制着武力工具。政坛政变和宫廷政变也时有发生,在这种情况下,狡猾的政治行为者钩心斗角、争夺权力,军方则作壁上观。一个国家担心某个特定领导人领导下的另一个国家的政策和方向,可能就会考虑将隐蔽支持政变当作一个政策选项。毕竟,以隐蔽方式推翻一个危险的领导人或政权,可能会比发动全面战争要好得多。虽然政变在理论上听起来确实不错,但美国隐蔽支持政变的经验表明,政变远非万用灵药。

冷战期间,美国以隐蔽方式支持了大约六次政变,推翻那些领导人的原因主要都是他们支持共产主义。但如果是那些曝光度最高的政变,就会产生许多负面影响,并在美国情报部门的冷战遗产中留下污点。例如,在1970年,一位名叫萨尔瓦多·阿连德的社会主义政治家通过民主选举,赢得了智利总统职位。但在1973年,发生了旨在推翻阿连德的军事政变,尽管中央情报局否认参与此事,但人们普遍认为美国支持了此次政变。阿连德自杀身亡,取而代之的正是政变领导人奥古斯托·皮诺切特(Augusto Pinochet)。皮诺切特一直掌控着残暴的军政府,直到1990年下台。皮诺切特迫害了数千人,并被视为罪犯,须对其政权犯下的众多与人权有关的罪行负责。他于2006年去世,躲过了法律的制裁。

早在智利政变的20年之前,美国就已经促成了旨在推翻拉丁美洲社会主义领导人的首次政变,目标是危地马拉的哈科沃·阿本斯(Jacobo Árbenz)。1951年,阿本斯赢得民主选举,成为危地马拉总统。阿本斯支持共产主义,这让美国的"冷战斗士"十分担忧,另外他的国内政策威胁到美国在拉丁美洲最大的企业——联合果品公司的利益。艾森豪威尔政府后来授权中央情报局和国务院联合采取隐蔽行动,帮助政变策划者在1954年推翻阿本斯,其中部分原因就是联合果品公司的游说。此次行动名为"成功行动"(PBSUCCESS),写入1994年发布的中央情报局官方史当中。[1] 这是一次多方位的行动，将支持准军事行动与黑色信息行动结合在一起。设在迈阿密的隐蔽电台广播将虚假信息传遍危地马拉各地，称苏联正在渗透，并且加剧了人们对共产党接管本国的恐惧。更重要的是，这些广播还夸大了叛军作战部队的实力和胜利。这支叛军部队得到美国的支持，指挥官是卡洛斯·卡斯蒂略·阿尔马斯（Carlos Castillo Armas）。阿尔马斯的部队一开始遭遇败仗，本来不可能击败亲阿本斯的军队。"成功行动"的电台广播却播报了相反的情况，称阿尔马斯已经打到首都。这些虚假信息欺骗了危地马拉军方和阿本斯，令其士气大减，最终导致他们退出战斗。[2] 阿本斯最终被右翼独裁政权取代。后来，推翻阿本斯的此次政变提供素材，丰富了当时批判帝国主义的社会主义叙事，并激励左翼人士 [特别是切·格瓦拉（Che Guevara），他当时就在危地马拉] 拿起了武器。[3]

美国在冷战期间支持的最重要一次政变，也许是 1953 年旨在推翻伊朗首相穆罕默德·摩萨台的政变。摩萨台的抱负是试图从沙阿（shah，伊朗国王）手中夺走权力。他被罢黜一事为沙阿铺平道路，开启了长达四分之一世纪的暴政，直到 1979 年才宣告结束。当时，伊朗爆发革命，神权统治的伊朗伊斯兰共和国随之崛起。如果 1953 年摩萨台并没有遭到罢黜，那么伊朗可能会与今天完全不同，对美国的敌意也会少许多。

尽管在 20 世纪的大部分时间，伊朗一直是君主制国家，但它也有议会，波斯语为 Majlis。摩萨台的声望迫使国王在 1951 年任命他为首相。摩萨台的首要议程就是将伊朗石油工业国有化。当时的英伊石油公司（AIOC）为英国所有，它从伊朗石油中攫取了极其庞大的利润，因为根据伦敦与伊朗前卡扎尔王朝商定的条件，伊朗石油的绝大部分利润不属于伊

---

[1] Cullather, Nicholas. *Operation PBSUCCESS: The United States and Guatemala, 1952–1954.* Washington, DC: Central Intelligence Agency, 1994.

[2] Cullather, Nicholas. *Operation PBSUCCESS: The United States and Guatemala, 1952–1954.* Washington, DC: Central Intelligence Agency, 1994.

[3] Kurtz-Phelan, Daniel. "Big Fruit." *The New York Times*, March 2, 2008. https://www.nytimes.com/2008/03/02/books/review/Kurtz-Phelan-t.html.

朗，而是归英伊石油公司所有。摩萨台领导的"国民阵线"是一个松散的联盟，由许多政党和政治领袖组成，他们之所以能够团结起来，是因为有一个共同的目标：石油工业国有化。1951年，国民阵线成功在议会通过了国有化法案。英国大为光火，向伊朗施加国际政治压力，威胁要发动入侵，并"激活"了两名潜伏在伊朗的隐蔽特工，要求他们开展政治活动和信息行动，以破坏摩萨台政府。在1953年德怀特·艾森豪威尔总统上任以前，英国的这些努力在美国几乎完全得不到支持。

图7-2 费城自由钟

1951年，伊朗首相穆罕默德·摩萨台访问美国，参观费城的自由钟。两年后，他在中央情报局发动的隐蔽行动中遭到罢黜[1]

资料来源：Harry S. Truman Library and Museum/Public domain/Wikimedia Commons

1953年，国民阵线的多名成员叛变，不再与摩萨台联盟，并寻求取而代之。伊朗政坛分裂。此事的部分起因，正是英美两国发动的反摩萨台

---

[1] Harry S. Truman Library and Museum. "Prime Minister Mohammed Mossadegh Examining the Famous Liberty Bell." Wikimedia Commons. Last edited August 9, 2020. https://commons.wikimedia.org/wiki/File:Mossadegh_US02.jpg.

信息行动。但伊朗政局动荡的最根本原因在于伊朗本身。艾森豪威尔敏锐地察觉到伦敦盟友的意愿，并对思想独立的摩萨台保持警惕，另外也担心伊朗人民党（Tudeh）这个实力强大的共产党可能会利用伊朗的时局夺取政权，于是下令发动隐蔽行动，授权手下支持反摩萨台政变。此次隐蔽行动包括发动信息行动，破坏伊朗对摩萨台信心；开展政治活动，让军方和国民阵线有更多成员反对摩萨台；提供后勤援助，供政变策划者使用，包括为政变领导人法兹卢拉·扎赫迪（Fazlollah Zahedi）将军提供安全屋。1953年8月19日，政变最终取得成功。[1]

马克·加斯洛斯基（Mark Gasiorowski）是研究冷战初期美国在伊朗开展隐蔽行动的领军学者，他表示即便伊朗共产党即将上台，也不太可能发动政变阻止此事。[2] 但这话并不意味着摩萨台会无限期地掌权，也不意味着如果没有美国干涉，伊朗就会拥有一个繁荣的未来。如前所述，摩萨台本人会在伊朗国内引发分歧。如今伊朗称因为美国中央情报局的破坏，伊朗没能以和平的、达成共识的方式走向民族自决，但这个说法其实过于简单化。尽管如此，但在20世纪90年代末两国关系解冻期间，美国还是为自己在此次政变中所起的作用正式道歉。这个道歉无助于改善两国关系。直到今天，1953年政变的影响仍然存在，在美国制定一切旨在影响伊朗政治的战略时，它都是一项重要的考虑因素和限制条件。

（六）支持准军事行动

第六类隐蔽行动是**支持准军事行动**。它是指向外国客户提供武器或其他军事援助。在某些情况下，客户可能对政府的控制力很弱，要求有正常渠道之外的军事援助，为国内冲突做好准备。1948年，美国提供隐蔽军事援助，支持德加斯佩里的反共意大利政府，就属于这种情况。冷战时期，美国曾将准军事支持服务提供给多个客户，其中有西欧国家和伊朗。这样一来，如果它们的政府被共产党掌控，它们就可以使用这些援

---

[1] Gasiorowski, "1953 Coup D'etat in Iran."

[2] Gasiorowski, "1953 Coup D'etat in Iran."

助来发动叛乱。这种叛乱的准军事力量被称为"留守网络"（stay-behind network），因为它们会继续存在，与一切新的共产主义政权为敌。[1] 在其他情况下，支持准军事行动的做法，可以帮助客户以暴力方式推翻现政权，或击败占领军。

支持准军事行动的做法比支持政变更加普遍。近年来，俄罗斯向乌克兰亲俄分离分子提供物资，美国、沙特阿拉伯、土耳其、卡塔尔、阿拉伯联合酋长国等向叙利亚境内各类准军事组织提供支持，伊朗向伊拉克、也门、黎巴嫩和巴勒斯坦领土的准军事客户提供援助。这些只是其中最高调且公开的例子。如果一个国家的战略意义极其重大，却备受暴力活动和治理不力的困扰，人们很可能会发现这个国家的某些军阀或派系得到了外国准军事支持。在 21 世纪尤其如此，因为各主要大国都在担心伊斯兰势力发动的叛乱，关切恐怖分子盘踞的避风港。

关于这个类型的隐蔽行动，美国在许多地方都曾取得成功，其中最成功的是在阿富汗。[2] 2001 年 9 月 11 日恐怖袭击发生之后，阿富汗爆发了旨在推翻塔利班政权的地面战争，主要发起方是一个名为"北方联盟"的阿富汗抵抗运动。中央情报局利用与北方联盟成员的长期关系，一手导致了塔利班的失败。中央情报局发动"碎颚行动"（Operation JAWBREAKER），向北方联盟各领导人分发了数百万美元，供其购买武器弹药，以及为士兵提供食物和军饷。它还提供了必要的通信和后勤支持。最为关键的是，中央情报局赢得一位普什图部落首领的支持，此人就是哈米德·卡尔扎伊（Hamid Karzai）。中央情报局让卡尔扎伊参加战争，并为他的部队空投武器和补给。卡尔扎伊将成为阿富汗第一位后塔利班时代的总统。

这次的后"9·11"行动并不是中央情报局在阿富汗的首次胜利，它是建立在上一次胜利，也就是 20 世纪 80 年代那次胜利的基础上的。

---

[1] Ganser, Daniel. "The CIA in Western Europe and the Abuse of Human Rights." *Intelligence and National Security* 21, no. 5 (October 2006): 760–781.

[2] 2021 年 8 月 31 日，美军在阿富汗任务结束，全面撤离。——译注

1979 年，苏联入侵并占领阿富汗。吉米·卡特（Jimmy Carter）总统立即授权开展隐蔽行动，帮助阿富汗的抵抗力量，也就是"圣战"者。美国在位于巴基斯坦的一个中央情报局站点开展这次行动，最初是向"圣战"者提供小型武器，让这些阿富汗人能以表面看似合理的方式，从黑市购得这些武器。从小处着手的目的是掩饰美国的参与情况，避免与莫斯科直接对抗。到了 20 世纪 80 年代中期，苏联开始削弱阿富汗的抵抗力量。于是在里根总统的指示下，中央情报局加大支持力度，开始提供更重型和更先进的武器，包括可以摧毁整个苏联兵营的大型迫击炮。中央情报局还提供培训，教授更加有效的游击战术，比如"击跑配合行动"（hit-and-run operation）和远程炸弹引爆等。苏联的回应是出动空军打击"圣战"者。中央情报局也做出回应，向阿富汗客户提供了一种尖端、热追踪、肩扛发射的防空导弹，名为"毒刺"。"毒刺"是一种改变游戏规则的力量。尽管这时美国的参与已经公开化，但此次行动仍然是成功的。苏联失败，并于 1989 年撤离。

将参与之举升级到相当明显的程度，这个决定表明在开展隐蔽行动中，有时必须做出取舍，其中最突出的例子就是支持准军事行动。有时必须放弃保密原则，以确保成功。美国在该项计划的秘密性上冒险，然而这个决定却保证了在军事领域取得胜利。幸运的是，到了 1989 年，苏联已经走向衰落，所以发动报复的风险极小。但在冷战初期，另一种完全不同的思考方式，却锁定了一次隐蔽准军事行动的失败。1961 年，肯尼迪政府支持发动隐蔽准军事行动进攻古巴，其名"猪湾事件"。此次行动是一场灾难性的失败，原因是多方面的。其中一个原因是约翰·肯尼迪总统拒绝派遣空中支援，担心破坏此次行动的隐蔽性。批评者指责说，美国参与此事的意图几乎是显而易见的，成功推翻卡斯特罗比维持不参与的假象更重要。

（七）秘密参加战斗

第七类隐蔽行动是**秘密参加战斗**。这已经超出支持准军事行动的范畴，是以"假旗"[1]方式，将自己的部队派去参加战斗。它一直都是一种非常少见的行动，但许多此类行动形成一种新的趋势，因为在当今世界，"灰色地带冲突"（gray zone conflict）这个特征愈发明显。这种冲突就是非正式战争，它绕开国际法，模糊了政府和军队的作用。

出现在乌克兰的俄罗斯士兵没有身份标记，说明他们是秘密参加战斗的。2014年乌克兰爆发政治危机，导致东部，即克里米亚和顿巴斯地区的俄裔居民出现分离主义情绪。俄罗斯很快就占领了克里米亚。但一开始，俄罗斯称那些以军事方式占领各个关键机关的人员，只是武装精良、组织严密、亲俄罗斯的乌克兰分离分子。后来，俄罗斯承认其中部分士兵可能是俄罗斯士兵，他们正在休假，自愿将空闲时间奉献给克里米亚事业。这些俄罗斯士兵穿着简单的绿色制服，没有佩戴标识国家的徽章，因此赢得了"小绿人"的名号。因为否认的借口太过单薄，普京总统最终承认向克里米亚派遣了一小批特种部队，但从未承认此次隐蔽行动的规模。[2]"小绿人"也出现在乌克兰东部的顿巴斯地区，尤其是在2015年，在乌克兰安全部队打击分离分子的战斗取得进展之后更是如此。欧安组织的一个监督使团发现，至少有3万名"小绿人"从俄罗斯出发，越境进入乌克兰，与乌克兰分离主义者并肩作战。[3]尽管此次行动非常明显，但莫斯科一直没有承认。曾有一次，10名俄罗斯伞兵在乌克兰被俘。俄罗斯政府却表示，他们只是在一次训练任务中意外越境。[4]

---

[1] "假旗"行动（"false flag" operation），指隐藏身份，打着其他组织的旗号开展行动，让对方误以为这些行动是被其假冒的组织所执行的。——译注

[2] Freedman, Lawrence. *Ukraine and the Art of Strategy*. New York, NY: Oxford University Press, 2019.

[3] Baer, Daniel B. "Response to Chief Observer of the Observer Mission at the Russian Border Checkpoints Gukovo and Donetsk: Statement to the PC." US Mission to the OSCE, November 17, 2016. https://osce.usmission.gov/response-chief-observer-observer-mission-russian-border-checkpoints-gukovo-donetsk-statement-pc/.

[4] Freedman, *Ukraine and the Art of Strategy*, 114.

图7–3　乌克兰克里米亚机场人员

2014年2月，乌克兰克里米亚的一个机场，可能为俄罗斯士兵的人员。他们没有佩戴身份识别徽章，这可为俄罗斯联邦提供一种最为单薄的合理可否认性[1]

资料来源：Elizabeth Arrott/VOA/Public domain/Wikimedia Commons

（八）暗杀和"定点清除"

第八类隐蔽行动是**暗杀**，即以隐蔽方式谋杀政治领导人。在20世纪60年代，美国试图发动一系列被称为"猫鼬行动"的隐蔽行动，暗杀古巴领导人菲德尔·卡斯特罗，但最终在1976年宣布暗杀为非法。根据第12333号行政令的规定，暗杀禁令仍然有效，但它并不限制美国在公开和公认爆发的战争中，将外国领导人作为暗杀目标。在21世纪的反恐战争中，美国实施了所谓的**定点清除**（targeted killing）。这些杀戮通常由无人机完成，目标是恐怖分子领导人，并非公认主权国家的领导人。2020年1月，美国发动无人机袭击，暗杀了伊朗将军卡西姆·苏莱曼尼（Qassim Soleimani）。这是美国使用定点清除的潜在拐点，也是自二战击毙日本海军上将山本五十六以来，美国首次蓄意杀害主权国家的高层军事官员。苏

---

[1] Arrott, E. "Unidentified Gunmen on Patrol at Simferopol Airport in Ukraine's Crimea Peninsula." Wikimedia Commons. Last edited August 18, 2019. https://commons.wikimedia.org/wiki/File:VOA-Crimea-Simferopol-airport.jpg.

莱曼尼是伊朗伊斯兰革命卫队所部圣城旅的指挥官，但美国法律将圣城旅认定为恐怖组织。在这个法律意义上，他是一个恐怖分子，而根据美国法律，恐怖分子是合法的战斗目标。苏莱曼尼也是伊朗政府的重要官员，许多人说他甚至比伊朗总统更有权力。值得注意的是，美国并没有尝试掩饰自己对这起谋杀活动的责任。因此，这次的无人机袭击不是隐蔽行动。苏莱曼尼被杀事件表明，在针对敌方人员开展杀戮行动时，其法律和政治性质是微妙的，有时是模糊的。

其他国家更是经常性地将暗杀作为治国之道。人们相信，以色列应当对2010年和2011年数名伊朗核科学家遭到隐蔽暗杀一事负责。历史上，以色列也曾大肆暗杀被其认为是恐怖分子的巴勒斯坦政治领导人。例如，在2004年，以色列暗杀了哈马斯创始人谢赫·艾哈迈德·亚辛（Sheikh Ahmed Yassin）。亚辛年迈失明，需乘坐轮椅，但因为是政治人物，所以仍然被认为是危险的。与苏莱曼尼被杀事件一样，这次行动的发起方也没有否认，因此不应被视为隐蔽行动。但绝大多数的暗杀都是隐蔽进行的。

更多的独裁国家倾向于使用暗杀来对付国内政敌，尤其是那些已经移居国外，并且可能参与反政权抵抗力量的人士。20世纪80年代，伊朗在欧洲暗杀了多名政权反对者，助长了这个国家支持恐怖主义的恶名。最有名的一次是，1991年在巴黎暗杀了沙阿的前首相沙普尔·巴赫蒂亚尔（Shapour Bakhtiar）。此次暗杀行动让老布什总统不再与德黑兰开展外交接触。[1]

从理论上讲，暗杀或许是个好主意，如果它能消灭特定危险，同时使无辜民众免遭战火的话。但在现代国家体系中，它仍然是一种极少使用的手段。暗杀主权国家领导人的行动曝光，可能会构成"宣战理由"（casus belli），即让发动战争之举显得名正言顺。此外，将暗杀正常化的做法也有悖领导人自己的利益，因为有句谚语说得好："善有善报，恶有恶报。"

---

[1] Pollack, Kenneth. *The Persian Puzzle*. New York, NY: Random House, 2004.

二、美国对隐蔽行动的监督

美国实行法治，隐蔽行动并非法外之地。认为中央情报局是"离群的凶猛大象"的观点，往好处说只是过时的看法，往坏处说就是危险的神话。隐蔽行动受到广泛监督，以防止滥用权力或违反法律，包括违反美国加入的国际条约。本章开头已经指出，隐蔽行动是执行外交和国家安全政策的一种手段。因此，要想发起隐蔽行动，必须由总统出具一份被称为《总统调查令》(Presidential Finding)的文件。《总统调查令》是一份书面签署的文件，概述了总统发起隐蔽行动的理由。它必须列出开展行动的法律授权（《美国法典》第 50 篇概述了美国情报机构的作用）、目标、所要服务的外交政策目标和主导机构（通常是中央情报局）。它的附录会提供行动计划（概述该次隐蔽行动的执行方法）、所需资源的陈述和风险评估。[1] 在隐蔽行动开始之前，这份报告必须提交美国国会参众两院的情报委员会。在极少数无从选择的情况下，可以先开始行动，再通知国会，但《总统调查令》必须在 48 小时内提交给国会。国会没有否决权。如果国会不赞成某项隐蔽行动，可以尝试说服总统改变计划，也可以拒绝提供资金，又或者采取最后的手段，向外界透露此次行动，以阻止行动的继续进行。如果拟议的隐蔽行动违反法律，国会可以施加极其强大的压力，阻止此次隐蔽行动。

隐蔽行动并非必须要有《总统调查令》。20 世纪 40 年代末至 70 年代初，美国的几位总统宁愿不知道隐蔽行动的细节，以保持自己的合理可否认性。他们主要给出总体方向，并期望自己手下的情报主官出面执行这些支持美国政策目标的行动。1974 年《休斯—瑞安修正案》要求总统对隐蔽行动签字署名，要求大力改善监督情况。1991 年《情报授权法案》更新了 1974 年《休斯—瑞安修正案》，继续作为监督隐蔽行动的法律框架。美国法律禁止美国政府针对自己的国家和民众开展隐蔽行动，禁止从事可

---

[1] Daugherty, William. "Approval and Review of Covert Action Programs Since Reagan." *International Journal of Intelligence and Counterintelligence* 17, no. 1 (2004): 75.

能适得其反的活动。

《总统调查令》在送达国会之前，通常要先送交国家安全委员会，接受机构间的规划和审查流程。国家安全官员和工作人员会审查拟议隐蔽行动的目标、与公开政策的兼容性、方法论、资源需求、行动安全需求、成功概率、总体收益，以及行动风险和政治风险。在所审查的风险中，包括生命风险、失败的风险和行动掩护被揭穿的风险。[1]《总统调查令》送抵国会山之后，国会的两个情报委员会将在整个行动期间一直开展监督。参众两院的情报委员会还会对所有隐蔽行动项目进行季度审查，并可随时要求提供简报和情况更新。[2]

三、美国的军事活动和隐蔽行动

后"9·11"安全环境模糊了传统军事活动与隐蔽行动之间的界限。隐蔽行动被认为是情报机构的管辖范围，但因为必须消灭恐怖分子、打击藏身阴影下的非国家行为体和镇压叛乱，所以美国武装部队和国防部开始发动更多的特种作战行动和其他活动（这里的其他活动就是类似隐蔽行动的活动，只是名称不同）。特种作战司令部和联合特种作战司令部是五角大楼开展其所谓"特种作战行动"的先锋。五角大楼希望自己参与这些特种作战行动之事既不为人所知，也不被官方承认。[3] 虽然五角大楼特种作战行动的细节必然一直保持模糊，人们还是可以推测出它们的一些共性，推测依据就是特种作战司令部的法律授权。根据该项授权的定义，特种作战行动包括"直接活动、战略侦察、非常规战争、外国国内防御、民政事务、心理行动、反恐、人道主义援助、战区搜救，以及国防部长可能明确

---

[1] Daugherty, William. "Approval and Review of Covert Action Programs Since Reagan." *International Journal of Intelligence and Counterintelligence* 17, no. 1 (2004): 75.

[2] Daugherty, William. "Approval and Review of Covert Action Programs Since Reagan." *International Journal of Intelligence and Counterintelligence* 17, no. 1 (2004): 75.

[3] Kibbe, Jennifer. "Covert Action and the Pentagon." *Intelligence and National Security* 22, no. 1 (2007): 65.

的其他活动"。[1]

许多特种作战行动都会公开,但人们认为五角大楼的"黑色行动"是存在的。尽管它们并不需要《总统调查令》,也不需要像隐蔽行动那样经历监督流程,但总统作为武装部队总司令必须对此知情,另外国会也会就五角大楼开展的敏感行动举行例行的闭门听证会。[2] 怀疑论者担心,通过法律手段将如此多的特种作战行动归类为《美国法典》第 10 篇(它是讨论武装部队作用的部分)中"传统军事活动",这种做法其实就是绕开了《休斯—瑞安修正案》和《情报授权法案》的规定,让两部法案对隐蔽行动的严格监督无从落实。

四、结论:隐蔽行动的考虑因素

本章提到一些考虑因素,策划一切隐蔽行动时都必须加以考虑。在本节中,我们将更加深入和直接地探讨这些问题。国家安全的规划者必须认识到的一个问题就是**反冲**(blowback),即隐蔽行动可能产生负面的、并非所愿的后果,会损害而不是服务于国家利益。如果通过合理推断,预料到虚假信息会出现在美国媒体和言论中,那么美国法律就会禁止在隐蔽行动中使用虚假信息。这可被称为"宣传反冲"。反冲还有一种类型,就是武器或其他形式的准军事援助会掉转枪口,用于打击隐蔽行动的发起方或其盟友,以及它们的利益。这方面有一个例子,美国在叙利亚开展短暂努力,为反阿萨德武装分子提供武装和训练。许多受训人员叛逃,在为"圣战"组织战斗时,使用的却是美国提供的武器和训练。[3] 第三种反冲是政

---

[1] Kibbe, Jennifer. "Covert Action and the Pentagon." *Intelligence and National Security* 22, no. 1 (2007):59.

[2] Kibbe, Jennifer. "Covert Action and the Pentagon." *Intelligence and National Security* 22, no. 1 (2007): 67.

[3] Krishnan, Armin. "Controlling Partners and Proxies in Pro-Insurgency Paramilitary Operations: The Case of Syria." *Intelligence and National Security* 34, no. 4 (2019): 544–560.

治反冲。政治活动或政变可能不会精确地产生隐蔽行动策划者希望的那种政治结果。又或者，隐蔽行动策划者可能缺乏远见，没有考虑到隐蔽行动的长期政治影响，一旦它的掩饰被揭穿更是如此。1953 年伊朗政变的案例就很有启发性。就短期而言，美国的隐蔽行动取得了成功。摩萨台遭到罢黜，沙阿重新掌权。石油市场稳定下来，伊朗在冷战期间一直留在美国阵营。但长期代价却极其高昂。沙阿疏远了自己的人民，从而引发 1979 年伊朗革命，以及伊斯兰共和国的崛起，而这个共和国对美国及其许多盟友都是怀有敌意的。伊朗人说，1953 年政变和美国对沙阿的支持，正是他们萌发革命和满怀敌意的关键原因。即使没有中央情报局在 1953 年的参与，伊朗也有可能走向神权或敌对的方向，但人们完全不可低估这样的可能性：1953 年的反冲有可能造就了当今美国与伊朗之间的复杂关系，也让更加广泛的中东政治局势在当今变得相当复杂。

与反冲概念密切相关的是被称为**代理成本**（agency loss）的概念。代理成本来自委托—代理理论。简言之，当委托人与代理人签订合同，要其执行某项任务或使命时，代理人可以保留自由意志。如果代理人的利益与委托人的利益相背离，代理人的行为方式可能会偏离（或彻底破坏）与其订约的委托人的目标。当这种情况发生时，合同实际上已被撕毁，委托人需承受代理成本。代理成本是资助隐蔽行动所面临的风险。代理人 [比如不喜欢巴沙尔·阿萨德（Bashar al-Assad）总统的叙利亚武装分子] 可能会选择投靠"胜利阵线"（al-Nusra）等恐怖组织。同样，在隐蔽协助的政变中扶植起来的领导人，一旦确实控制国家之后，就有可能在重要的政治问题上与其支持者意见不一。

除了反冲和代理成本外，第三个考虑因素是执行隐蔽任务的实际能力。如前所述，隐蔽行动不会凭空产生结果。它需要志同道合的客户，也就是代理人。行动支持结构也是如此。中央情报局前官员马克·洛文塔尔将这种支持结构称为**管道**（plumbing）。[1] "管道"是人力和物资基础设施，

---

[1] Lowenthal, Mark. "Covert Action." In *Intelligence: From Secrets to Policy*, 7th ed., edited by Mark Lowenthal, 250–251. Washington, DC: CQ Press, 2017.

使情报机构能够成功开展隐蔽行动。它包括联系人、假文件、通信协议、会面场所和安全屋、交通工具，等等。用于执行隐蔽行动的"管道"需要经常定期培养和维护，这是隐蔽行动必须由中央情报局等情报机构负责的原因之一。即使没有开展隐蔽行动，情报机构也必须打好基础，以备政策制定者要求或下令采取隐蔽行动。

伦理道德是另外一个考虑因素。例如，试图影响外国选举或推翻民选领导人，这样做是否合乎道德？暗杀是道德的吗？那经济活动呢？因为经济活动可能伤害多名无辜人员，或是利用他们作为棋子，对目标政权实施破坏。

最后一个考虑因素是**风险**。具体而言，存在两种风险。[1]第一种是"失败风险"（risk of failure），即未能实现你的行动目标。如果你支持的准军事部队未能将苏联赶出阿富汗，或是未能让叙利亚的阿萨德下台怎么办？你会升级到公开的军事冲突吗？你会接受现状吗？失败风险是一切隐蔽行动所固有的，它会强化一种观点：隐蔽行动必须从属于某项庞大并且内部彼此配合的战略，而且这项战略的目的是应对国家安全或外交政策挑战。在实施隐蔽行动时，绝对不要抱着"行得通就行，行不通就观望"的态度。

第二种风险是"暴露风险"（risk of exposure）。不论行动成败与否，如果发起方参与一事被人揭露，将会发生什么？在某些情况下，暴露可能是致命的，至少会产生反冲。在其他情况下，国家宁愿冒险，也要确保成功。例如，20世纪80年代，美国为阿富汗"圣战"者提供"毒刺"导弹时就是如此。自冷战初期以来，人们对暴露的容忍度越来越高。20世纪70年代美国对监督进行改革，再加上独立媒体、配有摄像头的智能手机和互联网在世界范围内扩散，这些因素使得人们愈发难以彻底隐瞒某些特定行动。世界各地情报机构的反情报部门面临多个新的挑战，其中就包括如何让本国政府的隐蔽行动真正隐蔽起来。但隐蔽行动这种第三选项的价

---

[1] Lowenthal, Mark. "Covert Action." In *Intelligence: From Secrets to Policy*, 7th ed., edited by Mark Lowenthal, 250–251. Washington, DC: CQ Press, 2017.

值不太可能消失，而在未来相当长的一段时间，此类活动将愈发采取公开式隐蔽的形式，并很可能仍将在国际政治中发挥举足轻重的作用。

五、关键词

合理可否认性	公开式隐蔽行动	信息行动
心理行动	虚假信息	政治活动
密探	经济活动	蓄意破坏
计算机网络攻击	支持准军事行动	留守网络
秘密参加战斗	灰色地带冲突	暗杀
定点清除	《总统调查令》	反冲
代理成本	失败风险	暴露风险

六、延伸阅读

Bergman, Ronen. *Rise and Kill First: The Secret History of Israel's Targeted Assassinations*. New York, NY: Random House, 2018.

Cullather, Nicholas. *Operation PBSUCCESS: The United States and Guatemala, 1952–1954*. Washington, DC: Central Intelligence Agency, 1994.

Daugherty, William. "Approval and Review of Covert Action Programs Since Reagan." *International Journal of Intelligence and Counterintelligence* 17, no. 1 (2004): 62–80.

Gasiorowski, Mark. "The 1953 Coup D'etat in Iran." *International Journal of Middle East Studies* 19, no. 3 (1987): 261–286.

Gasiorowski, Mark. "The CIA's TPBEDAMN Operation and the 1953 Coup in Iran." *Journal of Cold War Studies* 15, no. 4 (2013): 4–24.

Gasiorowski, Mark. "The US Stay-Behind Operation in Iran, 1948–1953." *Intelligence and National Security* 34, no. 2 (2019): 170–188.

Kibbe, Jennifer. "Covert Action and the Pentagon." *Intelligence and National Security* 22, no. 1 (2007): 57–74.

Krishnan, Armin. "Controlling Partners and Proxies in Pro-Insurgency Paramilitary Operations: The Case of Syria." *Intelligence and National Security* 34, no. 4 (2019): 544–560.

Lowenthal, Mark. "Covert Action." In *Intelligence: From Secrets to Policy*, 7th ed., edited by Mark Lowenthal, 249–273. Washington, DC: CQ Press, 2017.

Mistry, Kaeten. "Approaches to Understanding the Inaugural CIA Covert Operation in Italy: Exploding Useful Myths." *Intelligence and National Security* 26, no. 2–3 (June 2011): 246–268.

Sanger, David. *Confront and Conceal*. New York, NY: Broadway Paperbacks, 2012.

Stempel, John. "Covert Action and Diplomacy." *International Journal of Intelligence and Counterintelligence* 20, no. 1 (2007): 122–135.

Wettering, Frederick. "(C)overt Action: The Disappearing 'C.'" *International Journal of Intelligence and Counterintelligence* 16, no. 4 (2003): 561–572.

[第 8 章]
网络空间行动与信息环境

拉梅沙·克拉夫特（LaMesha L. Craft）

网络空间和网络空间领域存在的威胁都不是新生事物。然而，自 21 世纪初以来，民族国家（从最强大的国家到影响力较小的国家）历经冲击，这种冲击来自恶劣的网络安全、不发达的网络威胁情报分析，以及业界在思考民族国家和非国家行为体如何利用进攻性网络空间能力来实现其战略目标时，普遍缺乏想象力的情况。在发生多起网络空间事件之后，政策制定者和决策者面临更高的要求，必须了解这一领域的背景。[1]

同理，情报或国家安全领域的所有从业者，都应当努力了解网络空间行动的战术、技术和程序。然而，不必成为通常人们口中所说的专家也能做到这一点。换言之，并不一定必须拥有计算机科学或数据分析等专业的学位，才能提供有价值的网络空间活动威胁分析。不过，还是必须了解网络空间行动和信息环境中使用的关键术语和技术，网络威胁的规模，以及

---

[1] Department of Defense. "Summary: Department of Defense Cyber Strategy, 2018." Accessed July 31, 2019. https://media.defense.gov/2018/Sep/18/2002041658/-1/1/1/CYBER_STRATEGY_SUMMARY_FINAL.PDF; White House. "National Cyber Strategy of the United States of America, 2018." Accessed July 31, 2019. https://www.whitehouse.gov/wp-content/uploads/2018/09/National-Cyber-Strategy.pdf; Coats, D. R. "Statement for the Record: Worldwide Threat Assessment of the US Intelligence Community." Office of the Director of National Intelligence, February 13, 2018. https://www.dni.gov/files/documents/Newsroom/Testimonies/2018-ATA---Unclassified-SSCI.pdf.

该领域是如何影响全球化和地缘政治的，因为这些对情报分析和国家安全研究至关重要。本章将解释关键概念，深入探讨信息环境，研究开展信息行动造成的影响，描述网络空间行动领域的国际努力，解释当前的美国网络空间战略，并论证网络威胁情报极其重要，可以用来评估当前和未来美国战略利益和数据面临的威胁。

一、技术融合

"物联网"（IoT）这个概念强调的是数据和电子产品与我们日常生活愈发紧密的相互关联，从手机和家庭安全服务，到咖啡壶、耳机、家庭照明系统、车辆紧急服务，以及让我们能够通过互联网收发数据的可穿戴设备，不一而足。[1] 信息技术专家曾在 2016 年估计称，2020 年物联网将急剧扩张，涵盖 250 亿至 500 亿个物品（包括移动设备、人工智能、家庭自动化和医疗设备）。而 2020 年的预测估计，2025 年将有 750 亿个物品通过物联网互联互通。[2]

此外，人们只需掏出智能手机，就能感受到**技术融合**（见图 8-1）。人们将有机会合理组织并增加那些可以共享的数据和信息的数量，从而拓展我们在许多领域的能力。例如，我们可以自动化使用工业控制系统（ICS）及数据采集和监视控制（SCADA）系统，运行和维护能源、供水、

---

[1] Gery, William, SeYoung Lee, and Jacob Ninas. "Information Warfare in an Information Age." *Joint Force Quarterly* 85, no. 2 (2017): 22–29. https://ndupress.ndu.edu/Portals/68/Documents/jfq/jfq-85/jfq-85_22- 29_Gery-Lee-Ninas.pdf; National Security Agency. "Internet of Things." *The Next Wave* 21, no. 2 (2016). https://www.nsa.gov/Portals/70/documents/resources/everyone/digital-media-center/publications/the-next-wave/TNW-21-2.pdf.

[2] Georgia Institute of Technology. "Emerging Cyber Threats Report: 2016." Accessed July 31, 2019. http://iisp.gatech.edu/sites/default/files/documents/threats_report_2016.pdf?_ga=2.130111311.1313428773.1558042325-1113364069.1558042325; Statista Research Department. "Internet of Things (IoT) Connected Devices Installed Base Worldwide From 2015 to 2025." Accessed September 23, 2020. https://www.statista.com/statistics/471264/iot-number-of-connected-devices-worldwide/.

[第 8 章] 网络空间行动与信息环境 | 235

农业和交通等关键基础设施。这两种系统在关键基础设施的日常运行和维护中应用极广。工业控制系统可以为网络的指挥控制赋能，使其能够支持所有类型的工业生产过程。数据采集和监视控制系统是一种计算机化系统，可以搜集和处理数据，以远程控制和监视物理过程。数据采集和监视控制系统可以支持日常活动，这样的例子有交通信号灯、供水厂、水坝的水调度、电力传输，以及管道中的天然气和石油运输。[1]

图 8-1 技术融合

技术融合可以推动全球经济增长，这是通过环球银行间金融通信协会（SWIFT）银行网络实现的。该协会是一种全球电子信息收发网络，供银行和其他金融机构用来进行有效且安全的信息收发，比如汇款和

---

[1] Department of Homeland Security, Cybersecurity and Infrastructure Security Agency. "Overview of Cyber Vulnerabilities." Accessed July 31, 2019. https://www.us-cert.gov/ics/content/overview-cyber-vulnerabilities#under.

在线支付等。[1] 技术融合还提升了美国国防部在冲突中运用联合武装战术的能力。

虽然技术融合为许多部门提供了机会，但互联互通也放大了国家、组织和民众的弱点，因为恶意网络行为体往往会利用这种愈发依赖技术的现象。[2] 此外，技术融合拉低了发动重大网络事件所需的专门知识水平。从本质上讲，网络行为体无须身为计算机专家，一样能够进行复杂的网络活动，这一点极大地增加了我们在网络空间领域面临的风险。信息技术还提供了一个非常广泛的平台，可以用来传播不满，以及发展追随者、同情者和支持者。这样就可以跨越地理界限，使得人们愈发难以明确查明谁在领导哪些倡议，以及这些倡议如何影响当前和未来的种种关系。[3]

二、逐层分析网络空间

网络空间被定义为"信息环境中的一个全球域，它由信息技术基础设施与驻留数据构成的相互依赖的网络组成，包括互联网、电信网络、计算机系统，以及嵌入式处理器和控制器"。[4] 网络空间有三个主要层次：社会层（有时称为"角色层"）、逻辑网络层和现实层（见图 8-2）。这三个层次和网络空间的性质，让人们更加难以分析出到底是谁或哪个

---

[1] Seth, Shobhit. "How the SWIFT System Works." Investopedia, February 11, 2020. https://www.investopedia.com/articles/personal-finance/050515/how-swift-system-works.asp.

[2] Yampolskiy, Roman, and M. S. Spellchecker. "Artificial Intelligence Safety and Cybersecurity: A Timeline of AI Failures." Accessed July 31, 2019. https://arxiv.org/pdf/1610.07997.pdf; Warner, Michael. "Intelligence in Cyber and Cyber in Intelligence." In *Understanding Cyber Conflict in 14 Analogies*, edited by George Perkovich and Ariel Levite, 17–29. Washington, DC: Georgetown University Press, 2017.

[3] National Intelligence Council. "Global Trends: Paradox of Progress." Accessed July 31, 2019. https://www.dni.gov/files/documents/nic/GT-Full-Report.pdf.

[4] Department of Defense. "Cyberspace." In *Dictionary of Military and Associated Terms*, 55. As of June 2020. https://www.jcs.mil/Portals/36/Documents/Doctrine/pubs/dictionary.pdf.

实体应当对网络事件负责。为了方便解释，可将这三个层次进一步细解为若干子层。[1]

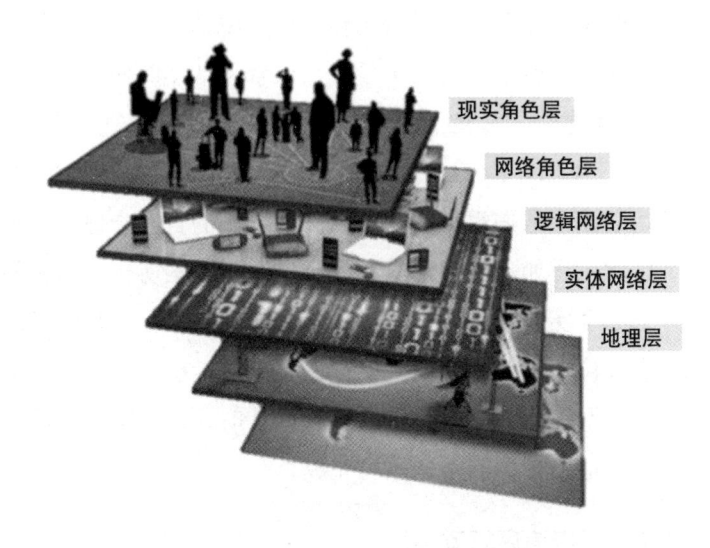

图 8–2　网络空间的层次

资料来源：Adapted from Joint Publication 3-12, Cyberspace Operations, 8 June 2018

"社会层"由"现实角色层"和"网络角色层"组成。现实角色层就是活生生的人类。所以，我们用一个名为"无名女"（Jane Doe）的女性来举例讨论。网络角色层是人类使用的虚拟身份。在"无名女"的案例中，她拥有两个社交媒体账户，拥有一辆可以提供虚拟课程但需要个人资料登录的动感单车，还是两个网站的博主。从本质上讲，"无名女"拥有五个网络角色。"逻辑网络层"由网络的虚拟部分组成，比如互联网协议（IP）地址、互联网域，以及云服务器。如果"无名女"主要在居家办公和单位办公时使用互联网，那么她就拥有相应的 IP 地址和互联网域。"实体层"包括"实体网络层"和"地理层"。实体网络层包括各种组件，比如计算机、连接计算机的网线、调制解调器和开启无线网络（Wi-Fi）的

---

[1] Department of Defense. "Joint Publication 3-12: Cyberspace Operations." Last modified June 8, 2018. https://fas.org/irp/doddir/dod/jp3_12.pdf.

路由器等。"地理层"是实体网络所在的实际地理位置，比如城市、社区或特定的房屋或建筑物。

现在，我们假设"无名女"有份工作，但暗中却是一名邪恶的网络罪犯。在她的五个网络角色中，有两个是其从事邪恶活动时使用的化名。在这两个角色中，她的个人资料不是"无名女"，而是"苏西·奎"（Suzy Que）和"无名男"（John Doe）。由于她正在进行犯罪活动，她的IP地址和互联网域被伪装成合法的用户或账号，并隐藏她的真实身份、活动情况和地理位置。因此，正如上文讨论的那样，这个域结构所构成的挑战，不仅在于很难查到哪个实体真正应该对这些活动负责，也在于很难发现哪里才是该实体的现实位置。此外，当人们试图将某些活动归因于某个邪恶的网络活动（由一个网络行为体或一个团伙发动）时，这些隐瞒手段将使这个归因过程变得更加困难，但并非不可完成。[1]

（一）信息环境与信息行动

必须注意，操纵信息以达到效果，这并不是一个新兴概念。美国利用信息影响敌人的做法，可以追溯到独立战争时期，当时美国特工使用伪造的文件，让英国人相信乔治·华盛顿军队的实力比真实情况更加强大。[2] 网络空间行动的动态千变万化，导致人们对"信息环境"（information environment）、"信息战"（information warfare）和"信息行动"（information operation）等术语展开激辩。下面介绍当前关于这些术语的争论，但侧重于最新的理论和实际应用。尽管在术语上存在争论，但国际上的普遍共识没有变化，仍然认为网络空间行动的动态千变万化，增加了人们在分析环境时所必须考虑因素的数量。这些因素让人难以识别出

---

[1] 关于网络归因的挑战和过程，更加深入的讨论可见国家情报总监办公室提供的《网络归因指南》（*Cyber Attribution*），网址为 https://www.dni.gov/files/CTIIC/documents/ODNI_A_Guide_to_Cyber_Attribution.pdf。

[2] Hutcherson, Norman B. *Command and Control Warfare: Putting Another Tool in the War-Fighter's Data Base*. Maxwell Air Force Base, Montgomery, AL: Air University Press, September 1994.

哪些实体负责创造和分发特定叙事，信息是否真实，以及信息对社会、经济和政治稳定的二次和三次影响。

信息环境是"对信息进行搜集、处理、分发或据此采取行动的个人、组织和系统的集合体"。[1] 这种环境由三个相互关联的维度构成，分别是实体、信息和认知维度，它们可以与个人、组织和系统不断相互作用。"实体维度"（physical dimension）的构成要素是指挥控制系统、关键决策者，以及能让个人和组织创造效果的支持性基础设施。"信息维度"（informational dimension）明确了在哪里和如何搜集、处理、存储、分发、保护信息。"认知维度"（cognitive dimension）是那些对信息进行传递、接收、回应或据此采取行动的人的思想。基本上我们不会触碰到信息环境的实体，因为我们的目标是影响人类的感知或行为。在信息环境中，我们的目的是影响人们采取行动的意愿，为此，通常必须操纵信息，接下来必须改变人们的观点、知觉和判断。[2] 因此，**信息行动**就是利用信息，影响、扰乱、破坏或篡夺敌人的决策，同时保护己方信息的完整性。从这个意义上讲，信息既是一种资源，也是一种权力工具。[3]

---

[1] Department of Defense. "Information Environment." In *Dictionary of Military and Associated Terms*, 104. As of June 2020. https://www.jcs.mil/Portals/36/Documents/Doctrine/pubs/dictionary.pdf.

[2] Paul, Christopher, Colin P. Clarke, Bonnie L. Triezenberg, David Manheim, and Bradley Wilson. "Improving C2 and Situational Awareness." Santa Monica, CA: RAND Corporation, 2018. https://www.rand.org/pubs/research_reports/RR2489.html.

[3] Department of Defense. "Strategy for Operations in the Information Environment." Last modified June 2016. https://dod.defense.gov/Portals/1/Documents/pubs/DoD-Strategy-for-Operations-in-the-IE-Signed-20160613.pdf; Department of Defense. "Joint Concept for Operating in the Information Environment." Last modified July 25, 2018. https://www.jcs.mil/Portals/36/Documents/Doctrine/concepts/joint_concepts_jcoie.pdf?ver=2018-08-01-142119-830; Iasiello, Emilio J. "Russia's Improved Information Operations: From Georgia to Crimea." *Parameters* 47, no. 2 (2017): 51–64. https://www.hsdl.org/?view&did=803998.

（二）网络空间和信息环境对地缘政治的影响

网络空间实力改变了地缘政治的动态。2017 年《全球趋势：进步的悖论》指出，技术和网络空间力量快速发展，正在改变冲突和权力的本质。[1] 同样，美国国家安全政策学者理查德·安德烈斯（Richard Andres）指出，当使用技术改变了各国争夺安全、创造财富和行使武力的方式时，技术就能改变现状。[2]

至少自 20 世纪 90 年代末以来，各种**网络事件**和**网络攻击**层出不穷，它们攻击了多个国家，产生了全球影响（见表 8-1）。应当区分到底什么才是网络事件，什么又是网络攻击，这是网络空间行动与地缘政治之间关系的一个重要方面。澳大利亚网络安全中心 2016 年发布《威胁报告》指出，"网络攻击"（cyber attack）一词被以耸人听闻的方式使用，以描述各种恶意网络活动（例如网络犯罪和知识产权剽窃）。在信息安全界，它经常被用于描述针对计算机网络或系统的恶意活动。但如果一个国家在讨论网络空间的潜在"红线"时，宣称自己遭受网络攻击（其内涵等同于武装攻击），这个术语就会带来更加严重的后果。[3] 截至 2020 年 9 月，网络攻击并没有获得国际公认的定义，部分原因是人们难以确定什么样的网络空间行动可被视为国际法定义的"武装攻击"（armed attack）。此外，什么可以构成网络空间的战争行为？北约等国际组织正在努力设法回答这个问题。《北大洋公约》第 5 条规定，当北约某一成员国遭受武装攻击后，北约 28 国必须做出回应。但第 5 条没有明确指出网络空间武装冲突的判定标准。[4] 难题在于，并非网络行为体发动的所有

---

[1] National Intelligence Council, "Global Trends."
[2] Andres, Richard B. "Cyber Conflict and Geopolitics." *Great Decisions* (2019): 69–78.
[3] Australian Government. "Australian Cyber Security Centre 2016 Threat Report." Accessed July 31, 2019. https://www.cyber.gov.au/sites/default/files/2019-04/ACSC_Threat_Report_2016.pdf.
[4] Sanders, Christopher M. "The Battlefield of Tomorrow, Today: Can a Cyberattack Ever Rise to an 'Act of War'?" *Utah Law Review* 2 (2018): 503–522. doi: https://dc.law.utah.edu/ulr/vol2018/iss2/6.

攻击都符合武装攻击的门槛，比如网络犯罪、知识产权剽窃、网络间谍活动和黑客活动等。[1]

表 8-1　网络事件示例

时间①	事件简介②
2007—2009 年	美国和以色列涉嫌开发和使用恶意软件"震网"，破坏伊朗核设备
2011—2017 年	伊朗利用社交媒体账户，发动了一系列社会工程学攻击，目标是美国等几个国家的军政要人
2012、2016 和 2017 年	伊朗恶意软件 Shamoon 和 Shamoon 2.0，破坏了沙特阿拉伯国家石油公司和卡塔尔拉斯拉凡天然气公司的计算机系统内存储的数据
2017 年	网络犯罪分子窃取艾可菲公司的数据，可能会影响超过 1.45 亿美国用户
2018 年	网络犯罪分子窃取了近 1400 万脸谱网用户的个人信息

①这是事件被发现的时间，网络行为体通常是在事件被发现前的几个月或几年获得访问权限。
②这不是 2007 年至 2018 年的全部网络事件（可参阅外交关系委员会《网络行动跟踪》，以了解更多事件）。

因为没有统一的国际定义，所以一些国家自己确定了网络攻击的定义。例如，2011 年澳大利亚将网络攻击定义为"一种蓄意行为，它通过网络空间，操纵、扰乱、拒止、降级或毁坏计算机或网络，或驻留其中的信息，严重损害国家安全、稳定或经济繁荣"。[2] 尽管保护美国利益免受网络攻击的意图，在美国许多文件、政策、指令和战略中都有讨论，

---

[1] 想了解进一步的解释，参见 Schmitt, Michael. *Tallinn Manual 2.0 on the International Law Applicable to Cyber Operations*. Newport, RI: Cambridge University Press, 2017, 25–30。
[2] Australian Cyber Security Centre. "Cyber Attack." Accessed September 23, 2020. https://www.cyber.gov.au/acsc/view-all-content/glossary/cyber-attack.

但它们并没有定义网络攻击。[1] 不过国防部[2] 将网络攻击定义为"在网络空间采取的活动，以造成明显的拒止效果（即降级、中断或破坏），或是造成操纵，进而导致现实领域出现拒止，并被视为'开火'的一种形式"。[3]

在简要探讨了这段历史之后，我们显然可以看到，多个国家既是网络活动的受害者，也是加害者。各国都已经观察到或经历过重大网络事件，这些事件会在政治、军事、经济、社会、信息和基础设施等行动变量上，产生二次和三次影响。[4] 同样，社会工程学行动[5]、勒索软件和恶意软件开始在全球使用，改变了民族国家和非国家行为体对权力和影响力所持的理念。[6] 例如，网络事件和那些旨在造成影响的行动，会让民众质疑基础设施、选举制度和选举过程的有效性，质疑当局发布的新闻是否准确且不带偏见。俄罗斯、朝鲜和伊朗是目前最突出的例子。这些国家正在打造和整合网络空间力量，以促进本国国家安全利益，影响竞争对手，以及威慑对手。但网络空间力量已经扩散，改变了潜在威胁的存在局面。在短短3年内，拥有进攻性网络空间力量的民族国家的数量翻了一番，从15个增加到30个（见图8–3）。[7]

---

[1] 以下文件范例并不能定义网络攻击：Presidential Policy Directive (PPD) 21, PPD-41, the 2018 National Cyber Strategy, the 2018 Department of Defense Cyber Strategy, the 2019 National Intelligence Strategy, and the 2019 Worldwide Threat Assessment。

[2] Department of Defense. "Cyberspace Attack." In *Dictionary of Military and Associated Terms*, 55. As of June 2020. https://www.jcs.mil/Portals/36/Documents/Doctrine/pubs/dictionary.pdf.

[3] "开火"是指使用武器系统或采取其他行动，对目标造成特定的致命或非致命影响。

[4] Coats, Dan R. "Statement for the Record: Worldwide Threat Assessment of the US Intelligence Community." Office of the Director of National Intelligence, January 29, 2019. https://www.dni.gov/files/ODNI/documents/2019-ATA-SFR---SSCI.pdf.

[5] 在网络安全中，社会工程学是以操纵他人的方式，开展活动或泄露信息的行为。常见的例子有网络钓鱼、鱼叉式网络钓鱼和水坑攻击。

[6] National Intelligence Council, *Global Trends*.

[7] Coats, "Statement for the Record," 2019; and Coats, "Statement for the Record," 2018.

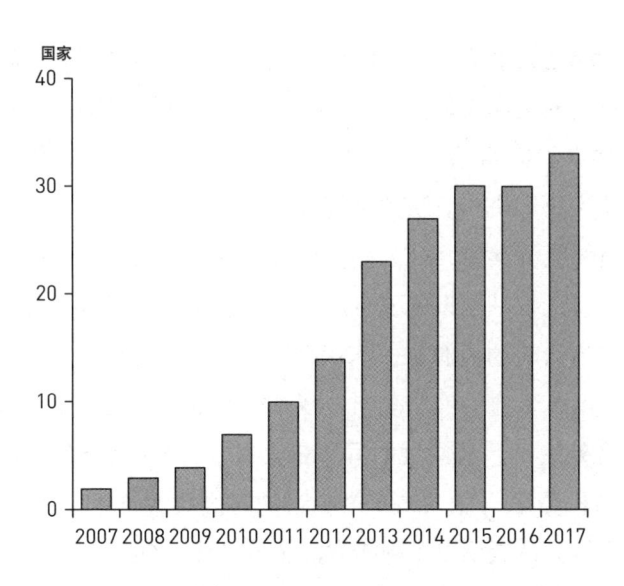

图8-3 拥有进攻性网络空间力量的国家

资料来源：Worldwide Threat Assessment, 2018

三、美国的网络战略

简单言之，网络空间的技术融合和战略竞争增加了美国面临的威胁，致使美国的网络战略不断向前发展。2018 年战略由四大支柱组成：一是保护美国人民、美国本土和美国的生活方式；二是促进美国繁荣；三是以实力维护和平；四是提升美国的影响力。这些支柱进一步强调了必须依赖计算机驱动的、互联互通的信息技术。[1] 美国网络战略强调建设和加强美国网络能力，以便能在冲突期间最大限度地获得灵活性和决策优势，同时吓阻针对本国关键基础设施的恶意网络活动，从而保护美国国家利益。

（一）关键基础设施面临的网络威胁

关键基础设施（critical infrastructure）是实体或虚拟的系统和网络，

---

[1] White House, "National Cyber Strategy."

它们对日常行动至关重要。[1]2013 年，美国出台《第 21 号总统政策指令：关键基础设施的安全和复原力》，认定了 16 个关键基础设施部门，包括食物和农业、供水和废水系统、能源、运输系统、水坝、通信、保健和公共卫生，以及应急等机构。[2] 关键基础设施部门被人开发利用、降级或破坏，将对美国的经济安全、社会福祉和公共卫生产生破坏性影响。

美国网络安全与基础设施安全局表示，能源基础设施是经济、公共卫生部门和日常生活的动力源泉。[3]2015 年 12 月 23 日，乌克兰政府的能源基础设施遭到前所未有的网络攻击，多个能源部门存在的漏洞和面临的威胁瞬间变得格外醒目。从当地时间下午 3 时 35 分左右开始，乌克兰 3 家配电公司大面积停电，在大约 6 个小时的时间里，影响了大约 22.5 万客户。这些网络行为体展示出多种能力，在 30 分钟的时间内，以同步和协调的方式，对多个设施的工业控制系统发动远程劫持。[4] 他们还使用恶意软件 BlackEnergy3 及恶意固件来提升权限，实现了针对该网络的持续访问，并阻止操作人员手动控制系统。[5] 乌克兰政府指责俄罗斯发动了此次攻击，然而国际调查小组并没有直接将此事归因于俄罗斯的网络行为体。

这次针对乌克兰发动的攻击，是已知第一次由网络导致的电力服务中断事件，同时也是当头一棒，警醒了其他许多国家，因为这些国家也急需提高安全水平，测试基础设施，以及建立可以应对能源部门网络攻击的流

---

[1] Department of Defense, "Summary: Department of Defense Cyber Strategy."

[2] Federal Emergency Management Agency. "Critical Infrastructure and Key Resources." Accessed July 31, 2019. https://emilms.fema.gov/IS520/PAN0101400text.htm.

[3] Cybersecurity and Infrastructure Security Agency. "Energy Sector." Accessed July 31, 2019. https://www.dhs.gov/cisa/energy-sector.

[4] National Cybersecurity and Communications Integration Center. "ICS Alert (IR-ALERT-H-16-056-01): Cyber-Attack Against Ukrainian Critical Infrastructure." Last modified August 23, 2018. https://www.uscert.gov/ics/alerts/IR-ALERT-H-16-056-01.

[5] SANS Industrial Control Systems, Electricity Information Sharing and Analysis Center. "Analysis of the Cyber Attack on the Ukrainian Power Grid: Defense Use Case." Last modified March 18, 2016. https://ics.sans.org/media/E-ISAC_SANS_Ukraine_DUC_5.pdf.

程。在美国，人们历来都对基础设施有所担忧[1]，再加上后面发生的乌克兰停电事件，于是美国加大力度，以求保护电网和保障国内供电。[2]2018年底发生了一次这样的活动。当时，能源部网络安全、能源安全和应急办公室开展"自由月食2018"（Liberty Eclipse 2018），这是一次两阶段演习，目的是测试和评估在电网遭到网络攻击时，美国是否有能力做出应对，并从中恢复。[3]"自由月食2018"这样的演习突显出各级政府机构必须开展合作、协调和沟通。2018年《国家网络战略》指出，要想保护美国利益，就需要共享关于对手意图、策略和活动的具有可行动性的情报，以便政府能够以整体一致的方式做出回应。

（二）网络威胁情报

在讨论网络威胁情报的前提时，首先必须区分网络威胁情报与有时会被误用的术语"网络情报"。网络情报（cyber intelligence）不是情报科目，在理论层面也不是情报界公认的情报流程。2019年《国家情报战略》对**网络威胁情报**（cyber threat intelligence）进行了定义，称它是"对来自全源情报的信息进行搜集、处理、分析、分发的活动，信息内容为外国行为体的网络计划、意图、能力、研发、战术、目标、行动活

---

[1] Wilshusen, Gregory C. *Cybersecurity: Actions Needed to Strengthen US Capabilities* (GAO-17-440T). Washington, DC: US Government Accountability Office, February 14, 2017. https://www.gao.gov/assets/690/682756.pdf.

[2] US Department of Energy. *Valuation of Energy Security for the United States: Report to Congress*. Washington, DC: US Department of Energy, January 2017. https://www.energy.gov/sites/prod/files/2017/01/f34/Valuation%20of%20Energy%20Security%20for%20the%20United%20States%20%28Full%20Report%29_1.pdf.

[3] US Department of Energy. "National Cybersecurity Awareness Month: DOE Conducts Cyber-Attack Exercise on Electricity, Oil, and Natural Gas Infrastructure." Last modified October 26, 2018. https://www.energy.gov/articles/national-cybersecurity-awareness-month-doe-conducts-cyber-attack-exercise-electricity-oil; Sobczak, Blake. "DOE to Vet Grid's Ability to Reboot After a Cyberattack." *E&E News*, August 3, 2018. https://www.eenews.net/stories/1060092675.

动和指标，及其对美国国家安全利益的冲击或潜在影响"。[1] 正如该定义所示，在分析威胁时，全源情报分析人员必须着眼民族国家或非国家实体，确定它们是否以及如何具有相应的能力和意图，可以利用网络空间行动，达成其战略、作战或战术效果。应当保持对敌方活动的态势认知（situational understanding），这是针对恶意网络活动拟定提示并提供预警的第一步。

职业聚焦：中央情报局网络威胁分析人员（2019年）

弗吉尼亚州兰利市

概述

你将成为中央情报局的网络威胁分析人员，负责开展全源分析、数字取证和目标定位，以识别、监视、评估和反制外国网络行为体对美国信息系统、关键基础设施和网络相关利益构成的威胁。你将提交战略评估，以支持总统、国家安全委员会和其他美国政策制定者，并将提交战术分析和建议，供开展行动所用。

网络威胁分析人员可以运用自己的科学和技术知识，解决复杂的情报问题，制作短期和长期书面评估，并向美国政策制定者和美国网络防御界提供简报。这项工作需要主动性、创造性、分析技能和技术专长。

你还将有机会进行学术研究、与情报界同僚合作和出席专业会议，以此在整个职业生涯中保持并扩大你的专业关系网。

你有机会在国内外出差，接受语言培训、分析技巧和管理的培训，旨在深化实质性专门知识的培训，还有机会被派往中央情报局其他部门及美国政府其他机构任职。

---

[1] Office of the Director of National Intelligence. "National Intelligence Strategy of the United States of America: 2019." Accessed July 15, 2019. https://www.dni.gov/files/ODNI/documents/National_Intelligence_ Strategy_2019.pdf.

资格

要求具有美国公民身份（符合条件的双重国籍美国公民亦可）。所有职位都需要前往华盛顿特区都会区任职。

最低资格

- 在下列领域或相关研究中，拥有一项学士或硕士学位：
  - 计算机科学；
  - 计算机工程学；
  - 数字取证；
  - 网络安全；
  - 电信；
  - 信息保障；
  - 安全研究；
  - 或国际研究和技术研究相结合的学科。
- 平均学分绩点满分为 4 分时，3.0 以上者优先。
- 能够在紧迫期限下开展工作。
- 拥有优秀的分析能力和相关经验。
- 处理问题时具有较强的创造性思维能力。
- 具有较强的批判性思维和解决问题的能力。

理想资格

- 对国际事务兴趣浓厚；
- 了解美国国家安全利益；
- 具备高水平外语能力；
- 具备较强的口头表达能力；
- 能够写出明确简洁的文字；
- 拥有国际事务的研究经验；
- 能够在团队环境中开展工作；
- 对需要定期撰写报告的职业抱有兴趣。

> **所有申请人必须成功完成**
>
> ● 彻底的医疗和心理检查；
>
> ● 测谎面试；
>
> ● 全面的背景调查。
>
> 申请人必须在过去 12 个月内没有使用违禁药物，方可被中央情报局雇佣。若 12 个月前使用过违禁药物，将由医疗和安全处理流程详细评估。
>
> 资料来源：Central Intelligence Agency, https://www.cia.gov/careers/opportunities/science-technology/cyber-threat-analyst.html

多年来，各情报或网络安全专家已经建立或采用至少 8 种网络威胁框架，以评估恶意网络活动[1]，其中就有"敌方生命周期分析"和洛克希德·马丁公司的"网络杀伤链"。[2] 除了这些框架之外，情报分析人员还开发出 A.C.A.R.E.+I 等分析模型，以帮助提升相关研究和资源的优先级，更好地应对已经发现的一个或多个主要网络威胁。A.C.A.R.E.+I 模型展开就是活动（A）、能力（C）、访问（A）、资源（R）、专业知识（E）和意图（I）。有时，人们设定威胁优先级时可能是主观的，而 A.C.A.R.E.+I 模型提供了一种手段，将高超分析技巧的各项原则结合在一起，具体做法就是基于可以得到证据支持的既定标准，使用可以量化的

---

[1] 自 2012 年起，国家情报总监办公室与机构间合作伙伴开展合作，创建并完善了"共同网络威胁框架"，以此作为各类威胁模型彼此交流的"通用翻译器"，但此举并不是要放弃或取代某个组织的既有模型。进一步的讨论参见 https://www.dni.gov/files/ODNI/documents/features/ODNI_Cyber_Threat_Framework_ Overview._UNCL._20180718.pdf。

[2] 关于洛克希德·马丁公司的"网络杀伤链"方法论，其使用指南参见 https://www.lockheedmartin.com/content/dam/lockheed-martin/rms/documents/cyber/Gaining_the_Advantage_ Cyber_Kill_Chain.pdf。

数据去挑战假说。[1]

四、分析网络威胁

以下事件展示了拥有不同程度专业知识的网络行为体是如何发动重大网络事件的，在某些情况下，这些事件改变了国际社会对网络威胁的优先排序。它们还说明在评估网络活动时，应当如何使用网络威胁情报分析。

（一）用破坏性恶意软件控制舆论

长期以来，专家们一直在争论朝鲜是否拥有网络专业知识或基础设施。但在过去几年间，平壤提升了网络活动的频率和复杂性。

2014年底，一个由朝鲜支持的网络组织[2]宣告该国在访问、能力和意图等方面发生变化。当时，这个组织对索尼影视娱乐公司（SPE）发动攻击，以此回应电影《刺杀金正恩》(*The Interview*)即将上映一事。这部美国电影是一部喜剧，内容是中央情报局策划暗杀金正恩。它的首部预告片在2014年6月发布，不久之后，朝鲜向联合国秘书长提出强烈抗议，称这部电影是某种形式的恐怖主义，是战争行为。[3]虽然朝鲜公开谴责，但

---

[1] A.C.A.R.E.+I模型是在2015年至2017年期间，美国陆军网络司令部情报局的全源情报分析人员开发的。当民族国家和非国家行为体在现实世界面临紧张局势加剧的状况时，可以有效应用这个模型，以提升威胁的优先级别，并推动获得决策优势。

[2] 被黑客攻击的网站上都有大写签名#GOP，说明一个名为"和平卫士"（Guardians of Peace）的网络组织应当对此次黑客攻击负责。但高级分析公司Novetta进行了更加深入的技术分析，将索尼网络事件归因于Lazarus Group，网络安全公司FireEye则将此事归因于APT 38（APT是英文Advanced Persistent Threat的缩写，意为"高级持续威胁"）。技术分析主要是评估签名、策略、技术和程序的结果。尽管归因不同，但两个组织都认为和平卫士、Lazarus Group和APT 38得到朝鲜政府的支持，并隶属于朝鲜政府。

[3] Ja Song Nam. "Letter Dated 27 June 2014 From the Permanent Representative of the Democratic People's Republic of Korea to the United Nations Addressed to the Secretary-General" (A/68/934–S/2014/451). United Nations General Assembly Security Council, June 27, 2014.

索尼不为所动，仍然计划在 2014 年 12 月上映这部电影。2014 年 11 月，朝鲜网络行为体侵入索尼的网络，使用恶意软件破坏其专有数据，也破坏了磁盘驱动器。他们还提取了私人企业电子邮件、尚未发行的索尼电影和索尼员工个人身份信息等。

在国家安全这个宏大框架中，攻击一家私人娱乐公司的做法或许看似意义不大。但此事加剧了美国和国际社会的忧虑，担心朝鲜会主动使用进攻性网络能力去攻击某个企业，以此回应后者侮辱朝鲜政府官员的行为。[1] 除索尼事件外，从 2014 年至 2018 年，朝鲜官方支持的网络行为体有效地对抗了联合国实施的制裁。[2] 鉴于索尼事件和网络对抗事件，在研究朝鲜构成的威胁（例如核野心）时，情报分析人员应当对潜在的"催化剂"进行评估，找出在外界与朝鲜的紧张局势加剧之际，哪些因素会推动朝鲜发起进攻性网络空间行动。

（二）用恶意软件清除竞争

大多数专家评估认为，伊朗的进攻性网络空间能力与朝鲜相似。伊朗主要关注重点是地区竞争对手。然而，伊朗被指使用破坏性软件，针对石油和天然气部门的竞争对手发动攻击，此举使德黑兰得以名正言顺地将自己标榜为重大网络威胁，因为它成功利用了存在于国外的漏洞。[3] 2012 年 8 月，疑似伊朗支持的网络行为体攻击了沙特阿拉伯石油公司（Saudi Aramco）。他们使用恶意软件，在大约 3 万台计算机上删除数据。当月晚些时候，卡塔尔拉斯拉凡天然气公司也成为恶意病毒的受害者。病毒使得

---

[1] Novetta. "Operation BLOCKBUSTER: Unraveling the Long Thread of the Sony Attack." Accessed July 31, 2019. https://www.operationblockbuster.com/wp-content/uploads/2016/02/Operation-Blockbuster-Report.pdf.

[2] Center for Strategic & International Studies. "Significant Cyber Incidents Since 2006." Accessed July 23, 2019. https://csis-prod.s3.amazonaws.com/s3fs-public/190523_Significant_Cyber_Events_List.pdf.

[3] Fixler, Annie, and Frank Cilluffo. "Evolving Menace: Iran's Use of Cyber-Enabled Economic Warfare." Foundation for Defense of Democracies, November 2018. https://carnegieendowment.org/files/Iran_Cyber_ Final_Full_v2.pdf.

这家公司的网站和电子邮件服务器关闭。同样，在 2016 年和 2017 年，沙特阿拉伯石油公司遭到 Shamoon 2.0 的攻击。Shamoon 2.0 是一款 2012 年擦除类恶意软件的更新版本。[1] 虽然这些事件成功攻击了目标，扰乱了它们的日常运营，但并没有对石油和天然气生产造成重大影响。一些专家在审查了取证证据后认为，伊朗在使用恶意软件时保持了克制。[2] 换言之，伊朗希望展示自己的攻击能力，同时避免造成该地区的冲突升级。

（三）用网络影响政治军事目标

在 2008 年与格鲁吉亚发生的冲突中，以及在 2014 年与克里米亚发生的冲突中，俄罗斯发动了网络空间行动。此举引发国际社会展开讨论，探讨在利用网络达成相应效果，从而支持地缘政治目标方面，俄罗斯是否已经超过了它的竞争对手（包括美国）。在这些冲突中，俄罗斯运用多种网络空间行动，分别影响了格鲁吉亚和克里米亚的公民。例如，格鲁吉亚和克里米亚遭受的分布式拒绝服务攻击，影响了该国公民访问金融和政府网站的能力，使其无法从政府处获得准确和及时的信息。此外，在克里米亚冲突期间，网络行为体关闭了电信服务，阻止公民和政府官员使用互联网和手机服务。[3] 俄罗斯还利用黑客发布虚假信息等。[4]

这些网络攻击没有对两国常规部队产生重大影响，也没有左右冲突的

---

[1] Bronk, Christopher, and Eneken Tikk-Ringas. "The Cyber Attack on Saudi Aramco." *Survival* 55, no. 2 (2013): 81–96. doi: 10.1080/00396338.2013.784468; and Alelyani, Salem, and Harish Kumar. "Overview of Cyberattack on Saudi Organizations." *Journal of Information Security and Cybercrimes Research* 1, no. 1 (2018): 42–50. doi: 10.26735/16587790.2018.004.
[2] Anderson, Collin, and Karim Sadjadpour. "Iran's Cyber Threat: Espionage, Sabotage, and Revenge." Carnegie Endowment for International Peace, January 4, 2018. https://carnegieendowment.org/files/Iran_Cyber_Final_Full_v2.pdf.
[3] Iasiello, Emilio J. "Russia's Improved Information Operations: From Georgia to Crimea." *Parameters* 47, no. 2 (2017): 51–64. https://www.hsdl.org/?view&did=803998.
[4] Gery, William, SeYoung Lee, and Jacob Ninas. "Information Warfare in an Information Age." *Joint Force Quarterly* 85, no. 2 (2017): 22–29. https://ndupress.ndu.edu/Portals/68/Documents/jfq/jfq-85/jfq-85_22-29_Gery-Lee-Ninas.pdf.

结果；但它们仍然意义重大，因为它们迫使学者和发动者重新定义现代战争的特点。[1]例如，在 2008 年，尽管俄罗斯发起了"宣传"、信息控制和虚假信息行动，但事实上，格鲁吉亚发动了有效的反信息行动并获得了成功。[2]

这就是另一个例子，足以阐明情报分析人员在评估一个民族国家的能力时，为何必须评估与网络有关的指标，以及如何评估这些指标。应当研究一个民族国家是否拥有代理组织（比如黑客或网络罪犯）等能够支持其目标的资源。如果有，那是多少网络行为体？不到 20 个、几百个，还是几千个？他们能够实施哪种程度的网络活动？社会工程学、虚假信息，或是控制话语权以增强国际支持？从本质上讲，为了提供关于环境的全面态势认知，从现在开始，在评估敌手的组成和部署时，必须将网络行为体考虑在内。

（四）用网络危及信息和基础设施

无论是民族国家开展网络间谍活动，还是黑客组织（比如"匿名者"[3]）抗议其所认为的恶行，抑或是未知网络犯罪分子（比如在美国马里兰州巴尔的摩）使用勒索软件扰乱市政运作，网络事件的复杂性和发生频率都有所增加，网络行为体已经表现出具备恶意的意图和能力，能够危及政府和基础设施。除上述事件外，我们必须承认，至少有 20 个国家（包括美国）涉嫌支持或开展进攻性网络行动，攻击地区竞争对手（有时是攻击非国家行为体），以推进本国的战略目标。

---

[1] White, Sarah. "Understanding Cyberwarfare: Lessons From the Russia-Georgia War." *Modern War Institute*, March 20, 2018. https://mwi.usma.edu/understanding-cyberwarfare-lessons-russia-georgia-war/.

[2] Wilby, Peter. "Georgia Has Won the PR War." *The Guardian*, August 17, 2008. https://www.theguardian.com/media/2008/aug/18/pressandpublishing.georgia.

[3] "匿名者"（Anonymous）是全球知名黑客组织，以反抗"暴政"等作为活动主题，组织松散，标志是电影《V 字仇杀队》主角所戴的面具。它与下文"匿名者 Q"（QAnon）是两个完全不同的组织。——译注

职业聚焦：国家安全局的网络风险缓解工程师和系统漏洞分析人员（入门级至资深级，2019年）

系统漏洞分析人员负责识别系统（硬件、软件、人事、程序、后勤和实体安全）设计和运行中的漏洞，以及遭到的攻击。他们负责比较各种系统攻击过程的异同，开发有效的防御性缓解措施。此外，系统漏洞分析人员还负责分析正在研究的系统或任务，就其实际遭到和潜在存在的攻击，提供正式和非正式的报告、简报和意见。他们履行的职责十分广泛，包括关键基础设施防御、控制系统的安全、有线和无线网络安全、漏洞分析和研究、可扩充防御性缓解措施的开发、周边和边界的防御、恶意软件分析、万维网和云安全、移动网络安全（LTE和基带）、定制式安全解决方案和方法论的自动化，以及研究新兴网络行业技术和解决方案。如果你经常访问网络安全网站、经常参加网络安全会议，或是经常维护自己的网络，我们将乐于与你面谈！如果你是一个电脑爱好者，喜欢搭建新网络，喜欢看黑帽大会和DEFCON极客大会[1]的简报，喜欢搜索标志性事件，那么你需要与我们面谈！

最理想的应聘者应当具备较强的能力，擅长解决问题、分析、沟通和人际交往，并且具备以下领域的知识或经验：在基础设施、主机和企业层面，防护和减少系统漏洞；入侵检测和事件响应；网络操作系统，以及网络数据和流量分析；脚本语言（如PowerShell和Python）；软件逆向工程；模糊测试；虚拟化技术；渗透测试；端口、协议和服务器分析；漏洞检测与分析；网络安全设备（例如防火墙、入侵和检测系统）；数据包分析；恶意代码分析；数据采集和监视控制系统设备。

资格

以上所列资质，是可以考虑应聘者就任该职位的最低要求。薪资待遇取决于应聘者的教育水平和与该职位相关的经验年限，同时

---

[1] 黑帽大会和DEFCON极客大会是网络安全领域的顶级盛会。——译注

兼顾了负责招聘的主管或组织对工作经验的要求。入门级是学士学位,没有经验。拥有副学士学位及2年相关经验者,可被视为拥有与该职位相关的深度经验。学位必须是计算机科学或相关领域,例如通用工程、计算机工程、电气工程、系统工程、数学、计算机取证、网络安全、信息技术、信息保障和信息安全。必须具有的相关经验是计算机或信息系统的设计或开发、编程、信息或互联网或网络安全、漏洞分析、渗透测试、计算机取证、信息保障或系统工程学。网络和系统管理工作可以折成部分经验,但不可全部折算。完成相关领域的军事训练,比如联合网络分析课程(JCAC)、本科网络培训(UCT)、网络战网桥课程(NWBC)或中级网络战培训(INWT)、或网络防御行动,可被视为符合相关经验要求(20—24周的课程计为6个月的经验,10—14周计为3个月的经验)。

薪资范围:70519—87868美元(入门级)、81571—108643美元(全能级)。

在2015年《国防部网络战略》中,国家情报总监将网络威胁列为美国的头号战略威胁,这是自"9·11"以来首次将其置于恐怖主义之前。自2015年以来,国家情报总监办公室发布2018年《美国情报界全球威胁评估》和2019年《国家情报战略》,强调了这个时代的标志:恶意网络行为体把信息环境和网络空间行动当作战略工具,用以影响政治、经济和社会气候,使之变得对己有利。

五、结论:网络空间领域威胁的复杂性

今天,技术融合促进了知识在全球传播,并最终改变了"边界"(border)的概念,也使合作伙伴和敌对对手变得更加多样化,更加互联互通。技术确实在以光速变化,情报或国家安全领域的专业人员必须运用

批判性和创造性的思维技能，有效地分析这种复杂环境中存在的威胁。分析人员思考时必须跳出常识的框架限制；此外，随着全球网络空间进攻力量不断增强，他们思考时还必须超越这种框架。网络空间的隐蔽行动可能继续增加，但如果此类行动遭到公开，民族国家和非国家行为体可能会否认参与，同时还可能针对国际社会未就"网络空间的战争行为"定义达成共识的情况，寻找可以利用的漏洞。在第14章中，我们将讨论人工智能、量子计算和电信等在当今的发展轨迹和影响。未来是多元的，全球趋势的许多潜在游戏规则改变者都在使用技术或利用技术漏洞，解决或加剧这个世界的某些问题。

六、关键词

物联网	技术融合	工业控制系统
数据采集和监视控制	网络空间	社会层
现实角色层	网络角色层	逻辑网络层
实体层	实体网络层	地理层
信息环境	实体维度	信息维度
认知维度	信息行动	网络事件
网络攻击	社会工程学	决策优势
关键基础设施	网络威胁情报	访问
能力	意图	

七、延伸阅读

Brantly, Aaron F. "A Fierce Domain: Conflict in Cyberspace, 1986 to 2012," edited by Jason Healy. *American Foreign Policy Interests* 36, no. 5 (2014): 334–335. doi: 10.1080/ 10803920.2014.976111.

Clarke, Richard, and Richard Knake. *Cyber War: The Next Threat to National*

Security and What to Do About It. New York, NY: HarperCollins, 2010.

DeSimone, Antonio, and Nicholas Horton. *Sony's Nightmare Before Christmas: The 2014 North Korean Cyber Attack on Sony and Lessons for US Government Actions in Cyberspace*. National Security Report, John Hopkins Applied Physics Laboratory (2017). Accessed July 31, 2019. https://www.jhuapl.edu/Content/documents/SonyNightmareBeforeChristmas.pdf.

Holt, Thomas J. "Regulating Cybercrime Through Law Enforcement and Industry Mechanisms." *The Annals of the American Academy of Political and Social Science* 679 (2018): 140–157. doi: 10.1177/0002716218783679.

Koppel, Ted. *Lights Out: A Cyberattack, A Nation Unprepared, Surviving the Aftermath*. New York, NY: Broadway Books, 2015.

Lynn, William J., III. "Defending a New Domain: The Pentagon's Cyberstrategy." *Foreign Affairs* 89, no. 5 (2010): 97–108. https://www.foreignaffairs.com/print/1113238.

McDonough, Bart R. *Cyber Smart: Five Habits to Protect Your Family, Money, and Identity From Cyber Criminals*. Indianapolis, IN: John Wiley & Sons, 2019.

[第 9 章]

情报监管与治理

约瑟夫·菲察纳基斯（Joseph Fitsanakis）

美国自诞生的那一刻起，就在从事战时情报活动。但是这个国家在其历史中最初的 170 年间，并没有永久性的和平时期情报机构。这通常归因于它相对平静的地理周边，让它可以保持安全距离，远离所谓的亚非欧旧世界的政治动荡。另外，对于政府掌管安全部队的理念，不论管理的是军队还是非军事部队，美国人都会持怀疑的态度。独立战争时期，许多美国起义部队拒绝穿戴正规军的制服和徽章。在将近一个世纪的时间，费城、波士顿和纽约等城市的警察巡逻时身着便服，工作时更像是传统的社区守望者，而不是正式的执法机构成员。[1] 只是由于内战，美国各地的警察部门才开始采用更加军事化的组织模式，然而此举在当时引起了相当大的争议。[2]1947 年依据《国家安全法》创建了中央情报局，它是美国第一个永久性和平时期情报机构，但此举同样引发了争议。美国国会针对政府的这项提议开展辩论，其间一些国会议员警告称，新的情报组织看起来会让人回想起纳粹德国，并且可能成为"美国的盖世太

---

[1] Caiden, Gerald E. *Police Revitalization*. Lexington, KY: Lexington Books, 1977, 22. See also Fuld, Leonhard F. *Police Administration*. New York, NY: Patterson Smith, 1909, Chapter 1.

[2] Leonard, Vivian A. *Police Organization and Management*. Brooklyn, NY: The Foundation Press, 1964, 18.

保"。[1]过去几十年，类似的担忧之声一直不绝于耳，因为美国人仍想保卫"公民自由"（civil liberties），并对政府权力扩张持高度怀疑的态度。因此，自1947年以来，美国情报界虽经发展演变，但一方面必须保护国家安全，另一方面又必须尊重宪法保护的自由，一直都是介于二者之间，设法保持微妙平衡。一直以来，这个平衡都是倒向保护公民自由的。但在美国历史上，公民自由也曾多次受到严重限制，表面理由都是为了保护定义松散的国家安全目标。

一、麦卡锡主义与第二次红色恐慌

冷战期间，美国情报界的使命与自由公民权利之间的平衡，事实上是极其脆弱的，因为在此期间，美国国内政治很大程度上是由美苏对抗决定的。当时，美国政治生活中一项重要的主题就是一种真实或想象的恐惧，人们害怕关键政府职位被亲苏的共产党人秘密占据，担心这些人虽然背景各异，但其认同的社会和经济组织模式却是苏联的，而不是美国或西欧的。担忧共产主义的政治焦虑愈演愈烈，导致出现被称为"第二次红色恐慌"（Second Red Scare）的社会政治现象，它出现在20世纪40年代后半期，并在20世纪50年代的大部分时间大行其道。第二次红色恐慌的标志是媒体几乎每天都用头条报道，声称秘密共产主义网络试图推翻美国政府，建立一个类似苏联的统治体制。在那段时间，一些公众人物开始以安全担保人的身份出现在公众视野，来自威斯康星州的共和党参议员约瑟夫·麦卡锡（Joseph McCarthy）就是其中之一，他在许多领域都化身为美国反共产主义的代言人。麦卡锡从事反共产主义活动达十年之久，所有活动全部基于这样一种说法：美国电影业、学术界、政府机构、军队，甚至白宫都被共产主义者秘密渗透。这位威斯康星州参议员发表的言论措辞

---

[1] Theoharis, Athan G. "A New Agency: The Origins and Expansion of CIA Covert Operations." In *The Central Intelligence Agency: Security Under Scrutiny*, edited by Athan G. Theoharis et al. Westport, CT: Greenwood Press, 2006, 156.

激烈，受到全国媒体的关注，对此他显然乐在其中。随着时间的推移，为了继续霸占媒体聚光灯，麦卡锡开始宣扬愈发疯狂的阴谋论主张，既耸人听闻，又查无实据。例如，他指责政府发动秘密的共产主义阴谋，在供水系统中添加氟化物，目的是对美国人洗脑。最终，除了他最狂热的拥趸之外，麦卡锡被所有人抛弃，并于1957年身败名裂，惨淡收场。然而那时，"麦卡锡主义"（McCarthyism）一词广为流传，用来形容当时两极分化最为严重的阶段，即所谓的第二次红色恐慌。

二、国内情报和"反谍计划"

还有一位公众人物利用第二次红色恐慌谋求个人利益，即联邦调查局局长埃德加·胡佛（J. Edgar Hoover）。到20世纪40年代，反共产主义已经成为美国政治中一股相当显著的力量，此时胡佛已成为美国情报界的实权人物。美国政坛对他极其尊敬，但同样也极其畏惧。他以铁腕手段领导联邦调查局足足48年，最后于1972年在任上去世。虽然他暗地里厌恶麦卡锡，认为麦卡锡只是一个寻求关注的自恋者，但胡佛巧妙地利用了这位威斯康星州参议员发动的反共产主义运动，加强了联邦调查局的反情报势力。他还鼓励人们怀疑中央情报局内部有人支持共产主义，试图颠覆这个成立不久的情报机构，因为胡佛认为它正是官僚系统中挑战自己权力的主要对手。1956年，在发动反共产主义运动之际，同时为了响应大众对共产主义的恐惧，胡佛让联邦调查局发起一项新的隐蔽活动，代号"反情报计划"。在联邦调查局的内部文件中，该项计划的简写是"反谍计划"[1]，目的是侵扰被认为具有颠覆性的政治团体，破坏它们的活动。这个计划的最初目标是亲苏联的美国共产党，以及几个较小的左翼极端自由主义政治团体。后来它逐渐扩大，开始吸纳有组织的白人至上主义者，这些人中许多都是三K党成员。最终，联邦调查局依赖情报界其他成员机构为"反

---

[1] "反情报计划"的英文是Counter Intelligence Program，取各单词的前几个字母，就是COINTELPRO，即"反谍计划"。——译注

谍计划"提供大量资源。这些机构是国家安全局，以及部分军方情报部门。中央情报局和国家安全局同时启动了其他与此平行的**国内情报项目**。这些项目范围较小，但同样极具侵略性，重点打击被认为是极端主义的政治团体，而且名单还在不断扩大。1960年，这份名单越来越长，包括许多完全守法的非暴力团体，比如工会、宗教协会和"同性恋"权利运动。情报界把它们当作目标，称其领导者是共产主义者或其成员支持共产主义，但这些借口往往都是错误的。

1960年，"反谍计划"的主要目标还包括民权运动，以及它的主要领导人马丁·路德·金（Martin Luther King Jr.）。胡佛无情并且不公正地诽谤路德是反美的颠覆分子。在胡佛和司法部高层领导人的指挥下，联邦调查局派人潜入路德的家中和办公室，在电话里安装窃听器。此外，联邦调查局还雇佣技术专家潜入这位民权领袖的家中和教堂，以及他每一位亲信和同事的家中和办公室，秘密放置窃听器。随着路德在全国的声誉越来越高，联邦调查局派遣特工，在这位民权领袖数次外出演讲期间，潜入其入住的酒店房间，安装窃听器。[1]1968年，路德被暗杀，此后"反谍计划"的主要目标转为反越战抗议团体。这些团体主要由在校或刚刚毕业的大学生领导，大部分情况下他们的行为并不算出格，只是让其成员行使受到宪法保护的权利，借此公开质疑政府在越南、老挝和柬埔寨的政策。然而，他们被多个国内情报项目盯上。其中，中央情报局至少开展了两个项目，代号分别是"梅里麦克计划"（MERRIMAC）和"混乱行动"（MHCHAOS）。中央情报局打着明显虚假的借口，称这些反战组织受到外国敌人的指挥，并派遣人力情报特工渗入这些组织内部。在某些情况下，中央情报局和情报界其他成员机构还会针对某些反战运动人士发起心理行动，比如向其配偶寄匿名信称他们出轨，或是强迫其大学教授让他们挂科。仅举一例，"伊斯兰国家"（Nation of Islam）是一个黑人民族主义团体，它的一名高级官员并没有犯罪记录，但其私人电话却一直被联邦调

---

[1] Donner, Frank J. *The Age of Surveillance: The Aims and Methods of America's Political Intelligence System*. New York, NY: Alfred A. Knopf, 1980, 244.

查局窃听，时间达 8 年之久，然而联邦调查局最终也没能以刑事罪行对其提起诉讼。[1]

三、水门事件

情报界在国内开展高度侵入性的监控行动，在 20 世纪 70 年代初达到高潮，即"水门事件"（Watergate scandal）。这一事件的命名源于水门大厦，它是一个由 6 栋大楼构成的建筑群，位于华盛顿特区雾谷地区。水门大厦是民主党全国委员会总部所在地，是民主党的主要管理机构。理查德·尼克松是共和党人，当时正在竞选总统连任。他的一些高级手下雇佣了许多前情报人员，这些人擅长以非破坏的方式入室开展行动。他们让这些人秘密潜入民主党全国委员会总部，在其办公室的电话里安装窃听器。这一非法行为的目的是蓄意破坏民主党的竞选活动，从而帮助尼克松再次入主白宫。但事情并没有按照这些总统手下计划的那样发展。1972 年 6 月 27 日凌晨，5 名窃贼潜入民主党全国委员会办公室，因为之前藏在那里的某个窃听器出现故障，他们试图重新安装一个，结果当场被警察抓获。在接下来的 18 个月，一系列证据接连曝光，将这起入室盗窃与负责总统竞选连任事务的核心成员联系在一起。1974 年 8 月 9 日，尼克松辞职，颜面扫地，因为一开始他试图掩盖事实，否认自己参与了这些针对民主党的肮脏伎俩。这位总统还多次试图阻挠有关部门针对水门事件开展一些调查，出手帮助阻挠的通常是情报界部分成员，其中就有中央情报局官员。除了让总统辞职之外，水门事件还导致 69 人被起诉，其中大多数人被判犯有各种罪行，比如共谋、做伪证和妨碍司法公正。

接替尼克松的杰拉尔德·福特（Gerald Ford）总统入主白宫后，最终赦免了这位前任。此举让一些选民松了一口气，但也让另一些选民极为愤

---

[1] Diffie, Whitfield, and Susan Landau. *Privacy on the Line: The Politics of Wiretapping and Encryption*. Cambridge, MA: MIT Press, 2007.

怒。水门事件造就了美国政治史上一段前所未有的时期，至今仍对美国政治产生着寒蝉效应。它还促使人们彻底重新定义了**情报监督**（intelligence oversight）的概念。这个术语是指由美国人民选举和任命的代表出面，对情报界的活动进行监督。与埃及或朝鲜等国家不同，美国并不是一个"安全国家"[1]，这意味着它的情报和安全机构受一系列参数的制约。而负责确定这些参数的是三个权力部门，即国会、总统办公厅和司法部。比如在司法领域，它就是**外国情报监视法院**。这个法院由 11 名联邦地区法院法官组成，负责审议联邦执法和情报机构根据《外国情报监视法》提交的监视令申请。《外国情报监视法》下达的法院令，可以用来协助开展情报搜集行动，打击在美国境内活动的可疑外国间谍。但《外国情报监视法》系统在水门事件之前并不存在。而水门事件时期的特点，正是没有具体措施来保护美国公民自由，无法使之免受政府的不合理干涉。事实上，水门事件以无可争议的方式表明，当权者驱使情报界时，有时会直接破坏美国公民和永久居民的宪法权利与自由。

四、丘奇委员会和派克委员会

1975 年，爱达荷州参议员弗兰克·丘奇和纽约州众议员奥蒂斯·派克这两位民主党国会议员，领导了一场彻底的国会调查，以调查几十年来情报界的活动情况。这两个委员会以其主席命名，被称为丘奇委员会和派克委员会。他们发现了一系列应当受到谴责的滥用权力的记录，其中就有"反谍计划""混乱行动""梅里麦克计划"。这些揭露的内容令许多美国人倍感震惊，并引发公众开展长期讨论，激辩哪些原因导致情报界可以如此广泛地滥用权力。很明显，白宫和情报界的官员曾利用冷战的紧张政治气氛，实施违法行为。美国人有权反对政府，但接连数届入主白宫的政府均

---

[1] 安全国家（security state），又称"国家安全国家"（national security state），是冷战时期的概念，特点是军方掌握实权，极度重视国家安全，对民主制度及选举持怀疑态度。——译注

把这项权利视作政治颠覆。换言之，20世纪70年代初，中央情报局、联邦调查局和国家安全局等情报机构的高级官员，显然已经系统地将合法的政治异见视为反美立场。他们此举刻意忽略了乔治·米切尔（George Mitchell）参议员的明智之语。米切尔曾经说过："在美国，不同意政府政策并不能证明不具有爱国主义。"[1] 情报界观察人士普遍认为，冷战带来的压力，再加上担心美国可能在美苏对抗中落败，鼓励了国内情报活动领域的纵容环境。在这种环境中，美国情报界发展出一种行动文化，它不断发展变化，成为人们口中的民主阴影。这种无须问责的情况变得极其严重，又在严守机密的氛围下愈演愈烈，并且顺理成章地在情报部门大行其道。最终，冷战时期的纵容气氛变得普遍，导致美国情报机构开展工作时，有时似乎完全无视法律。

这种违法行为的严重性绝对不能低估。事实上，有时国内情报行动以美国人为目标的做法，非常接近铁幕背后东德斯塔西和苏联克格勃等机构的滥权行为，令人不安。它否定了美国情报界的使命。情报界的使命本是保护国家及其治理系统，而不是为了"国家安全"利益去颠覆它们，因为"国家安全"这个定义从政治角度来看，是无法取信于人的。在水门事件后的调查中，或许最令人不安的曝光就是所谓的"休斯顿计划"（Huston Plan）。该计划的命名来自汤姆·休斯顿（Tom Huston），他是尼克松的白宫助手，也是这位总统的演讲撰稿人。休斯顿是训练有素的律师，他在1970年起草了一份提案，建议将情报界用来对付外国目标的搜集手段掉转枪口，用于对付美国公民。休斯顿在报告中宣称，美国的外敌和反战组织等"国内激进分子"之间存在联系。在休斯顿看来，这些联系（其实完全未经证实）证明很有必要全面运用情报界的资源对付美国公民。休斯顿认为，国内情报工作应当由中央情报局和国家安全局等机构领导，虽然法律并不允许这些机构监视美国人。该报告还详细介绍了多种情报搜集手段（如以非破坏方式潜入住宅、无授权电子监视、

---

[1] 引自 Walsh, Lawrence E. *Firewall: The Iran-Contra Conspiracy and Cover-Up*. New York, NY: Norton, 1997, 133。

私拆信件和人力情报行动）的运用方法，称应当大规模运用这些手段对付美国民众。值得注意的是，总统要求休斯顿起草一份更加详细的报告，而当报告完成后，他便将报告转交给中央情报局、国家安全局、联邦调查局和国防情报局的局长，要求他们立即采取行动，实施报告所列措施。在批准休斯顿计划几天之后，尼克松改变主意，下令不再执行该项计划。然而那时，情报界已经开始采用休斯顿计划中的多种方法，用来对付美国公民。[1] 休斯顿计划被媒体曝光之后，明显可以看出，水门事件中使用了情报搜集技术，只不过这种手段以前是用来对付反战人士，这次却是用来对付美国的政治机构民主党。这些活动造成寒蝉效应，再加上尼克松试图掩盖它们，导致这位总统顷刻间便面临弹劾威胁，并戏剧性地跌落权力宝座。

五、水门事件后的情报监督

（一）国会的作用

水门事件后的调查遭到曝光，立法者认为必须严管情报界开展的活动，实施更加严格的监督。因此，国会决定把丘奇委员会和派克委员会变成一种永久性的存在。今天，这两个机构被称为**参议院情报特别委员会**和**众议院情报常设特别委员会**。它们体现了这样一种理念：绝对不能信任行政部门，不能任由其成为监督情报事务的唯一权力机构。

今天，参议院情报特别委员会由 15 名成员组成，其中 7 名成员和 1 名委员会主席共计 8 人来自多数党。众议院情报常设特别委员会的成员数量并不固定，通常总数超过 20 人。与参议院情报特别委员会一样，众议院这个情报委员会的多数成员来自多数党。两个委员会都雇佣了几十名情报委员会工作人员，他们私下被称为"职员"（staffer），工作是审

---

[1] Theoharis, Athan G. *Spying on Americans: Political Surveillance From Hoover to the Huston Plan*. Philadelphia, PA: Temple University Press, 1978, 30ff.

查情报界提交的大量书面材料，内容涉及分析、行动和预算。这些职员还负责帮助筹备立法，通常会出席情报界简报会。他们在委员会中的作用至关重要，能够推动委员会有效运作，因为正是他们（而不是那些民选参议员）对情报界的活动开展日常监督，并提醒委员会成员需要立即关注的问题。不同于国会其他议员，两院的情报委员会成员能够接触一些特殊的信息，内容涉及情报计划与行动、预算细节，甚至情报来源与手段。如果总统认为某项需要开展隐蔽行动的情报行动过于敏感，就有权限制其接触权限，只允许两院的情报委员会正副主席过问。但在这种情况下，总统仍有义务提供此事的简要概述，供两院的情报委员会其他成员参考。

两院的情报委员会负有一项重要的常规职责，就是审议能够管辖或以任何方式影响情报界活动的所有单项立法。但在它们常规职能中，权力最大的无疑是与预算事务有关的立法。美国宪法规定，必须由国会批准所有政府支出，因此，两院的情报委员会向国会两院提交年度《情报授权法案》，为美国所有情报机构设定拨款限额。如果两个委员会愿意，它们甚至可以提供授权，为每个情报项目调拨资金。接下来，这些法案必须经过拨款流程，这意味着国会必须批准它们，也就是分配特定数额的美元，用以支付授权资金。如果相关委员会拒绝为某项法案调拨足够的资金，那么可能出现的情况是，虽然它已获得授权，但在拨款阶段会被放弃，事实上这是经常发生的事情。情报机构充分认识到一个事实：预算授权在国会中毫无意义，除非它成功获得拨款。它们还知道，某个获得授权的法案可能确实会得到拨款，但资金极其有限，所以基本上毫无意义。国会经常将这些立法条款当作武器，因为可以用来限制（甚至叫停）自己反对的情报行动或倡议。例如，从2010年到2012年，共和党控制的众议院一直拒绝为中央情报局的气候变化与国家安全中心拨款。这个短命的分析倡议是中央情报局拟议的，目的是研究气候变化对国家安全的影响。其研究对象是地球荒漠化和粮食生产成本上升等情况，理由是此类对象造成了贫困加剧、大规模移民和人口数量快速变化，从而影响到美国及其在世界各地的利益。这项活动遭到国会许多共和党议员的强烈抵制,因为他们拒绝相信关于气候变化的科学证据。最终,国会未能提供足够的拨款,于是中央情报局决定在 2012 年关闭这个中心。

图 9–1　参议院情报特别委员会会议

2017年5月11日,国家情报总监丹尼尔·科茨（Daniel R. Coats,居左）在参议院情报特别委员会作证

资料来源：Director of National Intelligence

两个情报委员会的职责还包括在国会举行简报会和听证会。这些是委员会的定期会议,由高级情报官员和外部专家等证人提供口头和书面证词。程序是先传唤证人提供口头和书面证词,然后由委员会成员质询。简报会和听证会上可能发生激烈争吵,有时甚至剑拔弩张,具体情况取决于讨论的主题。许多简报会和听证会都是立法听证会（legislative hearing）,目的是让情报委员会审议可能成为公法的各种措施的后果。其他则是监督听证会（oversight hearing）,中心议题是审查或评估情报项目或情报职能是否合法,或是否有效。这些听证会通常会让人产生被警方调查的感觉,关注的主题是日常情报搜集项目或高度敏感的隐蔽行动所造成的效果等。有时,两个情报委员会举行的监督听证会是某种特定的国会质询

(congressional inquiry），是由国会代表受情报政策或行动影响的美国公民个人或团体启动的（参见本章稍后部分的 2001 年"秘鲁击落事件"）。在确认听证会（confirmation hearing）上，两个委员会将针对各个情报岗位，评估总统提名的候选人是否合适。随后它们将分别向参众两院提出建议，国会着手批准这些任命时，会考虑这些建议。两院的情报委员会还将举行批准听证会（ratification hearing），批准行政部门与外国政府谈判达成的条约。另外，它们还会举行现场听证会（field hearing），这是在华盛顿以外的地方举行听证会，极其少见。

上面所述的会议大多都是闭门听证会（closed hearing），意味着它们并不对外公开，因为涉及国家安全信息。与之形成鲜明对比的是，除这两个情报委员会举行的国会听证会以外，其他听证会大多都是公开举行的。就两院的情报委员会而言，公开会议只是偶尔才有的事情，通常都是年度听证会，特点是高级情报官员就当前和未来美国国家安全面临的威胁，提供经过精心编纂、高度抽象的证词。

（二）总统的作用

在后水门事件的监督模式中，国会与总统共享对情报界的监督权。总统是政府行政部门的最高代表，没有总统的明确批准，情报界就不能执行任何隐蔽行动或机密任务。总统有权任命各情报监督委员会的成员，因为这些委员会隶属政府行政部门。另外，总统还可以设立特别调查委员会，负责调查或评估情报项目或情报活动。**国家安全委员会**由总统担任主席，可就国家安全和外交政策等紧迫问题，向总统提供建议。国家安全委员会成员包括副总统、国务卿、国防部长、能源部长、财政部长和总统国家安全事务助理，为了让他们正确履行委员会职责，相关机构必须随时向他们通报情报行动、分析和重大发现等情况。

除国家安全委员会外，总统还应当在**总统情报顾问委员会**（PIAB）的帮助下，监督并协调情报界的活动。总统情报顾问委员会的任务是评估情报界开展的活动和提供的情报输出，判断其能在多大程度上满足国家安全需求，并向总统呈交这些评估结果。这个委员会的成员不超过 16 人，都是总统直接任命的。他们通常来自政府以外的其他专业领域，但许多人往往在此之前已有情报履历。这个委员会下设一个常设委员会，这是一个定期召开会议的永久性委员会，名为**总统情报监督委员会**（PIOB）。总统情报监督委员会最多由 4 名总统情报顾问委员会成员组成，他们的主要任务是确保情报界遵守国家法律，包括《宪法》以及所有的总统行政令和总统指令。为了完成任务，该委员会将与情报界的各个监察长密切合作。情报界的每个成员机构都设有监察长，其任务是确保本机构始终遵纪守法。但监察长和总统情报监督委员会都无权启动调查或举行听证会，他们只能在出现违法事件时通知总统办公厅。另外根据法律规定，届时监察长必须将此事通报国会。

自 2007 年起，总统开始接受**隐私与公民自由监督委员会**（PCLOB）的咨询和建议。该委员会有 5 名成员，任务是审查与恐怖主义有关的情报政策，以确保这些政策不会对美国人的公民自由产生负面影响。他们还负责向总统办公厅和其他行政部门机构提出建议，具体内容是如何制定情报政策，才不会倾覆或以其他方式威胁现有的公民自由。除依靠隐私与公民自由监督委员会外，总统办公厅还需听取管理和预算办公室（OMB）的建议。办公室的总体任务涉及面极广，不仅仅是情报事项，还有情报工作中的管理和财务等许多方面。该办公室还可以帮助执行总统划定的优先预算，具体做法是确保各联邦机构根据现有法规，遵守总统的预算优先次序。它还会与国会协调这些预算优先事项，同时兼顾总统行政令和总统备忘录（总统发布的具有法律效力的指令）。因此，在涉及其负责的所有事项时，管理和预算办公室都可对情报界行使监督权力。

图9-2　白宫战情室场景

2009年3月，贝拉克·奥巴马总统在白宫战情室召见国家安全委员会

资料来源：Pete Souza, the White House

六、情报监督实践

上一节中介绍的情报监督方法，从许多方面来看都是抽象并且理想化的。在实践中，情报监督的过程极具争议，它是混乱的，有时是存在问题的。以前文提到的外国情报监视法院为例，它负责发布监视令，可以用于开展反情报行动，打击在美国本土活动的外国间谍，但这个法院常被指责为"橡皮图章"（rubber stamp）系统。"橡皮图章"一词，指的是一种基本自动化的程序，可为行政程序提供合法外表，但并不会恰当地考虑其中的法律参数。事实上，研究表明，在1979年至2012年，外国情报监视法院的法官收到大约44000份监视令申请，但仅否决了其中11份，这一数字意味着有99.97%的批准率。[1]情报监督局面混乱的另一个例证，就是上文讨论过的监察长制度。2015年后，中央情报局监察长戴维·巴克

---

[1] Clarke, Conor. "Is the Foreign Intelligence Surveillance Court Really a Rubber Stamp? Ex Parte Proceedings and the FISC Win Rate." *Stanford Law Review* 66, no. 125 (2014): 125–133.

利（David Buckley）在工作 4 年后辞职，但奥巴马政府并没有提名继任者。因为几个月不见动静，所以参议院情报特别委员会主席致信白宫，对总统没有提名巴克利的继任人选一事表示"愈发关切"，并敦促他"尽可能快地"提名。但这位总统甚至没有对委员会的要求做出回应，更遑论提名。[1] 到 2020 年，也就是巴克利辞职整整 5 年之后，中央情报局监察长办公室仍然是由克里斯托弗·沙普利（Christopher Sharpley）领导。沙普利是一名政府律师，曾在巴克利手下工作，并同意以代理身份临时任职。下届白宫政府也不遑多让：到 2018 年，也就是唐纳德·特朗普总统上任 2 年之后，联邦政府中仍有不少于 12 个监察长职位空缺。上文提到的隐私与公民自由监督委员会也存在类似情况。从 2007 年到 2012 年，由于国会接连否决总统为该委员会提名的人选，该委员会实际上已经不复存在。

为什么情报监督过程有时如此混乱？答案非常复杂。与华盛顿的其他一切事务一样，人际关系的不稳定和不平衡会阻碍情报监督的有效性。至于国会，很大程度上取决于两个情报委员会在开展工作时，是否秉持彼此合作和两党合作的精神，这里所指的不仅是委员会成员之间的合作，也是他们与其他在情报事务上拥有发言权的国会委员会合作。各委员会之间的某些关系，可以通过法律得到强化。例如，法律要求参议院情报特别委员会的成员中，必须包括参议院司法委员会、外交关系委员会、拨款委员会和军事委员会的成员，每个委员会两人，一名共和党，一名民主党。此外，法律规定，参议院军事委员会主席和高级成员是该委员会的少数党高级代表，"因职权关系"（ex officio）必须在参议院情报特别委员会任职。在这里，"因职权关系"的意思是，他们因为在名义上或实质担任其他某项职务，所以能够成为该委员会成员。参议院的多数党和少数党领袖也是如此。当然，实施"因职权关系"措施的目的是，促进（尽管是强行促进）两个情报委员会与其他几个与情报事务有关的国会官员或委员会之间

---

[1] Isikoff, Michael. "White House Criticized for Not Filling Watchdog Post at CIA." *Yahoo News*, August 5, 2015. https://www.yahoo.com/news/white-house-criticized-for-not-filling-watchdog-125876527661.html.

开展密切协调。但是，这些措施本身效力不足，无法保证监督环境不存在冲突。参议院和众议院的情报委员会之间经常存在紧张关系，它们的主席分别由对立政党成员担任时更是如此。情报委员会和国会其他委员会之间也存在势力范围上的对立，例如两院的情报委员会与军事委员会之间的关系就是如此。参议院和众议院的军事委员会认为，自己才是负责监督涉及军事情报事项的机构。这一职能不可避免地会与两院情报委员会的监督作用发生冲突，因为情报委员会认为监督军方和非军事情报机构正是自己的使命。参与情报法案授权事宜的国会议员（如情报委员会成员），与在拨款委员会任职的议员之间也一再出现紧张关系。因为后者有权分配特定资金，可以让获得授权的法案变得可行，或限制资金，某些情况下还可以彻底拒绝拨款，从而有效扼杀已经获得授权的法案。

七、情报监督中的三权分立

在情报事务上，立法和行政这两个权力部门之间的关系，一直都是相当紧张且相当棘手的。自水门事件以来，这两个权力中心似乎一直进行着无休无止的斗争，抢夺情报流程的控制权。双方互有胜负，不相伯仲。两个情报委员会的成员，不分政治派别，均要求在开展情报监督时，能被行政部门视为平等的伙伴。这个要求强烈响应着水门事件以来此类调查一贯秉承的精神，直到今天也没有消失，堪称是国会情报监督活动中唯一不变的特征。近年来，美国国会各委员会与白宫在情报事务上爆发了许多冲突。2018年，沙特阿拉伯情报总局一个暗杀小队残忍谋杀了贾迈勒·卡舒吉（Jamal Khashoggi），便引发了一场权力对抗。卡舒吉曾任沙特政府顾问，后来开始批评这个政权。他在沙特阿拉伯驻土耳其伊斯坦布尔领事馆内遇害。他前往领事馆是为了收取一套离婚文件，以便用来与土耳其籍未婚妻结婚。尽管证据确凿，足以表明谋杀卡舒吉一事是沙特政府最高层预先策划并且下令的，但白宫拒绝对此事采取批评立场。2018年12月，美国参议院情报特别委员会帮助促成了关于卡舒吉案的闭门简报会，汇报者正是中央情报局局长吉娜·哈斯佩尔。简报会结束后，多名共和党参议员指责沙特政府是谋杀卡舒吉的罪魁祸首，后来还发起投票，禁止美国向沙特阿拉伯出售武器。此事迫使同为共和党人的特朗普否决了这项国会决议。这是特朗普总统任上首次行使否决权。此举激怒了国会。国会各委员会后来做出回应，在总统几次提交情报项目预算申请时，均对相应资金进行了限制。

白宫和整个情报界经常不遵守1947年《国家安全法》的核心法定程序，国会对此极为不满。这一法案规定，所有情报活动必须以书面形式，向国会的两个情报委员会"全面通报最新情况"。这里的情报活动包括尚未开展的情报行动。这些行动应当通报给国会，但这样做的目的只是通报情况，并非求得批准。只有遇到"影响重大利益的特殊情况"时才会例外，因为这样做可以保护情报来源与手段，只是这种情况极其少见。从广义上讲，国会不能一直毫不知情，在隐蔽行动或情报灾难和情报失误等问题上更是如此。不过，与《国家安全法》的境遇大体相同，"影响重大利益的特殊情况"这一表述并没有得到准确的定义。在过去，这让白宫和情报界可以随心所欲地将其应用于情报活动方面，从而对国会隐瞒了大量的情报活动。它还让总统有权严格限制国会获取隐蔽行动信息，具体做法是只将隐蔽行动信息提供给国会领导人，以及每个情报委员会的两名高级成员。此类通知通常只传达给不超过八名国会议员，因此常被称为"八人帮通知"（gang of eight notification）。多年来，国会试图让总统少用"八人帮通知"这种方式，希望仅限于某些特定的隐蔽行动。然而白宫（有时是情报界）一直都在抵制国会的此类尝试，反对国会对情报活动实施更加严格的监督。

"行政暗杀小队"就是一个对国会保密的看似相当重要的情报项目的例子。据称，这个秘密小队成立之后，隶属联合特种作战司令部旗下的一支特种部队。联合特种作战司令部总部位于美国北卡罗来纳州布拉格堡，隶属于美国特种作战司令部。它的任务本应是规划和开展高度专业化的训练，以便研究出能够在各级特种作战司令部成功共享和实施的战术。2009年3月，普利策奖获奖记者西摩·赫什（Seymour Hersh）指称，小布什

[第 9 章] 情报监管与治理 | 273

总统政府在联合特种作战司令部旗下成立了一支特种部队，在世界各地暗杀恐怖主义嫌疑人，赫什认为他们应该直接向副总统迪克·切尼（Dick Cheney）报告工作。赫什还声称，白宫一直对国会隐瞒这个项目，时间达8年之久。据报道，在此期间，这支高度保密的部队只从总统和副总统的办公室直接接受命令。[1]国会的两个情报委员会在获悉赫什的指控之后，立即威胁要对此事展开闭门调查。据报道，当年6月，奥巴马政府任命的中央情报局局长利昂·帕内塔（Leon Panetta）叫停了这个项目，并向两个情报委员会发出道歉信，在信中承认其前任放弃国会监督机制的做法是错误的。他还承诺在自己的任期之内，中央情报局不会重复这种公然违背《国家安全法》的行为。[2]

还有一个争议问题，造成了所谓的"秘鲁击落事件"，让国会各委员会与情报界之间的关系变得更加恶劣，即中央情报局的"空中桥梁拒止"（Air Bridge Denial）项目。这是中央情报局发起的禁毒行动，旨在支持秘鲁和哥伦比亚两国政府。它的目的是侦察并阻挠用于协助非法贩毒的飞机，必要时可以使用致命武力。2001年4月，一架秘鲁空军战斗机在中央情报局侦察机的协助下，击落了一架赛斯纳飞机。当时，这架飞机没有装备武器，正在秘鲁东北部丛林上空飞行。人们很快发现，被击落的飞机并没有贩运非法麻醉品，而是运送一个美国传教士家庭。这个家庭的两名成员，维罗妮卡·鲍尔斯（Veronica Bowers）和她六个月大的女儿夏丽蒂在袭击中丧生。在中央情报局发布的一段监控视频中，可以听到该局侦察小组至少有一名成员表示质疑，认为这架飞机的航迹并不符合叛军贩毒飞机的飞行剖面。但是这个小组并没有尝试阻止秘鲁飞机开火。中央情报局监察长随后开展调查并得出结论，称在空中桥梁拒止项目的性质和运行细

---

[1] Shah, Naureen. "A Move Within the Shadows: Will JSOC's Control of Drones Improve Policy?" In *Drone Wars: Transforming Conflict, Law and Policy*, edited by Peter L. Bergen and Daniel Rothenberg. New York, NY: Cambridge University Press, 2015, 177n13.
[2] Gorman, Siobhan. "CIA Had Secret al-Qaeda Plan." *The Wall Street Journal*, July 13, 2009. https://www.wsj.com/articles/SB124736381913627661.

节等问题上，该局蓄意向国会撒谎，因为这个项目运作时"一直无视（必要）程序"。另外，他在结论中还批评了中央情报局的法律总监（即该局的高级律师），据称此人建议涉及此次击落事件的官员不要写下任何文字，以免这些材料被用来进一步指控他们。简言之，在造成两名无辜美国人死亡的事件上，中央情报局试图掩盖和歪曲自身在其中所起的作用，结果被抓个正着。此事引起参众两院的情报委员会高级成员对中央情报局提出严厉批评，并导致空中桥梁拒止项目终止。[1] 据报道，在调查期间，众议院情报常设特别委员会的监督与调查下属委员会举行的闭门简报会一度取消，原因是此前政府官员拒绝宣誓作证，不肯说明司法部是否准备就鲍尔斯案发起指控。此事发生在秘鲁击落事件 8 年之后，说明在国会履行宪法授权开展的监督活动之际，情报界与国会经常会出现紧张关系。

可以这样说，国会、白宫与情报界在监督问题上爆发的最惨烈的一场战争，应当是所谓的"强化审讯计划"。这个计划是 2002 年小布什政府批准的，允许对恐怖主义嫌疑人使用酷刑，以达到搜集情报的目的。在针对 2001 年 9 月 11 日袭击做出响应时，军方和非军事情报机构都使用了这个计划。最终人们发现，中央情报局不顾国会两个情报委员会的禁令，销毁了近 100 盘录有强化审讯内容的录像带。此举引发争议。中央情报局的领导层声称，销毁这些录像带是为了保护情报来源与手段，但国会许多议员指责该局试图逃避监督。参议院情报特别委员会没有忘记这一事件，于 2014 年启动了一项调查，以求确认在审讯中使用酷刑的做法是否有助于维护国家安全。在调查过程中，该委员会与中央情报局之间的关系急转直下，司法部有位律师称这是"近 40 年来中央情报局与参议院委员会在公开场合发生的最激烈的一次争端"。[2] 该委员会公开指责中央情报局对其

---

[1] Colvin, Ross. "CIA Faulted in Shooting Down of Missionary Plane." *Reuters*, November 20, 2008. https://www.reuters.com/article/us-usa-cia-report/cia-faulted-in-shooting-down-of-missionary-plane-idUSTRE4AJ9AX20081120.

[2] Harris, Shane, and John Hudson. "Rock Bottom." *Foreign Policy*, March 11, 2014. https://foreignpolicy.com/2014/03/11/rock-bottom.

计算机开展非法间谍活动，并拒不交出重要文件。反过来，中央情报局要求联邦调查局启动调查，以确认该委员会的工作人员是否以非法方式，从本局档案中拿走了一些并不属于此次调查范围的机密文件。在争端最激烈的时候，南卡罗来纳州共和党参议员林赛·格雷厄姆（Lindsey Graham）表示，"立法部门向中央情报局宣战"的时候到了。[1]2014年7月，中央情报局监察长办公室的一项调查发现，该局确实对参议院情报特别委员会采取了间谍活动。据监察长报告显示，一些中央情报局官员制作了虚假的在线身份，目的是秘密访问该委员会参与酷刑调查的工作人员使用的计算机。时任中央情报局局长约翰·布伦南将调查结果通报给参议院情报特别委员会的高级成员，随后为该局的行为表示道歉。他还提出，将在该局内部采取"措施，以解决这些系统性问题"，比如成立一个"内部问责委员会"，由前参议员担任委员会主席，这个委员会将进一步调查中央情报局官员的行为，并"就潜在惩戒措施提出建议"。[2]

八、结论：一个不完美但不可或缺的系统

事实上，情报界接受美国政府的行政、立法和司法等核心部门监管，其实是一件好事。否则，美国人将受制于一个基本上不受监管、无须问责的情报机构，其成员肯定会行使不受限制的权力。这并不意味着我们目前的监督系统是有效的，甚至是运转良好的。冷战时的经验告诉我们，这里的关键在于，情报监督取决于当时更加宏大的社会政治背景。此外，它还受困于所有西方民主国家普遍存在的缺陷，比如政治党派之争和官僚权势战争。归根结底，美国的情报监督仍然是一项不断向前推进的工作，它的

---

[1] Correra, Gordon. "Senate Intelligence Head Says CIA Searched Computers." *BBC*, March 11, 2014. https://www.bbc.com/news/world-us-canada-26533323.
[2] Mazzetti, Mark, and Carl Hulse. "Inquiry by CIA Affirms It Spied on Senate Panel." *The New York Times*, July 31, 2014. https://www.nytimes.com/2014/08/01/world/senate-intelligence-commitee-cia-interrogation-report.html.

发展演变将继续对美国公民权利和公民自由的格局产生巨大影响。

九、关键词

和平时期情报	公民自由	麦卡锡主义
反谍计划	国内情报	民权运动
梅里麦克计划	混乱行动	水门事件
情报监督	安全国家	外国情报监视法院
丘奇委员会	派克委员会	休斯顿计划
（美国）参议院情报特别委员会		立法听证会
（美国）众议院情报常设特别委员会		监督听证会
国会质询	确认听证会	批准听证会
现场听证会	闭门听证会	（美国）国家安全委员会
总统情报顾问委员会		总统情报监督委员会监察长
（美国）隐私与公民自由监督委员会		（美国）管理和预算办公室
总统备忘录		

十、延伸阅读

Diffie, Whitfield, and Susan Landau. *Privacy on the Line: The Politics of Wiretapping and Encryption*. Cambridge, MA: MIT Press, 2007.

King, David C. *Turf Wars: How Congressional Committees Clam Jurisdiction*. Chicago, IL: University of Chicago Press, 1997.

Medsger, Betty. *The Burglary: The Discovery of J. Edgar Hoover's Secret FBI*. New York, NY: Vintage Books, 2014.

Schmidt, Regin. *Red Scare: FBI and the Origins of Anticommunism in the United States*, 1919–1943. Copenhagen, Denmark: Museum Tusculanum Press, 2000.

Theoharis, Athan G. *The Central Intelligence Agency: Security Under Scrutiny*. Westport, CT: Greenwood Press, 2006.

Theoharis, Athan G. *Spying on Americans: Political Surveillance From Hoover to the Huston Plan*. Philadelphia, PA: Temple University Press, 1978.

Zegart, Amy B. *Eyes on Spies: Congress and the United States Intelligence Community*. Stanford, CA: Stanford University Press, 2011.

[第10章]

机构间交流

约瑟夫·菲察纳基斯

一直以来，美国情报学术界的注意力，大都集中在情报工作中已经研究得相当透彻的三个方面：搜集、分析和行动。情报行动吸引学者的原因，在于它最能吸引媒体关注，远胜情报工作的其他方面。因此，非机密领域的情报行动得以成为显学，鼓励了公开研究，也帮助推动了关于这一主题的学术工作。搜集通常被称为情报的"面包黄油"[1][2]，它同样令人着迷，并且提供了一种了解情报循环的实操方法。最后，分析过程对学者有本能的吸引力，因为它突出了情报专业的知识特性。通过有条不紊的处理、上下文分析和判读，就可以将原始信息转化为情报，以其独有的方式让人心满意足。很大程度上这是一个类似同行评议的过程，大多数学者认为它不但十分熟悉，而且极具吸引力。

情报学术界对这些主题过于重视，但往往忽视了一个事实：美国情报界之所以存在，一个主要原因是让情报工作者能与政策制定者和决策者开展有效交流，向其报告调查结果，让这些高层能够采取行动，保护国家安全和维护国家的存在方式。由此可见，在情报界的核心任务中有一个不可

---

[1] Mickolus, Edward. "Peasant at the Creation: The Agency's First Terrorism Analyst and Beyond." In *Stories From Langley: A Glimpse Inside the CIA*, edited by Edward Mickolus. Omaha: University of Nebraska Press, 2014, 159.

[2] "面包黄油"比喻主要的生活或收入来源，这里指搜集是情报的主要来源。——译注

分割的关键方面，那就是机构内和机构间交流，即情报机构内部和彼此之间交流信息，以求促进合作。它还涉及情报的有效分发，即以有效方式将成品情报（在极少数情况下是原始情报），从情报生产者手中传递给情报用户。因此，情报搜集和分析虽然令人着迷，但如果它们不能通过适当且有效的交流，传递给那些为国家安全利益进行决策的人，便一无是处。诚然，有效交流需要至少两方的努力，这种情况非常适用于情报循环的分发环节。但在现实中，建立和维持有效情报交流模式的责任，主要落在情报界的肩上。

为了履行这些责任，情报界成员机构制定出精心设计的机制，被一些专家称为"情报维护"或"情报管理"系统。[1] 这些术语是指情报机构对搜集到的信息进行系统化和标准化处理和存储的方法，以及检索和分发情报产品的方法。这些过程可能与情报循环的其他所有环节一样晦涩难懂、秘而不宣，这意味着如果在这样一个非机密的环境中讨论它们，必然面临限制。不过，我们还是有可能针对情报工作的交流事务，得出一些较为重要的观点。

一、情报交流中固有的紧张关系

首先，我们必须承认，情报交流过程中存在一些固有的紧张关系。毫无疑问，情报机构的行政结构是以**隔离**（compartmentalization）原则为基础建立的。这是一个反情报术语，源于信息安全领域，描述用于处理那些刻意分区的"组件"的系统和过程。在情报系统中，隔离的依据是认为如果限制机密信息，仅允许少数人知悉，就可以降低风险，让这则信息不太可能落入敌手并因此失效。这个认识通常是正确的。在情报界以"需要知晓"（need-to-know）方式对信息进行管理时，其管理基础就是信息限制。简言之，机密信息是以"需要知晓"为原则向情报从业者提供的。这与情

---

[1] Jensen, Carl J., David H. McElreath, and Melissa Graves. *Introduction to Intelligence Studies*. Boca Raton, FL: CRC Press, 2013, 8–10.

报从业者的安全许可级别无关，也与某条信息的保密级别（秘密、机密或绝密）无关。由此搭建的信息结构，可以阻止个人访问大型数据集，或超出此人许可级别的信息。这意味着情报从业者不能以故意或无意的方式，向潜在对手泄露关于机密主题的或广泛或深入的情况。这种情报管理系统无疑可以加强**信息安全**。但与此同时，它促成了一种保密文化，阻碍了各机构内部乃至彼此间的**信息共享和合作**。隔离原则在情报工作的运作方式中根深蒂固，足以让从业者习惯性地避免在工作场所长时间彼此交谈，以免无意中侵犯信息安全的边界。

我们可以轻易看出隔离原则是鼓励条块分割的，既有积极的一面，也有消极的一面。它还会促进竞争。可以这样说，竞争就是那台庞大设备（我们以此称呼美国情报界）的核心文化支柱。"极致个人主义"（rugged individualism）是众所周知的美国精神，可用来诠释那种"无休无止、接连不断的竞争"，而这种竞争状态被教育家艾尔弗雷德·科恩（Alfred Kohn）称为"美国生活的公分母"。[1] 不可避免的是，美国这种竞争文化被灌注到美国的政治体制中，情报机构也不例外。美国情报机构之间的关系在很大程度上是竞争性的。它们争夺资金，争夺官僚体制内的统治地位，争夺情报用户的注意力。用美国遭受恐怖袭击国家委员会（即"9·11"委员会）的话说就是，美国情报机构在战争时期"激烈争夺角色和任务"，在和平时期"激烈争夺预算和主导职位"。当代美国情报组织遵循的传统，是几十年前的习俗、仪式和惯例，每个机构各有特色并为之自豪。它们已经习惯认为自己比情报界其他机构更大、更好、更加不同，并因此有别于其他机构。简言之，它们发展出一种高度官僚式的划界文化（culture of demarcation）。这种文化的基础是一系列复杂的机构间动态关系，而且这些动态关系从本质上讲就是竞争性的。因此，这些机构很难为了国家安全利益，彼此结成一种合作关系。并不是因为它们不愿这样做，而是因为它们不知道怎么做。它们就像是高中毕业舞会开场几分钟时，那

---

[1] Kohn, Alfred. *No Contest: The Case Against Competition.* Boston, MA: Houghton Mifflin, 1992, 1.

群极其害羞的毛头小子。

二、机构内环境下的交流挑战

情报交流面临的挑战主要出现在机构间这种环境，也就是说，它在机构之间的交流系统中表现得最为明显。但其中一些较为复杂的挑战，源于机构内部的关系，即源于机构内环境。

（一）高度等级化

如前所述，情报界信息安全的结构特征是隔离，此外情报机构还具有**高度等级化**的特征。这意味着它们的人事架构基础是行政级别，并会根据地位、资历或各种其他权力要素来运作。这种组织模式并非美国独有。事实上，所有民族国家在历史上都曾尝试将各个行政部门组织起来，形成可供信息流动和做出决策的等级制度，以此将自己的权力合法化。事实上，自上而下的组织结构，以及层层递进的官本位意识，可以说是西方国家官僚机构的真正决定性特征。因此，用安全学者彼得·吉尔（Peter Gill）的话来说，用"等级制度"一词解释情报机构的政策是"再合适不过的"。[1]

美国人时常自豪地认为，本国社会组织系统相比其他许多西方国家（主要是欧洲国家），僵化程度较低。美国人的生活普遍不太正式，这一现象正好符合一种观点：美国的社会经济流动性，即个人收入和社会地位波动的速度相比世界其他地区更不稳定。这种认识促使人们普遍相信，在美国的官僚系统中，组织等级制度并没有那么僵化。但在现实中，美国情报机构一直都是高度等级化的，并将仍然如此。可以这样说，今天它们等级化的程度略低，确实不如 20 世纪的情况。那时它们闻名于世的，是中央

---

[1] Gill, Peter. "Security and Intelligence Services in the United Kingdom." In *Democracy, Law and Security*, edited by Jean-Paul Brodeur, Peter Gill, and Dennis Töllborg. New York, NY: Routledge, 2016, 266.

情报局官员维克托·马尔凯蒂（Victor Marchetti）和外交官约翰·马克斯（John D. Marks）所说的"东部权势集团、常春藤联盟等聚集于此"。[1] 不过，它们的结构和文化一直都是军事化的。因此，它们的特点是金字塔式等级结构，在行动、分析和行政等人员之间泾渭分明——有人会说这是贫民窟化。哥伦比亚大学教授理查德·贝茨曾是国会情报职员，他的著作《情报的敌人》是对美国国家安全机构开展的研究，他在书中支持一种观点：严格的等级制度将继续支配今天的美国情报界。他表示，尽管计算机革命已经发生，并给日常生活注入横向对等的通信网络概念，但等级化情况依然如故。[2] 事实上，有研究表明，传统的官僚机构开始使用计算机网络之后，等级化程度并没有降低。相反，它们倾向于利用这些新生事物，复制自己早已习惯的等级化交流渠道，而不是去挑战这种渠道。[3] 这几乎普遍适用于我们这个时代所有的美国情报机构。

这个规律中也有例外。以情报百科（Intellipedia）为例，它是一个机密的协作在线信息共享平台，是依照维基百科风格搭建的。它是国家情报总监办公室于 2005 年设立的，公开目的是促进整个情报界的信息共享与协作。

情报百科的文章包罗万象，主题超过 100 万个，一切有权访问政府机密信息的用户，都可以对这些文章进行编辑。情报百科上的这些文章可以从 3 个不同的维基平台（这种在线交流平台允许用户以协作方式对文章进行编辑）访问，具体哪个平台取决于文章的保密级别。据媒体报道，情报百科模型一直被用作编制《国家情报评估》（本章稍后会再次讨论）的协作平台，现在则越来越多地被用来促进情报界不同成员机构彼此协作，

---

[1]　Marchetti, Victor, and John D. Marks. *The CIA and the Cult of Intelligence*. New York, NY: Dell Books, 1974.

[2]　Betts, Richard K. *Enemies of Intelligence: Knowledge and Power in American National Security*. New York, NY: Columbia University Press, 2007, 28.

[3]　Oberg, Achim, and Peter Walgenbach. "Hierarchical Structures of Communication in a Network Organization." *Scandinavian Journal of Management* 24, no. 3 (2008): 183–198.

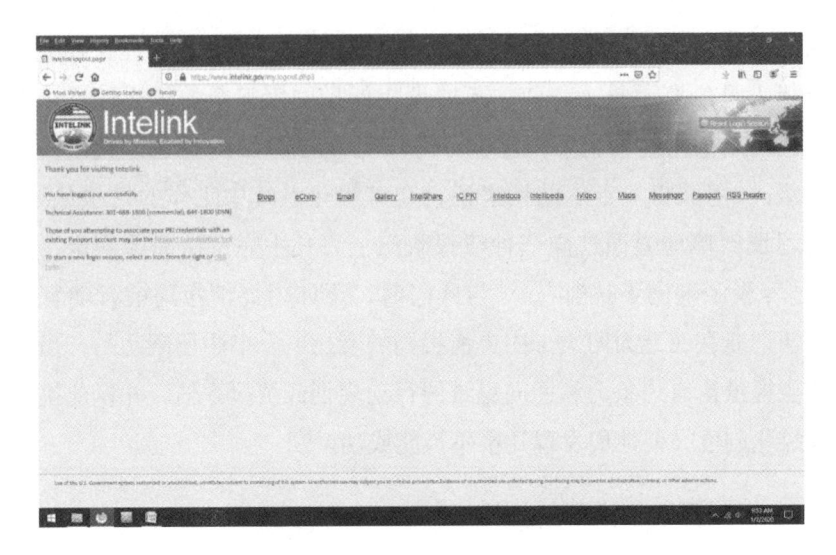

图10–1　情报百科登录界面

资料来源：Intelink.gov

开展情报分析。[1]不过，情报百科模型堪称美国情报界内部交流方面的例外，并非惯例。

必须指出，无论是否以计算机作为交流媒介，等级化交流都不是这些机构自身固有的负面问题。这种交流可以基于明确的规则和程序，帮助建立协调一致的管理结构。还可以帮助个人在一个更加庞大的责任等级阶层中，建立与自己级别相称的明确的期望值。但在解决某些问题的同时，交流的等级化模型也会产生其他方面的挑战。戴维·托马斯（David Thomas）对美国军事情报进行了无情批评，痛斥"等级化组织的官僚行为是呆板、笨重、短视的，会阻碍其开展富有创造性和前瞻性……的分析，阻止有争议的评估结果得到适当的分发"。[2]他提出一个很好的观点：

---

[1] Dreyfuss, Emily. "The Wikipedia for Spies—and Where It Goes From Here." *Wired*, March 10, 2017. https://www.wired.com/2017/03/intellipedia-wikipedia-spies-much/.
[2] Thomas, David. "US Military Intelligence Analysis: Old and New Challenges." In *Analyzing Intelligence: Origins, Obstacles and Innovations*, edited by Roger Z. George and James B. Bruce. Washington, DC: Georgetown University Press, 2008, 140.

严格的情报交流等级制度鼓励自上而下的信息交流模式，因此往往会剥夺对分析人员的资源投入，使之不能承担保护国家安全的核心任务。换言之，托马斯鼓励的情报工作哲学可用一句谚语概括："这已经超出我的薪金等级。"用彼得·吉尔的话来说，在等级化系统中工作的情报从业者，已经习惯简单地遵循这样一种情报政策：它几乎完全由高层确定，然后"通过等级制度向下执行"。[1] 与此同时，正如中央情报局前行动官查尔斯·法迪斯在《无力回天：中央情报局的衰亡》一书中所阐明的，虽然有人希望提供富有想象力和逆向思维的行动规划或情报评估，并以此挑战传统等级化制度，但他们发现几乎不可能成功。[2]

（二）对国防情报局的指控

关于在严格的等级化制度下，情报从业者工作时可能会面临的挑战，请看2015年国防情报局分析人员提出一系列控诉的案例。当年8月，有媒体报道称，多达50名国防情报局情报分析人员提起控诉，称自己的反恐评估意见遭到美国中央司令部官员的蓄意微调。中央司令部是五角大楼的下属机构，负责指挥和协调美国在埃及、中东和中亚的军事行动。在此事涉及的报告中，部分报告与"基地"组织在伊拉克和叙利亚的活动有关，但绝大多数是关于"伊斯兰国"组织的，后者当时控制着中东地区被称为黎凡特（Levant）的大片领土。据报道，这些分析人员向五角大楼监察长办公室提出控诉，称自己的报告遭到篡改，目的是让这些报告在分析美国于中央司令部辖区推行的政策时，就政策前景做出积极但却错误的预测。有位消息人士匿名接受了媒体采访，并将这种情况称为情报分析人员的"起义"。另一位消息人士则将篡改情报报告一事称为"情报指挥部门高层的……癌症"。这位消息人士只透露自己是"一名国防官员"，称分析人员"起义"是由2003年美国进攻伊拉克一事引发的。这位国防官员称，

---

[1] Gill, "Security and Intelligence Services in the United Kingdom," 266.
[2] Faddis, Charles. *Beyond Repair: The Decline and Fall of the CIA*. Guilford, CT: Globe Pequot Press, 2010, 13ff.

当时"众多拙劣炮制的情报报告暗示伊拉克拥有大规模杀伤性武器,并成为小布什政府发动战争的理据,但实际上伊拉克没有这些东西"。他继续强调称,这些分析人员"感到沮丧,因为他们当时并没有做正确的事情,也没有公开表达对伊拉克武器项目的怀疑"。[1]

分析人员的控诉促成了两项独立的秘密调查,一项由国防部监察长办公室进行,另一项由众议院的一个特别工作组进行,后者由军事委员会、情报常设特别委员会和拨款委员会等三个委员会派出成员组成。后来国会发布报告,虽然其确切内容至今仍然保密,但得出结论称:"中央司令部高层批准的情报产品,在描述美国反恐努力时的基调通常比真正事实更加积极,而且一直都比情报界其他部门的分析更加积极。"[2]次年2月,国防部监察长发布报告,得出结论称:"关于中央司令部高级官员蓄意修改、拖延或扣发情报的指控……基本上都是查无实据的。"[3]与此同时,这份报告确实也提到"许多情报分析人员普遍认为",中央司令部领导层蓄意尝试歪曲反恐情报。中央司令部的指挥官们表示,这份报告的调查结果指出,中央司令部的组织层级中存在交流问题,但这些问题正在得到解决。很遗憾,并非只有中央司令部的分析人员提出这项争议,不过此事可以提供一个阐释性的案例研究,说明情报交流系统如果过度等级化和中心化,就会导致协同合作方面出现问题。

---

[1] Harris, Shane, and Nancy A. Youssef. "50 Spies Say ISIS Intelligence Was Cooked." *The Daily Beast*, September 5, 2017. https://www.thedailybeast.com/exclusive-50-spies-say-isis-intelligence-was-cooked.

[2] Cooper, Helene. "Military Officials Distorted ISIS Intelligence, Congressional Panel Says." *The New York Times*, August 11, 2016. https://www.nytimes.com/2016/08/12/us/politics/isis-centcom-intelligence.html.

[3] Cohen, Zachary. "Report: CENTCOM Leaders Didn't Cook ISIS Intelligence." *CNN*, February 1, 2017. https://www.cnn.com/2017/02/01/politics/report-centcom-intelligence/index.html.

三、机构间环境下的交流挑战

美国情报界的标志性特征就是它的规模和范围。它由17个机构组成，其情报工作领域、能力和需求有时迥异，有时重叠。更为复杂的是，情报界在开展活动时，必须与其他许多联邦、各州和地方层面担负情报或安全职能的机构进行协调。应当为这些机构提供指示并确保彼此同步，同时避免冲突与不和，这是一项重要的行动目标，需要以机构间方法来解决问题。"机构间"是指决策者层级的正式审议结构，目的是在多个政府机构之间开展协调，以协助领导做出决策。最高级别的机构间组织是国家安全委员会，它严重依赖所谓的"机构间工作组"（IWG）。机构间工作组的职责是拟定需要政府机构之间开展协调的政策问题，鼓励这些机构密切协作，以及帮助执行那些需要以机构间方式开展行动的行政决策。除官方结构外，"机构间"一词还意味着一种协调过程，可用在不同层级的机构间交流上。这些过程有的是官方的，而大多数是非官方的，只在个体层面运作。情报界是否有能力在决策者层面推动机构间流程，取决于各个下属部门彼此协调的效率。这正是机构间交流这个概念发挥作用的地方。

（一）机构化

现在，我们必须区分影响情报界内部交流方式的两个同等重要的术语，即"组织"（organization）与"机构"（institution）。大多数组织往往是临时存在的，范围有限。它们往往是非正式的，建立和领导它们的个人可对其施以极大的作用和影响。与之相对的，机构则表现出耐久性和持久性。此外，机构受一系列规则、法律和惯例的支配，远比支配组织的规则、法律和惯例更加稳固，要想改变，需要的就不仅仅是某个领导人或领导团队的影响力。事实上，机构更有可能由于革命性的剧变而消失，而不是彻底发生改变。组织有可能通过机构化过程转变为机构，也就是逐步将严格的规范（信念、文字规定和运作模式）牢牢嵌入自己的管理结构中。

所有机构在诞生之初都是组织。机构确立后极其稳固,以至于人们很难想象自己的社会没有机构将会怎样。

社会往往是欢迎机构化的,因为它减少了不确定性和不可预测性,这当然正是情报界所负使命的一个重要方面。机构化还带来了更加明确、更加可行的管理结构,以及工作人员更高的专业水准。但与此同时,机构化存在缺点,比如更加严重的行动僵化和自身独有的管理文化——这些文化似乎相当深奥,有时外人无法理解。在组织理论中,用来描述这种结构的术语是"官僚体制"(bureaucracy)。研究社会组织的学者们普遍认为,官僚体制可以在美国这种复杂的社会经济组织系统中,执行卓有成效的功能。它是一种理性方案,可以将人类活动系统化,通常能够确保秩序和平衡。与此同时,"官僚体制"一词也具有明确的负面内涵。它指的是利维坦[1]式的政府机构,其组织文化过于复杂,阻碍了政府开展有效管理。在评估官僚体制不尽如人意之处时,传统的组织理论通常集中批评三个主要特征:违规行为、转换立场和官僚文化。"违规行为"(noncanonical practices)是指官僚体制倾向于给出非正式的变通方法,应对根深蒂固的难题,但并不想尝试彻底解决这些问题。"转换立场"(displacement)是指官僚体制不再服务于它所服务的政府,或不再服务于它在设计初始应当为之服务的人民。"官僚文化"(bureaucratic cultures)是一整套惯例、规范、符号、仪式或信念,并因体制不同而各不相同,可为机构的日常活动提供传承、身份和意义。

情报界的机构间交流可以体现上述所有现象。例如,如前所述,由于隔离,机构间交流存在官僚障碍。从理论上讲,确实可能在促进机构间交流的同时,仍然保持隔离状态。主导这种交流的系统极其复杂,依靠口耳相传,内部彼此制衡。诚然,如要改变,就需要对系统进行彻底的改造;因此,许多情报从业者倾向于采取违规行为绕开它。例如,来

---

[1] 利维坦(leviathan),英国政治家托马斯·霍布斯(Thomas Hobbes)在《利维坦》(*Leviathan*)一书中,使用《圣经》中的深海巨兽利维坦这个形象,比喻庞大而强势的国家或政府。——译注

自不同机构的情报从业者，可以彼此就共同关注的问题进行非正式的口头聊天。这是机构间网络化（inter-agency networking）的内容之一。机构间网络化是寻求与其他情报机构成员建立互利关系，以此实现"资本积累"，这种做法基本可以称为违规变通，目的是规避官僚系统中固有的僵化问题。

（二）实践中转换立场

人们还可在情报机构的实践活动中观察到转换立场的现象。例如，《华盛顿邮报》在2019年公布了中央情报局首位女局长吉娜·哈斯佩尔的简介。文章指出，唐纳德·特朗普总统与情报界的关系"极不稳定"，并以此闻名。文章解释称，特朗普甚至在就职前仍在揶揄美国情报机构，后来还以前所未有的方式，在公开场合嘲笑自己手下这些情报机构主管，因为他们在伊朗、朝鲜和其他外交政策问题方面所作的情报评估，与特朗普的公开发声相互矛盾。这位总统做出的反应是宣称这些情报主管"极其消极和幼稚"，并建议他们"回学校上学去"。文章称，虽然哈斯佩尔是在一个非常显眼的情报岗位上任职，但却成功避开了总统的怒火，着实令人惊讶。她是怎么做到的？答案是她保持低调，"小心翼翼地不去反驳总统，或就他的观点与之争论"。报道援引现在和以前情报部门内部人士的话语，这样一来，哈斯佩尔似乎具备了某些"在某项工作中必备的关键素质"。一位"匿名的前高级情报官员"表示，其中最重要的是："身为局长，首要责任就是保护你的组织。"[1]

这句话就是转换立场的典型例证：官僚机构倾向于优先考虑狭隘的本机构利益，将其凌驾于国家或其所服务人民的需求之上。这位匿名的前情报官员介绍了情报界一则公认的教条：每个机构领导层的主要责任

---

[1] Harris, Shane. "How Gina Haspel Manages the CIA's Volatile Relationship With Trump." The *Washington Post*, July 30, 2019. https://www.washingtonpost.com/world/national-security/the-quiet-director-how-gina-haspel-manages-the-cias-volatile-relationship-with-trump/2019/07/30/c54cae04-9920-11e9-830a-21b9b-36b64ad_story.html.

并不是推进总体国家安全任务,而是"保护你的组织"。这种态度是情报机构固化和机构间交流条块分割的主要原因。它们会造成"烟囱"现象,即官僚单位彼此孤立,抗拒机构内和机构间的开放式信息流动。烟囱化的结果是"通信竖井"(communication silos),当这些彼此孤立的官僚单位基本只在内部交流,并不在其所在的整个机构内或情报界开展协调时,就会出现这种情况。它必然阻碍信息共享,使情报界无法实现工作的协调统一。

(三)对抗和内斗

不同的官僚文化有时会导致机构间对立,非正式的说法是"权势战争"(turf war)。这是情报机构之间的争端,它们相互仇视,有些争斗旷日持久,彼此争夺影响力、权威性或行政权力中的其他方面。情报工作压力高,风险大,因此天然存在紧张关系;此外,各情报机构总想减轻自己在情报失误中所负的责任,并将其推卸给情报界的其他机构,这种诱惑也会导致机构间对立。在这里,规模和资源也很重要,因为拥有大量人员和资金的情报机构,往往会四处施展自己的影响力。例如,国家安全局是美国最大、最富有的情报机构,它坚持维护自己的内部审查程序,并不依赖情报界大部分其他成员机构遵循的程序。有人认为,国土安全部的情报部门从国家安全局那里得到启示,正在呈现愈发咄咄逼人之势,将在未来主导情报界,理由就是国土安全部的人员基础极其庞大。

情报机构之间对立的历史与情报界自身一样古老,有的机构间对立可以追溯到几十年前。20世纪40年代,联邦调查局领导了一场声势浩大的造势活动,以阻止成立中央情报局和国家安全局,因为它认为这两个机构将是潜在的竞争对手。它们成立之后,联邦调查局的"长寿"局长埃德加·胡佛,又在很多年里一直拒绝与它们合作。这三个机构之间的竞争经常会演变成机构间内斗,因为三家局长甚至拒绝相互交谈。1972年,"长寿"局长胡佛去世,此后三家单位间的关系有了很大改善。但有些龃龉依旧。近年来,在1998年美国驻肯尼亚和坦桑尼亚大使馆爆炸事件之后,联邦调查局努力扩大自己的全球影响力，此举引起中央情报局的极大恐慌。在 20 世纪 80 年代的中美洲战争中，中央情报局与缉毒局之间爆发了另一场旷日持久的争端。在白宫的指示下，中央情报局支持中美洲众多右翼武装团体。然而，这些团体在推进里根政府之目标的同时，也在贩运非法麻醉品。这些毒品最后大多流入美国街头。缉毒局是联邦执法机构，负责打击美国境内的毒品贩运和分销，因此对这种情况极为愤怒，并将此事部分归咎于中央情报局，称其对此视而不见。[1] 一些作家甚至认为，这两个机构在中美洲参与了一场低强度的地面战争，并在当地分别派遣兵力，但其目标明显相互矛盾。[2]

（四）反恐战争

美国为回应 2001 年 9 月 11 日的袭击，宣布发动反恐战争。从某些方面讲，这场战争几经变化，其最新形式更是加剧了情报界成员机构之间的官僚内斗。这场冲突模糊了情报搜集与反恐作战行动之间的传统区别，并导致军方与非军事情报机构之间爆发了一场旷日持久的权势战争，争相控制后"9·11"时代的情报格局。这一点在隐蔽行动和反恐方面尤其明显。值得一提的是，国防部所管辖的情报机构的规模，远超其他政府部门总和。国防部是迄今为止情报产品的最大用户，有时还会要求获得这样的待遇。这场反恐战争也是中央情报局与美国最新情报机构国家情报总监办公室之间的争执焦点。这个新机构于 2005 年成立，此后接管了中央情报局作为情报界中央协调员的角色，然而这一变化在兰利[3]进行得并不顺利。中央情报局最大的担忧在 2009 年夏天得到了证实。当时，国家情报总监办公室发布一项指令，称自己在任命外站站长（chief of station, COS）

---

[1] Scott, Peter Dale, and Jonathan Marshall. *Cocaine Politics: Drugs, Armies and the CIA in Central America*. Berkeley: University of California Press, 1998, xviii–xix.

[2] Cockburn, Alexander, and Jeffrey St. Clair. *Whiteout: The CIA, Drugs and the Press*. New York, NY: Verso, 1999, 95ff.

[3] 兰利是国家情报总监办公室总部所在地。——译注

的事情上应当拥有发言权。自20世纪40年代以来，外站站长的职位一直由驻某个外国或地区的高级情报官员担任，并且传统上这些官员都来自中央情报局。不出所料，中央情报局对国家情报总监办公室的建议进行了猛烈的反击。一些中央情报局前任官员撰写新闻社论，谴责该办公室的提议"完全疯了"。[1] 与此同时，中央情报局要求参议院情报特别委员会调查此事。该委员会举行了闭门听证会。令中央情报局十分懊恼的是，它站在国家情报总监办公室一边，称"有些地方可能会遇到某些情况，要求承担站长职责的官员最好具有来自情报界其他部门的专门知识"。[2] 但在2009年11月，中央情报局迎来最终裁定。据报道，当时白宫发表了一份措辞尖锐的备忘录，它"肯定了中央情报局有权直接"任命外站站长，有权在海外开展准军事和人力情报行动。[3]

有时，国务院会对外站站长表示不满。中央情报局习惯在国务院下辖的外交部门，安插该局带有官方掩护身份的驻外官员。这些官员会伪装成外交人员，但实际上是在履行秘密情报职能。此外，中央情报局偶尔会实施情报行动（包括隐蔽行动），利用特工所驻美国外交设施里的现成资源。国务院对此深为不满，因为它并不是情报机构，履行的职能与中央情报局截然不同。严格来讲，中央情报局必须通过这些站长，向国务院驻外使馆的主官通报其所开展的隐蔽行动。但这种情况并不经常发生。众所周知，中央情报局的这些站点拒绝听命于大使，尽管严格来讲，大使才是这些伪装成外交官的中央情报局人员（包括外站站长）的顶头上司。

---

[1] Smith, Haviland. "CIA Director Should Name Station Chiefs." *The Baltimore Sun*, July 6, 2009. https://www.afio.com/sections/wins/2009/2009-25.htm#haviland.

[2] Pincus, Walter. "Senate Panel Backs DNI in Turf Battle With CIA." *The Washington Post*, July 23, 2009. https://www.washingtonpost.com/wp-dyn/content/article/2009/07/22/AR2009072202979.html.

[3] Mazzetti, Mark. "White House Sides With CIA in Turf Battle." *The New York Times*, November 12, 2012. https://www.nytimes.com/2009/11/13/us/politics/13intel.html.

四、面向情报用户的产品

情报工作主要是由用户驱动的。这意味着主导它的是情报用户或情报客户（参与政策制定或决策的个人、机构或内阁各部）的需求。用户使用情报产品，可以在战术或战略层面减少决策过程中固有的不确定性。在联邦层面，情报用户一般分为以下几类。为首的是总统、副总统及其高级助手的办公室。国会（尤其是情报和军事等委员会）也是情报产品的主要用户。国家安全委员会是总统国家安全事务的主要顾问，情报界也会为该委员会的成员和工作人员服务。最后，情报产品会送达政府各部（包括国防部和国务院）及其他情报机构。旨在维护和促进国家安全的同类活动更加宽泛，为这些用户服务只是其中一部分。另外，这些用户之间的差异多过相似，而且优先事项和工作议程也各不相同。因此，与他们交流情报时，需要分发的情报产品种类繁多。

情报产品不论是口头的还是书面的，都是高度标准化的，一般分为七类。第一类情报产品是**动态情报**（current intelligence）。动态情报产品是关于近期事件的描述性消息片段，重点是政策制定者和决策者面临的持续挑战和关切。《行政要点》（*Executive Highlight*）就是动态情报的例子。它是绝密日刊，由国防情报局制作，包含多份简报，内容为世界各地正在发生并且美国关切的事件。中央情报局也在分发类似产品，分发手段是使用一个机密网站，其名"全球情报综述"（Worldwide Intelligence Review）。第二类情报产品是**趋势分析**（trend analysis），又称第二阶段报告。不同于只提供基本事实的动态情报产品，趋势分析产品通常会分析所报告的事实性证据（这种证据是审核后的产物），提供相关的背景和评估。第三类情报产品是**长期评估**（long-term assessment），又称第三阶段报告。第三阶段报告与第二阶段报告的主要区别在于，第三阶段报告还预测某个主题或一系列主题的未来发展。第四类情报产品是**评估情报**（estimative intelligence），可分析当前面临的挑战，评估它在战略层面的发展情况是否符合预料，并预测它的未来威胁。前文提到的《国家情报评估》是在国家情报委员会的监督下合力编制的,就是评估情报的主要例证,因为它正是多方开展协作努力,分析不同区域或主题,评估相关事件的发展轨迹。因此,这种情报具有预见性,其判断结果是各机构在分析领域达成的不同层次共识。第五类情报产品称为**预警情报**(warning intelligence)。它为政策制定者和决策者提供的信息,所涉及的事情迫在眉睫,但他们可能没有注意到。第六类情报产品是**研究情报**(research intelligence),倾向于深度分析当前面临的挑战。"全球情报综述"网站上通常是短篇文章,但它利用在线格式的动态特性,提供的链接指向可被称为研究情报的深度报告。研究情报产品可由用户单独提出需求,可能需要几个月才能完成。最后,第七类情报产品被称为**技术情报**(technical intelligence)。这些产品针对政策制定者和决策者关心的主题,提供技术分析,此类分析的基础是来自高度专业化的科技领域的信息。

情报产品有两个共同点:第一,它们几乎都只包含成品情报。换言之,这些产品会经历情报循环的多个适当阶段,然后经过严格的同行评议过程(审查、确认和核实),最后分发出去。成品情报的反义词是原始情报,高层政策制定者和决策者很少会看这种情报。第二,所有类型的情报产品通常都不会包含涉及情报循环中搜集行动的相关细节。这些细节通常包含关于来源与手段的信息,几乎不会通报给用户。比如说,如果披露这些细节,可能使政府最高层深感尴尬,因此不会通报。

五、吸引情报用户的注意力

政府内有这样一条公理:政策制定者或决策者的级别越高,在接待向自己汇报的人员时,留给对方的时间就越少。因此,总统或国防部长等高级别行政官员,是最难访问的情报用户。情报机构及其代表不能认为自己拥有优先权限,可以访问椭圆形办公室或其他一切政府决策或政策制定中心。相反,不管它们是否乐于见此,确实有成千上万的行为体在争夺行政当权者的注意力,情报机构只是其中之一。此外,政府高级官员几乎一直苦于**信息过载**（information overload），这一现象似乎在我们这个数字时代迅猛发展。让事情变得更具挑战性的是，当情报简报官获准访问当权者时，经常会被许多与国家安全关系不大的短期关切（比如竞选连任）分散注意力。但情报机构必须排除万难，让当权者听到自己的声音。因此，机构人员精心制定了许多方法，以便向政策制定者和决策者分发产品，也会考虑在这一过程中存在的许多实际障碍。

例如，情报机构试图评估这些用户的心理，并仔细听取他们的意见，以便了解他们的信息优先原则，以及他们偏好的交流形式。有的用户更喜欢与情报简报官进行简短的每日例会。另一些会选择时间更不固定、更长、更充实的简报会。此外，有些用户更喜欢文字产品，而其他人（事实上是绝大多数人）会选择口头简报。人们通常认为后者耗时更少，消化时需要的精力也更少，可以方便那些日程安排极其紧张的高层人员。无论情报产品是书面的还是口头的，都必须简洁，并使用开门见山的方式以便交流。这是因为情报产品的编制者都持有一种假设：情报用户的时间非常紧张，如果需要细节，他们会毫不犹豫地询问。总统是情报产品的最终用户，他接收情报界大部分信息时采用的形式，被称为《总统每日简报》（PDB）。《总统每日简报》是整个情报界提供的情报产品的每日汇编，属于机密文件。它是全源简报，提供美国关切的全球事件动态。从1946年到2013年，《总统每日简报》都是以硬拷贝的形式提供给白宫。自2014年起，应贝拉克·奥巴马总统的要求，《总统每日简报》改为网络版。今天，《总统每日简报》是国家情报总监办公室提供给白宫的，它是在后"9·11"时代从中央情报局手中接过这一责任的。如果总统要求对《总统每日简报》中的文章进行第三阶段分析、评估分析甚至研究分析，总统的助手就会拟定一份总统每日简报备忘录，要求详细阐释《总统每日简报》中的一篇或多篇文章。

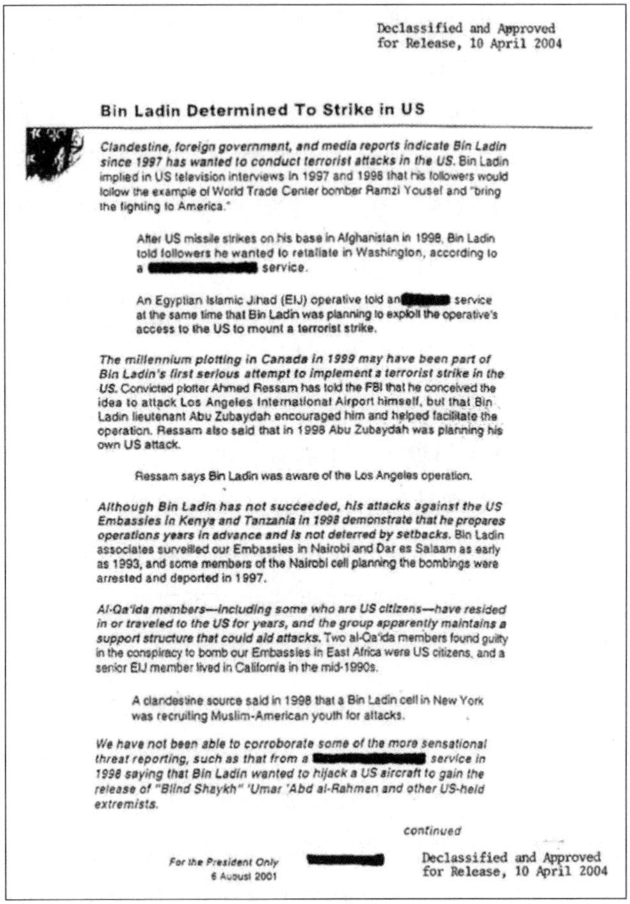

图10–2　2001年8月6日《总统每日简报》

资料来源：White House/Public domain/Wikimedia Commons

六、留住情报用户的注意力

情报用户与其简报提供者之间关系的性质因情况而异。最优秀的情报生产者绝对不会忘记，用户很少具有情报背景，因此对这个专业的语言、习惯和方法论都很陌生。这意味着在情报生产者和用户之间，交流过程的特点就是缺乏共同词汇。其他特点还包括没有共同的思维方式，以及没有共同的问题解决方案。人们敏锐地注意到，政策制定者和决策者天性乐观，因为他们相信问题最终都是可以解决的。[1] 相比之下，情报工作者接受的教导是质疑和表达怀疑，接受的训练一直是预测可能出现的最坏结果。他们接受的训练还有以概率来思考问题，不论问题多么简单，都不要给出明确答案。国会前职员理查德·贝茨在《情报的敌人》一书中，引用了雷·斯坦纳·克莱因（Ray Steiner Cline）的话。克莱因在中央情报局长期担任分析人员，在提及评估情报时曾说："除非事情完全是结论性的，否则（作为情报分析人员）你必须撰写非结论性报告。（不可避免的情况是，）等你可以确定的时候，这份报告也非常接近事实真相。"[2] 情报机构必须根据用户不断变化的要求，持续调整自己的情报输出结果。马克·洛文塔尔指出，随着经验的积累，情报用户往往会更加熟悉自己关切的主题，因此会对情报产品抱有更高的期望。[3] 在某些情况下，情报生产者与用户之间可能会彻底决裂。比如，后者对情报产品失去信心时就会如此。此种情况下，总是要由生产者来修补这种关系，例如提高情报输出的质量，或改变交付的方法或速度。

　　政策制定者和决策者没有必须使用情报产品的义务（法律义务或其他方面的义务）。因此，需要由情报界来说服他们，让他们相信这是于己有利的做法。要想做到这一点，最好的方法有两种，而且它们是相互关联的。第一种是情报报告人员必须考虑政策制定者和决策者的时间是有限的，因此必须对情报分发的优先级进行排序。这意味着必须向用户提供具有相关性的情报产品类型，即能够反映其政策优先事项，并助其做出决定的产品。通常用户似乎并没有明确的优先排序，或是未能以特别有效的方式向情报界阐明这些优先序列。更糟糕的情况是，有时用户极其傲慢，并不相信情报会在某个给定主题上帮助自己做出决策。这种

---

[1]　Lowenthal, Mark M. *Intelligence: From Secrets to Policy*. Washington, DC: CQ Press, 2009, 186.

[2]　Cited in Betts, *Enemies of Intelligence*, 27.

[3]　Lowenthal, *Intelligence*, 185.

情况下，需要由情报界来辨别用户对政策的优先排序，并尽最大努力在输出产品中体现这种序列。获得用户信任还有第二种重要的方法，即有效利用预警情报。此类产品可以让用户有能力预测新出现的威胁，否则，即便这些威胁真实存在，他们也无法发现。但将情报产品当作早期预警系统进行营销的做法，使用时必须极其审慎，以确保在此过程中不会提供虚假警报。这是因为虚假警报往往会不出意外地让用户对情报产品失去信心。

政客和情报从业者之间的一个主要区别是，政客经常受到意识形态的指导。与之相对的是，情报从业者应该以证据为指导，或是在没有证据的情况下，以可测算的概率为指导。因此，许多政客（以及许多选民）会选择性地寻找证据，以印证自己对某一主题的既有观点是正确的。再者，情报从业者迫于行业惯例，必须以证据或概率为基础，形成自己的分析。鉴于这一重大差异，情报用户有时会有意或无意地寻求特定情报，以支持自己先入为主的政治偏好。这种企图是对情报工作的腐蚀，情报界必须不惜一切代价予以抵制。事实上，转达情报判断时必须"纯粹"，不应考虑情报用户的愿望或偏好。必须将事实告知情报用户，不论事实如何丑陋或令人失望。另外，必须提供给情报用户的分析，其依据除了事实或概率之外，不应再有其他东西。一定不能因为担心情报用户不再依赖情报产品，便提供他们喜欢听到的东西。宁可让用户失去对情报产品的信任，也不能为了保持对用户的访问权限而去蓄意修改产品。此外，有时用户会向情报生产者寻求政策建议。这种要求应该礼貌地予以回避，必要时断然拒绝。为用户制定政策方案，这不是情报界的任务。

七、结论：使情报变得有用

情报产品首先要对政策制定者和决策者有用，然后才会具有意义。这是在情报交流中实现的。但情报用户彼此差异极大。他们被不同的情报需求，以及大相径庭的消费方式所引导。例如，军事指挥官对情报抱有兴趣，可能反映出他迫切需要做出战术决定，以便在武装冲突期间影响战场上实时的交战局势。相反，政策制定者可能会要求提供长期分析，研究美国与外国之间拟议条约将会造成的长期战略后果。这些要求各不相同，会带来不同程度的紧迫性和紧张局面。另外，它们也会带来各种不同的挑战，因此需要在情报交流中采用不同的方法。制定和完善这些交流方法的任务，几乎完全落在情报界的肩头。相对于自己的情报用户，情报界总是处于相对弱势的地位。洛文塔尔在《情报：从秘密到政策》一书中敏锐地指出："没有情报界，政策和政策制定者也可以存在和运作，反之则不然。"[1]

八、关键词

机构内交流	机构间交流	情报分发
情报维护	情报管理	信息安全
保密文化	信息共享	划界文化
等级化机构	机构间方法	机构间工作组
机构化	官僚体制	官僚文化
机构间网络化	烟囱	通信竖井
机构间对立/权势战争		机构间对抗
机构间内斗	外站站长	动态情报
趋势分析/第二阶段报告		长期评估/第三阶段报告
评估情报	预警情报	研究情报
技术情报	成品情报	原始情报
信息过载	开门见山方法	《总统每日简报》
虚假警报	总统每日简报备忘录	

---

[1] Lowenthal, *Intelligence*, 194.

九、延伸阅读

Arcos, Ruben, and Randolph H. Pherson. *Intelligence Communication in the Digital Era: Transforming Security, Defence and Business*. Basingstoke, UK: Palgrave Macmillan, 2015.

Betts, Richard K. *Enemies of Intelligence: Knowledge and Power in American National Security*. New York, NY: Columbia University Press, 2007.

Jones, Ishmael. *The Human Factor: Inside the CIA's Dysfunctional Intelligence Culture*. New York, NY: Encounter Books, 2008.

Major, James S. *Communicating With Intelligence: Writing and Briefing in the Intelligence and National Security Communities*. Lanham, MD: Scarecrow Press, 2008.

Priest, Dana, and William M. Arkin. *Top Secret America: The Rise of the New American Security State*. New York, NY: Little, Brown, 2011.

[第 11 章]
情报分析

乔纳森·阿卡夫

第 3 章讨论指出，要想以机密备忘录或简报形式制作成品情报，就需要完成情报循环。本章中，我们将考察规划、搜集和处理等阶段之后的活动，即情报分析。我们讨论的基本术语和概念，都是关于如何把原始数据转化为产品的——从更加广义的层面讲，就是将知识转变成主张。下一章，我们将介绍美国情报界及其他情报系统经常使用的特定分析方法。这些方法能够使情报分析人员更好地了解当前趋势、民族国家或非国家行为体未来可能的活动，以及如何减缓潜在威胁。然而，我们当前的重点是能够影响情报分析工作的思维过程和认知陷阱，只有在理解认识论的核心概念之后，才能有效开展情报分析活动。

一、认识论与情报分析

我们怎么知道某事是真是假？我们应该持有怎样的信心，去相信这个世界的真实性？我们应该以什么方式通报这种信息，才能明确无误地区分观点与事实？这是每个情报分析人员经常面临的问题。此外，这些问题还涉及自然科学和社会科学领域更加宏大的哲学和方法论讨论。如果我们本着严肃认真的态度，想要正确判读情报目标所采取行动的意义，或想要准确预测未来，我们就无法回避对知识本质的审视，然而这是一项极有难度的挑战。我们必须讨论**认识论**（epistemology）、相关概念和工具，因为这是我们用以证明知识的东西。更简单地说，认识论就是我们以怎样的方式，去知晓我们所知道的东西。认识论与科学哲学（philosophy of science）这个更加广泛的研究领域有关。科学哲学关心的是概念的性质和研究的行为。科学哲学家那些往往非常古老的论点，可以在现实世界中得到应用，这就是认识论——然而其中有些观点至今仍然没有定论。

我们将简要探讨上述问题，首先是对世界上几种知识类型加以区分。观点是一种信念，即相信某件事是真是假，某个东西是好是坏，或不同选项的相对优劣。它严重受到人们先前信念的影响。先前信念又称先入之见，是凭经验来认识世界，可能是准确的，也可能不是。观点可能与口味或个人喜好有关，比如是否接受在热狗上放番茄酱。观点也可以是价值判断，例如在道德层面是否认可堕胎。与当代美国文化中常规智慧相反的是，并非所有观点都是平等的。我们可以对观点的质量做出判断，依据是观点在逻辑上的自洽程度、其对事实信息的依赖程度，或者涉及价值观时，其与更加庞大的道德信仰系统的相关程度。但是，观点是不能被证伪的，也就是说，我们在搜集到关于这个世界的可观察证据后，无法确定蒙娜丽莎是否确系古往今来最伟大的画作，或者芥末和番茄酱到底哪个最适合浇在热狗上。相比之下，事实要么是真，要么是假，并不依赖人们对其所持的信念。因为事实可以被证伪，所以这种知识形式是优于观点的。人们都说，纽约州参议员丹尼尔·帕特里克·莫伊尼汉（Daniel Patrick Moynihan）曾经讲过："每个人都有权发表自己的观点，但无权杜撰事实。"如果获得了其他人或国家无法访问的关于情报目标的准确信息，就可以让我们的领导人推动本国的国家利益。验证这些信息并判读其中的含义，就是情报分析的目的。至关重要的问题在于，情报分析人员在面对目标或分析对象时，必须能够分清自己所持的到底是观点还是事实。

虽然我们现在已经区分了这两种知识，并且认定事实胜于观点，但我们并没有阐明用以判定真假的条件是什么。我们判定真假的方式是使用各种"证明"，它们可以定义关于某个对象的经验证据的质量。第一种证明是**个人经验**。尽管许多人高度重视这类证据，但它作为证明是极不充分的，因为我们无法通过一个人的观察，辨别此人的经验到底是可以适用更多的同类事件，还是就事论事，甚至是观察者未能准确认识事件。这种知识主张（knowledge claim）是轶事证据，仅限于人们的个体经验，通常是低质量的知识主张证明。第二种是**实证观察**（corroborated observation），这是报业常用的一种证明。例如，《纽约时报》在报道某一主题之前，会用至少两个、通常三个或者更多的独立来源，对文章提出的经验主张进行核实，而且这个过程将由一位或多位编辑负责监督，另外有一位监察专员提供进一步保证。这位监察专员负责回应报社内部对报道真实性提出的关切。因为信息已在《泰晤士报》或《华尔街日报》这种高质量报纸中得到证实，所以其中包含知识的质量，要优于个人在博客上的发帖或其他形式的轶事观察。要想核实真实性，可以增派观察员进行核查，也可以通过技术或科学手段加以检验，后者正是情报界一种常见的做法。从认识论的角度来看，如果某位"资产"的个人观察得到信号情报、地理空间情报或测量与特征情报等额外搜集科目的支持，那么情报分析人员通常应当更加青睐这种类型个人观察。同样，如果人力情报为技术搜集手段提供意义和背景，那它就能获得更高的可信度。

第三种是**科学证明**（scientific warrant），它是最严格的知识形式。科学证明是对现象特征所做的精确测量，从观察疫苗在预防疾病发生方面的有效性，到观测在气候变化影响下，热浪和风暴与日俱增的频率和强度，不一而足。某些形式的情报数据本质上是科学的，如信号情报、地理空间情报和测量与特征情报等搜集成果。不过，虽然情报分析人员必须对目标做出推论，但并非所有推论都可以归为科学测量。事实上，如果技术搜集平台可以告诉我们关于目标的所有情况，情报分析就没有必要了。

科学知识有别于实证的一个重要特征就是同行评议过程，这是验证科学知识主张的核心。同行评议研究，是指学者将自己的重大发现及得出结论的方法送去外审，接受该研究领域公认专家的匿名评议。同行评议研究包括多种科目和方法，从化学家或生物学家的实验室实验，到历史学家或政治学家的档案研究，不一而足。所有这些都会生成研究成果，然后由匿名专家代表大学图书出版社、拨款管理人或学术期刊出版商做出评议。同行评议也可用于艺术和人文学科，但我们在前面讨论过，画家和雕塑家的作品应当归于审美趣味和观点的领域，而不是科学领域。虽然没有任何过程或程序可以保证知识主张总是真实的，但同行评议是我们所能拥有的检验知识的最严格证明。情报官员往往会使用经过同行评议的情报源，以此作为工作起点，开始战略情报评估、研究情报和其他长期项目。正因如此，中央情报局才得以拥有世界上最大的图书馆，并创办了自己的同行评议学术期刊《情报研究》(Studies in Intelligence)。不过，对于更加紧迫的分析任务，最常用的知识证明是实证，最好是跨越不同的搜集科目与平台进行实证。

虽然以上三种知识证明看似相对简单，并被广泛应用于私人部门和学术团体，但情报分析在这个知识阶层架构中所处的位置令人左右为难。它不像雕塑或文学那样是一门艺术，因为艺术是一种由观点和轶事观察来主导质量判断的活动。情报分析也不是一门科学，因为它不同于物理化学，我们不能通过同行评议过程，去证伪每一项知识主张，并去论证所有的证据，原因在于这项活动极其耗时，会使情报官员无法为政策制定者提供及时支持。它也不完全是一门社会科学，因为通过搜集流程搜集到的某些数据需要保密，而且情报分析人员的知识主张很少会接受开源界的外审。[1] 不过，与自然科学家和社会科学家一样，情报分析人员需要面对信息不完整的问题，并在不确定这种条件下做出判断。他们努力追求精确性，使用标准化方法（这种方法不只对某一个项目有效，它对其他项目的效用也是可以评估的），并陈述可以证伪其知识主张的条

---

[1] 一些学者认为情报分析类似医学，因为它分析的都是搜集到的数据，这些数据本质上可能是科学的、技术的，但也有些是人类输入的。医学和情报部门都有人力观察者，这些人在报告证据时会进行欺骗或自我欺骗，无论是病患自认健康状况好转或病情加重，还是外国情报特工对其上线进行误导或隐瞒信息，尽皆如此。参见 Marrin, Stephen, and Efren Torres. "Improving How to Think About Intelligence and Medicine." *Intelligence and National Security* 32, no. 5 (2017): 649–662。

件。所有这些特征使情报分析更像是一门科学，而不是一门艺术。因此，情报分析人员经常从社会科学领域引进许多概念和方法，但也是以谨慎控制的方式进行的。[1]

在科学与情报分析之间，存在一个高度重叠的领域，要求我们必须区分相关关系和因果关系。相关关系（correlation）是指两个或两个以上的事件发生在大致相同的时间和地点，它们可能有因果关系，也可能没有。例如，在情报研究导论课程的第一次考试前，一名学生在校园漫步时，可能会注意到池塘里有一只火烈鸟。然后这个学生在考试中得了个 A。这名学生参加第二次考试之前，又看到同一只火烈鸟，并再次得 A。但此人参加第三次考试之前，在校园漫步时并没有看到这一羽禽朋友，在那次考试中得了个 C。考试成绩的变化与一只粉红鸟的现身情况是相关的。但如果无法解释这只鸟身上存在的某种力量，如何极大地影响了这位学生的认知，以至于能让他考试成绩激增 20 分之多，二者就不存在因果联系。要使一个变量成为原因，它必须至少有四个特征。[2] 第一，它必须按时间顺序，出现在结果之前。第二，它必须有别于其他候选原因。第三，因果之间须有必然联系："因"发生时，"果"也发生。此外，这种联系必须是合理的，即它应当符合一般性经验，在直觉上应当是合理的。第四，随着时间的推移，它必须一直能够引发同样的结果。

在校园火烈鸟案例中，命题为是否观察到鸟这种情况变化引起考试成绩变化，我们可以看到这个命题满足部分必要条件，但并不是全部。虽然出现在考试前观察到鸟这种情况，但不能肯定其他因素是否可以更加直接地影响考试成绩。此外，第三和第四个因果条件都表明，看到火烈鸟与考试成绩这两种情况变化之间只是巧合，并不是因果关系。是否观察到鸟这

---

[1] 曾任中央情报局分析人员的学者约翰·金特里（John Gentry）认为，情报分析几乎等同于社会科学研究。参见 Gentry, John A. "The 'Professionalization' of Intelligence Analysis: A Skeptical Perspective." *International Journal of Intelligence and Counterintelligence* 29, no. 4 (2016): 643–676。

[2] 这部分讨论可参见 Hume, David. *An Enquiry Concerning Human Understanding*, 2nd ed., edited by Eric Steinberg. Indianapolis, IN: Hackett, 1993。

种情况变化能够引起大脑发生化学变化，但不太可能大到对考试成绩产生显著影响。其他因素才是更有可能做出解释的变量，比如学生是否完成指定课程阅读，是否做好笔记，是否复习充分等。

相关关系仅被定义为不同事件在时间和空间上的密切联系，因果关系则可能表现为多种形式。第一，因果关系可以是概率性的，表现为原因 A 发生，事件 B 发生的概率是大是小；也可以是确定性的，原因 A 发生时，事件 B 总会发生。第二，因果关系可以是单因的，即事件 B 是原因 A 引发的；可以是多因的，即事件 B 是原因 A 和 A' 引发的；也可以是偶合的，事件 B 的起因是一系列看似无关的原因合并在一起。例如，一些学者认为革命是魅力型领导人引发的。另一些则声称革命是国际环境纵容和农民起义等原因相结合的产物。另外，革命也可能是人口增长导致国家危机、精英阶层整体受到压迫、国家支出增加、通货膨胀引发动乱，以及边缘化群体被动员起来等多项因素偶合起来造成的。[1]

以上对革命起因进行学术分析的案例，将我们的注意力引向下一个讨论主题：理解知识主张，即如何识别候选因果变量。在自然科学和社会科学中，共有三种因果关系陈述，它们指导研究人员找出哪些要素与某个给定现象有因果关系。定律是对因果关系做的最广泛陈述，强调因果之间恒定不变的确定性关系。引力定律是最著名的定律，它确定了大质量物体总是吸引小质量物体的这种关系。理论也是对因果关系所做的广泛陈述。但它与定律不同，因为这是多种理论彼此竞争，试图解释同一类事件。例如，在国际关系领域，运用现实主义、自由主义和建构主义等理论分析战争起因，提供的解释大相径庭。没有任何一种理论能占据上风，因为每种理论都提供了一个表面合理的解释，正如物理学家仍在彼此竞争，看哪

---

[1] 关于革命的三种不同因果关系解释，分别参见 Weber, Max. "Charismatic Authority." In *Economy and Society*, Vol. 1, edited by Guenther Roth and Claus Wittich. Berkeley: University of California Press, 1979; Skocpol, Theda. *States and Social Revolutions: A Comparative Analysis*. Cambridge, UK: Cambridge University Press, 1979; Goldstone, Jack A. *Revolution and Rebellion in the Early Modern World*. Berkeley: University of California Press, 1993。

种理论（波动论、量子论或电磁论）能对光做出最好的解释。最后，假说是对因果关系的具体解释。通常，假说是在理论提出更广泛的因果陈述后，从中派生出来的，用以解释个别事件。例如，如果一位学者使用被称为自由主义的国际关系理论，就会根据该理论的一般性主张（general claim），即根据国内政治往往会推动外交政策这个理论得出假说，称奥匈帝国发动第一次世界大战的目的是阻止革命。

二、预测及其面临的挑战

前文讨论过，自然科学和社会科学都有连贯的学说体系，我们可以从这些体系中推导出假说，以解释当前事件和预测未来。然而，情报研究虽然是一门学术学科，但并没有定律，几乎不会通过学说来生成假说。[1] 至于情报分析的实践活动，情况更加惨淡，往往只在必要的时候，在每个个案中临时生成假说。

不过，有几个概念源自科学领域，它们可以帮助我们判断学说或假说能否解释事件，也可以直接适用于情报分析。回顾前文，因果关系可以表现为三种形式：概率关系、确定关系、偶合关系。因为情报的本质是处理不确定性，所以如果在情报分析中使用确定性因果关系模型，可能就会产生问题。如果美国情报界的官员把情报说成是肯定的，他们就破坏了这项工作的本质。比如2002年在白宫的一次会议上，中央情报局局长乔治·特尼特在提及伊拉克拥有大规模杀伤性武器的证据时，说这是"灌篮"[2]案例，就属于此种情况。这既不能准确反映情报界所掌握的关于伊拉克大规模杀伤性武器证据的质量，也不是开展情报评估的正确方式。伊拉克实际上已经销毁了几乎所有化学武器，并在20世纪90年代末叫停了大规模杀伤性武器项目，因此特尼特的自吹自擂令美国政府和情报界感到

---

[1] Gill, Peter, Stephen Marrin, and Mark Phytian, eds. *Intelligence Theory: Key Questions and Debates*. London, UK: Routledge, 2009.

[2] 比喻百分之百确定。——译注

极其尴尬，并付出了高昂的代价。

图11-1　白宫办公室场景

2003年3月20日，总统小布什、副总统迪克·切尼、中央情报局局长乔治·特尼特和白宫幕僚长安迪·卡德（Andy Card）在椭圆形办公室

资料来源：US Department of State

情报分析人员通常使用概率术语来表达因果关系，而不会使用更适合物理或化学等学科的确定性术语。然而，因为他们没有证据或学说体系（哪怕是在社会科学中发现的那种）可供利用，所以在美国情报界，用来表达可能性的并不是观测概率，也就是说，不是从经验性可观测事件中推测出的概率。事实上，他们使用的术语是**估计概率**（estimative probability）。它指的是一种信念，即分析人员基于可用信息，是否相信事件有可能发生。估计概率与科学还有一项重要区别：即便它是以定量分析方法得出的，也不会以数字形式传达给政策制定者。相反，人们会使用特定词汇来表示可能性的程度，从而给出估计结果。这些术语的含义已由国

家情报总监办公室进行了统一，并在整个情报界得到推广应用。

表 11-1　美国情报界的估计用语[1]

几乎没有机会	非常不可能	不太可能	概率大致相当	可能	非常有可能	几乎可以肯定
机会渺茫（Remote）	极不可能（Highly improbable）	不可能（Improbable/improbably）	概率大致相当（Roughly even odds）	可能（Probable/probably）	极有可能（Highly probable）	几乎肯定（Nearly certain）
1%—5%	5%—20%	20%—45%	45%—55%	55%—80%	80%—95%	95%—99%

资料来源：Office of the Director of National Intelligence, 2015

请看表 11-1，当您批判性地思考这些术语及其所指的概率范围时，可能会发现几个问题。情报界以外的人士经常提出一个问题："为什么不向决策者提供原始数字？"原因如下。第一，所有情报预测中都使用简单语言，才更容易被决策者理解，因为他们中很少有人受过概率或情报分析方面的训练。在一些重大事件的案例中，当简报中使用的术语前后不一致，或情报官员提供数字概率时，政客就会得出不正确的结论。[2] 所用语言简单，并且在所有情报评估中都彼此一致，就可以降低误解的可能

---

[1]　Office of the Director of National Intelligence. "Intelligence Community Directive 203: Analytic Standards." January 2, 2015. https://www.dni.gov/files/documents/ICD/ICD%20203%20Analytic%20Standards.pdf.

[2]　古巴导弹危机期间，尽管约翰·肯尼迪总统、内阁官员和情报简报官都出席了所有相同的简报会，但显然在苏联采取军事行动的可能性这个问题上，他们有大相径庭的理解。美军于 2012 年袭击奥萨马·本·拉登在阿伯塔巴德的住宅，此事暴露出类似的交流差距。参见 Friedman, Jeffrey A., and Richard Zeckhauser. "Handling and Mishandling Estimative Probability: Likelihood, Confidence, and the Search for Bin Laden." *Intelligence and National Security* 30, no. 1 (2015): 77–99。

性。[1] 第二，希望情报官员能够提供具体的点估计（例如74%），这种想法不现实，原因就是估计概率的性质。事实上，最好认为估计概率在本质上是贝叶斯式的。贝叶斯概率的命名源自18世纪神学家和数学家托马斯·贝叶斯（Thomas Bayes），它反映的是关于可能性的共同信念，而不是观测（经验）概率，因此它对新信息非常敏感。经验概率更加精确，因为它指的是真实的、观测到的事件，而不是关于事件的信念。此外，使用"74%"而不是"可能"的做法，从逻辑上讲，会导致这种报告或简报的接收者提出后续问题："如何或何时会增至75%？76%呢？77%呢？"再说一遍，情报评估无法提供那种程度的精确性。使用术语而不是具体数字，就可以在情报能做什么不能做什么的问题上，让接收者的期望变得更加现实一些。最后，使用通俗语言强调"可能性"在不同区间的差异，使政策制定者更容易做出决定，而不是让他们在面对可能极其复杂、极其重要的决策时，因为79%与81%之间的差异来决定如何选择，从而带来额外的不确定性和犹豫不决。用"可能"和"极有可能"来表达79%与81%，可以更加准确地把握情报官员在进行这项分析时，试图在二者之间分辨出区别，另外也可以简化政客面临的选择。

估计概率可以表述事件发生的可能性。但这种陈述并不会在做出预测时，评估所用诊断性信息的质量。在自然科学和社会科学中，当研究人员评估其所搜集的数据，以及评估他们使用可复制手段的数量是多是少时，他们会说这就是在评估可靠性（reliability）。对于美国情报界的情报分析人员来说，可靠性可以用**置信水平**来表述。每当情报界分析人员使用搜集到的数据进行预测时，他们会将自己对数据质量的置信水平描述为高、中、低。尽管估计概率与置信水平看似存在联系，但二者彼此毫无瓜

---

[1] 最近的研究对这一主张提出了挑战。一些学者发现，如果让决策者接触数字估计，会使他们在决策时更加谨慎，并倾向于就某一主题寻求更多的信息。参见 Friedman, Jeffrey A., Jennifer S. Lerner, and Richard Zeckhauser. "Behavioral Consequences of Probabilistic Precision: Experimental Evidence From National Security Professionals." *International Organization* 71 (Fall 2017): 803–826。

葛。关于某事是否会发生的主张，与提出主张者当时的自信程度完全是两回事。分析人员绝不能为了"对冲"某个估计，就主张某件事极有可能发生，同时给出一个低置信水平，理由是认为这个主张太过大胆，所以感觉不太放心。分析人员几乎总是在信息不完整的情况下做出预测，这就是情报的本质。如果用于构建该项估计的信息是有限的，那就是置信水平问题，而不是概率问题。

并非所有分析产品都会使用估计用语（estimative language）。第 10 章讨论过，情报分析除了可以预测未来之外，还有其他几项功能。例如，动态情报描述的是正在发生的事情，而不是可能发生的事情。然而，评估情报提供的却是美国情报界口中的"预期情报"（anticipatory intelligence），是对未来事件发生的可能性做出判断，不过它允许决策者做出选择，以避免或影响这些结果。采用这个术语的表面理由是世界变得更加复杂了。情报分析人员使用"预期"这一术语是想加强一种观点：政策制定者如果选择迅速采取行动，就可以做出选择，从而影响未来的事件。

不过，使用术语"预期情报"还有一个或许更加自私的额外原因。在两个被普遍认为是情报失误导致的重大负面事件（"9·11"袭击和伊拉克大规模杀伤性武器）发生之后，这个术语可能正式启用，因为情报界领导层并不希望公众认为情报界的工作就是预测未来。预测未来是很困难的，做出不准确的预测正是这项工作中的重要组成部分。所以，情报官员不愿意使用"击球率"——正确预测（击中）与尝试预测（击球）的百分比作为标准，去衡量自己生成的分析产品的有效性，是可以理解的。[1] 但不愿预测未来也是美国情报界一个老大难的问题，并且可能是它的组织文化。曾有这样一个很有名的事件，谢尔曼·肯特（Sherman Kent）是情报分析史上最有影响力的人物之一，他在 20 世纪 60 年代试图将估计用语确立为一项规定，但却遭受嘲笑。当时围绕这项改革努力爆发了一场激烈的讨论，肯特的一名同事嘲讽地暗示道，情报分析人员

---

[1] Marrin, Stephen. "Evaluating the Quality of Intelligence Analysis: By What (Mis) Measure?" *Intelligence and National Security* 27, no. 6 (2012): 896–912.

与拉斯维加斯的荷官并非同行。对此,肯特特别沉着地回答道:"我宁愿去赌场做庄家,也不愿当这种该死的诗人!"[1] 不论是过去还是现在,美国情报界都不愿将情报评估(intelligence estimate)描述为预测未来的尝试。但毫无疑问,情报评估做的就是这项工作。正如社会科学家试图预测选举结果、特定地区爆发战争的可能性,以及一系列其他可能发生的事件,情报分析人员也在使用机密和非机密数据,对未来进行预测。

美国情报界做出预测的记录喜忧参半。例如,中央情报局成立以来,已经做出了许多高度准确的预测,比如部署作战部队之前就宣称美国在南越的努力可能失败,以及"9·11"前便呼吁关注"基地"组织对美国本土构成的愈发严重的威胁。但中央情报局未能预测过去75年来某些最重要的事件,比如苏联解体。在评估为我们国家领导人提供的情报质量时,这种"击球率"——预测成功与预测失败的比率在其中应当发挥什么作用?关于这一点是有争议的。如果预测成功,美国政策由此发生改变,或许会导致对手改变自己的计划,从而使准确预测变得不准确,因为预测的结果并没有发生。情报的目的很多,预测只是其中之一。[2] 让决策者客观、深入地理解自己面临的复杂事件和选项,这一点可能更为重要。然而,预测是情报分析的主要任务之一,如果美国情报界在这方面的能力存在不足,就必须研究为什么会变成这样。

首先,由于蝴蝶效应,预测工作中的"完美记录"是不可能存在的。在复杂的系统中,在看似无关的条件下出现细微变化,就会产生巨大影响,而且这种影响的结果是不可能建模的。例如,飓风预报在过去25年有了显著进步,将风暴监测的误差从415公里减少到135公里。虽然飓

---

[1] 引自 Davis, Jack. "Sherman Kent and the Profession of Intelligence Analysis." Sherman Kent Center for Intelligence Analysis, Central Intelligence Agency. *Occasional Papers* 1, no. 5 (2002). https://www.cia.gov/library/kent-center-occasional-papers/vol1no5.htm。

[2] Marrin, "Evaluating the Quality of Intelligence Analysis."

风科学不断提升准确预测风暴路线的能力，但正在接近极限。[1] 然而，不同于情报分析的目标，天气条件不是思维系统，不会在认为遭到监测时就改变自己的行为。因此，在这一重要方面，飓风预测科学是极端严格的。相比之下，情报分析更为复杂，虽然飓风预测科学利用了气象学、物理学、化学和计算机科学等多种学科，但复杂性不及情报分析。如果说飓风预报的准确性可能已经达到极限，那就没有理由认为情报预报的情况会更好。

其次，没有实现更高的预测准确性，可能与领导水平和制度激励欠佳有关，这导致一位学者所说的"分析专业化"（professionalization of analysis），即试图将情报分析转变为一种伪的或"低配版"的社会科学，而不是从世界上最好的大学雇佣拥有社会科学高级学位的人士。受教育水平下降会造成一个直接后果，就是分析人员的知识能力下滑。[2] 尽管有必要对这些说法进行进一步查证，但这种假说已经得到最近一系列实验的支持。在这些实验中，情报界分析人员虽然有权接触机密材料，但他们的表现却不如业余爱好者，而且这些业余爱好者用到的只是开源信息：他们使用一些简单的统计手段，改进自己做出预测的方式。[3]

最后，分析失败可能是知觉方面出现问题后的产物。在这种情况下，知觉被定义为通过感官数据正确看待世界，以及准确推断他人将如何认识这个世界。[4] 前者已经很难做到——不妨想想沥青上方加热的空气是如何形成水滴的，或者峡谷中产生的奇怪回声是如何让人几乎无法确定枪声来源的。后者更加复杂。我们的对手会竭尽所能地欺骗我们，有些激励因素也会促使我们自欺欺人，从而相信事情比实际情况更好或更加糟糕。这样

---

[1] Berger, Eric. "Hurricane Forecasts May Be Running Headlong Into the Butterfly Effect." *Ars Technica*, August 12, 2019. https://arstechnica.com/science/2019/08/hurricane-forecasters-may-be-reaching-the-limits-of-predictability.

[2] Gentry, "'Professionalization' of Intelligence Analysis."

[3] Tetlock, Philip E., and Dan Gardner. *Superforecasting*. New York, NY: Broadway Books, 2015.

[4] Jervis, Robert. *Perception and Misperception in International Politics*. Princeton, NJ: Princeton University Press, 1976.

的因素同样是有害的。[1] 我们现在面对的正是这些感官方面的挑战。

三、心理偏见与情报分析

在前面几章中，我们讨论了生产有效情报产品时面临的各种组织障碍，从保密文化到机构间竞争，不一而足。情报活动中存在的组织问题是群体行为的结果，人们往往没有意识到这种行为对有效情报造成的障碍。而且，这些问题往往是情报界自身组织结构造成的结果。例如，将情报搜集划分为多个专业科目（人力情报和信号情报等），可能会导致烟囱效应。它可以把情报从更加广泛的背景中剥离出来，让处理此类信息的分析人员和用户无法看到全局。组织障碍会降低分析产品的准确性或质量。这些问题是有害的。但它们也是可被解决的，具体做法是改革组织、改变流程，以及由国会出面，提高这些组织的领导水平及其所接受监督的水平。

相比之下，有效分析面临的心理障碍存在于分析人员个人的头脑中，并不是群体属性。因为它们是人类本质属性的内容之一，尤其是管理知觉的大脑机制，所以很难处理。这些障碍虽然有多种形式，但统称为偏见，是知觉方面存在的问题，可以导致人们以不准确的方式看待世界，或错误地推断他人的知觉。在这种语境下，偏见并不是贬义的。在口语中，许多人在解读"偏见"一词时，认为是带有偏见的人故意不以诚待人或心存欺诈。但心理偏见不是这样，它经常对我们的思维产生影响，即使我们真心想要做出努力，去控制或减少它们对知觉的影响时也是如此。此外，有知觉偏见的人在心理上是健康的，他们没有精神疾病。

所有人都会时不时地受到这种偏见的影响。但情报界是在几十年之后，才开始认识到知觉心理学在情报分析中的作用。20 世纪 70 年代末，

---

[1] 这在反情报中尤其困难。参见 Jervis, Robert. "Intelligence, Counterintelligence, Perception, and Deception." In *Vaults, Mirrors, and Masks: Rediscovering US Counterintelligence*, edited by Jennifer E. Sims and Burton Gerber. Washington, DC: Georgetown University Press, 2009。

退休的中央情报局分析人员小理查兹·霍耶尔对认知心理学领域的最新研究产生了兴趣，因为它主要讨论决策中知觉偏见的重要性。1979年，霍耶尔撰写了一本入门读物，探讨这项研究对情报分析的重要性。这本书至今在美国情报界仍有影响力。[1]30多年后，霍耶尔与中央情报局退休人员伦道夫·弗森共同编写了一本分析方法手册，目的是减少我们在下一节讨论的某些偏见的影响。[2]

（一）认知偏见

心理学中的第一类错误知觉是**认知偏见**（cognitive bias），这种知觉错误来自我们用以判断世界的信息源。产生认知偏见的原因，通常是人们难以更新自己先前的认知。世界是复杂的，不断变化的。从医学角度合理的饮食建议，到"伊斯兰国"活跃小分队的当前位置，跟踪每一个事件和问题都将是非常耗费时间的。它还要求人们仔细选择媒体来源，以确保获知准确的信息。幸运的是，因为认知偏见是人脑处理信息的结果，所以它是可以减少的。远离存在缺陷的信息源，转向更加准确的信息源，这样做可以减少偏见。例如，如图11-2所示，相比观看福克斯新闻的群体，如果人们将CNN或MSNBC作为主要信息源，可能会对气候变化问题持有更加准确的看法。如果福克斯的观众也在消费其他媒体，他们对世界的知觉可能会更加准确。

此外，使用相对简单的手段来改善我们处理信息的方式，可以减少认知偏见的影响。许多此类手段将在下章详细讨论。关于认知偏见的结论是，如果我们想做些什么，我们是可以成功的。但它们仍然非常常见，并将给情报分析人员带来持续的挑战。

---

[1] Heuer, Richards J., Jr. *Psychology of Intelligence Analysis*. Langley, VA: Center for the Study of Intelligence, 1979.（中译本《情报分析心理学》2015年已由金城出版社出版，2025年推出第2版。——编注）

[2] Heuer, Richards J., Jr., and Randolph H. Pherson. *Structured Analytic Techniques for Intelligence Analysis*, 2nd ed. Los Angeles, CA: CQ Press, 2015.（中译本《情报分析：结构化分析方法》2018年已由金城出版社出版。——编注）

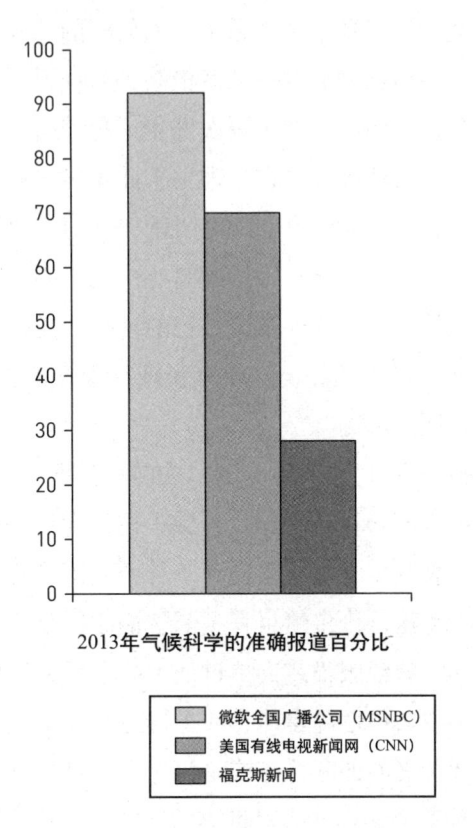

图11-2 认知偏见、气候科学和有线电视新闻[1]

资料来源：Union of Concerned Scientists, 2014

为了理解认知偏见的影响以及如何减少认知偏见，我们需要以更加详细的方式，研究一些更加重要的认知偏见。最常见的是证实偏见（confirmation bias），即倾向于只寻找支持先前信念的信息。证实偏见最具挑战性的地方就是先前的知识，毕竟正是这种知识助力了人们对过去世界的准确知觉。例如，许多人是通过"基地"组织或"伊斯兰国"的伊斯兰

---

[1] Union of Concerned Scientists. "Science or Spin? Assessing the Accuracy of Cable News Coverage of Climate Science." April 8, 2014. https://www.ucsusa.org/resources/science-or-spin.

极端分子开展活动等背景，才熟悉了恐怖分子的"人弹"的。这两个组织在中东和西南亚使用这种战术的频率极高，可以说明这种手段与宗教狂热分子是密切相关的。因此，如果再次发生这种袭击，那么对情报分析人员来说，看似合理的做法应该是在处理关于此类袭击的信息时，把关注重点放在可以表明这两个恐怖组织涉事的那些信息上，例如尝试根据"基地"组织或"伊斯兰国"的战略目标，推断此次攻击的动机或目的。其他类型的恐怖组织也在使用"人弹"推进自己的目标，比如斯里兰卡的泰米尔猛虎组织。从一个人过去的经历、教育和训练中推断出的东西，看似合理，实际上可能会是证实偏见。

另一个经常影响分析人员的认知偏见是"个人体验的生动性"（vividness of personal experience），导致人们认为可以对具有影响力的轶事事件进行概括，将其宽泛地总结为其实与个人体验几乎毫无关系的某种环境。在过去几十年里，许多情报官员都曾被派往前线，在军中服役或参加情报行动。同样，曾经服役或支持过战术分析任务的分析人员，也可能曾经非常贴近战场或其他危险境地，或是通过研究叛乱分子的涂鸦图案来评估巴格达民兵武装之间的联系，或是为无人机打击目标提供分析支持。这种直观体验[1]往往会让这些人对世界的知觉扩大化，导致他们认为其他不太严酷或趋险程度较低的行动环境（比如美国城市）也存在类似的威胁态势，但事实并非如此。同样，认知心理学家的研究表明，如果做简报时强调视听材料而不是重要信息，那么这种陈述对简报受众造成的影响就会更大一些，胜过强调内容的陈述。这个问题在美国情报界尤其突出，而且这种以图形形式提供信息的方式，也影响了私人企业的简报方式。[2] 简报采取生动的形式，其受众者可能就会相信不准确的信息，因为提供这些信息

---

[1]　直观体验（visceral experience），是指这种体验是通过直觉直接获得的，并非通过观察或推理得出。——译注

[2]　Saval, Nikil. "The Curious Case of the US Government's Influence on 20th Century Design." *The New York Times*, December 18, 2019. https://www.nytimes.com/2019/12/11/t-magazine/us-government-20th-century-design.html.

的方式或是很有创意，或是很能吸引人。尽管面对枪林弹雨和忍受无聊至极的 PPT 演示文稿之间存在巨大差异，但这两种体验都可以是生动的，因此都可以扭曲知觉。

还有一个令情报分析人员特别头疼的认知偏见——**镜像效应**（mirror imaging）。它之所以会带来问题，是因为这种偏见来自共情（empathy）。共情是一种冲动或倾向，在其他方面是极其有用的。情报分析人员最重要的属性就是共情，即能够看到与你不同的人是如何解读这个世界的。但共情有时会导致分析人员愿意相信对手或盟友的推理能力、信息访问权限或决策能力等情况，与自己及自己组织是相同的。可以说，人们是在"照镜子"，看到别人"和我们一样"。然而有时，我们的对手或朋友更加狡猾或更加睿智。有时他们也并非如此。这是经验性问题，不是方法论问题。镜像效应通常始于分析人员提出的问题："站在他们的立场我会怎么做？"这种推理可能是有用的，只不过分析人员必须谨记，这种推断可能与目标的实际思维过程毫无关系。

将推论当作研究基础的做法会严重扭曲知觉，其影响并不仅限于镜像效应。**基本归因错误**（fundamental attribution error）也是一种认知偏见，是指分析人员认为自己国家采取的行动，主要是局势或环境的产物。相比之下，同一批分析人员会将对手的行动或决定视为该国的倾向性特征，即对手的本质就是这样行事。基本归因错误是演绎性的，因为它依赖一种预先假设：认为情报目标的本质与分析人员的本质是完全不同的。这是对镜像效应逻辑的颠倒，可能同样具有破坏性，在研究冲突时更是如此。

例如，2016 年 1 月，美国海军两艘小型巡逻艇迷航，误入伊朗领海。伊朗发现这一侵犯主权的行为，于是扣押了船只及其船员。美国参议院部分议员的反应明显表现出基本归因错误。共和党参议员汤姆·科顿（Tom Cotton）称伊朗此举是"一系列无休止的挑衅"。[1] 但科顿及其他议员既没

---

[1] *Morning Joe*. "Iran Holds America Hostage." MSNBC, January 13, 2016. https://www.msnbc.com/morning-joe/watch/iran-holds-america-hostage--says-gop-senator-601028675899.

有注意到 2003 年美国进攻并占领伊拉克一事，也没有注意到美国舰船是在伊朗水域被扣押的，前者是国际法认定的非法行为，可被伊朗认为是挑衅行为，后者也可被视为"挑衅"。对于科顿和其他剑拔弩张的议员来说，美国的一切行为都可以用不幸的错误（即背景）来解释，而伊朗的行动永远都是其本质造成的结果，因为在他们看来，伊朗的本质是邪恶的。美国塔夫茨大学教授丹·德雷兹纳（Dan Drezner）注意到，在同一时期，土耳其击落了一架误入其领空的俄罗斯战斗机。他指出："幸运的是，伊朗对这起事件的回应，并没有像——哦，我不记得是谁了——那个北约盟友不久前对空中入侵事件所做的反应那样。他们只是扣押船只，没有伤害任何一名水手，最终也归还了船员和船只。"[1] 承认基本归因错误能对知觉产生影响，并不会让伊朗政权减少普遍侵犯人权的现状，或减少对恐怖主义的支持。伊朗在国际政治某些领域的不当行为或威胁之举，并不能证明其所有行为都是错误的。同理，美国是二战以来最容易发动战争的国家，这一事实也不能证明其天然具有侵略性。

不同于镜像效应和基本归因错误等受演绎法影响的偏见，"锚定"（anchoring）是归纳法出现问题时造成的偏见。锚定也是一种偏见，分析人员专注于最初的某条信息，建立的基线可能是无法代表目标的。而后面关于同一主题的所有信息，都会以这个锚定基础作为棱镜加以解读。还有一种知觉偏见同样受归纳法的影响，那就是"对持续性过度敏感"（oversensitivity to consistency）。在这种偏见中，分析人员要么专注于一个既定的模式，要么矛盾地认为某个模式一定会有突破，理由是它已经持续太长时间。对持续性过度敏感可能会导致分析人员认为模式突破是一种新的条件，可作为开展研究的基础，这种现象被称为"偏差正常化"（normalization of deviance）。在 1973 年赎罪日战争中，以色列情报分析人员受心理偏见的影响到底有多大？关于这个问题，目前仍有一些争议。但关于以色列国防军被打个措手不及一事，人们开展了激烈的讨论，因为埃

---

[1]　引自 Bender, Bryan. "The Iranian Hostage Crisis That Wasn't." *Politico*, January 13, 2016. https://www.politico.com/story/2016/01/iran-hostage-crisis-that-wasnt-217729。

及军队在1973年春夏期间便已发起一系列动员演习。最初，以色列分析人员认为，埃及军队动员是爆发战争的一项指标，这是一个合理的推断，因为这项指标考虑到历史上曾经出现的模式，以及此举构成的威胁。但埃及多次动员后并没有进攻，此后以色列分析人员在什么才是埃及军队"正常"行为这个问题上，将预测基线做了大幅调整，因此未能在10月埃及发动袭击之前做出正确的预警，因为他们将偏差正常化了。

我们将要讨论的最后两种认知偏见涉及对行为体和事件的信念，这时人们误认为行为体的影响力或事件策划的周密程度高于它们应有的水平。"集中指挥谬误"（fallacy of centralized direction）是一种偏见，分析人员认为一个国家或非国家行为体的最高统治者是一个领导人或一个团体，而实际上领导层是分裂的，并且多个不同的子团体争夺国家或非政府组织的控制权。例如，"9·11"袭击后，新闻界报道"基地"组织的方式，让人以为其头目奥萨马·本·拉登对这个恐怖组织的方方面面都拥有直接指挥权。事实上，"基地"组织有多个可以施加影响力的下属组织，以及众多下属领导人。其中，组织众多的例子是舒拉委员会，它是一个由宗教人士组成的团体，表面目的是从伊斯兰教的角度，评估"基地"组织行动的可接受性；而领导人众多的例子是"9·11"袭击的设计者哈立德·谢赫·穆罕默德（Khalid Sheik Mohammed），以及最终接替本·拉登的艾曼·扎瓦希里（Ayman al-Zawahiri）。2001—2002年，"基地"组织在阿富汗的行动基地遭到破坏，此后便改头换面，变成多个"特许经营"组织，于是本已四分五裂的领导层进一步走向分裂。在这种情况下，集中指挥谬误鼓励了一种信念：如果本·拉登被捕或被击毙，"基地"组织的行动能力将严重受挫。不幸的是，事实证明"基地"组织更像是希腊神话中的多头蛇怪海德拉，而非一个军事组织甚或黑手党家族。

同理，认为重大结果必有重大原因的信念也是一种认知偏见。"重大因果谬误"（fallacy of big causes and big effects）可以解释外交政策中许多错误知觉的案例。最突出的例子就是第一次世界大战，这场冲突的破坏性极其严重，让人们以为它的起因极其重要，与战争结果的重大程度不相上下。这场战争造成近 2000 万人死亡，重写欧洲和中东版图，但直接原因居然是奥匈帝国皇储被人谋杀，凶手只有 19 岁，来自一个籍籍无名的塞尔维亚恐怖组织。我们不是要淡化当时在欧洲推波助澜的其他非常复杂的力量，比如欧洲联盟系统、德国与英国之间的敌对状态或德国战争计划的本质等。只是引发这一连串事件的始作俑者，竟然是与大一新生一样的同龄人。

（二）动机偏见

除认知偏见之外，人类知觉还受所谓**动机偏见**（motivated bias）的影响。正如"认知"一词强调认知偏见中的思维成分一样，"动机"可将我们的注意力引向动机偏见的驱动力，即人们主动想要相信某些事情。此外，这种愿意相信的动机既有情感因素的，也有认知因素的，它将一个人的身份与信念联系在一起。动机偏见几乎是不可能改变的，因为人们会坚守动机偏见。再者，如果人们持有动机偏见，就不会为了回应新的信息而去改变信念，所以持有这种偏见的人将是最糟糕的情报官员。虽然动机偏见有多种源头，但政治意识形态和宗教是其中两个最重要的原因。

除了专业职责外，情报官员还有身为公民的义务。许多政治哲学家认为，民主国家的公民有义务参与政治过程。对情报官员来说，偏好某些政治候选人或政党，行使自己的公民权利义务，这些都是没有问题的，他甚至可以履行身为政治活跃公民的责任。但如果情报官员过于强烈地认同一个政党或政治意识形态，结果影响了自己提供的选项集，那就是动机偏见。为了让情报服务于国家利益，情报官员必须能够正确看待政策选择方面存在的意见分歧，承认这是正常运转的民主制度的基本组成部分。持不同意见的同胞并不是"敌人"，这种话语近年来已经愈发融入美国的政治语言体系当中。此外，如果有人持有基于意识形态的动机偏见，就会无视那些可以证明本国正面临一系列挑战的事实证据，从否定气候变化科学，到坚信一切非法越过国境进入美国的人员都有权获得绿卡，不一而足。即使面对经验事实，持有动机偏见的人也会找到新的方法，以便使自己的信念合理化。[1] 他们根本不想更新自己的先入之见，不管证据究竟为何。

正如人们在民主社会中负有公民义务一样，如果有人是宗教的真正信徒，那他也肩负自己的义务。但和政治的情况一样，不能允许宗教信仰过于影响情报分析中的知觉，以至于让这些信徒否认其同伴信仰的合法性，或者甚至影响人们关于情报目标的观点。自"9·11"袭击以来，美国国防部有种倾向颇有愈演愈烈之势，即部门领导人公开强调基督教，此举明显违反了宪法第一修正案的明文规定，以及现代民主最基本的原则之一：政教分离。因为这会造成一些难题，让人难以保持行动时的专业标准，也让人难以减少宗教和性别歧视。[2] 这还会让观念之争变得更加难以展开，因为此类事件会强化伊斯兰世界许多人的知觉，让他们更加坚信西方开展的反恐活动其实就是几乎不加掩饰地攻击伊斯兰教。

意识形态和宗教都在告诉我们什么是对，什么是错，这些构成了我们的价值体系。这是心理健康的状态，因为它允许我们根据原则做出选择，并为我们的行动赋予意义。但当个人信仰阻止我们承认世界事实的时候，它就会削弱我们身为情报官员的能力。在能否认识到动机偏见对情报分析的潜在影响方面，美国情报界一直进展缓慢。一位前情报官员曾经撰写重要文章，强调分析人员分属红蓝两派的问题极其紧迫，从而反映出此人过度偏执于红蓝（共和党为红，民主党为蓝）世界观。[3] 但这篇文章没有使用正确的心理学术语，并且表示出对动机偏见几乎一无所知。此外，作者解决这个问题的建议是，确保分析团队中红蓝分析人员的人数平衡，这

---

[1] Bisgaard, Martin. "How Getting the Facts Right Can Fuel Partisan-Motivated Reasoning." *American Journal of Political Science* 63, no. 4 (2019): 824–839.

[2] Levy, Yagil. "Desecularization of the Military: The United States and Israel." *Armed Forces and Society* 46, no. 1 (2018): 92–115; and Pendlebury, Jarrod. "'This Is a Man's Job': Challenging the Masculine 'Warrior Culture' at the US Air Force Academy." *Armed Forces and Society* 46, no. 1 (2018): 163–184.

[3] Muller, David G. "Intelligence Analysis in Red and Blue." *International Journal of Intelligence and Counterintelligence* 21, no. 1 (2007): 1–12.

剂药方可能比疾病本身更加糟糕。如果有人带有动机偏见，那么他在面对新的信息时，不会改变自己的想法。特别是如果已知某个团队成员秉持与众人相反的世界观，那么他提交的分析更会如此。面对动机偏见带来的问题，这位高级情报官员表现出相当匮乏的认识水平，说明美国情报界很难追上心理学领域最新的发展进步。尽管霍耶尔的观点在刚刚提出时极具开创性，但后来心理学领域不断发展进步，不再仅限于他提出的从纯粹认知角度探讨偏见。然而此后很长一段时间，霍耶尔的观点仍然主导美国情报界在这个问题上的认识。[1] 随着西方各民主国家变得更加两极分化，动机偏见将为有效情报分析带来愈发严峻的问题。

四、结论：从科学哲学到实践

在本章中，我们讨论了认识论的基本概念和社会科学术语。分析人员必须熟悉这些概念，才能成功执行分析任务。同样，他们必须意识到认知偏见和动机偏见会对准确分析形成阻碍。但我们还没有讨论情报分析的具体细节。现在读者已经熟悉了认识论的基础和心理学的挑战等情报分析的固有内容，接下来我们会讨论分析方法、具体流程以及工具手段。我们通过人力和技术平台搜集到原始数据后，将会使用它们来研究这些数据。

五、关键词

认识论	科学哲学	先入之见
证伪	轶事知识	实证知识
科学知识	同行评议研究	相关关系
因果关系	概率因果关系	确定因果关系

---

[1] 参见 Mercer, Jonathan. "Emotional Beliefs." *International Organization* 64 (Winter 2010): 1–31。

估计概率	可靠性	置信水平
预期情报	蝴蝶效应	知觉
认知偏见	证实偏见	镜像效应
基本归因错误	锚定	偏差正常化
集中指挥谬误	重大因果谬误	动机偏见

六、延伸阅读

Bar-Joseph, Uri, and Rose McDermott. "The Intelligence Analysis Crisis." In *The Oxford Handbook of National Security Intelligence*, edited by Loch K. Johnston. Oxford, UK: Oxford University Press, 2010.

Bruce, James B. "Making Analysis More Reliable: Why Epistemology Matters to Intelligence." In *Analyzing Intelligence: Origins, Obstacles, and Innovations*, edited by Roger Z. George and James B. Bruce. Washington, DC: Georgetown University Press, 2009.

Kent, Sherman. "Words of Estimative Probability." Central Intelligence Agency. Historical document, last updated July 7, 2008. https://www.cia.gov/library/center-for-the-study-of-intelligence/csi-publications/books-and-monographs/sherman-kent-and-the-board-of-national-estimates-collected-essays/6words.html.

Kerbel, Josh. "Coming to Terms With Anticipatory Intelligence." *War on the Rocks*, August 13, 2019. https://warontherocks.com/2019/08/coming-to-terms-with-anticipatory-intelligence/.

Klemke, E. D., Robert Hollinger, and David Wÿss Rudge, eds. *Introductory Readings in the Philosophy of Science*. Amherst, NY: Prometheus Books, 2012.

Marrin, Stephen. "Understanding and Improving Intelligence Analysis by Learning From Other Disciplines." *Intelligence and National Security* 32, no. 5

(2017): 539–547.

Phytian, Mark. "Intelligence Analysis and Social Science Methods: Exploring the Potential for and Possible Limits of Mutual Learning." *Intelligence and National Security* 32, no. 5 (2017): 600–612.

[第12章]
分析方法

乔纳森·阿卡夫

在本章中，我们将探讨美国情报界在搜集过程中，在搜集到原始数据并进行审查之后，对这些数据开展分析的一些方法。我们将讨论一些已经沿用了几十年的传统方法，比如想定情景、案例研究、竞争性假设分析法（ACH）、网络分析、路径分析和红队分析等。我们也将介绍一些较新的分析方法，比如结构化分析方法（SAT）和几种定量方法。我们将介绍如何以及何时使用这些方法，并评估每种方法的优缺点。虽然我们将讨论多种方法，但这不是一份全面清单。关于情报分析的文献很多，而且越来越多，本书难以一一兼顾。接下来我们将讨论情报写作的基本原理，也就是利用分析手段得出成果之后，怎样把它翻译成既精确又容易被决策者理解的语言。在本章最后，我们简要评估美国情报界的招聘趋势，因为它涉及分析的培训和标准。

一、情报分析的当代环境

所有情报分析都是某种形式的**风险管理**（risk management）。分析人员必须平衡目标的性质，判断目标的能力和意图，以及根据目标策划的行动，与美国及其盟友可能做出反应的方式，确定可能的最终状态。虽然分析人员不应该提出政策建议，但他们必须时刻牢记国家利益，以及能够实现国家利益的可用资源。罗杰·乔治（Roger George）以简明语言指出，分析人员是《国家安全战略》的"推动者"，而不是创造者。[1] 分析人员提供有效预警和影响结果的能力，应当接受国家指挥当局以及情报界和国家安全界高层确定的优先事项的指导。分析人员应当思考为什么分析对象带来的威胁或问题，会与《国家安全战略》《国家情报战略》《国家情报优先事项框架》和国家情报总监办公室《全球威胁评估》等相关。同样值得谨记的是，最宝贵的资源就是时间，尤其是分析人员投入多少时间才能生产出一份成品情报。在创造决策优势时，分析的及时性通常与准确性同等重要。

如果开展分析的动态环境发生重大变化，也会对有效分析产生影响。情报循环概念将情报的搜集、处理、分析、分发流程描绘成线性的，即一个步骤完成后，就会依照次序开始下一个步骤。在实践中，搜集平台的类型与用以评估搜集的分析方法之间存在交互关系。同理，所用分析方法的类型也可能对搜集产生影响。尽管这种交互关系有许多方面，但搜集领域有两个特别重要的趋势可以影响分析。其一，搜集平台变得愈发先进，搜集到的技术数据远远多于往昔，测量与特征情报领域尤其如此。其二，在美国情报界的历史上，目前所能利用的开源情报比以往任何时候都多，主要是因为万维网的规模极其庞大。这两种趋势都要求我们在面对所搜集的内容与用以产生成品情报的分析技术时，在思考二者间关系之际，必须对思维方式进行结构性改变。因为二者涉及的可用信息比以前更多，造成的难题就是难以确定哪些数据对手头问题最重要或最相关。它还可能激励人们尝试缩小所面对问题的范围，但此举很容易导致过度简化，或陷入镜像效应等分析陷阱。[2]

---

[1] George, Roger Z. "The Art and Strategy of Intelligence." In *Analyzing Intelligence*, edited by Roger Z. George and James B. Bruce. Washington, DC: Georgetown University Press, 2008, 108.

[2] Gill, Peter, and Mark Phythian. *Intelligence in an Insecure World*, 3rd ed. Cambridge, UK: Polity Press, 2018, 95.

这两种趋势将会产生某些影响。第一，当所分析的数据来自某种科学搜集手段时，可能很难使用某些定性分析方法，因为很难将其中的某些数据转换成符合这些分析方法的格式。这就是**可通约性问题**（problem of commensurability），即分析人员能否让自己使用的分析词汇表，与搜集技术情报时使用的框架足够相似，因为如此才能对这些数据进行分析。第二，随着搜集愈发依靠开源情报，分析将愈发难于提供以往提供的"增值"，因为以往搜集的内容大部分都是秘密的。[1] 所搜集东西的性质不断变化，必然导致情报组织以相当谨慎的态度，去利用学术界和私人部门的专业知识。[2] 私人部门越来越多地采用创新技术集合，以此开展搜集和分析，预测各种各样的事件。例如，一些金融服务公司使用地理空间情报，跟踪沃尔玛停车场交通流量变化，以预测国内生产总值的增长情况：停车场汽车数量比上季度有所增加，说明消费者支出在增加。20世纪90年代末至21世纪初，中央情报局推出"开源倡议"（Open Source Initiative），为此加大了主动联系学术界和智库的力度。"开源倡议"后来形成机构，成为开源中心，再后来成为开源集团。利用学者和私人部门的知识力量，这种做法可以帮助美国情报界适应这些难以驾驭的趋势。

情报搜集的这些结构性变化还会产生另外一个影响，就是在情报分析中使用更加严谨的方法。自然，这在技术培训方面对潜在求职者提出了更高的期望，此种趋势已经明显体现在中央情报局、国家安全局和国家地理空间情报局的招聘公告中。美国情报界愈发期望其分析人员既能掌握曾在过去发挥了巨大效用的传统方法，又能使用今天及未来的更加尖端、更加成熟的手段。

---

[1] Lowenthal, Mark M. *The Future of Intelligence*. Cambridge, UK: Polity Press, 2018, 55.
[2] Lowenthal, Mark M. *The Future of Intelligence*. Cambridge, UK: Polity Press, 2018, 57–58.

> **职业聚焦：国家地理空间情报局分析方法学家（2019年）**
> 莱特-帕特森空军基地
>
> **职位概述**
>
> 分析方法学家应当掌握并运用定量和定性手段，提升针对复杂国家安全问题的分析水平。他们负责运用关于分析工具的知识，以开发模型，将数据可视化，并进行一系列分析（例如，系统分析和比较分析）。他们负责提供技术咨询和输入资料，用于开发、评估、使用和部署解决方案，以便优化地理空间情报的分析和生产。此外，他们还面向分析人员、管理人员和用户，提供可用于地理空间情报分析的解决方案和方法论。
>
> **教育要求**
>
> 教育：运筹学、地理信息系统（GIS）、地理学学士学位，或综合学习运筹学、数学、概率论、统计学、数理逻辑、科学等学科，或在需要具备大学数学或统计学学力才能完成的学科课程方面，总计至少完成24个学期学时。在这24个学期学时中，至少有3个学时必须是编码、数据分析或数据科学。
>
> 或教育+经验：在上段所列的任何学科领域，至少完成24个学期学时（36个学季[1]学时）的课程，其中包括综合学习运筹学、数学、概率论、统计学、数理逻辑、科学等学科，或在需要具备大学数学或统计学学力才能完成的学科课程方面，总计至少完成24个学期学时。在这24个学期学时中，至少有3个学时必须是编码、数据分析或数据科学。另外，必须在需要掌握并运用定量和定性手段，以加强情报分析水平的领域拥有工作经验，或必须曾经涉足相关领域，足以展示自己有能力成功履行与该项工作相关的职责。通常，每30个学期学时（45个学季学时）的课程计为1年经验。应聘者应当声

---

[1] 美国高校的学期制度有两种，学期（semester）制每年两个学期，学季（quarter）制每年三个学期。——译注

> 明自己的教育和经验总和已满 4 年。
>
> 工资：89762—137897 美元。
>
> 资料来源：https://apply.intelligencecareers.gov/job-description/20200075

最后，所搜集数据量大量增加，许多此类信息的技术性越来越强，因此情报人员必须有能力区分有用与无用，有能力识别敌方欺骗的潜在来源。这两种活动都与**批判性思维**（critical thinking）直接相关。批判性思维在情报分析中至关重要。尽管对批判性思维的定义仍然存在较大分歧，但大多数学者称批判性思维是人们思考事情的一种反思活动（reflexivity，即对思考进行思考），以及在他人主张真相时，质疑其背后可能隐藏动机的能力，所有这些的目的都是找出观点的起源。[1] 一些学者认为批判性思维是一种几乎不可能后天获得的属性，因为大多数人根本不会以这种方式看待世界。其他学者则肯定地认为这是一种可以通过训练获得的技能。不管人们在这场辩论中的立场如何，关于批判性思维在情报分析中的作用这个问题，大家已经有了强烈的共识。不会进行批判性思考的分析人员，工作成效将逊色于能够进行批判性思考的分析人员。

二、分析情报目标的方法

分析手段的类型各有不同，其定义方法也是五花八门。不久前，美国情报界采用了一种由七个类别组成的类型学。第一类是**分解和可视化**（decomposition and visualization），分析人员可将收到的情报任务分解为若干可管理部分，以图形方式表示这些相关问题如何相互关联，

---

[1] Cf. Moore, David T. "Critical Thinking and Intelligence Analysis." Occasional Paper 14. Washington, DC: Center for Strategic Intelligence Research, National Intelligence University, 2007; and Hendrickson, Noel. "Critical Thinking in Intelligence Analysis." *International Journal of Intelligence and Counterintelligence* 21, no. 4 (2008): 679–693.

并对如何安排项目可用时间进行任务组织。第二类是**观点生成**（idea generation），是在可用时间内，尽可能多地考虑所有概念。第三类是**想定情景和指标**（scenarios and indicators），鼓励分析人员思考当前趋势可能产生的不同结果，并找出是哪些可测量的驱动因素影响了这些可能的结果。第四类是**生成并检验假说**（hypothesis generation and testing），分析人员必须明确驱动因素与结果之间的关系，保证它们是可经受验检的，也因此是可证伪的（falsifiable）。先进的社会科学和有效的情报分析的标志，就是能够阐明在什么条件下某个主张是不正确的。在这两项工作中，人们发现更多的信息都是假的，不是真的。第五类是**评估因果**（assessing cause and effect），它也与社会科学直接相关。找出造成现象的原因，我们就可以预测未来事件。它还能让人们进一步了解这些事件的性质和重要性。第六类是**挑战分析**（challenge analysis），它可以发挥重要作用，减少可能导致分析偏差的认知偏见和群体偏见。第七类是**冲突管理**（conflict management），在分析过程结束阶段，彼此仍然存在分歧的分析人员或是解决分歧，或是找到一种方法，可以将他们相互竞争的分析结果共同呈现在情报产品当中，而且能够对用户有所帮助。根据目标的性质和情报任务的目的，可以使用这些分析方法中的部分或全部。以下是不同类型方法的一些例子。

（一）分解

上一节指出，**分解**（decomposition）这种方法，可以让分析人员将情报任务分解成更小、更易于管理的部分。这一过程提高了评估相关因素的精确性。但它也可作为潜在车闸，针对分析团队在可用时间内能够完成什么和不能完成什么等问题上，暂停人们过于夸张的期望，等待上级进一步下达任务。

> **范例：分解**
>
> 假设有一个分析团队奉命回答以下问题："A 国股市崩盘会有什么影响？"乍一看，这似乎是一个直截了当的战略情报问题。然而，如果我们把"影响"分成不同的潜在子项，这项任务马上就变得更加复杂了。日本是 A 国的贸易伙伴，这对日本经济会有什么影响？股市崩盘将以什么方式影响整个地区的经济？这对美国经济有何影响？对 A 国国内政治的潜在影响是什么？如果崩盘标志着 A 国国内生产总值增长发生长期转变，这将如何影响该国的军事战备和采购？崩盘会导致 A 国提出的重大倡议停摆吗？它会改变全球权力平衡吗？这些只是"影响"的部分潜在维度。哪些会受影响？影响在哪里？我们也可以把时间作为一项因素加以分解，即近期、中期和长期影响。把一个宏大的问题从时间和空间的角度，细分为一系列更加重点更加明确的子项，可以帮助分析人员根据这些子问题的重要性及与团队成员教育背景和培训的关系，对它们进行排序。

分解可以在分析人员的任务管理中发挥至关重要的作用，这样一来，分析人员就可以首先"攻击"最重要的问题。复杂问题可以简化为若干较小的部分，按顺序逐一解决。当因政治理由获得任命的官员或其他领导人提出情报要求时，这些优势尤其重要，因为他们可能不太了解相关事务，或不太了解所提问题的性质。但分析人员必须谨慎，不要过度淡化原始问题，以至于让自己的方法显得过于狭隘，进而对决策者毫无裨益。分解可以与其他手段（如用户清单法）完美结合，以确保最初的研究问题得到充分解决。

（二）网络分析

网络分析（network analysis）使用图形化的方式，呈现情报目标与其他行为体及机构之间的关系。人们曾经成功地用它来研究有组织犯罪家族、武器贩运者和恐怖分子的内部构成和关系。好莱坞电影在刻画这种方法时,通常是把黑手党头目的照片贴在墙上或写字板上,以此表示该组织人员的上下级指挥链条。用彩色标记手工绘制这种关系,以此表示不同类型的关系,仍然是以可视化方式表示联系的有效做法,如果情报目标是分析小组成员并不熟悉的群体,或是仅用口头或书面描述难以理解的群体时,更是如此。

范例:网络分析

在图12-1所示的案例中,我们将以图形方式表示在一个假想的"伊斯兰国"小分队中,各个下级指挥官之间的关系网络。粗线是小分队头目与其手下间的姻亲关系,细线并不反映这种关系,只是小分队内部的关系网络。

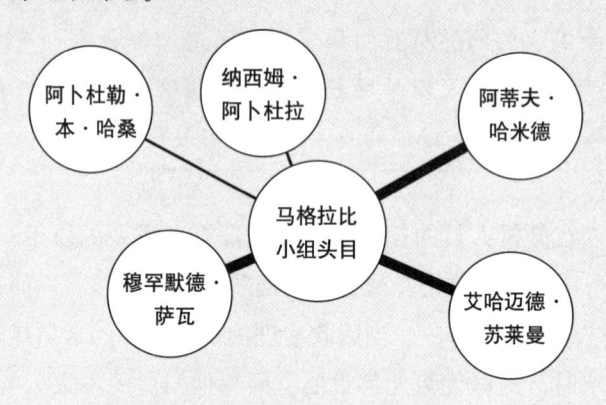

图12-1 假想的利比亚境内某"伊斯兰国"小分队(A)

在图12-2中,我们对小分队里负责实际发动恐怖袭击的人员进行建模。在这张网络示意图中,线条代表小分队中真正参与攻击的人员。

进行网络分析之后,我们现在对这个恐怖小分队有了更加清晰的认识。似乎姻亲关系意味着更大程度的信任,更加安全的个人交流,或小分队头目只会使用自己亲属的其他理由。然而,要想确定确切原因,并排除它仅仅是巧合的可能性,则需要更严格的方法来确定因果关系。

图12–2　假想的利比亚境内某"伊斯兰国"小分队（B）

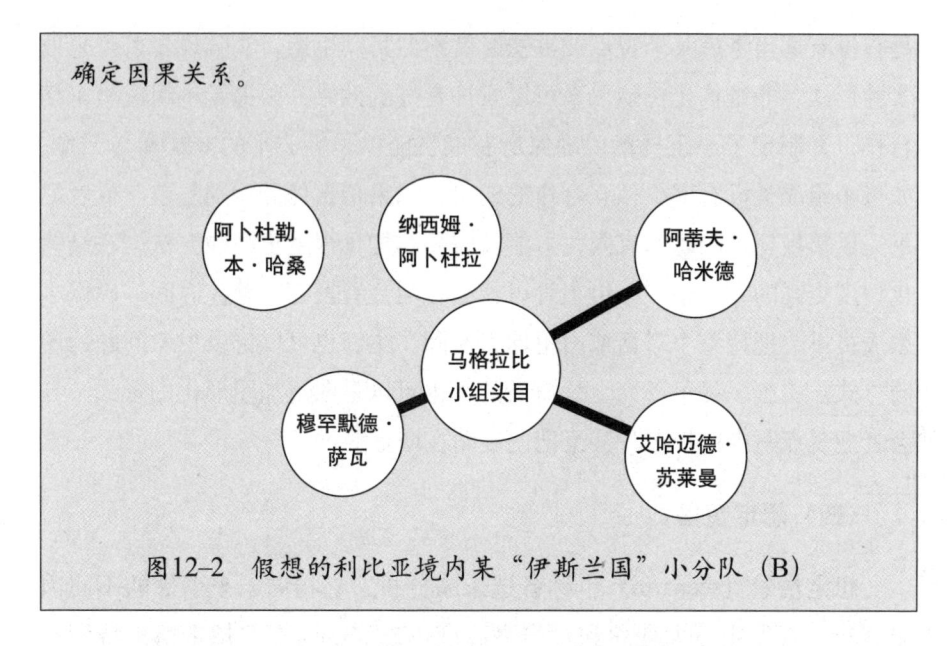

美国情报界还使用各种不同的软件包，以更规范的手段来分析网络，此举既提供了前文提到的复杂性的可视化表达，也是一条现成的通道，让人可以采用其他方法，对这个组织及其决策过程进行推论。网络分析可以与其他手段相结合，帮助建立网络节点之间的因果关系。对一个组织的领导层开展案例研究就是这样一种方法。人们可以通过 Palantir 或其他软件，建立决策树或影响模型等更加规范的框架，明确起源于特定行为体的事件链。运用统计分析可以识别出各行为体开展交流时的相互关系，随后开展的行动也可以揭示出，在该组织中谁可能有权指挥特定类型的行动。这种方法类似信号情报的流量分析。

（三）头脑风暴

大多数人都很熟悉**头脑风暴**（brainstorming），知道它是确定论文选题或类似学术活动的手段。在美国情报界，头脑风暴具有多种不同的功能。尽管头脑风暴确实可以培养创造力，但它的主要功能是让参与者少受先前思维定式的影响。一个人的先入之见可能会导致他不去考虑所有选项，或是在没有适当考虑某个观点或方法时就断然将其拒绝。头脑风暴可以采取多种形式。非结构化头脑风暴可以发挥良好的效果，前提是小组成员密切合作，并制定了小组规章以确保所有成员能以平等公平的方式参与工作。如果小组成员没有多少相互合作的经验，如果情报任务特别复杂，或者如果完成情报评估的时间有限，可能就需要结构化程度更高的方法。在结构化程度更高的方法中，小组主管可能会在与会者发言时管控时间，确保小组成员不会把持整个对话或占用他人时间。主管也可以记录思考问题的不同方式。头脑风暴可以完全是口头的，也可以采取更加图形化的形式：与会者把观点写在白板上，甚至把便签贴在墙上。

（四）想定情景

想定情景（scenario）也称备选未来分析，它指向未来事件的不同因果路径。在发生巨大变化和对未来高度不确定的时期，想定情景特别有用。例如，在1991年苏联解体前的几个月里，情报分析人员拟定多种想定情景，涵盖了各种潜在最终状态。[1] 想定情景在处理复杂情报目标时也特别有用。许多战略情报任务都要求分析人员预测民族国家或与国家有关的大型组织（如军队）的政策选择。这在本质上是一项极具挑战性的工作，其中存在许多不断变化的部分。在此背景下，需要再次强调的是，其他国家的选择在一定程度上取决于美国的选择，但这种局面会迅速变得复杂，因为我们要考虑到美国政策制定者可能调整本国决策，目的是防备敌方行动，同时这些对手也会做出同样的安排。一系列通往未来的备选路径将会迅速发展变化。一些非国家行为体同样难以预测，因为它们的决策过程有时更不透明，比如恐怖主义团体就是如此。这些团体做出各种决定后，利用想定情景分析可以帮助我们了解这些决定对未来的影响。

创建想定情景时，需要识别情报目标的哪种特定驱动因素可以影响其所做决策。例如，前文提到的苏联解体中，解体的主要驱动因素是苏联各

---

[1] Director of Central Intelligence. Special National Intelligence Estimate 11-18.2-1991. Washington, DC: September 1991.

民族的民族主义不断高涨。一旦确定驱动因素，我们就可以做出具体假设，设想这些驱动因素将以怎样的方式发挥作用，彼此结合，进而影响未来事件。要想做到这一点，需要为每个驱动因素分配不同的值或等级，从而生成多组假设，以及这些假设生成的多个未来路径。

使用想定情景方法是一种有效提醒，可以让人重视社会系统中的偶然性。在社会科学中，马克斯·韦伯（Max Weber）有段话的引用频率最高，他说："'观点'（idea）创造出的'世界图像'，就像扳道工的作用一样，可以决定兴趣动力所推动的人类活动轨迹。"[1] 想定情景可以帮助我们识别"扳道工"到底是什么观点，这些观点可以决定领导者的选择合集。此外，在使用想定情景方法时，我们必须敏锐意识到一个事实：当面对不熟悉或流动性极强的环境时，人们倾向于使用类推的方法进行推理。他们这样做是合乎理性的，而且可以帮助他们组织思维。但他们必须谨慎，因为只有类比正确时，这种做法才会有所帮助。例如，在导致1965年美国对南越部署地面部队的讨论中，政策制定者及其顾问不断援引《慕尼黑协定》作为类比。然而，关于美国出兵越南的潜在未来路径，更加贴切的类比基本没有得到研讨，比如朝鲜战争，以及法国为保留印度支那殖民地而发动的灾难性战争。[2] 分析人员在处理所研究案例的驱动因素和假设时，以及确定事件的潜在路径时，如果使用类比推理，就必须保持谨慎。事实上，如果分析人员发现自己在拟定想定情景时过于依赖类比，就应该考虑放弃想定情景，转而使用结构化类比，以此作为分析手段。

（五）指标

指标（indicator）是用于跟踪变化的事件驱动因素，也是这些驱动因

---

[1] Weber, Max. *From Max Weber: Essays in Sociology*, translated and edited by H. H. Gerth and C. Wright Mills. New York, NY: Oxford University Press, 1946, 280.
[2] Khong, Yuen Foong. *Analogies at War: Korea, Munich, Dien Bien Phu, and the Vietnam Decisions of 1965*. Princeton, NJ: Princeton University Press, 1992.

素在一段时间内形成的相应影响。研究指标的方法之一，是把它看作一种温度计。随着室外温度升高，许多不同的影响往往会出现。人们倾向于更加频繁地外出，参加体育赛事的人数增加，人们也倾向于更加频繁地旅行。几个不太显著的趋势也与这一指标的变化有关。随着气温升高，犯罪活动开始上升，枪支暴力事件在夏季将会激增。温度下降后，也会出现一系列与这种指标变化相关的其他人类行为。

要让指标对情报分析人员有用，必须具备以下几个特征。第一，它必须明确显示所测量的内容。第二，它必须是可靠的，这意味着它在使用时，在不同分析人员之间，以及跨分析团队之间必须是相对可以互换的。第三，它必须在一段时间内一直有用，以便在许多年甚至几十年的跨度上进行比较。第四，它应该是不可还原的。虽然指标往往彼此相互关联，因为它们都与其试图代表的同一现象有关，但它们的属性应尽可能少地渗透到其他指标中。

有了指标，我们就可以观察各种明显但不太直观的行为，了解它在一段时间内的变化。然而必须强调，指标并不是直接原因，它可以影响行为，并放大其他因素的影响。指标也可以是一种可观察的呈现，反映出更深层或更隐蔽的活动。最好认为它是在提示人们关注社会现象的时长、特征或活动范围，并不能决定结果，或打乱个人或群体的决定。民族国家、私人公司和非政府组织使用多种量化指标，以此评估国家的表现：从评级机构用以评估风险的信用评分，到各国用来指导外国援助分配的腐败指数，不一而足。指标是衡量国家权力的常用度量，也可影响国家的声誉。[1] 情报机构会在各种分析任务中使用这些指标。其中最突出的例子就是战略预警，即使用政治和军事指标，力求减少意外。[2]

---

[1] Kelley, Judith G., and Beth A. Simmons. "Introduction: The Power of Global Performance Indicators." *International Organization* 73 (Summer 2019): 491–510.

[2] Grabo, Cynthia M. *Anticipating Surprise: Analysis for Strategic Warning*. Bethesda, MD: Joint Military Intelligence College, Center for Strategic Intelligence Research, 2002.

> **范例：1941年6月22日德国进攻苏联时的侵略指标**
> - 1941年3—6月，德国侦察机高空飞越次数增加。
> - 1941年3月，德国军队开始在波兰集结。
> - 1941年5—6月，德国军队开始运动，进入匈牙利和罗马尼亚。
> - 1941年5月，德国人放慢向苏联交付工业机械的速度。
> - 有报道称，1941年6月，在被占波兰境内与苏联交界的地区，德军士兵穿着便服，修缮道路桥梁。
> - 1941年6月，在德国边境，重型车辆往来的声音越来越大，频率越来越高。
> - 6月21日德国大使会见苏联外长，在苏方问及越来越多的谣言称冲突即将爆发时，这位大使却闪烁其词。
>
> 请注意，这份相关性指标清单是单独上报的。除此之外，苏联领导人约瑟夫·斯大林通过德国军事和外交机构内部的线人，获得了非常具体的人力情报，而且美国国务院和英国大使也向苏联提交多份报告，警告称袭击将至。即使剔除被斯大林忽视的优质情报搜集，剔除英美政府提醒苏联注意威胁愈发严峻的努力，上述指标也可以表明德国的行为模式指向进攻将至。考虑到这些指标质量可靠，德国人本不太可能在长达1500英里（约2400公里）的边境线上实现战术突然性，并成功欺骗苏联高级领导层。

指标可以是定性的，正如上述例子所示的那样，但许多常用指标是定量的。国民生产总值增长放缓、失业率上升和消费者信心下降，这些都是潜在衰退的指标。指标也可用来评估不如经济度量那么明显的一些潜在关系，比如应征入伍适龄男性人数增加与冲突爆发可能性的关系、某国美元数量激增与贩毒存在的关系，或30岁以下人口激增与社会运动兴起的关系。针对各单项指标进行跟踪和测量后，得出的数据可以集成到其他各种分析方法或模型当中，比如中央情报局用以衡量国家实力的历史模型。

> **范例：各项指标与中央情报局的国家实力模型**[1]
>
> Pp = (C + E + M) × (S + W)
>
> Pp 代表实力潜力（power potential）；
>
> C 代表临界质量（critical mass），按领土＋人口计算；
>
> E 代表经济（economy），按自然资源＋经济系统计算；
>
> M 代表军事力量（military power），按现有兵力＋潜在兵力－时间计算；
>
> S 是战略目的（strategic purpose），包括文化因素、政府中的派系势力、联盟、情报能力等；
>
> W 评估的是意志（will），这是一个非常复杂的指标，涉及领导力、国家历史或与外国的关系及冲突等。
>
> 20世纪80年代，中央情报局使用这个模型来评估一个国家的实力。请注意它是如何利用现有和潜在的军事力量等多项指标的，如何将它们与文化因素和领导力等不容易体现为指标的其他因素结合起来的。

（六）系统分析

这个方法源于二战之后，是科学领域方法论日益严谨的产物，在此期间，社会科学家开始从其他学科引进和合并各种概念。系统论源于生物学家，是他们反对过分关注单个生物体时所做的反应，因为生物学家希望在考察多个物种时，能将它们看作生活在相互作用的群体中、彼此相互联系的个体。**系统分析**（systems analysis）广泛应用于许多学科，包括生物学、计算机科学、数学、政治学、组织经济学、社会学和商学。所有形式的系统分析都有几个关键焦点。第一，强调整体论，认为一个系统的不同部分

---

[1] Jordan, David C. Former US ambassador to Peru. Personal communication. University of Virginia, 1997.

应当组成一个整体。第二，系统不同部分之间的相互作用，能够产生更大的整体影响力，大于将系统每个单项部分的影响简单相加之和。中央情报局前高级分析人员罗伯特·克拉克曾很好地捕捉到这些焦点，他的方法是测量三个相互依赖的因素：结构、功能和流程。克拉克说："结构是由系统各组成部分及它们之间的关系定义的。功能是系统产生的效果或结果，也就是输出。流程是指产生结果的事件顺序或活动顺序。"[1]

> **范例：系统分析**
>
> 系统的规模大小不一，小到最小的生命形式（原生生物），大到国际系统（所有政府间组织、民族国家和能以系统架构运转的非政府组织）。我们可以分析每个系统的结构、功能和流程，以确定系统如何提高各个组成部分的效力或效率，以及如何解决关键的系统漏洞。我们将更加详细地探讨以下几个案例。
>
> **微观层面：M1-A2 艾布拉姆斯主战坦克**
>
> 当人们看到像 M1 这种巨型坦克时，往往会把它当成一个单独的物体。在现实中，坦克、战斗机和军舰等大型武器都是某种系统，由结构、功能和流程等各个部分组成。在 M1 的案例中，它的结构是 120 毫米主炮、各类弹药（高爆弹、贫铀穿甲弹和反步兵榴弹）、坦克的陶钢混合装甲、辅助武器（0.50 英寸即 7.62 毫米机枪）、1500 马力涡轮发动机、复杂的红外瞄准系统、机载计算机和坦克乘员。这个系统的功能将这些不同的部件联系在一起，以完成各种作战任务，从坦克对坦克的战斗，到坦克步兵提供的支持，甚至是有限的防空能力，不一而足。系统的流程要素可以统一这个结构的各个组成部分，如乘员训练、武器操作及坦克在战斗中的运动等要素之间的联系。艾布拉姆斯坦克是一个很好的案例，可以通过分析，说明系统是如何优于各部分相加之和的。尽管 M1 的设计已经有长达 40 年的

---

[1] Clark, Robert M. *Intelligence Analysis: A Target-Centric Approach*, 5th ed. London, UK: SAGE, 2017, 39.

历史，但它仍是世界一流的武器系统，这得益于其结构形式、战场功能和操作流程三位一体的卓越统一。

中观层面：俄罗斯的防空系统

保护国家领空的手段并不仅限于战斗机巡逻。事实上，大多数先进工业国家都拥有某种形式的防空系统，通常是将各种不同的探测技术和国防资产集成到一个系统中。尽管俄罗斯防空系统的某些部分依赖几十年前的技术，但它仍然是世界上最先进的一种手段，因此也是攻击机最难突破的一种手段。

与其他系统一样，俄罗斯防空系统将结构、功能和流程结合在一起。这个系统的结构要素是各种拦截飞机，涵盖苏-27、米格-25、米格-29、米格-31，以及最新的苏-57隐形战斗机。引导这些战斗机的是空基雷达跟踪飞机、别里耶夫设计局A-50预警雷达飞机和固定陆基系统，它们能够跟踪数百公里外的目标。陆基跟踪系统包括先进的"向日葵"低频超视距雷达系统，但它探测隐形飞机的能力有限。跟踪雷达连接各种地对空导弹平台，组成多层防护，最外圈由S-200和S-400地对空导弹保护，射程可达800公里，另外还有就近部署的武器，它们负责保护固定阵地，比如"铠甲"S-1系统，它既有高射炮，又有导弹。海基"现代"级导弹驱逐舰也可以执行跟踪任务，开展地对空导弹[1]行动，但其先进程度逊色于配有"宙斯盾"的美国导弹巡洋舰和驱逐舰。在此背景下，俄罗斯防空系统的功能维度将描述该系统各组成部分如何针对不同威胁进行部署；其流程维度则强调如何借助计算机和通信组件进行管理，这种方法被美国军方称为C^4ISR，即指挥、控制、通信、计算机、情报、监视和侦察。

---

[1] 这种导弹英文为surface to air missile，严格意义上讲"surface"应当译作"面"，指的是地面和水面。但因其往往部署地面，所以通常译作"地对空导弹"。——译注

宏观层面：抵押贷款证券的国际市场

抵押贷款证券（MBS）的国际市场是有史以来最复杂的系统之一，2019 年价值超过 9.7 万亿美元。[1] 但这一数字掩盖了与抵押贷款证券相关的资金总额，考虑到与之挂钩的衍生品市场，实际规模可能高达该数值的数倍。抵押贷款市场崩溃的原因正是这些金融工具，它们被称为担保债务凭证（CDO），正是它们引发了 2008 年的大衰退。

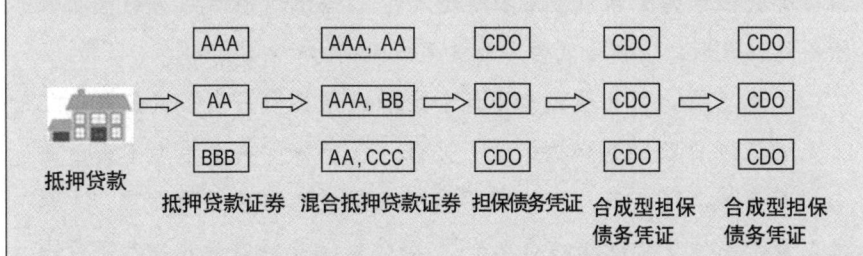

```
                 AAA      AAA, AA    CDO      CDO       CDO
   🏠    ⇒    AA   ⇒    AAA, BB ⇒ CDO  ⇒  CDO   ⇒  CDO
              BBB       AA, CCC   CDO      CDO       CDO
抵押贷款      抵押贷款证券  混合抵押贷款证券 担保债务凭证 合成型担保    合成型担保
                                              债务凭证      债务凭证
```

个人买家从银行获得抵押贷款，以此购买房屋。交易完成后，银行将数千份住房抵押贷款打包形成"分档"（tranch），再由标准普尔公司和穆迪公司等信用评级机构对其风险进行评估。评级打分最高为 AAA 级（最优），最低为 CCC 级（垃圾）。然后，银行将这些"分档"以证券形式出售，购买者可以是其他银行等大型机构，也可以是个人。抵押贷款市场在 21 世纪初大肆扩张，此后更多的人买到正常情况下没有资格贷款购买的房子。为了增加利润，银行越来越多地将不同评级的房屋混合在一起，打包形成"分档"，以制造出更多的抵押贷款证券产品，其中 AAA 级抵押贷款会与 AA 级甚至 CCC 级混合在一起。但评级机构并没有采取措施，对这些混合"分档"分别进行评估，而是将这些混有大量 CCC 级抵押贷款的证券产品评为 AAA 级。此外，由于抵押贷款被认为是最安全的投资形式之一，

---

[1] Trefis Team. "Mortgage Backed Securities Held by US Commercial Banks Surpasses $2 Trillion Cause for Concern." *Forbes*, December 9, 2019. https://www.forbes.com/sites/greatspeculations/2019/12/09/mortgage-backed-securities-held-by-us-commercial-banks-surpasses-2-trillion-cause-for-concern/#48cd524f4358.

抵押贷款证券产品变得高度杠杆化。银行制造担保债务凭证，本质上是投资者对抵押贷款证券真实价值所下的赌注。接下来其他银行购买这些担保债务凭证，并将其重新打包后二次出售，即"合成型担保债务凭证"，它是对投资者所下赌注的再次下注。这种担保债务凭证链条经常因为种种因素，超出抵押贷款证券的原始面值，况且抵押贷款证券本身因为混合"分档"的缘故，价值已被高估。因此，抵押贷款证券的债券面值原本可能只有25美元，在变成合成型担保债务凭证之后，价格会变为300美元或更高。

雷曼兄弟和高盛等大型银行和金融服务公司买卖了价值数千亿美元的抵押贷款证券和担保债务凭证，往往很少甚至根本不去注意由此而来的风险。此外，他们不断增加提供给购房者的贷款，力求扩大自己抵押贷款证券的"池子"，具体做法是经常贷款给入不敷出的购房者。购房者无力支付抵押贷款，抵押贷款证券"分档"中风险较高的抵押贷款就变成坏账，由此开始了一连串的坏账，使得雷曼等公司无法对购买了抵押贷款证券和担保债务凭证的投资者履行义务。几家非常大的贷款机构破产，其他的则被廉价收购，数千家小型地区银行倒闭。贷款行业系统性崩溃，引发了全球性的大规模衰退，数百万人失去了工作和房屋。

尽管抵押贷款证券市场上并没有M1坦克的主炮，也没有俄罗斯防空系统中的先进战斗机机群，但它的破坏力却比这两者更强大。它对世界经济造成的损失总计超过15万亿美元，因此抵押贷款证券等金融系统是值得作为情报目标进行分析的，因为它们可能改变全球实力结构。

系统分析有许多优点。因为它迫使分析人员在研究群体和个体行为体时，必须将其视为更大综合整体的组成部分，所以我们更可能去考虑行为背后的相关驱动因素，而不是在研究时将这些行为看作原子式[1]或独立的

---

[1] 原子是构成物质的最小独立单位，在此表示独立存在之意。——译注

因素。此外，系统分析还让我们看到，正是因为在系统中，能够让系统整体效果大于各局部总和的这些因素彼此相互作用，才导致了某个结果。这使我们可以解释为什么一些军队能够战胜武器更加精良、人数更多的对手，比如1940年德军对战法国时就是如此。德国坦克的装甲和火炮弱于法国，坦克、大炮和部队的数量也少于法国。德国国防军之所以获胜，是因为其人员和武器平台作为组成部分，构成了一个更加先进的系统。这个系统在战斗时使用联合武器战术，通过现代无线电，实现了空军、装甲和火炮的一体化。反过来，系统分析也可以解释为什么复杂的现代系统不能战胜不太复杂的对手。[1] 最后，系统分析还可以让我们注意到灾难性系统故障中的潜在风险，例如核电厂发生事故，或几架美国航天飞机被毁。[2]

图12-3　M1-A2主战坦克[3]

资料来源：Staff Sgt. Austin Berner, US Army, January 29, 2020

---

[1] Berner, Austin, Army Staff Sgt. "Tank Trail." US Department of Defense, January 29, 2020. https://www.defense.gov/observe/photo-gallery/igphoto/2002243698/.
[2] Connable, Ben, et al. *Will to Fight: Analyzing, Modeling, and Simulating the Will to Fight of Military Units*. Santa Monica, CA: RAND, 2018.
[3] Perrow, Charles. *Normal Accidents: Living With High-Risk Technologies*. Princeton, NJ: Princeton University Press, 1999.

（七）案例研究

一直以来，社会科学家和情报官员对**案例研究**的理解差异极大，但情报官员使用的最古老的一种分析方法正是它。目前，美国情报界开始以更大的兴趣，运用社会科学家使用的方法。这种方法可用于检验和生成假说，也可以评估因果关系。案例研究可以深入研究某个现象的一个或多个实例，表述和探讨该案例的各个组成部分。如果研究的案例有一个以上，就可进行交叉案例比较，以揭示该案例特征中的共同模式、各案例中的显著模式突破，以及不同结果的潜在原因。案例研究可用于分析宏观变化，比如帝国的崩溃或经济体系的演变。[1] 反之，案例研究的方法也可用于分析某个民族国家、行业、恐怖组织，甚至某个个人。在美国情报界，人们经常对著名的政治、军事、经济和文化领导人进行案例研究，以评估可能影响他们决策方式的医学或心理事项，并评估这些情况对美国利益的潜在影响。

案例研究能够以多种不同的方式开展。在中央情报局医学与心理分析中心，对领导人的健康和心理进行评估时，会使用医学和心理领域特有的技术手段。[2] 但对国家或其他组织进行分析，更多还是采用社会科学家和情报分析人员使用的常规手段。著名政治学家哈里·埃克斯坦曾在某部著作中贡献了开创性的一章，以叙事方法列出五种不同类型的案例研究。[3] 第一种是个案案例研究，是对某个案例的配置所做的详细描述。第二种是可控配置式案例研究，是应用以前案例研究的成

---

[1] 例如，参见 Pierson, Paul. "Big, Slow-Moving, and ... Invisible: Macro-Social Processes in the Study of Comparative Politics." In *Comparative-Historical Analysis in the Social Sciences*, edited by James Mahoney and Dietrich Rueschemeyer. Cambridge, UK: Cambridge University Press, 2003。

[2] Clemente, Jonathan D. "CIA's Medical and Psychological Analysis Center (MPAC) and the Health of Foreign Leaders." *International Journal of Intelligence and Counterintelligence* 19, no. 3 (2006): 385–423.

[3] Eckstein, Harry. "Case Study and Theory in Political Science." In *Handbook of Political Science*, edited by Fred Greene and Nelson Polsby. Reading, MA: Addison-Wesley, 1975.

果，寻找各案例之间的连续性或不连续性。第三种是启发式案例研究，本质上是探索性的，目的是探究某个案例，为其他后续研究人员提供新的见解，让他们能以更加严谨的方法进行后续研究。第四种是合理性调查，试图将新的概念应用于一个案例，目的是提出"如果这样该怎么办"的问题。第五种是关键案例研究，是用一个案例来测试对所研究问题至关重要的概念或模型。例如，如果分析人员试图预测几个非常强大的国家是否可能爆发战争，那么研究两次世界大战（大国战争的典型案例）的做法，可能会揭示当前案例中的潜在因果驱动因素和危机动态。

埃克斯坦的案例研究类型学至今仍然有效。然而，社会科学中定性方法的最新工作进展，已经带来了开展案例研究的更多其他方法，比如因果机制法及过程追踪法，前者可以识别环境、认知和关系等驱动因素，后者在微观层面采取时间排序的形式，可以揭示宏观层面事件的原因。[1] 在情报分析人员眼中，芝加哥大学社会学家查尔斯·拉金发明的**定类比较法**（nominal comparison）极其重要，因为它比许多结构化分析方法中使用的方法早30多年。[2] 拉金在案例研究方法中使用一种定类编码的方案，在分析多个不同案例的时候，在描述事件的候选原因时，输入1代表"存在"，0代表"不存在"。由此得出的表格，揭示了更有可能推动事件发生原因的潜在配置或组合。

---

[1]　Tilly, Charles. "Mechanisms in Political Processes." *Annual Review of Political Science* 4 (2001): 21–41; and Checkel, Jeffrey T. "Process Tracing." In *Qualitative Methods in International Relations: A Pluralist Guide*, edited by Audie Klotz and Deepa Prakash. New York, NY: Palgrave Macmillan, 2008.

[2]　Ragin, Charles C. *The Comparative Method: Moving Beyond Qualitative and Quantitative Strategies*. Berkeley: University of California Press, 1987.

范例：定类比较法

我们仔细探讨查尔斯·拉金的可控跨案例比较法。这种定类比较法可以像在表12-1中那样使用，发挥启发式作用，又或者可以评估因果关系，只不过样本国家的人口数量较多。在比较多个案例时，我们可以使用一组常见的潜在因果变量，并对这些变量使用布尔方法进行编码，"1"表示存在，"0"表示不存在。对于"引起革命的原因是什么"这一研究问题，我们考察了三个重要的案例。测试使用的相关变量来自关于该项主题的主流学术研究趋势。例如，有假说认为革命是自由主义性质的，这种观点来自汉娜·阿伦特（Hannah Arendt）的《论革命》（*On Revolution*）；也有论点指出大规模农民起义会引起革命，这主要来自西达·斯科切波（Theda Skocpol）的《国家与社会革命》（*States and Social Revolutions*），它是社会科学史上被引用次数最多的书籍之一。

表12-1 革命的原因：定类比较法

	农民起义？	自由派？	战争？	相对剥夺（贫穷）？	国内民族冲突？	精英领导？
美国独立战争（1775—1783）	0	1	1	0	0	1
法国大革命（1789—1799）	1	1	1	1	0	1
俄国革命（1917—1923）	1	0	1	1	1	1
总分	2	2	3	2	1	3

我们看到出现了多种模型。在这些案例中，多数案例的国内民族冲突似乎没有起到多大作用，而战争和精英领导是这三个案例中都存在的潜在原因。接下来，我们可以通过过程追踪法或其他方法

> 进行调查，以找出特定动力，从而更直接地将原因与结果联系起来。同样，我们可以使用定类方法评估更多的案例。如果对十几个或更多案例开展分析，可能在总分上产生更大的差异，正因如此，从这些结果模型得出的所有因果推断都将更加有效。

拉金的布尔方法具有简单易用的优点。然而，不同于每个变量有两个以上值的编码方案，拉金的模型不能很好地处理歧义问题。例如，在上表中，在这三个重要的历史性革命案例中，"战争"变量的编码都显示为"存在"。但在美国独立战争中，法国和西班牙分别在1778年和1779年才向英国宣战。因此，具有两个以上值的编码方案，可以对"战争"这个变量进行更好的度量，也就是将其变为定序数据。如果熟悉拉金模型，就可以很容易地调整方向，转而使用结构化分析方法。在此过程中，有些分析方法需要利用外部专家来建立知识库，并使用类似的编码方案。

（八）定量方法

前面章节已经阐明，情报工作就是将搜集到的信息转化为成品情报，并分发给决策者。这一过程有别于传统的政策分析，体现在以下几个方面。第一，它涉及的部分信息是秘密的。第二，需求方提出的问题，可能涉及一定程度的不确定性和风险，而且这些风险和不确定性不同于常规政策事项。最重要的是第三点，如果需求方提出的问题可以通过来自社会科学或自然科学的常规分析工具来回答，那就没有必要向美国情报界下达任务。情报组织每次动用自己的资产，无论是人力资产还是技术资产，都是一种冒险，有可能向敌人暴露自己的来源与手段。

在对所搜集数据进行评估时，我们常用的分析工具都会包含上述所有考虑。统计分析需要用到大量信息，涉及许多案例，通常称为**大N研究**，N代表一个群体样本中案例的数量。如果我们想通过样本做出推论，并且让这个推论适用于更加庞大的群体，那么N最小为30。即便如此，最好能有数百个甚至数千个观察样本，因为样本数量增加，就能极大提高研究成果对内和对外的有效性。在分析这些大样本时，研究人员可以运行双变量分析（chisquare）、逻辑回归分析、概率分析、线性回归分析、时间序列分析和其他统计方法，以此估计各变量之间的关系。近50年来，中央情报局已经开始采用上述某些方法，以支持对选举、冲突动态、演讲内容及其他政治情报开展的分析。[1] 但在分析某些与情报有关的问题时，我们根本无法达到30个样本数量，遑论数百。通常，此类研究课题让我们必须使用定性分析方法。然而，正如本章开篇指出的，情报搜集在过去几十年中历经发展演变，扩大了一些机构数十年来一直使用的定量方法所能起到的作用。数据的数量和性质都发生了显著变化，更多关于社会行为的指标得到应用，用来推导关于普遍群体的推论，预测不同个体的行为。这些变化意味着，在美国情报界，应用定量方法的分析活动的数量远胜从前。

> **范例：德国坦克问题**[2]
>
> 当美国坦克乘员遇到德国五号坦克"豹式"时，他们发现自己的谢尔曼坦克在火力和装甲方面都明显不如德国。有人担心，如果德国能派出足够数量的豹式坦克，美军伤亡将会增加，德军甚至可能在西线保持僵局。如果豹式坦克成为战场上德军的主力坦克，美国就必须设计一款全新的主战坦克与之匹敌。因此，估算豹式坦克的产量便成为情报分析人员的关键任务。但他们在搜集这方面的信息时，并非必须通过人力情报或技术搜集等手段，而是使用了一种简单的方法：统计推断。以被毁或俘获的豹式坦克作为样本

---

[1] Heuer, Richards J., Jr., ed. *Quantitative Approaches to Political Intelligence: The CIA Experience*. New York, NY: Routledge, 1978.

[2] Statistics How To. "German Tank Problem." Accessed September 27, 2020. https://www.statisticshowto.com/german-tank-problem/; and Wikipedia. "German Tank Problem." Last edited September 3, 2020. https://en.wikipedia.org/wiki/German_tank_problem.

群体,利用它们的序列号,分析人员就能够估计德国坦克产量,如下所示:

$$N=m+(m/n)-1$$

N代表群体最大值,m代表样本最大值,n是样本量。假设我们有10辆俘获的豹式坦克,其序列号为9、23、44、52、64、88、91、103、176和200。于是N=200+(200/10)-1,结果为219。因此,我们通过样本得出结论,认为群体最大值,也就是估计豹式坦克总产量为219。

在这个历史案例中,盟军情报官员估计,如果德国将坦克生产能力全部用于生产豹式坦克,每月可以生产大约1400辆豹式坦克。在搜集了几个月的战场序列号数据后,情报分析人员使用这个公式,得出一个估计值。计算结果是估计德国每月最多生产246辆豹式坦克。战后,从德国军备记录的数据可以看出,实际数字是每月245辆,非常接近统计估计。

越来越多用到定量方法的领域是"大数据",即积累大量关于个人的信息,包括消费品购买、纳税、婚史和约会历史、朋友、职业关系、互联网浏览历史、逮捕记录、旅行,以及其他数千个数据点。将这些数据整合并转换,然后填入预测模型,这是一项非常复杂的任务。美国情报界自我调整以适应大数据的例子有很多,包括国家情报总监办公室下设的颠覆性技术办公室、国家反恐中心的恐怖分子身份数据库环境、国家安全局的特殊来源行动搜集项目、联邦调查局的恐怖分子筛查数据库,以及中央情报局不久前成立的数字创新处。此外,情报界对新方法的接受程度不断提高,因此从决策科学中派生出的分析也得到加强。情报界现在有两个资金充裕的项目,它可以利用这些项目,直接吸收学术界、智库和私人部门取得的进展。国防部启动密涅瓦研究倡议(Minerva Research Initiative),支持民间院校和学者在军方教育机构开展研究,以推动可用于支持安全政策的分析方法不断向前发展。[1] 同样，国家情报总监办公室出资支持情报高级研究项目活动（IARPA），旨在寻找合适的方法，应用社会科学和自然科学的最新进展及私人部门的技术发展。[2] 这方面的例子是情报高级研究项目活动支持的"良好判断力计划"（GJP）。良好判断力计划由美国宾夕法尼亚大学心理学教授菲利普·泰洛克创建并负责管理，面向来自各种背景的学生，教授他们如何成为"超级预测者"。泰洛克的学生使用统计学、心理学和经济学中的一些简单方法，在分析预测比赛中，与有权接触绝密或敏感"隔离"信息的美国情报界成员相互竞争。这些"超级分析人员"只使用开源情报和泰洛克的方法，表现却一直优于情报界培养的分析团队。[3] 此外，泰洛克的学生有办法分析自己哪里出了问题，并随着时间的推移提高自己的预测精度。这时，他们依赖的同样是来自统计数据的见解。泰洛克曾经"无耻"地表示："超级预测者永远是贝塔版[4]。"[5]

情报领域有学者担心，美国情报界的领导层过于轻易地接受了大数据，可能很容易被说服，从而认为定量情报分析方法应当取代现有的分析手段。吉尔和菲希安曾简明扼要地指出："数据福音——如果可以这样称呼的话，是一种潜在的危险。"[6] 他们的怀疑是有确凿根据的。退休海军上将詹姆斯·波因德克斯特（James Poindexter）是里根政府时期的国家安全顾问，在"9·11"袭击过后的几年里，他试图在美国国家安全局旗下创

---

[1] Minerva Research Initiative. Accessed September 27, 2020. https://minerva.defense.gov/.

[2] 参见 Office of the Director of National Intelligence. "IARPA." Accessed September 27, 2020. https://www.dni.gov/index.php/careers/special-programs/iarpa。

[3] Tetlock, Philip E., and Dan Gardner. *Superforecasting: The Art and Science of Prediction*. New York, NY: Broadway Books, 2015. 关于如何成为"超级预测者"，要想了解更多信息，参见 Good Judgment Inc. "Public Superforecasts." Accessed September 27, 2020. https://goodjudgment.com/。

[4] 一般测试分为三个阶段，即阿尔法（α，Alpha）、贝塔（β，Beta）和伽马（γ，Gamma），其中阿尔法版是漏洞较多的内测版本，贝塔版是基本完善的公测版，伽玛版就是准备发行的正式版本。泰洛克说出贝塔版的用意，是在自诩他的方法一直都在不断完善，永无止境。——译注

[5] Tetlock and Gardner, *Superforecasting*, 174.

[6] Gill and Phythian, *Intelligence in an Insecure World*, 70.

建一个全面信息感知（TIA）项目。这个项目旨在整合某个特定国家的所有信息：每一次消费品购买、每一封电子邮件、每一通电话。正是数据挖掘（data mining）促进了监控的发展，使之达到规模空前的程度。美国情报界完全没有能力整合某个社会中的所有数据，因为其所需数字基础设施必须可以复制所有私人部门和政府终端的计算能力。全面信息感知也是一个监控项目，早已突破美国《宪法》的法律结构，完全不理会《权利法案》。

仔细研究美国情报界过去20年推出的许多合法监控项目，就能看出其中许多项目整合了以前人们从未考虑过的种种搜集活动。情报界的这些项目可以分析人们在公共场所的行走路线、面部识别软件，以及其他与预测行为有关的生物识别特征。714特遣队（Task Force 714）完全没有采用以前战时的分析方法，而是使用一体化数据库，能把从车牌号码到地理空间数据的一切事物关联起来，以此找出藏身伊拉克的恐怖分子网络。[1] 情报界开展多项活动，试图将人工智能与人类分析一体化，例如国防部资助的马里兰大学语义网项目就是如此。它是一个恐怖分子数据库系统，可以把数据可视化与机器学习功能结合在一起。[2] 学者在高校和智库开设了"危机信息学"，以分析各种各样的主题，既有社交媒体活动如何影响人们对自然灾害的响应，也有俄罗斯的信息行动如何在2016年竞选期间，让8500个账户发出66000条推特，利用美国社会的现有分歧来达成目的。[3] 人们正在使用基于智能体的建模（agent-based modeling），通过计算机模

---

[1]　Schultz, Richard. "Post-9/11 Wartime Intelligence." *Intelligence and National Security* 33, no. 7 (2018): 974–998.

[2]　Manes, Aaron, Jennifer Golbeck, and James Hendler. "Semantic Web and Target-Centric Intelligence: Building Flexible Systems That Foster Cooperation." Accessed September 27, 2020. https://citeseerx.ist.psu.edu/viewdoc/download?doi=10.1.1.80.8050&rep=rep1&type=pdf.

[3]　Palen, Leysia, and Kenneth M. Anderson. "Crisis Informatics—New Data for Extraordinary Times." Science 353, no. 6296 (July 15, 2016): 224–225. https://science.sciencemag.org/content/353/6296/224; and Starbird, Kate. "The Surprising Nuance Behind the Russian Troll Strategy." *Medium*, October 20, 2018. https://medium.com/s/story/the-trolls-within-how-russian-information-operations-infiltrated-online-communities-691fb969b9e4.

拟来提升战略情报的预测工作。[1]

定量方法在美国情报界已有几十年的使用历史，从20世纪60年代中央情报局的大N，到1979年准确预测苏联入侵阿富汗的博弈论模型（当时情报界所有的对象国专家都认为不可能发动攻击），不一而足。这些方法不久前还在使用，说明它们仍然相当有用，而且大数据出现之后，也放大了定量方法在情报界的作用。从某种意义上讲，全面信息感知项目的遗产仍然存在，但却是以一种非常分散的形式存在。此外，有人认为情报不能使用社会科学领域某些更加先进的数据分析方法，这种认识是错误的，不能因此忽视此类方法论取得进展后带来的庞大分析成果。学生如果有意将来在情报界工作，最好做好准备，掌握从传统技术到最新定量方法的各种分析技能，务求广博。

（九）红队

红队（Red Team）是挑战分析的一种形式，有时被称为"备选方案分析"（alternative analysis）[2]。红队在美军中存在了很长时间，使用敌军的战术和装备，在军事演习中对抗美军士兵。红队这种做法仍在许多地方得到应用，比如在美国加州欧文堡的国家训练中心，第11装甲骑兵团就在扮演"敌军"的角色，帮助美国士兵为战争做好准备。用当代美国情报界的话来说，采取敌军的思维或心态以达成"思维同频"，这是一种结构化分析方法，被称为**"红帽"分析**（Red Hat analysis）。美国情报界使用红队方法对情报评估进行批评，具体做法是使用红队这种方式，了解对手在文化和组织等方面的行为习惯，但无须让人扮演对手的角色。虽然这需要对对手有所了解，但它不是某种角色扮演，因此无须花费多年时间，无须接受关于敌国情况的教育。红队只是尝试像敌人那样思考问题，而不是让自

---

[1] Frank, Aaron. "Computational Social Science and Intelligence Analysis." *Intelligence and National Security* 32, no. 5 (2017): 579–599.

[2] George, Roger Z. "The Problem of Analytical Mindsets: Alternative Analysis." *International Journal of Intelligence and Counterintelligence* 17, no. 3 (2004): 385–404.

已完全沉浸在角色中。

和所有的挑战分析一样，运用红队方法可以在对手如何思考、他们想要什么、他们试图通过什么方法来实现目标等问题上，减少先前思维或信念对自己的影响。红队方法可以对认知偏见踩下刹车，可以在分析团队的评估过程即将结束时，检测他们在测量时出现的差错，或之前所用方法的侧重点。红队被种类繁多的组织用在同样种类繁多的背景中。红队方法是军方高级领导人使用的一种批判性思维活动，可被用来检查核电站的弱点，另外也可对复杂政府项目的推出情况进行测试。[1] 尽管红队方法可能非常有用，但和所有的分析手段一样，用户必须相信红队的功效，并且接受它的结果。这可能导致分析人员回到起点，放弃几天甚至几个月的努力。此外，组织高层必须投入人力物力，以便开展挑战分析，创造一个鼓励分析团队使用红队并允许"失败"的环境。但从过往经验来看，分析团队很难接受挑战分析的结果，高层管理人员也很难再有多余的时间，让分析团队修复红队或其他手段发现的问题或缺陷。

（十）结构化分析方法及对它的批评

20世纪90年代，中央情报局和国防部的分析人员开始努力改革用于进行情报评估的方法。"9·11"事件发生后，2004年美国通过了《情报改革与恐怖主义预防法》，后来国家情报总监办公室确定了适用整个情报界的分析标准，此后上述改革努力开始提速。2010年，结构化分析方法已在整个情报界得到普遍使用，最早提供它的是中央情报局谢尔曼·肯特学校开展的分析人员培训，接下来是2009年出版的中央情报局《间谍技巧入门》（*Tradecraft Primer*）一书，最后是伦道夫·弗森和小理查兹·霍耶尔联合撰写，并且要求整个美国情报界阅读的一本著作。[2]

---

[1] Zenko, Micah. *Red Team: How to Succeed by Thinking Like the Enemy*. New York, NY: Basic Books, 2015, xxiv–xxv.

[2] Heuer, Richards J., Jr., and Randolph H. Pherson. *Structured Analytic Techniques for Intelligence Analysis*, 2nd ed. Los Angeles, CA: CQ Press, 2015.

想定情景和红队等多种前文介绍的方法，虽然比结构化分析方法要早上几十年，但现在已经归入结构化分析方法这个更加庞大的家族。其他结构化分析方法问世时间很短，都是专门用来与其他方法结合使用的。结构化分析方法旨在将情报分析过程规范化。它创建了一个结构，使分析人员能够明确表述自己的观点，并将这些观点置入彼此通用的、可以测量的格式中，对其进行评估。结构化分析方法是一个大家族，里面的各种手段彼此关联，其中，观点生成的手段可以降低切换方法时的错误率，目的是适应特定的假说检验方法。结构化分析方法使用简单明了的词汇，易于理解，便于学习。它已经得到广泛应用，减少了各组织分析文化不同的影响，令机构间的分析合作变得更加有效。因为它是系统的，所以可能有助于减少认知偏见和组织偏见的影响。结构化分析方法是如何发挥作用的？**竞争性假设分析法**（ACH）就是一个完美的例子，这种方法旨在消除对事件不太合理的解释。

> **范例：竞争性假设分析法**
>
> 竞争性假设分析法让我们可以探究不同假说的合理性。请思考以下假说情景，以及相关的已知事实。
>
> 1. 美国国务卿在2022年核裁军会议上昏倒，后被送往医院，在痛苦挣扎了24小时之后，最终死于多器官衰竭。假设当今世界局势与2022年之间存在相对连续性。
>
> 2. 死亡原因被确定为中毒，即放射性金属钋。
>
> 3. 俄罗斯曾经使用钋来毒杀政敌，比如2006年在英国暗杀俄联邦安全局前官员亚历山大·利特维年科。
>
> 4. 俄罗斯、以色列、朝鲜、伊朗四国均反对美国在此次会议上提出的建议。
>
> 5. 钋的纯度远低于用来杀死利特维年科的俄罗斯毒药材料。
>
> 6. 能源部的放射扫描检测显示，钋很可能是在前一天晚上的正

式晚宴上向国务卿投放的。率团出席晚宴的国家有法国、英国、俄罗斯、印度、以色列和日本等。

表 12-2　关于投毒的竞争性假设分析法

证据（E）	可信度	相关度	H1	H2	H3	H4	H5	H6
E1: 曾经使用针杀死对手	高	高	CC	N/A	N/A	N/A	N/A	N/A
E2: 国宴期间投放的针	中	中	C	C	C	C	C	C
E3: 出席国宴	高	中	C	C	I	C	II	II
E4: 受困于美国主导的制裁机制	高	中	CC	II	CC	CC	N/A	N/A
E5: 反对美国的提议	中	中	CC	C	CC	CC	C	C
E6: 愿意冒险，承担此类进攻性行为的后果	低	高	C	II	C	CC	C	I
E7: 没有能力通过其他方法影响美国	低	高	C	II	C	CC	CC	C
E8: 愿意让此事看起来像是其他国家所为	低	高	I	II	C	CC	II	C

H1: 俄罗斯杀死国务卿

H2: 以色列杀死国务卿

H3: 伊朗杀死国务卿

H4: 朝鲜杀死国务卿

H5: 非国家行为体杀死国务卿

H6: 其他国家杀死国务卿

根据证据的质量及其与不同假说的关系，对每条证据进行评估，并分配可信度和相关度权重。例如，在表 12-2 中，"高"的权重分配给 E1、E3 和 E4，因为这是已知事实。"低"的权重分配给 E6、E7 和 E8，因为这些是假设，不是通过经验观察的数据。每条证据与给定假说的一致程度，可以用 CC（非常一致）、C（一致）、I（不一致）、II（非常不一致）或 N/A（不适用）来表示。我们用这种方式

> 评价各种假说，就可以直观地同时看到这些假说的种种相对可能性。竞争性假设分析法软件还可以为不一致性自动生成得分，让我们可以排除相对站不住脚的假说。竞争性假设分析法应该可以排除大部分假说，为事件留下一个相对狭窄的可能的解释范围，从而能够使用其他分析手段进一步探究。鉴于这些分数，分析人员应该排除其他假说，进一步调查俄罗斯、朝鲜和伊朗涉事的潜在解释。

许多此类手段都与结构化分析方法相似，并在与情报分析相去甚远的环境中使用了许多年。拉金在使用前文提及的布尔方法开展比较案例研究时，早在30多年前便已用到竞争性假设分析法和配对比较等结构化分析方法。新晋情报官员最好熟悉这些不同的应用，特别是熟悉它们的相对效果。[1] 这一点特别重要，因为一些学者指出，结构化分析方法往往会淡化它的源头——社会科学方法的严密性，因为结构化分析方法实际上是"傻瓜的社会科学"。[2]

此外，尽管结构化分析方法在美国情报界得到广泛采用，但它仍受到各种来源的不断批评。表面看来，结构化分析方法可以有效地提高分析敏锐度，但可能造成诊断精度降低这种自相矛盾的效果。分析人员意识到结构化分析方法的抑制效用之后，可能会夸大相关驱动因素或指标的价值，正如在分析结束之际，魔鬼代言人[3] 意识可能导致分析人员"在形成情报评估时，不经考虑，轻易冒险"。[4] 同理，结构化分析方法在减少一种偏见的同时，可能会让其他偏见变得更加严重。一些知名研究人员指出认知

---

[1] Coulthart, Stephen. "An Evidence-Based Evaluation of 12 Core Structured Analytic Techniques." *International Journal of Intelligence and Counterintelligence* 30, no. 2 (2017): 368–391.

[2] 引自 Gentry, John A. "The 'Professionalization' of Intelligence Analysis: A Skeptical Perspective." *International Journal of Intelligence and Counterintelligence* 29, no. 4 (2016), 648。

[3] 魔鬼代言人（devil's advocate），一般指提出相反意见的人。——译注

[4] Pascovich, Eyal. "The Devil's Advocate in Intelligence: The Israeli Experience." *Intelligence and National Security* 33, no. 6 (2018): 856.

偏见存在"两极性",称结构化分析方法可以减少过度自信的问题,并很容易用不自信取代这种偏见。[1]

更糟糕的是,结构化分析方法的核心前提是,它们可以减少霍耶尔和弗森所说的"系统 1 思维",而不是"系统 2 思维"。在这种语境下,系统 1 代表"快速、无意识、直觉思维",系统 2 代表"深思熟虑的推理"。[2] 对霍耶尔和弗森来说,情报分析中出错的主要原因是系统 1 思维。但由于直觉和想象力是密切相关的,如果结构化分析方法确实积极抑制了分析人员对系统 1 思维的依赖,那么它可能会降低分析人员的创造力。但如果我们要预测敌方对美国及其盟友发动的攻击,分析人员的创造力就是至关重要的。"9·11"委员会曾经指出,"基地"组织的行动得以成功,正是"想象力失败"的结果。人们可能会从类似的角度,思考情报界为何没有预测到"伊斯兰国"的崛起,没有预测到俄罗斯针对美国选举制度发动的信息行动。

尽管许多批评言辞相当激烈,但出于种种原因,结构化分析方法似乎会继续保留。第一,它是由美国情报界几位高级成员设计的,自推出以来便得到情报界领导层的广泛支持。其结果是,在情报界的 17 个机构中,共有 16 个采用了这种方法,只有情报研究局坚持不用。第二,在《情报改革与恐怖主义预防法》中,国会强制必须使用某种方法,具体而言,就是挑战分析。第三,"9·11"和伊拉克大规模杀伤性武器这两起事件,让人们对情报分析的信心出现严重危机,并使分析改革成为可能。另外,这两起事件突显出的分析弱点,正是几十年来许多结构化分析方法支持者一直呼吁人们关注的。如果说结构化分析方法无法发挥适当作用,那么可能需要再有一个外来冲击,才能让人们加速反思,考虑是否继续使用这种方法。第四,尽管在看似老练的分析人员(维恩图不过是小学数学课程的产

---

[1] Chang, Welton, Elisabeth Berdini, David R. Mandel, and Philip E. Tetlock. "Restructuring Structured Analytic Techniques in Intelligence." *Intelligence and National Security* 33, no. 3 (2018): 337–356.

[2] Heuer and Pherson, *Structured Analytic Techniques for Intelligence Analysis*, 5.

物）眼中，某些结构化分析方法价值存疑，但另一些似乎可以提供增值，毕竟与之前的手段相比，它的效果已经很好了。

三、提交结果：书面分析产品的语态和结构

所有形式的写作都有自己的风格和结构，反映了与之相关但更加宏观的研究领域、学术学科或职业的规范和期望。情报分析也不例外。在本节中，我们将回顾情报官员有效写作的一些特点。不论是内部传阅的机密报告还是分发给决策者的材料，都将遵循这些标准。如果学生有意在美国情报界工作，就必须学习如何使用这种风格和结构进行写作。

（一）语态

情报报告的写作是主动语态（active voice）。主语和动词直接相连，限定语或修饰语的使用频率保持在最低限度。与之相反，被动语态（passive voice）使用间接描述动作的语言。被动语态经常使用某些限定语或其他表达法，因为作者认为这样能使自己的文章更加精确。事实上，这样做往往会降低某种主张的明确程度，降低读者对作者知识水平的信心。例如，情报分析人员可能会用"它是可以评估的"这句话开篇，开始撰写自己的评估文稿。这似乎足够简单直接。但加入"可以"（can）一词，会在逻辑上引出"但它是（可以评估的）吗"这个问题。"我们评估认为"这句话更加明晰，可以反映情报写作应有的风格，即简单朴实的主动语态。应当客观地处理主语，只使用能够传递精确意义的修饰语。在使用修饰语时，应使用情报写作中常用的特定短语。不能使用口语。

表 12-3 列举了学生撰写情报报告或评估时，经常使用的一些短语。其语言都是被动语态，而且不精确。情报官员绝对不会使用这种文体写作，因为它不适用于表述分析结果。

表 12-3　情报写作的不当用语

它是可以评估的	在这项评估中，我们将讨论
此事可能发生	我希望探讨这篇论文
它应当是可以评估的	我或许可以评估认为

与此相反，表 12-4 提供的一组短语，来自美国情报界使用的写作规范。美国情报界使用这些写作规范，教导分析人员如何在情报评估文稿中表述自己的成果。[1] 这里使用的语言是主动语态，可以区分已知与未知，并且可以明确指出哪些是正在进行的预测，哪些是正在开展的判读。作者使用这种风格，可以传达自信和精确，对于供政策制定者阅读并据此进行决策的产品来说，这两项特质都是极其重要的。

表 12-4　情报写作用语

我们估计	我们不能很有信心地判断
我们判断	根据我们的判断，如果 X 事件发生，就会导致 Y 事件
我们评估认为	X 国的决定表明
我们预测认为	X 国的行为变化表明
我们不能否定	我们不能排除

（二）结构

除了使用特定语态之外，情报文稿的组织结构也不同于其他写作形式。情报产品必须遵循开篇立论（BLUF）的原则。情报产品的核心成果或结论应当出现在第一段，最好是第一句。此外，报告的第一部分应当总结所有相关成果，让用户尽快了解关键信息。在数字时代，决策者面对的

---

[1] 例如，参见 Directorate of Intelligence. *Style Manual & Writer's Manual for Intelligence Publications*. Langley, VA: Central Intelligence Agency, 2011. https://fas.org/irp/cia/product/style.pdf。

信息比以往任何时候都要更多，他们的时间也比过去紧迫得多。虽然有些情报问题极其复杂而且不可简化（例如如何在中东实现和平），但情报官员必须竭尽全力，将自己的许多产品缩短至可管理的篇幅长度，再提供给用户。开篇立论有助于实现这一点。但我们也必须谨记，一些分析产品的设计初衷，就是针对复杂问题进行长篇累牍、深入细致的分析。例如，研究情报可被用来支持评估等后续情报产品的生产。但研究情报并不一定可以简化，变成一份简短报告。对于有些情报研究问题来说，把复杂的研究结果强行塞入过短的篇幅中，可能会将某些问题过度简化，破坏决策者对相关政策挑战的认识。

此外，书面情报产品的结构方式，可以确保读者知道每个章节讨论的是哪个相关时间片段。"近中期"和"长期"等表达方式，可用于确定这份报告的时间范围到底是数周、数月还是数年。此外，有效情报写作可以明确指出**信息差距**（information gap）。信息差距是指因为搜集不够充分，或因目标性质的关系，无法在现有时间内，非常肯定地确定某些事情。找出信息差距对政策制定者来说非常重要，因为这既能让人们不再坚信情报无所不知，又能提醒人们注意可能需要开展后续调查的问题领域——提醒方法也许是某个需要额外拨款的新项目。信息差距也为接手该项目的情报分析人员提供了一个非常明确的定位点，以便他能从其前任停手的地方继续开展工作。情报官员在其职业生涯中只占据一张"办公桌"或责任领域的时代早就结束。因此，引入信息差距的做法，可以减少人员轮换产生的分析错误。最后，有效情报产品可以明确指出，条件变化是怎样导致报告内容发生变化的。这对于情报评估尤其重要，因为预测必须对新信息做出回应。

情报写作是一种微妙的平衡，既要生产满足用户需求和时间受限的材料，又要保证分析的严谨性。情报官员必须不断努力，以对方能够理解的方式，向不熟悉该项主题和该种方法的人员传递分析结果。有效写作在情报产品中的意义至关重要。一位前资深情报官曾经说过："好的写作不仅仅是语法、句法、词汇和拼写的问题。它比其他任何衡量标准都能更加准确地反映分析人员头脑中思考的质量。"[1]

四、结论：美国情报界情报分析人员的招聘和培训模式

"9·11"之后，美国情报界的招聘力度大幅增加。尽管美国从伊拉克撤军并减少其在阿富汗的足迹之后，这种招聘力度激增的趋势已然骤降，但它强化了此前一直持续的趋势，即强调更加动态的情报，较少重视在战略问题方面开展的工作。[2] 即使是拥有博士学位的情报分析人员，也越来越多地来自那些能够授予学位的在线营利性机构，而且它们授予的学位是国土安全和教育管理等学科，而非社会科学或科学、技术、工程和数学。[3] 但从情报界最近的招聘公告来看，这一趋势正在发生逆转，在各种机构中，许多分析人员职位都对应聘者提出了社会科学或情报研究课程的教育要求。

本章指出，有效情报分析要求综合运用多种技能，从各种分析手段到高质量的情报写作，不一而足。但我们必须谨慎，不要过分强调过程和方法，不能将其凌驾于关于重要地区或职能领域的重要知识之上，比如俄罗斯政治或导弹技术方面的专门知识。分析人员需要做好准备，以便迎接未来的分析工具，而不仅仅是掌握以前的惯用方法。如果提出更高的期望，可能就需要更高的"分析敏捷度"。[4] 它可能采取的形式，就是在行动人员与分析人员之间加强交叉培训，中央情报局谢尔曼·肯特学校就是如此。在此背景下，还有一点值得强调，美国情报界大部分情报官员的主修学科并不是情报研究。虽然你已经开始的学位学习会给你带来一定优势，

---

[1] 他是前国家情报官，前中央情报局部门主管。这是他在2013年7月2日与撰稿人的私下交流。

[2] Gentry, "'Professionalization' of Intelligence Analysis," 650.

[3] Arkin, William H., and Alexa O'Brien. "Doctors of Doom: What a Ph.D. Really Means in the US National Security Community." Vice, January 27, 2016. https://www.vice.com/en_us/article/8x3mpz/doctors-of-doom-what-a-phd-really-means-in-the-us-national-security-community-1.

[4] Lowenthal, *Future of Intelligence*, 80.

但情报研究专业的学生必须面对一个事实：他们放弃的其他学习项目，对他们未来的职业生涯可能非常重要。因此，必须仔细选择你的辅修专业，应当考虑在主修情报领域学位的基础上，辅修外语、经济学、政治科学，或科学、技术、工程和数学。更好的选择是考虑双主修，一个是情报专业，另一个专业将为你提供重要的领域研究或职能知识，让你能够成为情报分析人员，分到一张专攻该专业的办公桌。

五、关键词

风险管理　　　　可通约性问题　　　　增值
批判性思维　　　分解和可视化　　　　生成观点
想定情景和指标　生成并检验假说　　　可证伪的
评估因果　　　　挑战分析　　　　　　冲突管理
网络分析　　　　头脑风暴　　　　　　系统分析
案例研究　　　　定类比较法　　　　　定量方法
大数据　　　　　良好判断力计划　　　红队方法
结构化分析方法　竞争性假设分析法　　开篇立论
信息差距

六、延伸阅读

Dahl, Erik J. "Getting Beyond Analysis by Anecdote: Improving Intelligence Analysis Through the Use of Case Studies." *Intelligence and National Security* 23, no. 5 (2017): 563–578.

Fingar, Thomas. *Reducing Uncertainty: Intelligence Analysis and National Security*. Stanford, CA: Stanford University Press, 2011.

George, Alexander L., and Andrew Bennett. *Case Studies and Theory Development in the Social Sciences*. Cambridge, MA: MIT Press, 2004.

Major, James S. *Communicating With Intelligence: Writing and Briefing for National Security*, 2nd ed. London, UK: Rowman & Littlefield, 2014.

Marrin, Stephen. "Understanding and Improving Intelligence Analysis by Learning From Other Disciplines." *Intelligence and National Security* 32, no. 5 (2017): 539–547.

National Research Council. *Intelligence Analysis for Tomorrow*. Washington, DC: National Research Council, 2011.

Omand, David. "Understanding Bayesian Thinking: Prior and Posterior Probabilities and Analysis of Competing Hypotheses in Intelligence Analysis." In *The Art of Intelligence: Simulations, Exercises, and Games*, edited by William J. Lahneman and Rubén Arcos. Lanham, MD: Rowman & Littlefield, 2014.

Prunckun, Hank. *Scientific Methods of Inquiry for Intelligence Analysis*. Lanham, MD: Rowman & Littlefield, 2014.

Sinclair, Robert S. *Thinking and Writing: Cognitive Science and Intelligence Analysis*. For Washington, DC: Center for the Study of Intelligence, 2010.

[第13章]

情报的伦理学

乔纳森·阿卡夫

"9·11"袭击后,美国副总统迪克·切尼说过一句非常有名的话,他说在打击"基地"组织和其他伊斯兰极端分子时,开展行动时需要"潜入某种黑暗面……长时间躲在阴影之下"。[1]但只有克林顿政府曾经尝试叫停此事,要求招募"资产"时仅限那些与犯罪组织没有瓜葛的人员。除此之外,美国情报官员一直都出没于国际政治的"阴影"之下,与自己的同行和竞争对手密切合作。前国务卿迪安·腊斯克(Dean Rusk)曾恰如其分地描述冷战的性质,称"这是一场卑鄙的幕后斗争"。[2]在海外活动的情报官员肩负许多任务,其中就有在目标国培养"资产",让他们为美国从事间谍活动,犯下可能最严重罪行:叛国罪。这种活动并不仅限于背叛祖国,还会违反大部分国家的国内法,如从信号情报监视到美国和以色列的无人机暗杀计划,不一而足。事实上,情报搜集和隐蔽行动的目的显然正是违反其他国家的法律。一位军情六处前任处长说过:"我们在本国法律框架内行事。我们与别国法律的关系是……有趣的。"[3]然而,如果说这

---

[1] eMediaMillWorks. "Vice President Cheney on NBC's 'Meet the Press.'" *The Washington Post*, September 16, 2001. https://www.washingtonpost.com/wp-srv/nation/specials/attacked/transcripts/cheney091601.html.

[2] 引自 Gaddis, John Lewis. *George F. Kennan: An American Life*. New York, NY: Penguin, 2011, 319。

[3] 引自 Corera, Gordon. *The Art of Betrayal: The Secret History of MI6*. New York, NY: Pegasus Books, 2012, 3。

是许多甚至大部分海外情报活动的核心目的，那么作为法治民主社会的公民，我们又怎能容忍这种行为呢？有可能在道德层面为这种行为正名吗？

在本章中，我们将从伦理和道德角度入手，探讨一些评价情报官员行为的方法。在讨论之初必须强调的是，从道德角度审视情报，这项工作本身极其复杂。情报活动可以把人的最好一面和最坏一面都体现出来，有时它们甚至来自同一人。例如，理查德·尼克松试图掩盖水门事件，但中央情报局前局长理查德·赫尔姆斯（Richard Helms）拒绝合作，并因此备受赞誉，他也因为这一勇敢行为被撤职。关于在1973年暴力推翻智利民选总统萨尔瓦多·阿连德事件中，中央情报局是否发挥作用的问题，赫尔姆斯在宣誓之后，仍然向国会说谎。[1]

在此语境之下，我们把重点放在个人做出的伦理选择上，并不判定哪个民族国家是"善良的"或是"邪恶的"。长期以来，政治哲学家和国际关系学者一直都在强调，很难将国家定义为善良的或邪恶的，并强调表面上是自由主义的共和国，也会变成帝国主义，犯下令人发指的罪行，而且发动战争的倾向并不逊色于专制国家，尽管并不会彼此开战。[2] 此外，在道德哲学方面，开展分析的主体是个人而非国家，这是一项约束性规范，并因2019年《国家情报战略》的规定得到强化。该项规定要求所有情报官员在履行职责时，必须遵循道德行为标准。[3] 情报官员面临的一项核心道德挑战就是**情报政治化**。政治化有多种形式，从政客歪曲情报以支持特定政策选项，到分析人员在情报分析中夹带偏见以促成特定政策，不一而足。人们很难防止政客滥用权力，将情报政治化。但情报官员是负有职业伦理责任的个人，不应支持政客的这种努力，而是应当为美国国家利益提

---

[1] Herken, Gregg. *The Georgetown Set: Friends and Rivals in Cold War Washington*. New York, NY: Vintage Books, 2015, 375.

[2] 参见 Arendt, Hannah. *The Origins of Totalitarianism*. New York, NY: Harcourt Brace, 1948; and Doyle, Michael W. "Liberalism in World Politics." American Political Science Review 80, no. 4 (December 1986): 1151–1169。

[3] Office of the Director of National Intelligence. *National Intelligence Strategy of the United States*. Washington, DC: Office of the Director of National Intelligence, 2019, 31.

供客观公正的工作。

因为情报界受到的司法监督过程带有天然的局限性，所以把伦理作为美国情报界的职业要求，便显得尤为重要。尽管表面看来，外国情报监视法院可以防止在美国境内非法开展情报搜集，但从1979年到2017年，面对美国情报界提出的申请，它只拒绝了其中的不到1%，说明这个法院不像是宪法的保护者，更像是"橡皮图章"（未经审查即批准）。不久前，有人揭露联邦调查局特工在申请《外国情报监视法》授权时，申请程序相当草率，这种情况同样令人不安。[1] 在行政法领域的学者看来，这种挑战并不奇怪，因为长期以来，学界一直强调在司法部门监督这些政府机构的过程中，问题是持续存在的。[2] 简言之，情报活动并不具有简单的善恶定性，也不依赖美国法院行事，我们必须为它设定一个基础，才能将其合法化。这对战略情报行动尤其重要，因为这些行动发生在美国境外，因此并不总是受到美国联邦法律的管辖。道德和法律这两个领域彼此相关，但不可互换。

我们将按以下次序开展讨论。首先，我们探讨道德和政治哲学领域的若干传统，它们与分析情报官员行为这项工作具有潜在相关性。其次，我们运用这些工具，研究若干存在潜在道德挑战的此类活动，分析相应案例。最后，我们简要讨论对情报官员行为提出的道德要求，这些远远高于大多数职业的道德要求。

一、伦理体系和道德体系

在深入探讨哲学之前，我们必须区分"道德"（morality）和"伦理"

---

[1] Savage, Charlie. "Problems in FBI Wiretap Applications Go Beyond Trump Aide Surveillance, Review Finds." *The New York Times*, March 31, 2020. https://www.nytimes.com/2020/03/31/us/politics/fbi-fisawiretap-trump.html.

[2] Shapiro, Martin. *Who Guards the Guardians? Judicial Control of Administration*. Athens: University of Georgia Press, 1988.

(ethics）两个术语，这一点非常重要。道德是价值体系，要求个人遵守要求，成为好人。伦理是这些道德准则在特定环境中的应用。例如，几乎所有道德体系都认为说谎是错误的。但在某些情况下，说谎却是合乎道德的，比如当卧底警察与其所监视的罪犯互动时必须说谎，目的是保护自己的掩护身份，并获得有证明价值的情报。在本章中，我们只考察世俗道德体系，因为几乎所有宗教都具有排他性——其对信徒的要求必然导致对其他宗教的排斥。在世俗民主国家，要想从伦理角度对行为进行评价，唯一合法手段就是世俗道德体系，因为大多数世俗制度允许多种宗教信仰的信徒自信其教，但不要求他们排斥其他信仰。18世纪被称为启蒙运动的时代，当时的哲学家深受托马斯·杰斐逊等美国国父的影响，此后伦理学家便不再借用宗教，而是使用理性主义来审视和权衡道德伦理问题。其结果是，我们将采用理性主义方法，但不排斥一切特定宗教信仰体系的价值，因为它可以告知信徒哪些行为是道德的。

对于情报界和国家安全界的活动，最常见的世俗辩解理由就是爱国主义，即忠于祖国。不过，爱国主义虽然可以作为道德理由和伦理导向，但只靠它是效力不足的。在招募新的情报官员时，爱国主义可以发挥至关重要的作用，并让他们在通常非常简陋的条件下工作，工资低，时间长，但"为国尽忠"不能成为情报界唯一一根道德支柱。所有国家都要求忠诚，也会为本国特工的行动提供一个更加崇高的目的或理由。即使在纳粹德国，士兵在奔赴战场时，皮带扣上也会印有"上帝与我们同在"字样。[1]如果所有国家都用爱国主义来为自己正名，那就是一种道德相对主义。此外，爱国主义并不能减轻个人对自己道德选择所承担的责任。包括美国在内的许多国家都曾以"为国献身"作为基础，推行相当可怕的政策，比如对少数民族和宗教少数群体实行大规模歧视、驱逐这些群体的人员，甚至发动种族灭绝。如果个人在本国政府的命令下实施了这些行为，则这种行

---

[1] 普通德国人努力将本国活动看作是道德的，即使在大屠杀的恐怖暴露无遗之后也是如此，参见 Koonz, Claudia. *The Nazi Conscience*. Cambridge, MA: Harvard University Press, 2003; and Stargardt, Nicholas. *The German War*. New York, NY: Basic Books, 2015。

为是不合乎道德的，因为爱国主义并不是道德意义上的清洗工具。

又或者，在带有某些国家烙印的信仰中，会有大量内容主张将自己与其他信仰区别开来，这种做法可为情报提供道德方面的正义性。言论自由、信仰自由和宗教自由等自由主义原则是美国集体身份的基础，为捍卫这些原则而开展的行动，可能比明显意图压迫他人的行动更有正义性。但在这种背景下，情报专业的学生必须保持谨慎。从许多方面来看，美国不是世界上最民主的国家。多个西方民主国家都比美国更多自由，更少腐败，更加致力于保护本国全体公民的健康、幸福和权利。[1] "例外国家"这个理由，并没有得到经验证据的充分支持；"美国是不一样的"这种说法，本身并不是令人信服的基础，无法为情报行动正名。

代表本国开展行动的情况，我们还可在尼科洛·马基亚韦利（Niccolò Machiavelli）的著作中找到一个更加复杂的版本。马基亚韦利是《君主论》（*The Prince*）的作者，也是被誉为政治现实主义这种现代政治理论的创始人之一。他的著作极具开创性，但经常被曲解为是在证明各种野蛮行为都是正当的。马基亚韦利的著作呼吁我们注意，只有在为更加崇高的目的即"美德"[2]服务时，不道德的行为才可能是正当的。在马基亚韦利看来，"美德"的最高形式是保卫国家。马基亚韦利主义的逻辑为过去和现在的治国之道提供了许多指导。"国家利益"[3]可以促进国家向前发展，它指导17世纪法国红衣主教黎塞留和19世纪德国总理奥托·冯·俾斯麦（Otto von Bismarck）做出各项决定。两人都是重要的历史人物，都将政治现实主义应用于大国政治当中。[4]然而，与爱国主义的情况如出一辙，政

---

[1] 参见非政府组织"自由之家"（Freedom House）的年度报告《世界自由》（*Freedom in the World*），网址为 https://freedomhouse.org/report/freedom-world。

[2] 马基亚韦利在《君主论》中，使用virtu表达了多种含义，包括"美德""勇敢""才干""能力"等。潘汉典先生的译本全部译作"能力"，但在这里，virtu指代的应当是"美德"。——译注

[3] 国家利益（raison d'état），是将本国利益放在首位，为本国外交政策辩护的理由。——译注

[4] 参见第2章。

治现实主义最终只提供了一个不具说服力的案例，难以证明情报的正当性。现实主义完全依赖于马基亚韦利式君主（不受国内或国际政治机构制约的人物）的判断，从而确定什么才是"美德"行为。此外，政治现实主义的核心信条之一，即民众的本性是极易腐化的，因此需要由君主通过引导及最终操纵的方法加以统治。可是，认为君主在某种程度上是不一样的，这种断言是不合逻辑的，因为君王也是人，如果没有法院或立法机构来限制他们的活动，他们也会滥用自己手中的权力。因此，政治现实主义作为一种国际关系理论，即从社会科学角度对个人和国家的行为进行预测和解释时，比为这些行为辩护的道德理论更加有效。[1]

为情报活动辩护的另一个重要候选信仰体系是正义战争理论（Just War Theory）。它的主体是希波主教奥古斯丁（Augustine of Hippo）在公元5世纪提出的理论，对"诉诸战争的权利"（jus ad bellum）与"战争法则"（jus in bello）做出了区分，前一个规则介绍了什么是参加战争的合法理由，后一个规则决定了应当如何参加战争。例如，诉诸战争的权利认为，侵略战争是不道德的，而战争法则要求战斗人员竭尽所能，避免波及无辜平民。在美国军方院校和其他专业的军事及情报论坛上，正义战争理论是检验许多讨论的试金石。它提供了一个相当有用的框架，可以评估一个国家是否应当参加战争，及以正义方式发动这种战争时，什么才是合乎道德的做法。但正义战争理论并不是评估情报活动的有效手段，原因如下。第一，大多数情报活动都发生在和平时期。正义战争理论的先驱从未预料到和平时期开展的行动，也不会有意为之，因此当人们讨论这种行动时，关于战争准备阶段和接下来所发动战争的哲学界限就会向外延伸，然而这样做是有问题的。第二，试图将正义战争理论延伸到和平时期的背景下，可能把伦理问题变成安全问题，在处理可能涉及暴力或胁迫的伦理类行为的道德体系中必须避免，这和旨在指导情报行动的道德体系的情况是

---

[1] 关于现实主义的道德复杂性的讨论，参见 Williams, Michael C., ed. *Realism Reconsidered: The Legacy of Hans J. Morgenthau in International Relations*. Oxford, UK: Oxford University Press, 2007。

一样的。近年来，战争与和平之间的差别已经大为模糊，一个有效的道德理论不应该加剧这个问题。第三，正义战争理论是在基督教的背景下提出的，把它转变成世俗道德指南的做法问题颇多[1]，因为它旗帜鲜明地建立起一个道德框架，明确规定了虔诚基督徒可以参加战争的条件。

> ### 范例：安全化
>
> 20世纪90年代末，国际关系学者巴里·布赞、奥利·韦弗和亚普·德维尔德提出了安全化（securitization）的问题，试图将一个主题从原本普通的非军事背景转移到安全领域。[2]于是问题便从普通的政策辩论，转变成极其重要的国家安全问题，甚至生存问题。安全化是一种话术手段，一直为美国政客惯用，目的是阻止公众了解政策选项的具体后果，甚至阻止一切关于某个政策选项的公开辩论。例如，在美国，国际恐怖主义这个问题已经彻底被安全化，"基地"组织和"伊斯兰国"对国家存亡构成威胁。尽管恐怖分子可以对手无寸铁的平民造成伤害，但它们并不会威胁到美国这种强大民族国家的生死存亡。事实上，将恐怖主义作为一种战术的做法，本身就说明实施这种行为的团体存在弱点：他们无法在常规战斗中对抗正规军队的武装力量。此外，约翰·穆勒和马克·斯图尔特指出，美国公民死于家用电器事故的可能性，远远高于死于"伊斯兰国"袭击的可能性。[3]但这一事实被人掩盖，因为自"9·11"以来，美国各类政客都把恐怖主义说成是安全问题。

---

[1] Hatfield, Joseph M. "An Ethical Defense of Treason by Means of Espionage." *Intelligence and National Security* 32, no. 2 (2017): 198.

[2] Buzan, Barry, Ole Wæver, and Jaap de Wilde. *Security: A New Framework for Analysis*. Boulder, CO: Lynne Rienner, 1998.

[3] Mueller, John, and Mark G. Stewart. "Hardly Existential: Thinking Rationally About Terrorism." *Foreign Affairs*, April 2, 2010. https://www.foreignaffairs.com/articles/north-america/2010-04-02/hardly-existential.

在否定了三种为情报活动辩护的常见手段之后，我们将何去何从？道德和政治哲学的三大传统——义务论、结果论和批判论，提供了缺陷更少、更加有效的视角。任何道德哲学都会受到批评。但这三种传统是识别和指导伦理行动的道德基础，其前景远远胜过爱国主义、现实主义和正义战争理论。下一节，我们将依次探讨这三种传统。再下一节，我们将把它们当作三面镜子，剖析三种不同的情报活动。

（一）义务论

义务论（deontology）是一种哲学体系，认为构成这一体系的道德原则是必须遵守的义务，没有例外。这个道德体系的主要创始人是普鲁士哲学家伊曼纽尔·康德。他在《道德形而上学奠基》中认为，责任的动机非常重要，人们以道德的方式行事，目的不应是出于自身利益，而应是出于对行善本身的兴趣。我们的意图应该就是做好事，而不是其他动机的附带产物。[1] 此外，康德明确拒绝用结果来评价道德行动，称："出于责任而采取的行动具有道德价值，但价值不在于它所达到的目的，而在于人们决定行动时所依据的准则。"[2] 康德还声称："除非能让自己的准则成为普遍规律，否则我绝对不会采取行动"，他将这种普遍规律称为"绝对命令"（categorical imperative）。[3] 换言之，人们采取行动的方式，应该是所有理性之人都认为是正确的，不论他们的经验或欲望如何变化，都应如此。康德认为，绝对命令有一项关键外延，即人类个体具有内在尊严，因此不能被用作达成另外目的的手段。在这里，必须强调义务论对美国国父们的影响。杰斐逊在《独立宣言》（*Declaration of Independence*）中宣称："我们认为这些真理是不言而喻的，人人生而平等"，这正是义务论的主张。

---

[1] Kant, Immanuel. *Groundwork of a Metaphysic of Morals*, translated by H. J. Patton. New York, NY: Harper, 1956, 64–66.

[2] Kant, Immanuel. *Groundwork of a Metaphysic of Morals*, translated by H. J. Patton. New York, NY: Harper, 1956, emphasis in original, 66–67.

[3] Kant, Immanuel. *Groundwork of a Metaphysic of Morals*, translated by H. J. Patton. New York, NY: Harper, 1956, 70.

义务论的道德体系为情报行动设置了一个极高的门槛。事实上，在康德看来，情报这件事是不被允许的。康德在后期撰写的一篇文章中，甚至宣称："任何国家都不得强行干涉别国的宪法和政府。"这个观点似乎禁止采取一切手段激烈的活动，不论是情报行动，还是隐蔽行动。[1] 康德接着指出，任何国家都不得在冲突期间使用会使"未来信任变得不可能"的交战手段，比如暗杀、下毒和"煽动叛国"，又比如"使用间谍"，因为"这些活动将延续到和平时期，从而破坏和平"。[2]

康德认为间谍活动是不被允许的，理由是各国间的法律相互适用，比如普遍适用公民权利、相互尊重主权，以及承认"世界公民身份"。[3] 尽管二战后的国际体系展现出前所未有的国际法主体，但显然以上三个条件现在并没有得以普遍适用，以前也从未有过。后来，国际关系学者软化了"和平区"的逻辑——此前，康德用它来描述自由民主国家之间的和平关系。事实上，"民主和平"研究项目的许多工作，都是基于康德的理论框架。[4] 其结果是，我们可以根据康德最先提出的义务论体系及它在当代的拓展做出推论，认为使用情报行动的方式手段是受限的，不得损害友好国家之间的信任，不可增加敌对国家之间的敌意。再强调一遍，看起来似乎所有情报行动都应被禁止。即使在美国和苏联彼此进行非常激烈的情报战争时，两国政府最高层也都认可一个共同的规范性框架。[5] 两国的间谍活动并没有破坏这种"紧张局势得到缓和"的情况，因此符合康德提出的不破坏未来善意这个条件。然而，我们应当从这个立场向前更进一步，看到

---

[1]　Kant, Immanuel. *Perpetual Peace and Other Essays*, translated by Ted Humphrey. Indianapolis, IN: Hackett, 1983, 109.

[2]　Kant, Immanuel. *Perpetual Peace and Other Essays*, translated by Ted Humphrey. Indianapolis, IN: Hackett, 1983, 109–110.

[3]　Kant, Immanuel. *Perpetual Peace and Other Essays*, translated by Ted Humphrey. Indianapolis, IN: Hackett, 1983, 111–112.

[4]　参见 Doyle, "Liberalism in World Politics"; and Maoz, Zeev, and Bruce Russett. "Normative and Structural Causes of Democratic Peace, 1946–1986." *American Political Science Review* 87, no. 3 (September 1993): 794–807。

[5]　Thomas, Daniel. *The Helsinki Effect*. Princeton, NJ: Princeton University Press, 2001.

义务论更有可能禁止情报活动，而不是允许情报活动。康德认为，国家间法律关系将以逐步且同步的方式拓展，这是道德的国家权力的最终发展逻辑。[1] 因此，尽管从义务论的角度来看，情报活动可被认为是道德的，但被认可程度呈现出一种递减性。

（二）结果论

不同于义务论强调行为本身伦理性质的做法，结果论（consequentialism）逆转了这种强调逻辑，将道德评价的重点放在结果上。如果行为结果导致人们的处境得到改善，那么行为就被判定是道德的。如前所述，这种成本效益分析一直是现实主义的关注重点，如果个人采取行动的目的不是为了国家组织，而是为了自己，也可以使用"国家利益"这个理由，来证明这些行为是正当的。但结果论主义作为一种道德体系，与现实主义是背道而驰的，因为在衡量结果的价值时，重点在于利益最大化的对象并不是一个国家，而是所有国家和人民。[2]

尽管各种框架都在采用结果论的逻辑，但在现代哲学中，最常见的还是功利论（utilitarianism）。功利论是18世纪晚期英国哲学家康德·杰里米·边沁（Kant Jeremy Bentham）及其同时代学者提出的，认为对行为进行道德评价的基础，应该是哪些决策能为大多数人带来最大的幸福。后来，边沁的学生约翰·斯图亚特·密尔（John Stuart Mill）对该理论进行更加深入阐释，建立了用以评价人们利益的等级制度。和边沁一样，密尔宣称："最大幸福原则认为，如果行为倾向于促进幸福，那它就是正确的；如果倾向于产生幸福的反面，那就是错误的。所谓'幸福'，是有意为之的快乐，没有痛苦；所谓'不幸福'，就是痛苦，没有快乐。"[3] 但密尔在衡量"最大幸福"的时候，并不是只使用产生幸福的数量这个标准。快乐

---

[1] Huntley, Wade L. "Kant's Third Image: Systemic Sources of the Liberal Peace." *International Studies Quarterly* 40, no. 1 (March 1996): 45–77.

[2] Ronn, Kira Vrist. "Intelligence Ethics: A Critical Review and Future Perspectives." *International Journal of Intelligence and Counterintelligence* 29, no. 4 (2016): 770.

[3] Mill, John Stuart. *Utilitarianism*. Buffalo, NY: Prometheus Books, 1987, 16–17.

和痛苦的质量也很重要，说明某些种类的快乐更胜一筹，某些种类的痛苦也存在类似的辨识度。[1] 尽管密尔一再声称个人的利益"必须得到平等的对待"，但他也试图建立一种欲望等级制度，声称自私和"缺乏精神修养"是"使生活不如意"的主要因素。[2]

义务论伦理学与情报行动的契合令人不快，功利论与情报行动的契合也是如此。如果说义务论中道德准则的绝对性提出了一个令人难以企及的伦理标准，那么密尔的功利论就是否定源于责任感的伦理动机，因为密尔认为这与宗教情感无法抑制不道德行为的情况如出一辙。然而功利论又是令人尴尬的，因为责任感极强的情报专业人员需要以它为基础，对自己的伦理选择做出判定。[3] 这便是情报官员身上的一种核心文化摩擦：他们的动机是为国效力，但密尔否认为他人服务这种伦理期望。[4] 虽然功利论与情报官员契合的现象可能令人不快，但它确立了明确的伦理标准，可以据此评估情报行动。如果行为能使快乐最大化，使痛苦最小化，那它就是合乎道德的。显然，许多情报活动可能并不符合这一标准，但其他情报活动肯定符合。

（三）批判论

批判论（critical theory）源于19世纪后期卡尔·马克思（Karl Marx）和弗里德里希·尼采（Friedrich Nietzsche）的著作，它探讨的是思想、制度和权力关系的起源。国际关系领域的领军学者罗伯特·考克斯直言："理论总是为了某人和某种目的（服务的）。"[5] 考克斯将批判论与他所说的注重经验、表面科学的"解决问题理论"（problem-solving theory）做了区分，指出：

---

[1] Mill, John Stuart. *Utilitarianism*. Buffalo, NY: Prometheus Books, 1987, 18.
[2] Mill, John Stuart. *Utilitarianism*. Buffalo, NY: Prometheus Books, 1987, 24–25, 45.
[3] Mill, John Stuart. *Utilitarianism*. Buffalo, NY: Prometheus Books, 1987, 29, 42–43.
[4] Mill, John Stuart. *Utilitarianism*. Buffalo, NY: Prometheus Books, 1987, 26–27.
[5] Cox, Robert W. "Social Forces, States, and World Orders: Beyond International Relations Theory." In *Neorealism and Its Critics*, edited by Robert O. Keohane. New York, NY: Columbia University Press, 1986, 206.

它是至关重要的,因为它跳出了当前的世界秩序,是在质疑这种秩序的产生方式。批判论不同于解决问题理论,它不认为制度和社会权力关系是理所当然的,而是关注它们的起源,以及它们是否处于变化过程中,又是如何变化的,以此对它们提出质疑。它的目的是对行动框架或问题框架做出评估,而解决问题理论则认为这种框架是本已有之的,并欣然接受。[1]

因此,批判论被用来检验具体的论述,包括表明所做选择是无可争辩的论述,指出当前事态是不可避免或者不可改变的论述,以及"认为思考政治时只有一种理想模型的假设"。[2] 批判论者质疑的对象,是那些宣称人类关系是自然形成的或固定不变的言论,比如关于人性的主张,或是将僵化的行为特性强加给大众。同样,批判论者也会提醒人们注意公共习俗和实践是如何派生出国家权力的。[3] 批判论者还强调现代性对人类的负面影响,它使个人沦陷,与资本主义经济缔结契约关系,与同伴、家人、工作和信仰疏远。最后,批判论者揭露了国家向大众灌输信仰的手段,称其目的是阻止人们看到自己的真正利益,是对观念和思想的支配,被意大利活动家安东尼奥·葛兰西(Antonio Gramsci)称为"霸权"。[4] 霸权是大学校园和校舍里流传出来的说法,但也源于社会为特定类型技术官僚知识的赋值。这种技术官僚知识类活动对普通人来说是模糊的,但却拥有赋值,掌握权力,比如货币交易员或公共卫生专员的工作。一些批判论者将这些

---

[1] Cox, Robert W. "Social Forces, States, and World Orders: Beyond International Relations Theory." In *Neorealism and Its Critics*, edited by Robert O. Keohane. New York, NY: Columbia University Press, 1986, 208.

[2] Geuss, Raymond. *History and Illusion in Politics*. Cambridge, UK: Cambridge University Press, 2001, 3.

[3] Foucault, Michel. *Discipline and Punish: The Birth of the Prison*, translated by Alan Sheridan. New York, NY: Vintage Books, 1979.

[4] Gramsci, Antonio. *Selections From the Prison Notebooks*, edited and translated by Quentin Hoare. New York, NY: International, 1971.

人掌握的权力称为"认识权威"。[1]

上述每个道德体系都提供了一种严谨的手段,可以用来评估情报官员的行为是否合乎道德。然而,一些学者试图将义务论与结果逻辑相互结合,提出综合理论,用一种包罗万象的方法,对伦理选择做出判定。[2] 这样做几乎没有任何意义,因为义务论和功利论这两种道德理论者各自提出的主张,在设计初衷上就是互不相容的。康德明确反对杰里米·边沁和其他道德哲学家的观点,反对他们强调基于个人欲望的理性经验主义,而密尔不承认责任是伦理行为的基础,并将康德的论点比作宗教。批判论者也是如此,他们对两种道德体系都做出了反应(批判)。此外,情报官员面临的道德困境是复杂的,其复杂程度或许是绝无仅有的。我们从认知科学中了解到,人们从意见相左者那里学到的东西,比从意见相同者那里学到的要多。或许最好能为这些专业人士提供相互竞争的观点,这样他们就可以自己确定正确行为的基础,而不是空想出某个单一的答案。

二、案例研究

在本节中,我们将简要探讨与情报行动有关的几个潜在伦理关切领域。我们探讨的这些相关问题和领域绝对不是大样本,否则将导致篇幅过长。它们是近年来较为突出的案例,但仍然提出了超越当前背景的重要问题。我们在探讨这些案例研究时,不会使用社会科学的严谨手段,也不会使用旨在解释因果关系的情报分析,因为这些方法在前几章已有详细阐述。事实上,我们的重点是运用前文讨论的三个道德框架,分析这种行为的伦理维度。我们的重点是权衡每个道德体系涉及的各种因素,而不是最终判定这些活动在道德层面是否允许。我们的目的是让学生使用这些系统,判定所讨论的行为是否合乎道德。但对所有想要认真探讨这些道德体系的学生来说,有一件事应该相当明显,那就是许多情报活动都不符合这

---

[1] Geuss, *History and Illusion in Politics*, 38.

[2] Hatfield, "Ethical Defense of Treason by Means of Espionage."

些框架规定的道德标准。此事应该会让这些未来情报官员驻足三思，它还应当作为研究基础，让人们可以借此研究目前正在民主国家实施的情报行动，开展批判性的重新考察。

（一）与媒体及其他非政府行为体的关系

美国情报官员一再利用非政府组织和媒体机构作为幌子，开展情报行动和情报搜集，并且这些被利用的组织往往是不知情或不同意的。关于此类活动，曾有一个非常知名的例子。它发生在冷战期间，当时中央情报局资助了一份颇具影响力的文学杂志《巴黎评论》（*Paris Review*），甚至让一名中央情报局官员成为它的创始主编。[1] 这家杂志社是合法的文学机构，出版了欧内斯特·海明威（Ernest Hemingway）、菲利普·罗斯（Philip Roth）和杰克·凯鲁亚克（Jack Kerouac）等人的作品。但它也是一个反苏联集团的信息行动组织。《巴黎评论》并不是唯一一个被纳入情报行动的文化机构。甚至有传言说，冷战后期最具标志性的一首"强力民谣"——德国重金属乐队"蝎子乐队"演唱的《变革之风》就是中央情报局创作的。[2] 但此类活动并不仅限于将文化用作武器，以此打击美国的敌人。后来，中央情报局在巴基斯坦启动了一个假的疫苗接种项目，美国开展多项此类努力的目的是，确定奥萨马·本·拉登是否住在阿伯塔巴德的一所房子里。[3] 情报官员渗入这些组织的目的是以此作为掩护身份，在拒止地区进行海外

---

[1] Whitney, Joel. "The Paris Review, the Cold War, and the CIA." Salon, May 27, 2012. https://www.salon.com/2012/05/27/exclusive_the_paris_review_the_cold_war_and_the_cia/.

[2] Chick, Stevie. "Wind of Change: Did the CIA Write the Cold War's Biggest Anthem?" *The Guardian*, May 15, 2020. https://www.theguardian.com/tv-and-radio/2020/may/15/wind-of-change-did-the-cia-write-the-cold-wars-biggest-anthem. See also the podcast that investigates these rumors as well as the history of the CIA's affiliation with a wide variety of artists, *Wind of Change*: https://www.newsroom.spotify.com/2020-05- 12/cold-war-propaganda-meets-music-icons-on-new-investigative-podcast-wind-of-change/.

[3] Shah, Saeed. "CIA's Fake Vaccination Programme Criticised by *Médecins Sans Frontières*." *The Guardian*, July 14, 2011. https://www.theguardian.com/world/2011/jul/14/cia-fake-vaccination-medecins-frontieres.

间谍活动，否则情报机构几乎无法在这些国家设置人力情报搜集项目。上面讨论的这些非政府组织，可以是为中央情报局行动官[1]提供深层掩护身份的真实运营的企业，甚或是从事援助活动的非营利组织。

义务论的拥趸会不假思索地否定这种方法，因为它可能在未来很长一段时间内，甚至是永远，破坏人们对媒体客观性和非政府组织中立性的信任。这将大大削弱这些团体的能力，使之难以在世界上最需要它们服务的地方开展活动，从而导致依赖非政府组织提供援助的人们遭受更多痛苦，导致较不准确的信息流回至可能在该区域有利害关系的国家。因此，媒体效能降低，既会伤害到无辜民众，也会妨碍民主共和国的有效决策。出于所有原因，利用媒体和非政府组织作为幌子，开展人力情报搜集和隐蔽行动的做法将被认为是不道德的。

如果目标发现自己的媒体站点已被情报组织利用，成为其开展间谍活动的掩护，功利论者可能会提醒人们注意，警惕此事对其他媒体或非政府组织带来的危险。情报搜集的目标可能会做出回应，针对这个幌子组织或其他并未涉事的类似组织实施暴力措施。无国界医生组织就是这种情况；它是一个国际非政府组织，专门向战场和崩溃国家（collapsed state）派出医生，为平民提供免费医疗。无国界医生组织多次成为阿富汗和伊拉克叛乱分子的袭击目标。叙利亚政府在2016年声称，无国界医生组织实际上是法国的情报机构。[2]如果没有此类间谍活动，人们很可能会使用替代方案，从而减轻这方面的关切。如果这种人力情报搜集行动可以加强针对恐怖分子或叛乱分子的打击，或是提高执法机构或情报组织抓获他们的能力，而且几乎不会造成附带损害，就可能抵消记者或非政府组织成员面临的风险。无辜民众无疑会被这些原本更加"活跃"

---

[1] Carleson, J. C. *Work Like a Spy: Business Tips From a Former CIA Officer*. New York, NY: Portfolio, 2013.

[2] Spencer, Richard. "'*Médecins Sans Frontières* Run by French Intelligence,' Says Assad Regime." *The Telegraph*, February 17, 2016. https://www.telegraph.co.uk/news/worldnews/middleeast/syria/12161437/Medecins-Sans-Frontieres-run-by-French-intelligence-says-Assad-regime.html.

的活动杀害，此时如果能够拯救这些生命，就会带来更多的福祉，而不是让这些组织被敌对政权或非国家行为体怀疑。

批判论对这种情况的立场是复杂的。首先，批判论者会强调媒体与政府消息人士之间的共生关系，这种关系往往会复制现存的权力结构，从而破坏可能有益的变革。尽管经常有人提出相反的抗议，但几乎所有新闻机构都严重依赖政府的机构或个人，以获得能够成为独家内容的信息——新闻。媒体行业是一个复杂的商业活动领域，并不仅仅是提供客观的信息。此外，记者经常雇用匿名或未经授权的政府消息人士，让他们透露其他人员无法获得的信息，从而借助对方的职位来获取个人（职业）利益。另外，记者也会被用作开展非法行为的"假旗"，或是行动失败时的指责对象，因此记者与当地平民一样，经常成为国家权力的牺牲品。在过去20年里，媒体人员遇袭致死的案件大幅增加；2007年，美军部队甚至被控专门针对驻伊拉克记者发动攻击。[1] 不久前，人们再次提出类似指控，因为在2020年，在乔治·弗洛伊德（George Floyd）事件抗议期间，部分执法人员向美国媒体人员开枪，甚至逮捕这些媒体人员。[2]

因此，媒体既可以是国家权力的来源，也可以是国家权力的受害者。此外，一些批判论者强调"全景式监督"在保护人权方面存在优势，因为非政府组织与国家携手合作，可以防止或起诉种族灭绝行为。[3] 但这需要

---

[1] Reuters. "Leaked US Video Shows Deaths of Reuters' Iraqi Staffers." April 5, 2010. https://www.reuters.com/article/us-iraq-usa-journalists/leaked-u-s-video-shows-deaths-of-reuters-iraqi-staffers-idUS-TRE6344FW20100406.

[2] Tracy, Marc, and Rachel Abrams. "Police Target Journalists as Trump Blames 'Lamestream Media' for Protests." *The New York Times*, June 1, 2020. https://www.nytimes.com/2020/06/01/business/media/reportersprotests-george-floyd.html; and Grynbaum, Michael M., and Marc Santora. "CNN Crew Arrested on Live Television While Covering Minneapolis Protests." *The New York Times*, May 29, 2020. https://www.nytimes.com/2020/05/29/business/media/cnn-reporter-arrested-omar-jimenez.html.

[3] Steele, Brent J., and Jacque L. Amoreaux. "NGOs and Monitoring Genocide: The Benefits and Limits to Human Rights Panopticism." *Millennium: Journal of International Studies* 34 (2004): 403–431.

左右平衡，是很难做到的。此外，非政府组织这种行为体并不一定如表面看起来的那样无私，无国界医生在各国开展活动期间，"以价值的名义发现事实"[1]，记录当地侵犯人权的情况。[2] 鉴于国家和非国家行为体之间的权力差距极大，批判论者不愿将情报组织渗入媒体或非政府组织的做法，判定为合乎道德的。但这些组织有时会主动参与旨在巩固权力结构的活动，对此批判论者并不会视而不见。

（二）隐私和监视

也许美国情报界及其多个盟友系统和竞争对手所拥有的最庞大力量，就是监视语音、视频和数据通信的能力。自20世纪70年代起，美国国家安全局就有能力监听世界上的每一通电话。[3] 苏联和英国也拥有类似的能力。在21世纪初，美国国家安全局和联邦调查局启动了多个存在争议的国内通信监控项目，试图捕捉潜在的恐怖分子通信。这些项目分析了数百万个美国打给海外号码的电话"元数据"。这些项目多次遭到曝光投诉，国会也追加监督，因此这些项目最终被叫停，但这些活动已经演变成不同形式的电子监控，并一直持续到今天。独裁政权经常会对公民进行间谍活动。但在美国，这种做法历来受到严厉批评，例如20世纪60年代联邦调查局的"反谍计划"，反而帮助建立了今天的国会监督制度。是否存在某种条件，让此类监视活动合乎道德？

义务论者的回答是明确无误的"没有"。尽管美国宪法没有保障具体的隐私权，但义务论的核心原则之一，就是让每个人都享有个人尊严。这种尊严会被政府侵犯，因为政府会监视人们认为属于私人领域的通信，通常这些通信是人们之间的私密谈话，政府无权访问。此外，如果人们知道

---

[1] 在哲学领域，"事实"与"价值"的关系较为复杂，"事实"更多指客观事实，而"价值"更强调主观价值或道德判断，强调事物对人的意义。在文中，撰稿人意在指出这些非政府组织所"发现"的事实，是带有该组织的价值判断的。——译注

[2] Redfield, Peter. "A Less Modest Witness: Collective Advocacy and Motivated Truth in a Medical Humanitarian Movement." *American Ethnologist* 33, no. 1 (2006): 3–26.

[3] Bamford, James. *The Puzzle Palace*. New York, NY: Penguin Books, 1983.

政府正在监控所有通信，将产生美国法律学者所说的"寒蝉效应"。如果人们知道政府正在监听，他们将不再讨论自己的真实感受、想法或观点，这从根本上压制了公民的言论权利。无论如何，即便此类项目是在表面看似紧急的情况下实施的，但这样一个大规模监控项目显然违背了"绝对命令"。它绝对不是人们希望随时随地实施的东西。

对功利论者来说，这个问题更加复杂。尽管功利论者承认如果通过寒蝉效应来阻止言论，此做法存在潜在的负面社会影响，但他们也会提醒人们关注监控项目产生的影响。它会让人感觉更加安全吗？如果监控能让人感觉更加安全，并因此感觉更加幸福，优于没有监控时的情况，那么人们就会接受个人隐私遭受损失的代价，以此换取社会收益提升（即幸福提升），这样一来，监控就会变得可以容忍。然而，对于政府权力逐渐侵入民众日常生活的长期后果，功利论者并不会视而不见。政府领导人或许会在未来改变安全的定义，让政府以侵入方式监控公民的程度大大增加，例如持续监控公民的工作活动，甚至对新生儿强制进行DNA采样。功利论者担心，以前允许通过监控电话和数据来增加安全，此种做法将导致今后出现更多同类情况，从长远来看，这与通过建立暴政来减少幸福无异。

批判论者会提醒人们注意，大规模监控是现代技术官僚国家的必然产物。现代国家权力的逻辑，就是不断强化警察制度，因为它是社会的控制和管理力量，能提高市场动力。对批判论者来说，让这种危险提议更加危险的原因，就是监控在私人部门已成司空见惯。美国电话电报公司和威瑞森公司等数据公司也将加强与政府合作，着手搜集这方面的数据，从而让资本和国家之间的联系变得更加紧密，并增强两者的权力。批判论者会对大规模监控系统感到震惊，但不会感到意外。

（三）告密者

告密者（whistleblower）是指受雇于情报组织的人员，他们被明文规定的原则所鼓励，故意向世界披露政府官员的不当行为或受限材料，力求阻止非法或不道德的行为。在美国情报界，告密者享有特定的法律地位，这在很大程度上是丹尼尔·埃尔斯伯格（Daniel Ellsberg）留下的遗产。埃尔斯伯格是五角大楼情报分析人员，曾向《纽约时报》泄露了数千页与越战有关的文件，原因是他对约翰逊和尼克松政府在战争起因、作战活动和美国获胜前景等方面说谎的做法愈发感到失望。他泄露的文件表明，多年来美国政府一直都知道战争进展并不顺利，知道获胜的可能性微乎其微，也知道数十万人战死但却几乎毫无收获。埃尔斯伯格因泄露涉密材料遭到起诉，政府也在设法获得禁令，以阻止《纽约时报》的出版。美国最高法院以 6 比 3 的票数，做出一项里程碑式的决定，裁定根据第一修正案，该报有权发布绝密材料，因为发布不会构成"严重危险"，只会符合公共利益，而公共利益是压倒一切的。起诉埃尔斯伯格的刑事案件也被驳回。这些法院判决加在一起，形成法律框架，足以保护美国情报界内部的告密者，并在后来促成了 1989 年《告密者保护法》的通过。潜在的告密者为了能有资格获得免受起诉的保护，必须首先尝试将情况通报给自己的指挥链，而不是采取相应的行动来处理问题。接下来，美国政府雇员应当联系功绩制保护委员会（MSPB），尽管过去曾有人在获得告密者身份后，联系自己所在机构的监察长或国会议员。告密者可以选择承担风险，在媒体上披露涉密材料，因为媒体拥有宪法第一修正案赋予的特定特权。但这是无法保证的，因为其所披露材料的证据效力必须很高，足以压倒对来源与手段及人员构成的潜在损害。此外，他还必须符合功绩制保护委员会和 1989 年《告密者保护法》规定的法律条件。

告密是公民不服从（civil disobedience）的一种形式。长期以来，政治哲学家一直认为，采取这种行为的人必须做好准备，迎接自己因坚持原则性立场而带来的后果。前面概述的法律背景及告密在政治哲学中的地位都很重要，因为近年来，许多人都曾披露涉密材料和活动，这些曝光对美国情报界造成了重大损害。然而，无论从法律还是道德哲学的角度来看，这些人都不能被视为告密者。2017 年，情报合同承包商雇员雷亚利蒂·温纳（Reality Winner）被捕，原因是泄露国家安全局的绝密文件，内容涉及2016年美国总统选举事宜。她为泄露材料行为提供的道德论据是自相矛盾的。2010年，切尔西·曼宁（Chelsea Manning）将数十万份国务院和军方机密文件上传到维基解密（WikiLeaks）网站。维基解密是澳大利亚朱利安·阿桑奇（Julian Assange）经营的一个组织。维基解密已被美国情报界归入敌对情报组织的类别。在接受变性手术之前，切尔西·曼宁的名字还是布拉德利·曼宁（Bradley Manning），是美国陆军情报机构刚刚招募的新成员。自从得到录用的那一刻起，她就一直在与性别认同和心理健康等问题作斗争。在接受审判时，曼宁为泄露涉密材料行为提供的道德辩护也是自相矛盾的。事实上，她的辩护团队在辩护时，曾将精神疾病作为其泄密行为的减刑依据。曼宁的刑期是35年。在服刑7年后，奥巴马总统为其减刑，将其释放。爱德华·斯诺登事件或许是美国情报界历史上最具破坏性的间谍活动，他窃取了多达170万份美国情报界文件[1]，其中包括保密等级最高的绝密文件——情报界预算。此后，斯诺登开始向英国《卫报》记者格伦·格林沃尔德（Glenn Greenwald）披露这些文件。斯诺登自认是告密者，逃离美国前往中国香港，在那里会见了格林沃尔德。格林沃尔德与其他新闻机构合作，开始公布其中的部分文件。斯诺登后来逃到俄罗斯，目前接受俄罗斯政府的资助和保护，并在当地居住。

多项因素或是从"告密者"这个术语的特定法律意义角度，或是从更加广泛的道德角度，阻止人们将以上三人称为"告密者"。首先，他们都没有尝试保护那些帮助美国情报界的外国国民的身份，因此曝光这种合作之后，所有这些外国人的生命都将被置于危险境地。其次，这些泄密者都没有做过任何甄别，没有找出相关文件，没有将美国情报界不当行为整理成具体的案件。三人都是不加区分地披露了所有涉

---

[1] Strohm, Chris, and Del Quentin Wilbur. "Pentagon Says Snowden Took Most Secrets Ever: Rogers." *Bloomberg News*, January 9, 2014. https://www.bloomberg.com/news/articles/2014-01-09/pentagon-finds-snowden-took-1-7-million-files-rogers-says.

密材料，即便他们事后试图借情报界的不当行为来为自己辩解，但其中许多文件完全没有相关性。但这些文件公布之后，就会暴露情报的来源与手段。最后，这些文件的曝光帮助了外国势力，尤其是在斯诺登的案件中，斯诺登继续积极与俄罗斯合作，对抗美国利益。斯诺登披露的机密文件（包括情报界的预算），向美国的对手透露了情报界的实力和弱点。

图13-1 爱德华·斯诺登（2013年）[1]

资料来源：YouTube.com/user/TheWikiLeaksChannel

关于以上三人的具体细节很重要，因为他们的道德缺陷直指那些针对告密者进行一般性道德评价的标准。对于义务论来说，在为披露秘密的做

---

[1] TheWikiLeaksChannel. "Edward Snowden Speaks About NSA Programs at Sam Adams Award Presentation in Moscow." *YouTube*, October 9, 2013. https://www.youtube.com/user/TheWikiLeaksChannel.

法进行伦理辩护的理由中，最重要的标准是它不应当对无辜或真诚合作的人士造成伤害。因此，告密者在对情报进行严厉但或许是理所应当的批评时，必须在道德上一视同仁。他们不能在指控情报界存在不道德行为的同时，实施同样的行为来危及无辜者——人不能被当作达成目的的手段。此外，义务论者会强调披露此类机密与各国互信之间的关系。康德非常厌恶秘密条约，他对这个问题所做的思考，突出体现在伍德罗·威尔逊的14点原则中——包括禁止缔结秘密条约。不过，请回想一下，义务论强调情报活动将会影响国家之间的信任。如果潜在的告密者曝光民主国家之间的情报协调工作，就可能给这些国家之间的信任带来巨大负担，从而削弱各国情报部门保护这些国家之间"和平区域"的能力。最后，请回想一下绝对命令。如果告密者援引绝对命令来支持自己，他们就会期望所有理性人在这种情况下都做出同样的行为。这为告密者设定了一个很难企及的极高门槛。但如果告密行为真的满足了这些条件，那么从义务论的角度来看，这种做法显然可以在伦理层面获得正当性。康德是真理的坚定拥护者，而告密者显然也有能力大幅增加公民可获得信息的数量，让他们知道哪些事情是政府以自己的名义做下的。

乍看之下，功利论者比义务论者更倾向于允许告密，因为它的首要标准是提供幸福感。如果告密者揭露的秘密增加了获知秘密者的幸福感，人们就会认为告密者是合乎道德的。表面看来，这似乎简单明了。但事实并非如此。首先，在公布被隐匿的机密文件之前，告密者如何才能知道这个问题的答案？这似乎是不可能确定的事情，特别是情报界的某些活动技术性极强，更加难以理解和确定。其次，告密者应该兼顾幸福程度提升，及其对其他道德商品的潜在溢出，平衡二者之间的关系。具体来说，尽管曝光情报界的某些行为（此类行为可能不受欢迎）可能会使民众感到更加幸福，但曝光它们可能会减少相关部门提供的安全保障；然而安全保障往往可以极大促进总体幸福，以及（按照密尔质量标准划分的）许多不同种类的幸福。告密者必须权衡可能强加给其他道德商品的成本，虽然这些商品可能只是间接相关的，比如外国政府及其公民与美国合作的意愿。泄密很容易损害信任，影响从国际贸易到外国特工未来为美国从事间谍活动的意愿等方方面面，从而再次冲击所提供的安全保障。最后，功利论者会强调每份文件或每条秘密暴露后所造成的具体影响；告密者必须对每份文件和每条秘密进行同样繁复的道德精算。

我们在这些案例研究中使用了三种道德体系，其中批判论对告密者所起作用是最宽容的。事实上，目前为告密者提供的许多辩护理由，都是在"对权力说真话"这句话的背景下提出的。这在当前背景下极具讽刺意味，因为情报界领导人经常引用这句话，称这是情报官员，特别是分析人员的道德义务之一，而且这句话还被写入2019年《国家情报战略》当中。[1] 然而，这句话的现代起源显然来自批判论，具体来说，就是来自美国民权运动，以及法国后结构主义者米歇尔·福柯（Michel Foucault）的著作。对许多批判论者来说，告密者代表了普通公民揭露国家权力实际行使情况的能力，甚至是一种义务，而国家权力的实际行使情况，往往被掩盖在公众视野之外。告密者采取告密的做法，曝光官方的压迫手段，才能破坏或调和国家对个人的控制。对批判论者来说，告密者揭露内容的细节才是最重要的，告密行为本身只具有象征意义，并非太过重要。告密者干扰了国家对人民的全景式控制，迫使国家退让，放弃这些遭到曝光的行为。对批判论者来说，这种干预活动为真正的民主提供了一种转瞬即逝的可能性。

（四）酷刑

"9·11"袭击之后，美国情报界进入战争状态。美国相关作战活动激增，这期间国家指挥当局指示情报界与部署战场的美军部队开展更加直接的协调，首先在阿富汗，然后在伊拉克和其他几十个国家，特种作战部队在这些国家追踪"基地"组织。此类行动数量激增，造成许多不幸结果，其中之一是以几十年来从未有过的方式使用情报"资产"。具体来说，就

---

[1] Office of the Director of National Intelligence, *National Intelligence Strategy of the United States*, 31.

是将情报"资产"作为一种手段,增强美国军队最初微薄的反叛乱力量,特别是在伊拉克的力量。情报特工与特种作战部队之间的界限已经变得相当模糊,而开始模糊的起点,是中央情报局有效地启动计划,着手夺取阿富汗控制权。[1] 在几个星期的时间里,特种作战部队和中央情报局特别行动处的准军事力量与阿富汗反政府武装联合起来,将塔利班和"基地"组织赶进阿富汗与巴基斯坦接壤的兴都库什山脉。这些行动的结果之一,就是抓获了数千名塔利班和"基地"组织成员。

审查这些被捕的"基地"组织成员的过程极其混乱,导致数十名恐怖分子的身份被误认,许多囚犯被认定为"高价值被捕者",后被转移到秘密战俘营,即所谓的"黑牢"(black sites)。这些黑牢与军方合作,至今仍然保密,而且美国政府并不公开承认它们存在,甚至不公开承认哪些人遭到拘捕。其他高价值被捕者被转移到关塔那摩湾海军基地,那里是美国自1903年起从古巴政府手中租赁的土地。最终,秘密监狱计划范围扩大,在欧洲、亚洲和非洲也设置黑牢。这些黑牢关押囚犯的人数不断增加,原因是中央情报局实施非常规引渡计划,结果增加了数千名囚犯。非常规引渡是指未经正当法律程序,秘密绑架恐怖分子嫌疑人。许多遭到引渡的人员是在民主国家被捕的,其中从北约成员国引渡而来的有数百人,或许有数千人。尽管事实证明,绝大多数被捕人员都与"基地"组织和其他恐怖组织有关,但仍有未知数量人员的身份遭到误认,如无辜人员遭到绑架,这种情况正是该项计划不可避免的。2003年美军进攻伊拉克之后,便以类似的方式使用前伊拉克监狱阿布格莱布的部分设施。

---

[1] Biddle, Stephen. *Afghanistan and the Future of Warfare: Implications for Army and Defense Policy*. Carlisle, PA: Strategic Studies Institute, US Army War College, 2002.

图13–2　阿布格莱布监狱酷刑受害者[1]

资料来源：US government copyright/Public domain/Wikimedia Commons

所有黑牢里的被捕者都受到美国武装部队成员和情报官员实施的酷刑。最初，酷刑是现场临时开展的。当时，审讯人员愈发感到沮丧，原因是某些更加忠心的"基地"组织战士负隅顽抗，因为他们中有许多人曾经受过培训，可以承受住美国的审讯手段。"基地"组织高级官员阿里·穆罕默德（Ali Mohamed）曾在20世纪80年代，在美国北卡罗来纳州布拉格堡约翰·肯尼迪特种作战中心和学校工作过。在"9·11"之前，"基地"组织在训练项目中所使用的教材，就是穆罕默德偷运出境的美国军队

---

[1] US Government. "File: AbuGhraibAbuse." Wikimedia Commons. Last modified July 27, 2020. https://commons.wikimedia.org/w/index.php?curid=581864.

手册，内容涉及游击战、监视、反情报、城市作战、野外求生和暗杀。[1]

后来，中央情报局尝试设计一个更具系统性的审讯项目。它把审讯这些被捕者的项目外包出去，交给两名从未开展过审讯工作的心理学家负责，完全无视中央情报局、联邦调查局和国防部几十年来在这方面的专业知识。这些心理学家设立审讯项目，并使用强化审讯技术这种委婉用语，以隐瞒真相。军方和中央情报局审讯人员使用的手段，在1984年《禁止酷刑公约》（一项由美国发起的国际条约）和美国军方自己的培训手册中均被明确认定为酷刑。审讯人员不给被捕者提供食物和水，并对其施加感官剥夺手段——包括让牢房里持续数天保持极大音量的音乐和非常刺眼的灯光。被捕者被迫赤身裸体，身上涂满人的粪便，并遭受其他手段的污辱。一些囚犯被迫接连数天保持痛苦的姿势，其他人则会遭到殴打、鸡奸和水刑（水刑是一种模拟溺水的审讯手段）。在这个审讯项目中，被捕者死亡数量不详。美国参议院曾经开展一项全面调查，这个过程耗时五年，审阅数百万页的文件，最后认定，通过这个审讯项目获取的有价值情报，全都早已通过其他手段得到了。[2]

和对大规模监控问题持有的观点一样，义务论对酷刑的态度就是明确禁止。对义务论者来说，酷刑是对个人人格尊严的最严重侵犯。它的本质是残酷的，既因为它造成痛苦，也因为它发生在法律程序之外。酷刑也是惩罚的一种形式，只能以公正方式向罪犯施加。情报界使用酷刑的理由是为了提高审讯服从性，这是不道德的，因为被告尚未被判定犯有罪行。此外，情报界只顾了解恐怖嫌疑人可能掌握哪些秘密，因此将人类个体用作达成目的的手段，侵犯他们的尊严。酷刑还破坏了公民社

---

[1] Nasiri, Omar. *Inside the Jihad: My Life With al Qaeda*. New York, NY: Basic Books, 2006; Wright, Lawrence. The Looming Tower. New York, NY: Knopf, 2006, 179–181; and Lia, Brynjar. *The Architect of Jihad: The Life of al Qaeda Strategist Abu Mus'ab al-Siri*. New York, NY: Columbia University Press, 2008, 82–84.

[2] US Senate. "Report of the Senate Select Committee on Intelligence Committee Study of the Central Intelligence Agency's Detention and Interrogation Program." December 9, 2014. https://www.intelligence.senate.gov/sites/default/files/documents/CRPT-113srpt288.pdf.

会的基础，因为考虑到政府肆意残暴，所以公民有理由不信任政府。这削弱了原本公正时主权的有效性。最后，引渡计划会实施酷刑项目，实施期间有时会与外国情报部门合作，以绑架人员。但它经常独自行动。2007年发生了一次臭名昭著的事件，随后德国政府起诉了绑架德国公民哈立德·马斯里（Khaled el-Masri）的中央情报局官员。这些官员认为哈立德·马斯里是恐怖分子，但其实他是无辜的。其他事情也让德国政府非常愤怒，因为中央情报局在没有通知联邦情报局或联邦宪法保卫局的情况下，让美方飞机使用德国空军基地来运送被引渡者。这些事件突显出酷刑项目和拘捕项目是如何干涉别国治理的，这正是康德在《永久和平论》（Perpetual Peace）中猛烈抨击的。

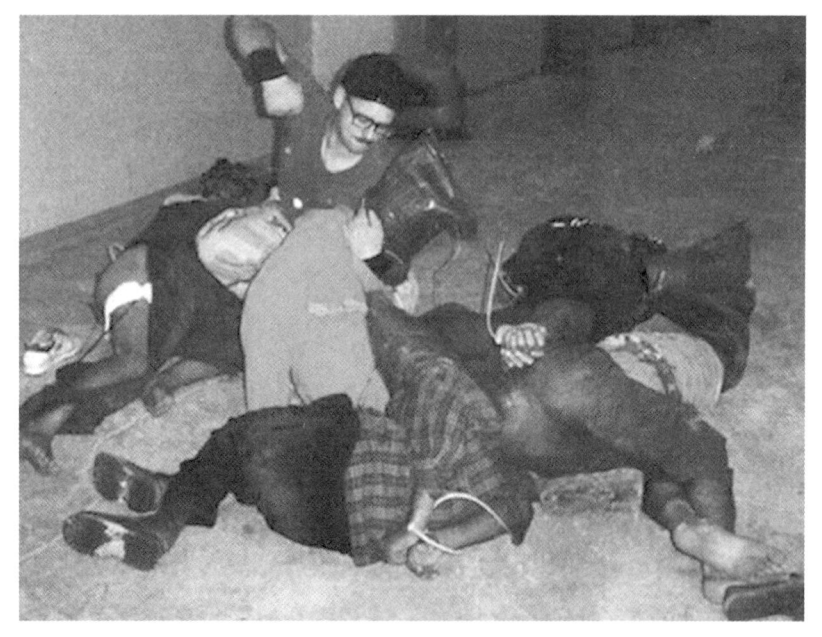

图13–3　审讯场景

审讯专家查尔斯·格拉纳（Charles A. Graner）殴打戴着手铐的伊拉克囚犯[1]

资料来源：US government copyright/Public domain/Wikimedia Commons

---

[1] US Government. "File: AG-8 [Abu Ghraib]." Wikimedia Commons. Last modified July 31, 2020. https://commons.wikimedia.org/w/index.php?curid=579576.

从结果论这一道德体系的逻辑来看，酷刑中的伦理学更为复杂。从某个角度来看，酷刑减少了所提供的幸福感，因为受刑人遭受痛苦，了解到这些行为真实性质的人也会感受痛苦，毕竟哪怕这些行为中最具善意的，也依然会令人无比震惊。功利论可能会允许酷刑，理由是如果酷刑被用来获取信息，进而拯救生命的话即可允许。即便如此，它仍将减少酷刑受害者的幸福感，可能也会减少对此稍有了解的其他人的幸福感。但它可能导致人员幸福感的净增加。功利论者在探讨以合乎伦理的方式使用酷刑时，最常提起的背景就是定时炸弹想定情景。如果阻止恐怖分子引爆其所藏匿炸弹的时间有限，那么一些功利论者认为，道德体系就可以提供基础，允许以合乎道德的方式使用酷刑，前提是满足四个条件。[1] 第一，酷刑只能用于获取信息以挽救人们的生命，而不是作为一种惩罚形式，或作为对未来恐怖袭击的威慑。第二，只有在受刑者确实很可能掌握拯救人们生命的必要信息时，才可以对他们使用酷刑。第三，这一信息必须指向很可能将在极短时间内发生的特定威胁，且其他获取这一信息的手段可能会失败。第四，为了能让酷刑获得允许，审讯者必须认定自己将要获得的信息，足以用来防止攻击。

然而，这种以功利论视角看待酷刑的案例，在理论本身的背景下存在重大逻辑问题。第一，它没有考虑到密尔对不同种类的痛苦和快乐所做的区分。它会让绝大多数受害者产生创伤后应激障碍（PTSD），即酷刑这种痛苦与戳人脚趾的感觉是完全不同的。正是这种绝望的感觉，认为这种痛苦将永无止境、至死不休的感受，让酷刑远甚于其他形式的痛苦。[2] 人们很难相信，从定时炸弹中拯救人们生命时所产生的幸福感，会从本质上抵消酷刑残暴性对受害者、施虐者（他们也经常患有创伤后应激障碍）和了解酷刑案件的公众造成的有害影响。第二，以功利论视角阐释酷刑的案例，忽视了人们在了解酷刑做法之后，对提供更多幸福的其他"商品"的

---

[1] 功利论关于酷刑的讨论，相关概述参见 Allhoff, Fritz. "Terrorism and Torture." *International Journal of Applied Ethics* 17, no. 1 (2003): 105–118。

[2] Bellaby, Ross. "What's the Harm? The Ethics of Intelligence Collection." *Intelligence and National Security* 27, no. 1 (2012): 98.

看法也会受到影响。例如，促进集体安全和国际贸易的国际合作就是这种"商品"，当盟国得知对方使用酷刑，特别是针对本国公民使用酷刑时，这种合作将会减少。民主国家使用酷刑的事实，也可能被恐怖分子用作招募人员的工具，因为这可以突显出自由人权表面下的虚伪性。[1] 因此，酷刑或许可以阻止一颗定时炸弹，但同时会产生更多定时炸弹，从而导致幸福感的净下降。简言之，功利论提供了合乎逻辑的论证，让人们能以合乎伦理的方式使用酷刑。但运用这个道德理论的核心原则，人们也可以找到强有力的理由来反对使用酷刑。

批判论认为任何条件下使用酷刑都不是合乎道德的。事实上，这一理论指出应当曝光以隐蔽方式对观点和活动行使权力的做法，并试图解释美国使用酷刑的根源。批判论者指出，针对个人肆意行使这种国家权力，就能制造恐惧，这才是民主国家认为"有必要"使用酷刑的真正原因，他们也将重点探讨这方面的情况。批判论者指出中央情报局的拘捕项目往往重视羞辱囚犯，而且会根据大多数被捕者的出身情况，经常性地校准"羞辱"的定义。从这个角度来看，在阿布格莱布监狱，让裸体伊斯兰男性囚犯在女宪兵面前叠成一堆，然后为其拍照的做法，重点在于实施酷刑，而不是为了获取情报。以卑劣的方式羞辱伊斯兰男性的做法，与其说是为了获得具有可行动性的情报（正如参议院报告所示，几乎没有情报），倒不如说是为了展示美国对伊斯兰世界的控制权力。[2]

批判论者还会提醒人们，让他们注意心理学家在设计和执行这个项目时所掌握的认知权威，是实施酷刑者或授权实施酷刑的政治行为体都不具备的特殊知识权力。[3] 如果存在这种认知差距，这种活动就能被人视为合法或适当，特别是当人们总是使用委婉语或省略语来描述这种活动时，它

---

[1] Johnson, Douglas A., et al. "The Strategic Costs From Torture." *Foreign Affairs* 95 (September 1, 2016): 121–126.

[2] 惩罚可以用来展示权力，相关讨论参见 Foucault, *Discipline and Punish*。

[3] Risen, James. "Outside Psychologists Shielded US Torture Program, Report Finds." *The New York Times*, July 10, 2015. https://www.nytimes.com/2015/07/11/us/psychologists-shielded-us-torture-program-report-finds.html.

们就愈发得到认可。在自由民主国家,酷刑通过人们认知的转变,成为所谓的强化审讯技术,摇身变为合法行为,然而甚至连大多数情报官员都无法了解强化审讯技术的真正含义。

(五)暗杀

在与情报行动有关的伦理问题中,或许最有争议的就是情报组织是否可以将暗杀(assassination)当作政策工具。暗杀的定义是杀害著名的政治、经济或社会领导人,目的是将他们驱离权力中心,让更加符合美国利益的人取而代之,以及(或者)恐吓他们的追随者。暗杀可以有明确的归因,也就是说,这种杀人方式是公开和暴力的,或者也可以使用隐蔽方式,让人看起来像是自然死亡。从法律意义上讲,最先禁止暗杀的是杰拉尔德·福特总统于1976年签署的第11905号行政令,随后吉米·卡特总统签署第12036号行政令,拓展了这项禁令。20世纪70年代初,丘奇委员会和派克委员会揭露多项丑闻,此后福特和卡特都曾设法控制美国情报界,并设法限制它的活动。冷战初期,中央情报局经常参与政变并导致政治领导人死亡,比如在1963年推翻并杀害美国的坚定盟友——南越总统吴廷琰(Ngo Diem)。更糟糕的是,中央情报局在越南战争期间策划了"凤凰计划"(Phoenix Program),这是一个隐蔽暗杀计划,在印度支那杀害了3万余人,其中许多都是南越政府雇员。凤凰计划的目的是发动外科手术式打击,消灭北越特工和越共成员。但因为没有刑事调查和审判,所以很难保证该项计划并没有杀害无辜人员,哪怕至少部分无辜人员。中央情报局和美国军方项目还在拉丁美洲支持官方和极右翼的准军事暗杀小队,因为它们反对共产主义渗入这个地区。这些行径被国会调查曝光(见第9章)后,美国公众倍感震惊,由此诞生了我们今天的监督制度。但是暗杀问题令福特总统尤其感到困扰,于是签发第11905号行政令,禁止这种做法。卡特拓展了第11905号行政令的逻辑,下令减少许多其他隐蔽行动。

1981年罗纳德·里根担任总统时,美国情报界普遍存在不满情绪,许多人认为,尽管行动初衷适当,但行动时所受限制过大。因此,里根总统在1981年签署了第12333号行政令,重申全面禁止暗杀。然而,里根总统也扩大了《总统调查令》的使用范围,这是1947年《国家安全法》第503节和《美国法典》第50篇赋予总统的法律权力(见第7章)。《总统调查令》有权授权开展隐蔽行动。自20世纪80年代中期以来,它还可以明确授权对恐怖分子进行"定点清除"——这是暗杀的委婉说法。但在实践中,里根走得更远。1986年,他授权美军轰炸利比亚,以报复柏林一家夜总会遭到恐怖爆炸袭击,致使一名美国海军陆战队士兵在袭击中丧命。此次轰炸代号"埃尔多拉多峡谷行动"(Operation EL DORADO CANYON),同时尝试消灭利比亚独裁者穆阿迈尔·卡扎菲(Muammar Gaddafi)。但此次袭击失败,导致这位强人的幼女死亡。

"9·11"袭击之后,美国军方和情报界都开展了定点清除计划,主要使用无人驾驶飞行器,它更常见的叫法是无人机。[1] 杀死本·拉登也可被认为是定点清除。2011年,海豹突击队第6分队和中央情报局特别行动处成员突袭奥萨马·本·拉登在阿伯塔巴德所住院落,将其击毙。在伊拉克和阿富汗战争期间,类似袭击经常发生。此外,在小布什执政期间,美国还有一个特种部队暗杀小队,据称它在2009年被解散(见第9章)。我们讨论当代美国情报界使用暗杀手段时,通常指的是无人机袭击,尽管定点清除并不仅限于使用无人机。然而,此类活动造成的大部分杀戮,都是通过无人机计划完成的。这些计划导致"基地"组织和"伊斯兰国"数百名恐怖分子丧生,但与此同时,也杀害了数量不详的无辜平民,可能有数千之多。[2] 此

---

[1] 20世纪80年代,以色列国防军率先在战斗中使用无人机,并实施了一项无人机暗杀计划,很像是国防部和中央情报局开展的计划。但为简便起见,我们在这里只讨论美国活动。

[2] 奥巴马总统指示,在可能的情况下,应当公布造成平民死亡的数字。但在2019年5月7日,特朗普总统撤销了这一命令。在估计平民死亡总数方面,最严格的尝试可以参见哥伦比亚大学人权研究所在2011年提出的方法论,网址为 https://web.law.columbia.edu/sites/default/files/microsites/human-rights-institute/files/COLUMBIACountingDronesFinal.pdf。

外，无人机袭击曾被用来攻击美国公民，比如在2011年击毙"基地"组织宣传人员安瓦尔·奥拉基（Anwar al-Awlaki）。最后，有迹象显示，为了减缓或阻止伊朗核计划，美国可能与以色列情报组织合作，杀死5名伊朗核科学家。

这种计划合乎道德吗？义务论者主张全面禁止暗杀，不论它是如何改头换面，变成"定点清除"的。这种活动从根本上破坏了国家间的信任，因为如果一个国家可以合法地使用这种手段杀害政治领导人和恐怖分子，那么所有国家都有可能这样做。其结果是，各国之间的关系原本应当依照规律发展，现在却受到侵蚀。这种做法明显违反了绝对命令，因为理性人不希望政府不经司法程序，或是在其认为"必要"时就可以随意杀人。这正是暴政的定义。

然而，反对暗杀的义务论案例研究并非没有逻辑张力。第一，美国为定点清除提供的主要理由是自卫，也就是说，被这些计划杀死的恐怖分子嫌疑人正在策划对美国或其盟友发动袭击。康德学派会反驳这个观点，指出战争爆发于国家之间，而不是个人之间，因此定点清除并不是战争形式。国家实施自卫的条件不能以同样的逻辑适用于国家间战争。此外，康德学派也会以同样的方式加以强调，指出美国对"自卫"定义的使用过于灵活，最终结果将是其他国家在国际体系中使用暴力，即发动战争时，逐渐不愿遵守以往各方所公认的那种基准。事实上，已有证据表明，各国正在援引美国的预防性战争理由，为国家支持的种种暴力行为开脱。[1]

在暗杀问题上，义务论立场的第二个逻辑与革命有关。康德认为，公民发动革命反抗政府是非法的，民众必须忍受威权统治的残酷性，因为革命将释放更加糟糕的社会力量，亦即出现法律荡然无存的局面。[2]

---

[1] Fisk, Kerstin, and Jennifer M. Ramos. "Actions Speak Louder Than Words: Preventative Self-Defense as a Cascading Norm." *International Studies Perspectives* 15 (2014): 163–185.

[2] Beck, Lewis W. "Kant and the Right of Revolution." *Journal of the History of Ideas* 32, no. 3 (1971): 411–422.

但如果康德道德理论的最终目标是建立共和政府，以及扩大这些政府所创造的和平区域，那么从道德上讲，似乎很难相信国家不会通过暗杀来实现政权更迭。定点清除和推翻暴君肯定更加可取，远远胜过君王轻易发动战争所带来的可怕伤亡。同理，按照康德的理论，人们可以推论认为，各国派遣大批人员参加战争时，应该使用减少伤亡的作战方法。尽管无人机远远不是他们经常吹嘘的那种高精度武器，但它们的精度远胜大规模部署美军地面部队或使用常规空中部队资产，而后两者都将招来敌方更加猛烈的火力，从而造成伤亡。简言之，义务论者绝对不会认同暗杀是合乎道德的。但这种观点在该理论本身所设定的条件下，并非没有问题。

功利论者更愿意把定点清除作为国家政策工具加以使用，前提是满足几个条件。第一，功利论者可能会接受一种定义更加广泛的自卫，义务论者更强调规则导向，没那么容易接受。和前文一样，关键标准在于无人机袭击所能提供的幸福感。在此背景下，功利论者会权衡死亡总数。虽然在暗杀这些恐怖分子的同时，可能会造成一些平民伤亡，但这种死亡总数实际上可能低于恐怖袭击成功时造成的死亡总数。这样就确定了将**比例相称**（proportionality）作为标准，人们在使用武力时经常会引用这个标准。威胁的严重程度必须与限制这种威胁所用武力的总量成正比。因此，如果最终结果是生命得到挽救，那么功利论者就会认为定点清除这种程度的武力是合乎比例相称标准的，因此是合乎道德的。在评估比例这个标准时，我们还可以比较使用无人机与其他可能使用的备选武器平台或战术，因为这些备选手段导致的军人和平民伤亡数字，可能远远高于无人机袭击的情况。[1]

功利论者关注的第二个问题与第一个问题有关。如果最终结果是生命得到挽救，换言之，就是死于附带伤亡的人数减少，变得少于恐怖分子成功实施袭击所造成的伤亡，那就是必须解答的难题。更加难解的是

---

[1] Keene, Shima D. "Lethal and Legal? The Ethics of Drone Strikes." *International Journal of Ethics* 12, no. 1 (2015): 90.

第二个问题，即无人机暗杀是否会产生额外的后果。无人机袭击会导致更多的恐怖活动吗？当时的国防部长唐纳德·拉姆斯菲尔德（Donald Rumsfeld）曾问过这个问题，但提问时并没有附加任何道德背景。据报道，他向手下工作人员询问，美国杀死恐怖分子的速度是否超过恐怖分子的招募速度？如果无人机袭击可能挫败一次袭击，但会引发更多的恐怖阴谋，那么最终结果就不是幸福感增加。如果本应成功的定点清除没有成功，从而导致普什图部落成员开始复仇，那么这个结果在道德层面就是不可接受的。但如果最终结果是恐怖分子遭到威慑，那么功利论者会认为这种做法是合乎道德的。换言之，功利论者会确认无人机袭击是否奏效。[1] 如果比例和有效这两个条件都得到满足，那么功利论者可能会认为定点清除是合乎道德的。

批判论者认为，暗杀从根本上来说是不道德的，因为这是一种近因行为[2]，因为驱使这种暴力活动的动机或目的别有用心，也因为这种定点清除可以用于扩张国家的权力。批判论者指出，在伊拉克战争早期，美国在使用精确制导武器时提到"震慑与威吓"（shock and awe）这种手段，因此他们宣称美国的定点清除绝对不会使用精确武器。这种手段杀死了数百甚至数千名平民，因为"地狱火"导弹的爆炸半径极大，能够确保100英尺（约30米）外的人员仍然可被导弹炸伤。AGM-114[3] 最初的目的是用作反坦克武器，在所谓的精确打击中，拥有这种"血统"关系仍然可以造成无辜民众死亡。无人机袭击中使用的其他战斗载荷甚至更加糟糕，因为精确型号的马克-82重力炸弹的杀伤半径为200英尺

---

[1] 当然，这也是安全研究文献中一个关键的辩论焦点。参见 Jordan, Jenna. "Attacking the Leader, Missing the Mark: Why Terrorist Groups Survive Drone Strikes." *International Security* 38, no. 4 (2014): 7–38; and Mir, Asfandyar. "What Explains Counterterrorism Effectiveness? Evidence From the US Drone War in Pakistan." *International Security* 43, no. 2 (2018): 45–83。

[2] 近因行为（proximate act）是指可以直接造成某种结果的活动。——译注

[3] 即"地狱火"导弹。——译注

(约60米)。[1] 此外，在批判论者看来，这种暴力活动的真正"目标"是阿拉伯或伊斯兰世界的街道，而不是恐怖分子人员。无人驾驶飞机制造暴力事件，是为了故意扩散影响力，以便恐吓国际恐怖组织主力所在地区的公众。

对批判论者来说，最糟糕的是无人机计划与国家暴力活动之间的关系。批判论者会提请人们注意其中的两个问题。第一，在美国公众眼中，美军使用这些武器的"卖点"就是不会对美军造成风险。在批判论者看来，美国士兵不会面临风险，此事将导致美国公众对以他们的名义实施的暴力活动失去兴趣。这使得战争变得更加容易发动，所受监督也越来越少，并且可以杀害成千上万不被知道姓名和相貌的人员。它造成了一种不流血冲突的假象，因为它造成的痛苦只是单向的，而且人们讨论袭击是否合法时，这种技术层面的辩论还会进一步压制上述事实，从而转移人们的注意力，不再关注受害者遭受的痛苦。[2] 第二，批判论者对暗杀的看法与酷刑非常相似，认为它也是现代国家暴力活动的产物。各国将酷刑和无人机视为相似的工具，都是用于支持自己统治的技术。无人机越来越多地使用人工智能来决定目标，进一步让公民远离以其名义做出决定的后果，同时增强国家对"生命权力"[3] 的技术官僚式掌控，也就是让实质为某种形式的种族主义改头换面，表面看起来像是理性客观的决定，进而用这种方式控制国家各个机构。[4]

---

[1] Hambling, David. "Why Was Pakistan Strike So Deadly?" *Wired*, June 24, 2009. https://www.wired.com/2009/06/why-was-pakistan-drone-strike-so-deadly/.

[2] Gregory, Thomas. "Drones, Targeted Killings, and the Limits of International Law." *International Political Sociology* 9, no. 1 (2015): 197–212.

[3] 生命权力（bio-power）是福柯提出的概念，指国家彻底掌握构成国家一切组成部分的方式。——译注

[4] Allison, Jamie. "The Necropolitics of Drones." *International Political Sociology* 9, no. 2 (2015): 113–127.

三、结论：为国家服务的道德要求

本章指出，义务论、功利论和批判论设定的门槛极高。这三种道德体系所规定的道德行为标准或许是不可能达到的，如此就限制了许多情报行动的展开。但人们对情报官员的道德期望值，可能高于对联邦政府其他任何组织成员的道德期望值，这正是因为情报一直游走在国际法和国内法的灰色边缘。即使在最好的情况下，以合乎道德的方式开展许多情报行动也是相当困难的。然而，此类活动在特朗普执政期间变得尤其困难。所有总统都有他们自己的问题。所有总统都试图将情报和国家安全事务政治化。但没有哪位总统会像唐纳德·特朗普那样，如此鲁莽地无视美国国家利益。

无论是武装部队成员还是文职雇员，所有联邦公务人员就职时必须宣誓，誓言要求他们"捍卫美国宪法，对抗国内外的一切敌人"。[1] 宣誓并不是指向总统或其他领导人效忠，因为誓词非常具体地提到确立美国民主治理原则的那份文件。美国《宪法》并不是独一无二的，其主要内容大都来自启蒙运动哲学家，比如查理-路易·孟德斯鸠（Charles-Louis Montesquieu）、约翰·洛克（John Locke）和让-雅克·卢梭（Jean-Jacques Rousseau）。因此，它主要是一份法律文件，但并不是孤立于道德哲学之外的。宣誓者同样并不孤立于道德哲学之外。美国情报官员对美国公众负有责任，也须具有更高的道德目标。在某些情况下，两者都会要求他们服从特朗普总统或其他领导人的合法命令。在另一些情况下，尽管在总统下达命令的权力到底能有多大这个问题上，《宪法》可能表述不清，或定义含糊，但这位总统却会尝试僭取更多的权力。届时，情报官员几乎没有可供遵循的道德向导，只能遵从自己的良知和职业道德要求。他们不能仅仅求助于法律，还必须求助于那些产生法律的原则。要成为一名合格的情报官员，需要的不仅仅是知识和遵守法律，还必须在道德层面确定无

---

[1] Legal Information Institute, Cornell Law School. 5 US Code § 3331. Oath of Office. Accessed September 28, 2020. https://www.law.cornell.edu/uscode/text/5/3331.

虞之后，再行开展活动。

在本章中，学生接触了部分道德体系，它们可以提供指导，使决策符合伦理道德。我们此举的目的是让情报专业的学生认真思考，探究美国情报界的运作与这些道德体系之间的关系，便于他们接受某些伦理观点，同时否定另一些伦理观点。此类活动必然要求情报人员根据这种制度的道德要求，开展某种形式的自我评价。希望本章可以帮助厘清局面，了解学生将在现在或将来，在遇到潜在滥用行政权力的情况时，会以怎样的方式应对这些棘手的挑战。

四、关键词

政治化	政治现实主义	正义战争理论
安全化	义务论	结果论
功利论	批判论	告密者
维基解密	黑牢	非常规引渡计划
强化审讯技术	定时炸弹想定情景	暗杀
《总统调查令》	滥用行政权力	

五、延伸阅读

Allhoff, Fritz. Terrorism, *Ticking Time Bombs, and Torture: A Philosophical Analysis*. Chicago, IL: University of Chicago Press, 2012.

Bean, Hamilton. "Rhetorical and Critical/Cultural Intelligence Studies." *Intelligence and National Security* 28, no. 4 (2013): 495–519.

Bellaby, Ross W. *The Ethics of Intelligence: A New Framework*. New York, NY: Routledge, 2016.

Erskine, Toni. "'As Rays of Light to the Human Soul'? Moral Agents and Intelligence Gathering." *Intelligence and National Security* 19, no. 2 (2004): 359–381.

Goldman, Jan, ed. *The Ethics of Spying: A Reader for the Intelligence Professional*. Lanham, MD: Scarecrow Press, 2006.

Hayden, Michael. *The Assault on Intelligence: American National Security in an Age of Lies*. New York, NY: Penguin, 2018.

Olson, James M. *Fair Play: The Moral Dilemmas of Spying*. Washington, DC: Potomac Books, 2006.

Omand, David, and Mark Phytian. *Principled Spying: The Ethics of Secret Intelligence*. Washington, DC: Georgetown University Press, 2018.

Velasco, Fernando, and Rubén Arcos. "Facing Intelligence Analysts With Ethical Scenarios." In *The Art of Intelligence: Simulations, Exercises, and Games*, edited by William J. Lahneman and Rubén Arcos. Lanham, MD: Rowman & Littlefield, 2014.

[第 14 章]
对美国及其利益的威胁

乔纳森·阿卡夫

拉梅沙·克拉夫特

克里斯托弗·费雷罗

小理查德·基尔罗伊

乔纳森·史密斯

在本章中，我们将探讨美国面临的几种战略威胁。我们的讨论并不是要全面列出美国利益面临的所有危险，不然篇幅将会过长。事实上，我们的选择是重点讨论各种最为重要的挑战，它们的源头是民族国家、非国家行为体和自然现象等。在这种情况下，哪些威胁才是值得讨论的？我们很难做出选择。例如，在气候变化构成的威胁与物种灭绝速度急剧增加之间，人们应该如何左右权衡？在未来几十年里，如果温度升高，风暴破坏性增强，土地荒漠化，以及海平面继续上升，美国每年将损失数千亿美元，价值数万亿美元的沿海房地产将会面临危险，各种地区冲突及其随之产生的威胁也将加剧。[1] 物种灭绝的速度迅速加快，也造成了类似的破坏性影响。整个生态系统可能崩溃，这将让生态系统崩溃发生地区的居民面临剧变，其溢出效应将对整个世界造成

---

[1]　US Global Change Research Program. *Fourth National Climate Assessment*, Vol. II. Washington, DC: US Global Change Research Program, 2018. https://nca2018.globalchange.gov/.

破坏。[1] 生物多样性减少，结果将威胁所有事物，不论是全球粮食系统，还是医药生产都是如此。这两个问题显然是彼此交织的。但在这种情况下，我们选择关注气候变化，因为它是物种灭绝的一个驱动力，特别是如果全球气温上升2华氏度，并且"锁定"所造成的影响，它将给人类带来更加长期、更加重大的挑战，其造成的具体政治和经济影响也很容易进行分析。

我们将运用类似的逻辑，选择本章要讨论的其他主题。首先，我们将在这些威胁的相对时间范围和影响之间做出权衡。所有这些都需要立即采取行动，以便成功影响结果，使之有利于美国利益。犯罪团伙等主题的影响是短期的，而气候变化和战略竞争对手等其他一些主题，所构成的危险是中期或长期的，影响也更大。就影响的直接性和威胁的潜在规模而言，这些"其他"问题的优先级别更高。其次，我们会探讨低概率、高影响的事件，比如国家间战争或使用大规模杀伤性武器，以及影响相对较低但发生概率较高的事件，比如犯罪网络的活动。再次，我们会尝试区分来自国内和国际的威胁。某些威胁的因果关系不分国内国外，例如犯罪团伙问题的跨国影响就是如此。然而，因为本章重点并不是与国土安全有关的问题，所以讨论焦点是具有全球影响力的威胁。[2] 最后，我们强调战略威胁，它可能以对美国不利的方式改变全球权力平衡，也就是改变国家之间的军事和经济力量的相对比例。

---

[1] Nuwer, Rachel. "Mass Extinctions Are Accelerating, Scientists Report." *The New York Times*, June 8, 2020. https://www.nytimes.com/2020/06/01/science/mass-extinctions-are-accelerating-scientists-report.html.

[2] 国土安全学者处理这些分析挑战的方法很多，其中之一是使用"全危害"（all hazards）法。参见 Kilroy, Richard J., Jr., ed. *Threats to Homeland Security: Reassessing the All-Hazards Perspective*, 2nd ed. Hoboken, NJ: Wiley, 2018。

一、战略竞争对手

乔纳森·阿卡夫

1991 年，华约联盟解体，随后苏联解体，此后美国在冷战中脱颖而出，成为国际体系中唯一的"大国"。早在苏联集团结束之前，人们就断言称，美国已经成为世界体系中的霸主，是能够以单边方式影响国际结果的民族国家，而且这种单边方式是其他国家无法做到的。[1] 到了 20 世纪 90 年代初，情况显然真的如此。在冷战结束后的 10 年里，美国基本上拥有不受约束的力量。美国在海湾战争期间，在压倒性的冲突中击败了伊拉克军队，然后在 1998—1999 年的科索沃战争中，仅凭空中力量，就对塞尔维亚军队实施了类似的打击。20 世纪 90 年代，美国经历了长达 10 年的快速经济增长和技术创新，二者都加大了美国与其他国家之间本已极大的实力差距。然而，全球权力关系很少长时间保持不变，美国虽然掌握了"单极时刻"，但在自由资本主义民主战胜苏联共产主义仅仅 20 年之后，便已有迹象显示这种主导地位日渐衰落。[2]

相比这个体系中的其他国家和美国不久前自身的实力，可以看出美国的实力已经开始下降。美国每年军费支出近 7000 亿美元。但它不再拥有所有类别中最先进的武器系统，不论是自行火炮还是高超音速飞机和导弹技术，尽皆如此。[3] 在伊拉克和阿富汗两场战争中，近 1.5 万名美国军人和合同承包商雇员死亡，花费金额超过 4.4 万亿美元，结果美国不但没有获得任何战略收益，相反这种流血和财富的支出，让伊朗等国变得更

---

[1] Strange, Susan. "The Persistent Myth of Lost Hegemony." *International Organization* 41, no. 4 (1987): 551–574.

[2] Krauthammer, Charles. "The Unipolar Moment." *Foreign Affairs* (Winter 1990/1991).

[3] Hallman, Wesley. "Defense and Delusion: America's Military, Industry Are Falling Behind." *Defense News,* June 14, 2018. https://www.defensenews.com/opinion/commentary/2018/06/13/defense-and-delusion-americas-military-industry-are-falling-behind/.

加强大，让它们加强了对中东和西南亚洲的影响力。[1] 除人口中最富有的 10% 以外，美国其他所有人口的收入 40 年来没有增加，这种经济不平等产生了各种副作用，从教育成果降低到预期寿命缩短，无一例外。[2] 美国基础设施急剧恶化，三分之一的桥梁需要彻底更换，空港不足，铁路网陈旧。[3] 美国的教育机构和医疗保健系统在 1990 年排名世界第 6 位，2016 年下降到第 26 位，严重降低了可用人力资本的质量，并且阻碍了创新。[4] 近 43% 的美国人身体肥胖，又因为治疗和工人生产率下降，每年损失超过 1550 亿美元。[5] 医疗保健费用增加，就会导致技术创新和资本投资减少，此外美国教育水平下滑和肥胖率居高不下，还会对国家安全产生额外的、更加直接的影响：在 17—24 岁的美国人中，只有 29% 符合参军服役的条件，其他人不符合条件的原因是肥胖或教育成绩太差。[6] 政治腐败和企业腐败也有愈演愈烈之势，美国的全球腐败排名已从 1995 年的第 15 位，下降到 2019 年的第 23 位，落后于爱沙尼亚、乌拉圭和阿拉伯联合酋

---

[1] Watson Institute for International and Public Affairs. "Costs of War." November 2019. https://watson.brown.edu/costsofwar/.

[2] Desilver, Drew. "For Most US Workers, Real Wages Have Barely Budged for Decades." Pew Research Center, August 7, 2018. https://www.pewresearch.org/fact-tank/2018/08/07/for-most-us-workers-real-wages-have-barely-budged-for-decades/.

[3] American Road and Transportation Builders Association. "2020 Bridge Report." Accessed September 29, 2020. https://artbabridgereport.org/reports/ARTBA%202020%20Bridge%20Report%20-%20State%20 Ranking.pdf.

[4] Lim, Stephen S., et al. "Measuring Human Capital: A Systematic Analysis of 195 Countries and Territories, 1990–2016." *The Lancet* 392, no. 10154 (2018). https://www.thelancet.com/journals/lancet/article/ PIIS0140-6736(18)31941-X/fulltext#seccestitle160.

[5] Hales, Craig M., et al. "Prevalence of Obesity and Severe Obesity Among Adults: United States, 2017–2018." CDC National Center for Health Statistics, 2018. https://www.cdc.gov/nchs/products/databriefs/db360 .htm.

[6] Phillips, Jeffrey E. "Here's Why Fighting Youth Obesity Is a Matter of National Security." *Military Times*, July 18, 2018. https://www.militarytimes.com/opinion/commentary/2018/07/18/commentary-heres-why-fighting-youth-obesity-is-a-matter-of-national-security/.

长国。[1] 最后，美国公共债务在过去20年急剧增加，目前接近27万亿美元，是国内生产总值的132%以上，而2000年这个数字是58%。[2]

我们必须明确一点，美国并没有变弱。美国的国内生产总值目前仍然是世界上最高的，高达21.4万亿美元。相比之下，与之最接近的竞争对手是中国，为14.3万亿美元。[3] 美国的军事支出仍然比其他任何国家都多，它拥有世界上最庞大、技术最先进的空军，拥有多种现役武器，其中有些仍然是最先进的。此外，美国的许多问题是自身政策选择造成的，美国选民不愿意削减福利支出，同时支持多轮减税措施，这两件事都大幅减少了政府的可用资源，因此无力支持基础设施、研究和教育。美国的国内政策选择本已存在问题，在小布什和唐纳德·特朗普执政期间，美国对国际机构持反感态度，从而放大了这种选择所造成的影响，因为这样一来，美国便无法从以前的盟友那里获得支持，愈发只能孤军奋战。[4] 不管原因如何，美国相对于一些战略竞争对手的优势已经大大缩小，甚至在几年之后，人们就可以给出种种理由，证明美国霸权已经结束，代之以**多极国际体系**。多极国际体系是一种全球权力结构，有多个实力相当的大国彼此竞争。[5]

在此背景下，我们必须分清不同形式的国际竞争，即霸权对抗、地区对抗和非竞争性对抗。**霸权对抗**（hegemonic rivalry）是军事竞争形式，是两个或两个以上国家彼此竞争，以夺取国际体系的支配地位。这种竞争往往会导

---

[1] Transparency International. "Corruption Perceptions Index 2019." Accessed September 29, 2020. https://images.transparencycdn.org/images/2019_CPI_Report_EN_200331_141425.pdf. Historical data are from https://www.transparency.org/en/cpi/1995.

[2] US Debt Clock. Accessed July 7, 2020. https://www.usdebtclock.org/.

[3] World Bank. "GDP (Current US$)." Accessed September 29, 2020. https://data.worldbank.org/indicator/ NY.GDP.MKTP.CD.

[4] 许多分析人士认为，美国领军地位下降的原因不是对手实力增强，而是政策选择欠佳、（主动出头）意愿下降，且对国际机构的承诺欠奉。例如，参见 Lieber, Robert J. "Staying Power and the American Future: Problems of Primacy, Policy, and Grand Strategy." *Journal of Strategic Studies* 34, no. 4 (2011): 509–530。

[5] National Intelligence Council. *Global Trends 2025: A Transformed World*. Washington, DC: US Government Printing Office, 2008.

致灾难性的冲突，比如伯罗奔尼撒战争、拿破仑战争和两次世界大战等，它们通常都被定性为霸权竞争。[1] **地区对抗**（regional rivalry）也是国家间竞争的形式，在这种竞争中，争端往往会变得军事化。然而，不同于霸权对抗，在地区对抗中，至少有一个参与方并不具备争夺全球主导地位的实力。**非竞争性对抗**（nonrivalrous competition）发生在盟国之间，或彼此相对友好的国家之间，并不会诉诸军事化争端。这种形式的国家互动通常会采取经济竞争的形式，但经济竞争会刺激技术进步，进而可能在军事层面产生影响。

相比霸权对抗，美国参与的地区对抗更加常见，危险程度也低得多。美国未能与俄罗斯达成共识，令其接受冷战后的秩序，因此已经陷入了一场与俄罗斯展开的地区对抗中，因为俄罗斯寻求重新获得在欧亚地区的权力和影响力。[2] 弗拉基米尔·普京在1999年担任俄罗斯总统以来，主要目标一直都是让俄罗斯重返苏联的"大国"宝座，"重新确立（俄罗斯）国家的权力"。[3] 普京寻求实现这一目标，但实现的方法并不是通过重新确立马列主义意识形态，而是通过拉拢或消灭所有与之争夺国内权力的对手，以及夺回苏联控制的14个加盟共和国的领土（比如2014年从乌克兰手中兼并克里米亚），或是让这些国家沦为附庸。[4] 尽管在他统治的最初10年，俄罗斯联邦还是一个非常衰弱的国家，受困于预期寿命骤降、民众酗酒、通货膨胀、腐败，以及军事和公共部门资金不足等问题。[5] 然而

---

[1] Gilpin, Robert. *War and Change in World Politics*. Cambridge, UK: Cambridge University Press, 1983; and Mearsheimer, John J. *The Tragedy of Great Power Politics*. New York, NY: Norton, 2001.

[2] Mastanduno, Michael. "Partner Politics: Russia, China, and the Challenge of Extending US Hegemony After the Cold War." *Security Studies* 28, no. 3 (2019): 479–504.

[3] Dyson, Stephen Benedict, and Matthew J. Parent. "The Operational Code Approach to Profiling Leaders: Understanding Vladimir Putin." *Intelligence and National Security* 33, no. 1 (2018): 93.

[4] Fish, M. Steven. *Democracy Derailed in Russia: The Failure of Open Politics*. Cambridge, UK: Cambridge University Press, 2005.

[5] McFaul, Michael, and Kathryn Stoner-Weiss. "The Myth of the Authoritarian Model." *Foreign Affairs* (January/February 2008).

后来，普京在其中许多问题上取得了重大进展。他坚定地巩固了自己的权力，粉碎了所有政治反对力量，并让以前亲西方的俄罗斯公众开始厌弃美国及其盟友。[1] 尽管西方实施惩罚性的制裁机制，而且俄罗斯国内腐败横行，但其经济确有改善。而且，普京启动了一项雄心勃勃的军事现代化计划，这项计划的特点是严重夸大新式武器的威力，但人们对所有这些努力的总体有效性表示怀疑。

近年来普京巩固了国内权力，并且能够解决俄罗斯在人口问题上面临的部分挑战，但俄罗斯与爱沙尼亚、格鲁吉亚和乌克兰等爆发冲突，让邻国进一步心怀敌意，迫使它们投入西方怀抱，而不是远离西方。[2] 特朗普总统对北约怀有敌意，他的贸易和安全政策也极不稳定，总是再三反复，然而俄罗斯在英国脱欧公投期间对英国采取干预行动，在德法两国不久前举行选举时也如法炮制，却都没能改变这些国家对北约的忠诚。以往，俄罗斯开展信息行动和"宣传"的目的，都是因为俄罗斯在经济和军事上相比这些竞争对手存在根本性的弱势，需要以此弥补。这次也不例外。俄罗斯可以利用西方现存的社会分裂，而且这种裂痕极其巨大。但俄罗斯无法控制目标国家，而且这种努力可能会加剧这些国家对俄罗斯的敌意，而产生敌意的理由正是普京的这些行动。

俄罗斯与之前的苏联不同，它既没有成为霸权挑战者的物质资源，也没有这样做的国际合法性，但它可以起到搅局者（spoiler）的作用。例如，俄罗斯暗地为一些政党提供财政支持，同时公开寻求与目标国家建立更好的外交关系。这些举措已在奥地利、匈牙利和意大利产生了对其有利的结果，因此将这些国家逐出民主的主流之列，并且打乱了欧盟的治理全局。尽管俄罗斯与波兰之间的敌意由来已久，但波兰继续倒向右倾，可能会产生类似结果。波兰总统安杰伊·杜达（Andrzej Duda）试图打破司法

---

[1] Sokolov, Boris, et al. "Anti-Americanism in Russia: From Pro-American to Anti-American Attitudes, 1993–2009." *International Studies Quarterly* 62, no. 3 (2018): 534–547.

[2] Driscoll, Jesse, and Daniel Maliniak. "With Friends Like These: Brinkmanship and Chain-Ganging in Russia's Near Abroad." *Security Studies* 25, no. 4 (2016): 585–607.

部门反对政府政策的局面,并表现出仇外心理、反犹太主义、仇视同性恋和对德国的敌意,因此与欧盟的关系一直很不稳定。如果波兰重返俄罗斯怀抱,将是欧洲权力动态的重大改变。

同理,伊朗是地区大国,主要是以"搅局者"的身份对美国构成威胁,并没有能力将力量投放到所在地区之外。长达几十年的国际制裁和自身治理不善,让伊朗经济步履蹒跚。尽管如此,伊朗还是精打细算地利用有限的人力资本和工业制造能力,打造出实力极强的核武器和导弹项目。[1] 伊朗还间接受益于美国在该地区开展的军事行动。伊朗的死敌是萨达姆·侯赛因的逊尼派复兴党政权,它在伊拉克战争中被美国消灭,取而代之的政府由多个什叶派政党领导,对伊朗态度友好。美国开展军事行动,消灭了盘踞在伊拉克北部的"伊斯兰国"力量,也清除了伊朗边境的潜在威胁。另外,美国在更大范围内从该地区抽身而退,让伊朗与巴林和阿联酋的关系分毫无损。几十年来,伊朗一直为"真主党"提供资金和物资,还通过伊斯兰革命卫队控制着一个由顾问和情报官员组成的网络。

小布什总统曾将伊朗列为"邪恶轴心"之一,特朗普总统又无端退出 2015 年核协议,可见美国经常会将伊朗定性为严重威胁。事实上,这个国家远非本国"宣传"机器粉饰的那样,但同样远非美国所描绘的模样。伊朗国内存在严重分歧。在过去 10 年里,它经历了一次又一次严重的国内政治动荡,原因是保守的宗教精英与城市抗议者发生冲突,其中,前者得到乡村利益集团的支持,而后者主要是受过教育的年轻人。[2] 另外,这个国家的邻国也很危险,毗邻失败国家阿富汗,附近则是宿敌土耳其、沙特阿拉伯和俄罗斯。其主要盟友叙利亚因内战而四分五裂。2019 年,伊朗对沙特油田发动无人机袭击,并支持暴徒冲击美国驻巴格达大使馆,因此其指挥官卡西姆·苏莱曼尼(Qassim Soleimani)于 2020 年 1 月

---

[1] Nuclear Threat Initiative. "Iran." Accessed September 29, 2020. https://www.nti.org/learn/countries/iran/nuclear/.

[2] Kamalipour, Yahya R., ed. *Media, Power, and Politics in the Digital Age: The 2009 Presidential Election Uprising in Iran*. Lanham, MD: Rowman & Littlefield, 2010.

被美国暗杀。伊朗可以威胁对美国友好的国家，比如，它曾在也门与沙特阿拉伯发动代理人战争，并且持续支持"真主党"对抗以色列，但它无法从根本上威胁美国利益。尽管人们对伊朗的核计划感到担忧，但假设伊朗真的拥有核武器，它仍然会被以色列的核武库所威慑。此外，它不能对沙特或其他敌国使用武器，以免招致美国发动反击，消灭自己。伊朗核计划处于休眠状态，具备网络战争能力，这些都令美国在该地区的利益受到威胁。[1] 然而，伊朗威胁并不是人们口中常说的那种生死存亡的威胁。

最后，一些地区对抗并没有美国的直接参与，但仍然是危险的。例如，印巴之争就是具有潜在全球影响力的地区对抗，因为两国都是核国家。美国并不是这些争端的参与方，但如果冲突升级，即使只发生有限的核交火，显然也会对该地区以外的其他地区产生巨大影响。同理，希腊和土耳其虽然同为北约成员国，但因岛国塞浦路斯问题开展长期竞争，因此爆发了一场战争和多起武装争端。如果再起争端，就可能在不经意间把美国拖下水，因为地区不稳定是很容易蔓延的。地区稳定问题也是如此，比如波斯尼亚、科索沃和塞尔维亚在前南斯拉夫边界的斗争，以及埃及、苏丹和埃塞俄比亚在尼罗河水资源控制上的竞争。发生在非洲、拉丁美洲和东南亚的其他地区对抗，也可能以难以预料的方式影响美国利益。

非竞争性对抗是美国和其他国家之间最常见的竞争形式。尽管美国近年来明显偏好单边行动，而不是通过国际机构行事，但大多数国家仍与美国保持友好关系。

非竞争性对抗通常是经济竞争，资本主义世界市场中的企业间和行业间竞争，将会导致国内生产总值增长出现跨国差异。根据定义，这种差异会造成互有输赢的结果，另外就业模式发生改变，会导致美国及其欧洲盟友等高度发达国家出现去工业化的情况。这些变化可能会产生政治后果，

---

[1] Fassihi, Farnaz, and Steven Lee Myers. "Defying US, China and Iran Near Trade and Military Partnership." *The New York Times*, July 11, 2020. https://www.nytimes.com/2020/07/11/world/asia/china-iran-trade-military-deal.html.

因为民粹主义兴起的部分原因正是这种改变。民粹主义领导人的保护主义倾向更加明显，喜欢采取孤立主义立场，并会破坏或无视国际外交努力。伊朗核框架和巴黎协议得到美国所有盟友的大力支持，但特朗普政府弃若敝屣[1]，便正是此类民粹主义舍弃接触的实证。

在军事维度，非竞争性对抗可能的表现形式是，一些国家因为国内部分国防企业衰落或破产，所以军事生产能力下降，从而大大降低了本国制造武器的能力。例如，2019年初，波音公司宣布计划收购巴西航空工业公司80%的股份，将使巴西丧失国内军用飞机的制造能力，然而飞机制造能力正是20世纪60年代中期，统治该国的军政府创建巴西航空工业公司的原因。这种竞争的另一面是武器系统得到改进，同时愈发依赖联合开发的军事技术，这正是全球化不可避免的副产品。军事生产中的这种相互依存关系，可能减少爆发国际冲突的可能性。[2] 但它会带来潜在的问题，即工业间谍活动，以及军事技术向第三世界国家扩散。美国在为某些盟友制造或交易武器时采取的保护措施有所放宽，显然会让俄罗斯等国从中受益。例如，不久前土耳其购买了俄罗斯的防空系统，并试图将它与F–35战斗机集成在一起，此举可能使俄罗斯人弄清如何击败这款美国制造的飞机。[3]

接下来继续探讨的所有威胁，全都贯穿一个恒定不变的线索，那就是国家间竞争的内容，将会影响美国与其盟友应对所有这些威胁的方式。

---

[1]　以色列强烈反对伊朗核协议。需要提醒大家的是，虽然美以两国关系非常友好，但它们之间并没有签署集体安全协定。

[2]　Brooks, Stephen G. "The Globalization of Production and the Changing Benefits of Conquest." *Journal of Conflict Resolution* 43, no. 5 (1999): 646–670.

[3]　Gould, Joe. "US Could Buy Turkey's Russian-Made S-400 Under Senate Proposal." *Defense News*, June 29, 2020. https://www.defensenews.com/congress/2020/06/29/us-could-buy-turkeys-russia-made-s-400-under-senate-proposal/.

二、流行病

乔纳森·阿卡夫

20多年来，美国情报界在向政府最高层提交的情报报告中，不断警告称存在传染病大规模暴发的风险。[1] 尽管这些预测对流行病的重视程度，相比其他威胁有较大的差异，但早在新冠病毒感染暴发之前，已有**战略预警**提醒人们注意大规模传染病暴发所构成的危险。此外，新冠病毒感染为何难以检测和应对？人们已经找出非常具体的原因，鉴于此次疫情涉及的种种情况，这些原因最终是非常准确的。人们指出，气候变化和卫生保健基础设施的状况不佳正是问题所在，它增加了疫情暴发的可能性，削弱了多边和各国国内的应对力量，增加了因此死亡的人员数量。[2]

尽管美国情报界提供了关于此次突发趋势的相关分析，但在提高**点预测**（point prediction）能力方面却遇到一定的困难。这是一个复杂的问题。这种预警严重依赖于受这种疾病影响地区所发出信息的质量。此外，负责国际组织的相关工作议程往往相互冲突，既要履行自己的职责，又必须尊重本组织利益攸关方的主权和权力，力求在二者之间取得平衡。美国情报界的情报分析人员则面临额外的阻碍，难以提供精确的疾病预

---

[1] National Intelligence Council. Global Trends 2015. *A Dialogue About the Future with Non-Governmental Experts*. Washington, DC: Central Intelligence Agency, 2000, 81. https://www.dni.gov/files/documents/ Global%20Trends_2015%20Report.pdf; National Intelligence Council. *Mapping the Global Future*: 2020. Washington, DC: Office of the Director of National Intelligence, 2004, 30. http://www.dni.gov/files/documents/Global%20Trends_Mapping%20the%20Global%20Future%202020%20Project.pdf; National Intelligence Council, *Global Trends 2025*, 75; National Intelligence Council. *Global Trends 2030: Alternative Worlds*. Washington, DC: Office of the Director of National Intelligence, 2012, xi. https://www.dni.gov/files/images/ buttons/pdf_2.png.

[2] National Intelligence Council, *Global Trends 2025*, 75; and National Intelligence Council. *Global Trends: Paradox of Progress*. Washington, DC: Office of the Director of National Intelligence, 2017, 25 and 170. https://www.dni.gov/files/images/globalTrends/documents/GT-Full-Report.pdf.

测。医学情报（medical intelligence）并不是大多数情报界分析人员可以直接处理的问题领域，因为这是疾病控制预防中心流行病学家的领域。要想开展有效的健康监测和预警，需要接受广泛的医学培训，这将是一大挑战，因为大多数情报分析人员不具备基础统计学的背景，遑论流行病学背景。

然而，不同于美国情报界向政策制定者提供的其他许多预警的情况，自 20 世纪 90 年代起，关于流行病可能造成危险的预警已经开始出现，美国及其盟友确实对此做出了回应。这些努力在"9·11"事件之后得到加速，在小布什政府的领导下，美国大力加强公共卫生能力和灾害响应能力等建设，投资力度与许多欧盟成员国和日本的努力持平。此外，这一时期的技术发展也没有停滞不前。**两用生物医学技术**问世，扩大了疾病造成威胁的范畴，也增加了恐怖分子部署生物武器的可能性。[1] 自 2009 年起，贝拉克·奥巴马政府开始扩大多边合作，但这项努力总被打断，原因是海地、东亚和非洲暴发严重疾病，以及 2015—2016 年间蚊子在美国和拉丁美洲传播寨卡病毒。2014 年，奥巴马政府做出反常的响应措施，以应对西非暴发的埃博拉疫情，此后还编制了一份 69 页的流行病响应手册，列出多项疫情期间应遵守的规程，并在国家安全委员会中设立了一个部门，负责监测和响应流行病。[2]

尽管在联邦、各州和地方等层面，美国的预测和响应能力等方面取得了显著进步，但这些力量却被浪费了。在州和地方层面，公共卫生能力在 2008 年大衰退后骤降，原因是大规模预算削减，而在 2010 年经济恢复增

---

[1] Walsh, Patrick F. *Intelligence, Biosecurity, and Terrorism*. London, UK: Palgrave Macmillan, 2018.

[2] Executive Office of the President of the United States. *Playbook for Early Response to High-Consequence Emerging Infectious Disease Threats and Biological Incidents*. Washington, DC: Executive Office of the President of the United States, 2016; and Diamond, Dan, and Nahal Toosi. "Trump Team Failed to Follow NSC's Pandemic Playbook." *Politico*, March 25, 2020. https://www.politico.com/news/2020/03/25/trump-coronavirus-national-security-council-149285.

长后，这些削减也未得到改善。在 21 世纪最初 10 年的预算削减之战中，联邦层面的部分疾病响应能力受到了侵蚀。[1] 简言之，在过去 10 年里，美国政府各级的公共卫生资金长期不足。美国在为本国公民提供高效医疗保健方面持续存在问题，同时造成了结构性脆弱局面。

除资金问题外，美国在多个与疾病预测和响应相关的领域都遭遇失败。尽管奥巴马和小布什政府都进行了改革，但美国在专业化响应团队方面力量不足。[2] 相比之下，韩国根据本国应对非典、甲型 H1N1 流感和中东呼吸综合征等疫情的经验，建立起有效的疾病响应系统，由一个政府机构专门负责决策，并由流行病学家、计算机技术人员和实验室人员组成即时响应团队，负责追踪接触情况。[3] 此外，美国未能有效整合学术界和私人部门的丰富专门知识，比如约翰·霍普金斯大学彭博公共卫生学院的标准很快成为冠状病毒统计的标准；华盛顿大学健康指标和评估研究所开发出预测模型，可以跟踪新冠病毒感染的发展情况。随着传染病构成威胁的性质不断发展变化，情报界必须更好地与学术界、私人部门和智库合作，以提高预测和响应的质量。[4]

在响应新冠病毒感染方面，美国的表现远逊于大部分的工业化国家（见表 14-1）。截至 2020 年 8 月，美国人口仅仅占全球 4.25%，但确诊病例却占到 25% 以上，1900 万病例中有 500 万是美国人。但这一数字可能

---

[1] Hatfill, Stephen J. "Rapid Validation of Disease Outbreak Intelligence by Small Independent Verification Teams." *Intelligence and National Security* 35, no. 4 (2020): 533.

[2] Hatfill, Stephen J. "Rapid Validation of Disease Outbreak Intelligence by Small Independent Verification Teams." *Intelligence and National Security* 35, no. 4 (2020): 533.

[3] Town, Jenny. "South Korea's Pandemic Response." Stimson Center, March 26, 2020. https://www.stimson.org/2020/south-koreas-pandemic-response/; and Lee, Heesu. "These Elite Contact Tracers Show the World How to Beat Covid-19." *Bloomberg*, July 27, 2020. https://news.bloomberglaw.com/health-law-and-business/these-elite-contact-tracers-show-the-world-how-to-beat-covid-19.

[4] Lentzos, Michael S., Michael S. Goodman, and James M. Wilson. "Health Security Intelligence: Engaging Across Disciplines and Sectors." *Intelligence and National Security* 35, no. 4 (2020): 465–476.

远远低于实际感染人数,因为在疫情暴发 6 个月后,美国仍然没有对其国民进行足够全面的检测。同样值得强调的是,在控制疫情暴发和降低病亡率方面,许多发展中国家的表现明显好于美国。例如,越南按照非典后美国制定的指南做出响应,结果比美国做得好得多,当时只有 10 人死亡,病例死亡率只有 1.3%。

表 14–1　发达工业化国家新冠病毒感染死亡人数[1]

国家	总死亡人数	每 10 万人死亡人数	病例死亡率
阿根廷	4411	9.91	1.9%
澳大利亚	278	1.11	1.3%
奥地利	720	8.14	3.3%
比利时	9866	86.38	13.6%
巴西	99572	47.54	3.4%
加拿大	9017	24.33	7.5%
智利	9958	53.17	2.7%
中国	4681	0.34	5.3%
哥伦比亚	12250	24.67	3.3%
捷克共和国	389	3.66	2.2%
丹麦	617	10.64	4.2%
爱沙尼亚	63	4.77	3%
芬兰	331	6	4.4%
法国	30327	45.27	12.9%
德国	9195	11.09	4.3%
冰岛	10	2.83	0.5%
爱尔兰	1772	36.51	6.7%
以色列	581	6.54	0.7%
日本	1042	0.82	2.3%
拉脱维亚	32	1.66	2.5%

[1] Coronavirus Resource Center. "Mortality Analyses." Johns Hopkins University. Accessed August 8, 2020. https://coronavirus.jhu.edu/data/mortality.

（续表）

国家	总死亡人数	每10万人死亡人数	病例死亡率
立陶宛	81	2.9	3.7%
墨西哥*	51311	40.66	10.9%
新西兰	22	0.45	1.4%
挪威	256	4.82	2.7%
波兰	1787	4.71	3.6%
俄罗斯*	14768	10.17	1.7%
新加坡	27	0.48	0.05%
南非*	9909	17.15	1.8%
韩国	304	0.59	2.1%
西班牙	28503	61	9.1%
瑞典	5763	56.59	7%
瑞士	1986	23.32	5.5%
土耳其	5813	7.06	2.4%
英国	46596	70.08	15%
美国	161347	49.32	3.3%

*这些国家的数据存疑。

资料来源：Coronavirus Resource Center, Johns Hopkins University, August 8, 2020

新冠病毒感染揭示出美国在全球卫生监测、公共卫生资金和卫生保健基础设施，以及情报界对疾病预测的点预测能力等方面，存在严重的结构性问题。然而领导力也非常重要。巴西、英国、墨西哥和美国等被民粹主义者控制的国家，通常表现不佳，因为它们的领导人没有听从科学家和医学界的建议。2018年，特朗普总统解散了国家安全委员会中负责流行病的部门，并在疫情暴发时拒绝执行奥巴马政府的流行病响应手册。[1] 特朗普至少25次公开宣称这种病毒会自行消失，拒绝下令戴口罩以减少传

---

[1] Riechmann, Deb. "Trump Disbanded NSC Pandemic Unit That Experts Had Praised." Associated Press, March 15, 2020. https://apnews.com/ce014d4b64e98b7203b873e56f80e9a; and Diamond and Toosi, "Trump Team Failed to Follow NSC's Pandemic Playbook."

播，吹捧一种危险的抗疟疾药物，并建议美国人将注射消毒剂作为治疗手段。[1] 他在推特上重申一名电视竞赛游戏节目主持人的说法，即疾病控制预防中心在"撒谎"，一再错误地宣称"99.9%"的新冠病毒感染者都幸存了下来，并赞扬一位医生治疗病毒的能力，然而这位医生却认为外星人的DNA正被用于制造药物，相信某些疾病是恶魔在梦中授精导致的。[2] 特朗普总统所做的响应是无能的。他既没有表现出必要的智力水平来理解这种疾病的基本特征，也不愿意面向经验丰富的科学专家，听取本应听从的指导意见。这种疾病已经导致16万多美国人和全球70多万人死亡，但他却在援引巫医和电视竞赛游戏节目主持人的意见，这种做法绝对不是严肃的回应。美国非常幸运，因为这场流行病并不是埃博拉或类似的病原体——它们的死亡率比新冠病毒感染要高得多。

---

[1] Rieger, J. M. "24 Times Trump Has Said the Virus Would Go Away." *The Washington Post*, August 5, 2020. https://www.washingtonpost.com/video/politics/24-times-trump-said-the-coronavirus-would-go-away/2020/04/30/d2593312-9593-4ec2-aff7-72c1438fca0e_video.html; Chalfant, Morgan. "Trump Says He Won't Issue National Mask Mandate." *The Hill*, July 17, 2020. https://thehill.com/homenews/ administration/507908-trump-says-he-wont-issue-national-mask-mandate; McDonald, Jessica, and Rem Rieder. "Trump Misleads on Hydroxychloroquine, Again." *FactCheck.org*, June 3, 2020. https://www.factcheck.org/2020/05/trump-misleads-on-hydroxychloroquine-again/; and BBC. "Outcry After Trump Suggests Injecting Disinfectant as Treatment." April 24, 2020. https://www.bbc.com/news/world-us-canada-52407177.

[2] Samuels, Brett. "Trump Retweets Game Show Host Who Said CDC Is Lying to Hurt Him Politically." *The Hill*, July 13, 2020. https://thehill.com/homenews/administration/507011-trump-retweets-game-show-host-who-said-cdc-is-lying-about-coronavirus; Rabin, Roni Caryn, and Chris Cameron. "Trump Falsely Claims '99 Percent' of Virus Cases Are 'Totally Harmless.'" *The New York Times*, July 5, 2020. https://www.nytimes.com/2020/07/05/us/politics/trump-coronavirus-factcheck.html; and Connolly, Griffin. "Trump Defends Doctor Who Claimed Medicine Is Made From Alien DNA and Walks Out of Briefing Amid Question." *Independent*, July 29, 2020. https://www.independent.co.uk/news/world/americas/us-politics/trump-stella-immanuel-alien-dna-hydroxychloroquine-press-briefing-today-a9643021.html.

三、气候变化是国际局势不稳定的驱动因素

拉梅沙·克拉夫特

2008年，美国国家情报委员会对全球气候变化的影响开展评估，找出多项可在2030年之前持续威胁美国国家安全利益的事项。相关科学家和专家研究了气候变化对国际局势不稳定的影响，承认气候变化本身不会引起稳定状况发生重大变化。然而，气候变化效应可以彻底加剧种种国际安全威胁，并令它们变得更加复杂。[1] 归根结底，气候变化这种威胁可以影响总体地缘战略环境，其中，地区大国、脆弱国家和非国家行为体之间的关系就属于可受影响的环境。[2] 此外，2019年《全球威胁评估》指出，全球环境问题、生态退化和气候变化造成的影响，可能会助力人们对资源的争夺，放大经济困境，煽动社会不满。[3]

（一）全球地缘政治紧张局势的助燃剂

民族国家利用海洋和陆地不断变化的地理面貌，扩张或开拓新的领土，比如在过去几年内，北极地区[4]便是如此。地理面貌的变化在南亚和非洲造成了紧张局势，因为各国都在争夺获取（某些情况下是控制）粮食

---

[1] National Intelligence Council. "Global Food Security: Key Drivers—A Conference Report." NICR 2012-05. February 1, 2012. https://www.dni.gov/files/documents/nic/NICR%202012-05%20Global%20 Food%20Security%20Conf%20Rpt%20FINAL.pdf.

[2] Center for Climate and Security. "A Climate Security Plan for America." September 2019. https://climateand security.files.wordpress.com/2019/09/a-climate-security-plan-for-america_2019_9_24-1.pdf.

[3] Spratt, David, and Ian Dunlop. "Existential Climate-Related Security Risk: A Scenario Approach." May 2019. https://docs.wixstatic.com/ugd/148cb0_a1406e0143ac4c469196d3003bc1e687.pdf.

[4] White, Daniel. "The National Security Implications of Climate Change: Redefining Threats, Bolstering Budgets, and Mobilizing the Arctic." *Journal of International Affairs* 73, no. 1 (2020): 321–329. https://jia.sipa.columbia.edu/national-security-implications-climate-change-redefining-threats-bolstering-budgets-and-mobilizing.

和水资源的渠道。海冰消融、积雪覆盖减少和冰盖融化，增加了北极地区的不确定性。这一点尤其重要，因为自21世纪初以来，这个地区的军事和经济活动水平有所提高。[1] 北极地区由8个在北极拥有主权领土的国家组成，它们是加拿大、丹麦、冰岛、挪威、芬兰、瑞典、美国和俄罗斯。海冰减少后造就了新的航道，拓展了人们获取某些自然资源的途径。此事还可以帮助俄罗斯在这个地区扩张。[2] 从陆地面积、军事存在和人口等来看，俄罗斯是最大的北极国家。俄罗斯在过去几年开展商业和国防活动，说明该国自认为是极地大国。2014年12月，俄罗斯总统弗拉基米尔·普京成立了北方舰队联合战略司令部，以协调俄罗斯重新重视北极的各项措施。自此以后，俄罗斯逐渐成立新的北极部队，翻新旧的机场和基础设施，并在北极海岸线上建立军事基地。专家仍在继续监视俄罗斯的军事活动，特别是其建设由防空和沿海导弹系统、预警雷达和各种传感器组成的网络的努力。[3]

（二）食物和供水稳定面临的威胁加剧

同理，供水减少一直都是爆发冲突的一项主要原因。世界经济论坛发布《全球风险报告》，将供水危机列为2011年以来的5项重大风险之

---

[1]　Konyshew, Valery, and Alexander Sergunin. "Is Russia a Revisionist Military Power in the Arctic?" *Defense & Security Analysis* 30, no. 4 (2014): 323–335. https://doi.org/10.1080/14751798.2014.948276.

[2]　Office of the Under Secretary of Defense for Policy. "Department of Defense Arctic Strategy." June 2019. https://climateandsecurity.files.wordpress.com/2019/06/2019-dod-arctic-strategy.pdf; White, "National Security Implications of Climate Change"; and Taylor, P. C., W. Maslowksi, J. Perlwitz, and D. J. Wuebbles. "Arctic Changes and Their Effects on Alaska and the Rest of the United States." In *Climate Science Special Report: Fourth National Climate Assessment*, Vol. I, edited by D. J. Wuebbles, D. W. Fahey, K. A. Hibbard, D. J. Dokken, B. C. Stewart, and T. K. Maycock. Washington, DC: US Global Change Research Program, 2017, 303.

[3]　Office of the Under Secretary of Defense for Policy, "Department of Defense Arctic Strategy."

一。[1] 仅在 2017 年，供水不安全已经导致至少 45 个国家爆发冲突，特别是在中东和北非。[2]

供水不安全和随之而来的农业生产退化，必然会在那些争夺粮食、供水资源的国家之间，加剧彼此由来已久的紧张关系。例如，巴基斯坦的淡水供应虽受到喜马拉雅山冰川变小的影响，但更主要是因为被印度所控制，所以供水问题会加剧印巴两国之间的紧张关系。[3] 到 2030 年，世界人口不断增长，再加上资源日益稀缺，这些问题会使人们对食物的需求增加 30%，对供水的需求增加 40%，对能源的需求增加 50%。极端天气事件、洪水、野火、土壤退化和海平面上升等，也将加剧全球食物、供水的不安全，并可能加剧社会动荡。[4] 例如，2008 年食物价格飙升，至少有 61 个国家因价格上涨而发生动荡，而在其中 38 个国家里，抗议活动往往采取暴力形式。[5]

（三）美国军事基地和军事行动均有弱化

气候变化对美国军事基地和军事行动的影响是多方面的。各方争夺北极地区的土地和资源，此事对美国的国土防御和其他北极国家之间的地区合作等事项构成威胁。具体而言，美国在北极的利益是保持全球力量投放的灵活性（比如航行自由和飞越自由），以及限制各国利用该地区作为开

---

[1] Van Der Heijden, Kitty, and Callie Stinson. "Water Is a Growing Source of Global Conflict." World Economic Forum, March 2019. https://www.weforum.org/agenda/2019/03/water-is-a-growing-source-of-global-conflict-heres-what-we-need-to-do/.

[2] United Nations Office for the Coordination of Humanitarian Affairs. "World Humanitarian Data and Trends 2018." December 2018. https://www.humanitarianresponse.info/sites/www.humanitarianresponse.info/files/documents/files/whdt2018_web_final_singles.pdf.

[3] Center for Climate and Security, "Climate Security Plan for America."

[4] Director of National Intelligence. "Worldwide Threat Assessment of the US Intelligence Community." February 13, 2018. https://www.dni.gov/files/documents/Newsroom/Testimonies/2018-ATA---Unclassified-SSCI.pdf.

[5] National Intelligence Council, "Global Food Security."

展竞争的"走廊"。[1] 多年冻土解冻、风暴潮和海岸侵蚀会对国防部的基础设施（比如军事设施）产生不利影响，然而国防部的设施极其关键，可提供适当的训练和测试环境，以此保持战备。在未来几十年里，这些设施将面临重大风险，因为气候会驱动环境发生变化（比如海平面上升和发生严重风暴），另外这变化还可能破坏这里的陆地和水域，使之无法支持军事任务。[2]2016年，忧思科学家联盟针对美国东海岸和墨西哥湾沿岸的18个军事设施开展研究，分析了它们对国防部任务的战略重要性。这些设施大多是各类场地，供军方测试武器、开展训练演习、建造舰船和其他设备，以及开发新兴技术所用。[3] 这项研究显示，海平面上升已对许多设施产生影响。该研究还提出一些想定情景，指出如果不采取预防措施，这些设施可能面临大规模潮汐洪水、永久丧失陆地和破坏性风暴潮等。这项研究显示，到2100年，18个设施中有近一半可能失去25%—50%的陆地面积。[4]

---

[1] Office of the Director of National Intelligence, "Global Trends 2030."
[2] Department of Defense. "Climate Adaptation for DOD Natural Resource Managers: A Guide to Incorporating Climate Considerations Into Integrated Natural Resource Management Plans." August 2019. https://climateandsecurity.files.wordpress.com/2019/08/dod-adaptation-guide-at-low-res-final-041519_508- compliant.pdf.
[3] Hall, J. A., S. Gill, J. Obeysekera, W. Sweet, K. Knuuti, and J. Marburger. "Regional Sea Level Scenarios for Coastal Risk Management: Managing the Uncertainty of Future Sea Level Change and Extreme Water Levels for Department of Defense Coastal Sites Worldwide." US Department of Defense, Strategic Environmental Research and Development Program, April 25, 2016. https://www.serdp-estcp.org/News-and-Events/News-Announcements/Program-News/DoD-Report-on-Regional-SeaLevel-Scenarios.
[4] Union of Concerned Scientists. "Executive Summary: The US Military on the Front Lines of Rising Seas: Growing Exposure to Coastal Flooding at East and Gulf Coast Military Bases," July 2016. https://www.ucsusa.org/sites/default/files/attach/2016/07/front-lines-of-rising-seas-key-executive-summary.pdf.

四、21 世纪的网络威胁

拉梅沙·克拉夫特

第 8 章指出，未来是多元的，许多可以改变全球趋势博弈规则的潜在因素，都是在对技术进行应用或利用。本节将探讨 21 世纪的网络威胁，但讨论前必须承认一件并未明言的事情，那就是创造技术的活动本身并无不当，不当的是人类以邪恶方式使用技术。人类使用技术，解决了世界上许多问题，但也加剧了其他问题。关于新兴技术，以下几个主题需要探讨：人工智能和机器学习、大数据分析、人工智能中的伦理考量，以及发生"网络'9·11'"的可能性。

（一）人工智能、机器学习和大数据分析

应用人工智能并不是一个新生事物。1955 年，约翰·麦卡锡（John McCarthy）与 3 名同事创造了**人工智能**（artificial intelligence）这个术语，并将其定义为"让机器能以被称为智能的方式工作，就如同真人工作一样"。[1] 机器学习是人工智能的一个子集，侧重于开发算法，通过经验而非具体指令来推动机器进行学习和自我适应。[2] 应用人工智能可以带来各种益处，比如提升通信、医疗保健、教育、疾病控制、农业、太空探索和

---

[1] McCarthy, John, Marvin Minsky, Nathaniel Rochester, and Claude E. Shannon. "Proposal for the Dartmouth Summer Research Project on Artificial Intelligence, August 31, 1955." *AI Magazine* 27, no. 4 (2006). https://aaai.org/ojs/index.php/aimagazine/issue/view/165.

[2] Vedder, Anton. "Why Data Protection and Transparency Are Not Enough When Facing Social Problems of Machine Learning in Big Data Context." In *Being Profiled: COGITAS ERO SUM: 10 Years of Profiling the European Citizen*, edited by Emre Bayamlioğlu, Irina Baraliuc, Liisa Janssens, and Mireille Hildebrandt. Netherlands: Amsterdam University Press, 2018, 42–45. doi:10.2307/j.ctvhrd092.10; and Hao, Karen. "What Is Machine Learning?" *MIT Technology Review*, November 1, 2018. https://www.technologyreview.com/s/612437/what-is-machine-learning-we-drew-you-another-flowchart/.

科学等方面的能力。[1]然而，科学家愈发认识到有必要研究人类无法控制人工智能系统时的前景、愈发依赖人工智能这种做法所固有的脆弱性，以及缺少相关的国际法律法规，无法打击人工智能被用于恶意的情况。[2]

个中原因可能是，国际社会愈发重视投资和开发人工智能实力。过去5年，至少有20个国家公开宣布计划发展人工智能技术，目的是保持竞争优势，以及利用人工智能的经济和社会效益。[3]2017年，中国公布了《新一代人工智能发展规划》。同年，有报道称，俄罗斯总统弗拉基米尔·普京表示："谁能在人工智能领域成为领导者，谁就将成为世界的统治者。"[4]2018年，法国总统埃马纽埃尔·马克龙（Emmanuel Macro）宣布，计划在未来5年内向人工智能投资15亿欧元，以求追上美国和中国。2019年，美国总统唐纳德·特朗普签署第13859号行政令，题为"保持美国在人工智能领域的领导地位"，开篇第一句就把人工智能确定为经济增长和国家稳定的驱动力量。[5]

随着人们对人工智能和机器学习的兴趣与日俱增，人们愈发需要使用大数据分析手段，处理指数级的数据量。物联网专家估计，到2025年，将有数十亿台互联设备和嵌入式系统，它们能让超过75%的世界人口实

---

[1] Kavanaugh, Camino. *New Tech, New Threats, and New Governance Challenges: An Opportunity to Craft Smarter Responses?* Washington, DC: Carnegie Endowment for International Peace, 2019, 13–23. doi:10.2307/resrep20978.5.

[2] Yampolskiy, Roman, and M. S. Spellchecker. "Artificial Intelligence Safety and Cybersecurity: A Timeline of AI Failures." October 2016. https://arxiv.org/pdf/1610.07997.pdf; Vedder, "Why Data Protection and Transparency Are Not Enough When Facing Social Problems of Machine Learning in Big Data Context"; and Gill, Amandeep Singh. "Artificial Intelligence and International Security: The Long View." *Ethics & International Affairs* 33, no. 2 (2019): 169–179. doi:10.1017/S0892679419000145.

[3] Kavanaugh, *New Tech, New Threats, and New Governance Challenges*; Allison, Graham, and "Y." "The Clash of AI Superpowers." The National Interest 165 (2020): 11–16.

[4] Gill, "Artificial Intelligence and International Security."

[5] "Executive Order 13859 of February 11, 2019: Maintaining American Leadership in Artificial Intelligence." *Federal Register* 84, no. 31 (2019): 3967–3972. https://www.hsdl.org/?view&did=821398.

现每天在线互动。他们还估计，机器学习将继续改变技术格局，从而提升社会的日常运转和商业流程。[1] 在技术领域，数据保护和个人隐私面临的威胁与日俱增，再加上云计算等系统依赖人工智能，因此人类面临的网络安全威胁也越来越大——然而这些情况都是天然存在的。[2]

（二）伦理考量：谁来监视谁

要想以合乎伦理的方式，在战争、治理和安全等概念中应用技术，就必须深刻了解技术的力量和局限。公平地说，技术用于战争已有几十年的时间。[3] 人们开始应用人工智能推动的力量之后，研究机构和公民社会开始寻求建立一种管理机制，以规范技术的使用情况，使之符合伦理、道德和法律。联合国裁军谈判会议和联合国教科文组织等必须考虑此类影响，这已成为它们的一项议事日程。[4] 这方面的努力包括制定相关原则，指导如何使用致命自主武器系统，以及制定阿西洛玛人工智能原则，防止恶意的人工智能开发。[5] 大多数科学家认为，在未来20年里，各国在发动战争时，不太可能只使用幽灵船舰队和机器人军队。不过在这个时间框架内，作战系统很可能具有更高的自主性。[6]

系统自主性越来越高的发展现状，尽管是以国防、经济增长或农业发展为目的的，但也突显出技术脆弱性这个症结。自主性增强和基于机器的学习这两方面，在很大程度上都依赖于对人工编写算法的信任。科学

---

[1] Khvoynitskaya, Sandra. "The Future of Big Data: 5 Predictions From Experts for 2020–2025." *iTransition*, January 30, 2020. https://www.itransition.com/blog/the-future-of-big-data.

[2] Kavanaugh, *New Tech, New Threats, and New Governance Challenges*.

[3] Gill, "Artificial Intelligence and International Security."

[4] Kavanaugh, *New Tech, New Threats, and New Governance Challenges*; and US Government Accountability Office. "Data and Analytics Innovation: Emerging Opportunities and Challenges." Report GAO-16-659SP. September 20, 2016. https://www.gao.gov/products/GAO-16-659SP.

[5] Future of Life Institute. "Asilomar AI Principles." Accessed December 29, 2019. https://futureoflife.org/ai-principles/?cn-reloaded=1.

[6] Gill, "Artificial Intelligence and International Security."

家已经发现，算法精度可能是有限的，因为不同算法各有自己的特征和设计。例如，一些面部识别软件呈现出歧视性和有偏见的结果，原因是算法存在缺陷。同理，一些计算机工程师和科学家认为，尽管历史上曾有人工智能系统因为设计或安全程序错误而出错（有时是致命错误）的例子，但在研究人工智能如何被用于或设计用于恶意目的方面，民族国家做得仍显不足。[1]

（三）"网络'9·11'"想定情景的可能性

在过去的几年里，政府官员和军事领导人使用"网络珍珠港"或"网络'9·11'"等术语，描述可以影响美国国家利益的潜在网络攻击。对技术的依赖和以往网络事件的历史，造就出一份几乎无穷无尽的"网络'9·11'"想定情景清单。可能的想定情景有以下几种：攻击工业控制及数据采集和监视控制系统，扰乱关键基础设施；破坏金融数据，造成大规模混乱，因为客户会将所有资金从银行和股市中撤出；以协同方式发动勒索软件攻击，勒索手段是阻止货物、服务和人员的国际运输；以多管齐下方式，发动精心策划的虚假信息行动，将两个或更多国家推向战争边缘。

有人认为网络空间行动将导致战争，但战略专家、心理学家和政治学家对此提出质疑，因为在网络空间领域，何为战争的门槛尚未确定。[2] 也就是说，不同于传统的战争行为，在网络空间开展的活动很少是实体接触式的，迄今为止尚未造成大规模伤亡。令人生畏的事实是，网络空间正在以光速发生变化，21世纪的网络威胁将继续发展演变。情报专业人员在分析对手在网络空间的意图和能力时，必须保持敏捷性和适应性。

---

[1] Yampolskiy and Spellchecker, "Artificial Intelligence Safety and Cybersecurity," for examples of AI failures.

[2] Lewis, James A. "Thresholds for Cyberwar." Center for Strategic & International Studies, October 1, 2010. https://www.csis.org/analysis/thresholds-cyberwar.

五、国家间战争

乔纳森·史密斯

在现实世界向对手发动大规模的暴力活动，是权力的最终表现。特别是随着核武器问世，国家间战争有可能产生最强烈、最广泛的破坏力量，并对所有民族国家构成真正意义上的生存威胁。即使在核时代之前也是如此。例如，在二战之初，德国入侵并占领波兰，此后这个国家就不复存在了。因为国家间战争会对一个国家造成极其严重的后果，所以该国情报组织往往会投入大量的时间和资源，试图了解敌对军事大国的能力和意图。事实上，美国情报界许多组织成立的目的，都是为了了解冷战期间苏联对美国构成的潜在军事威胁。

20世纪，国家间战争的发生率有所下降。如图14-1所示，这个数字在二战期间（1939—1945）激增，之后显著下降。[1] 此外，国家间战争造成的死亡人数也在下降。很可能出现的情况是，所有国家的国家安全界如今都极其重视维护本国利益，而且重视程度远甚以往各个历史时期。事实上，更有可能的情况是，国际机构兴起、民主治理和国际贸易带来的经济利益等因素，减少了国家间战争的爆发诱因。[2] 但这并不意味着国际竞争有所缓和，而仅仅意味着民族国家可能会使用其他不同手段，谋求自己的利益。

---

[1] Sarkees, Meredith, and Frank Wayman. *Resort to War: 1816–2007*. Washington, DC: CQ Press, 2010.

[2] Szayna, Thomas, et al. *What Are the Trends in Armed Conflicts, and What Do They Mean for US Defense Policy?* Santa Monica, CA: RAND Corporation, 2017, 3.

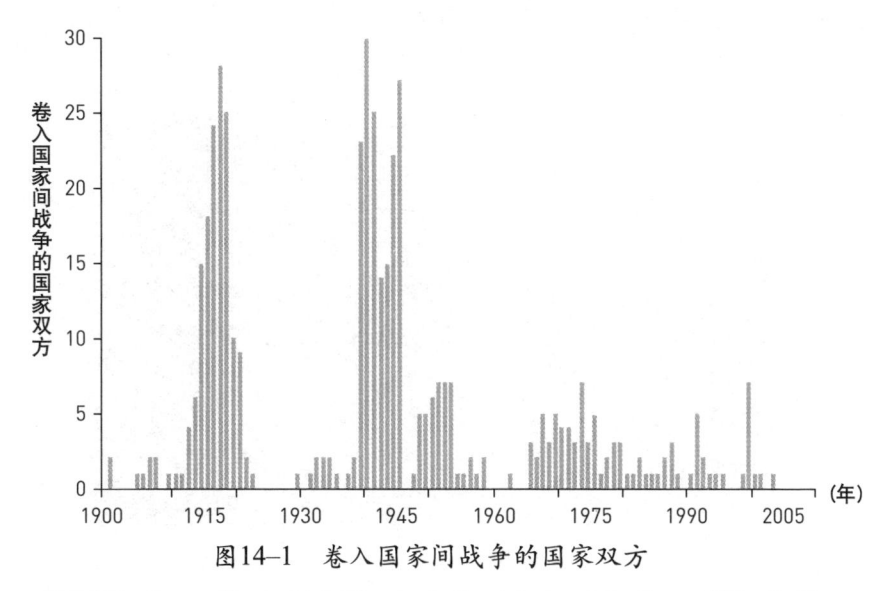

[第 14 章]　**对美国及其利益的威胁**　｜　427

图14-1　卷入国家间战争的国家双方

资料来源：Szayna, Thomas, et al. *What Are the Trends in Armed Conflicts, and What Do They Mean for US Defense Policy*. Washington: RAND Corporation, 2017, 3. Accessed on December 1, 2019, at https:// www.rand.org/pubs/research_reports/RR1904.html

这也不意味着军事力量不具有相关性，因为它毕竟是推进国家安全利益的工具。除了在国内与次国家行为体（sub-state actor）进行的反叛乱冲突之外，**混合战争**（hybrid war）也是利用军事力量的一种战略，正在得到越来越多的应用。这种类型的冲突是"间谍活动、颠覆活动甚至各种形式的恐怖主义的混合体，目的是在不发动传统意义战争的情况下，达成政治目的"。[1] 在东欧和中东，当代国家间冲突就具有此种特征。此类冲突造成的结果，就是难以明确认定谁应当为某次特定的攻击负责。例如，俄罗斯在2014年兼并克里米亚时出动特种部队，他们被称为"小绿人"，不佩戴身份标识，从而造成了足够合理的可否认性，以便延迟一切国际反应。对于情报组织来说，此类冲突是越来越大的挑战，很难辨明冲突的起

---

[1] Schindler, John. "We're Entering the Age of Special War." *Business Insider*, September 25, 2013. https://www.businessinsider.com/were-entering-the-age-of-special-war-2013-9.

点和进展，更不用查明实际参与的行为体身份了。

图14-2　2014年，"小绿人"现身乌克兰

资料来源：Anton Holoborodko (Антон Голобородько)/CC BY-SA (https://creativecommons.org/licenses/by-sa/ 3.0)/Wikimedia Commons

有人担心，新的技术创新可能会减少战争的人力成本，使各国更有可能发动常规的国家间战争，从而促进本国国家利益。随着打击目标能力的精度不断提高，大规模平民伤亡的风险已经降低。例如，因为有了全球定位系统制导武器，在阿富汗战争（2001—2021）中，B-52轰炸机更有可能执行近距离空中支援任务（这要求武器部署非常精确），而不是像在越南战争（1965—1973）中那样，执行地毯式轰炸任务。最近，自主和半自主武器系统不断发展，意味着发动攻击的国家不必再让本国人员投入战斗，拿自己的生命去冒险。例如，美国在2017年对叙利亚控制的机场发动巡航导弹袭击，此举能够破坏目标，同时绝对不会危及任何美国军事人员的生命。这两种趋势似乎都能减少战争的人力成本，让使用军事冲突的手段显得更加可以接受。美国南北战争中南方邦联的罗伯特·李（Robert E. Lee, 1807—1870）将军指出："好在战争太过可怕，否则我们就会过于喜欢它。"

无论国家间战争的规模和频率是否会持续减少，大规模国家间战争爆发的可能性仍然存在。虽然国家战争并不是最有可能威胁到美国国家安全的事项，但它仍然构成威胁，将给美国重大利益造成最严重的后果。

图14–3　朝鲜阅兵

资料来源：Voice of America

美国国家安全机构投入极大的精力开展这项工作。国防部的预算数额极高，可使国家权力系统中用于处理国际事务的其他机构相形见绌。例如，2018年国防部的预算为6490亿美元，而国务院的预算是520亿美元。当我们考虑美国拥有多种权力工具，可以用来促进本国国家安全利益时，可以说美国看起来就像一只只有一个超级大螯的张牙舞爪的招潮蟹。

重视发展核和常规军事能力的做法是要付出代价的，但确实提供了巨大的力量优势。美国2018年的军费预算最高，超过了排名紧随其后的7个国家的总和。后面7个国家是中国、俄罗斯、印度、法国、德国、英国和沙特阿拉伯，它们当年的军事预算总和为6090亿美元（见图14–4）。[1] 但你付出代价，就会得到收获。美国海军拥有航空母舰的数量，远远超过其他所有国家。美国空军拥有飞机的数量，比中俄两国的总和还要多。它

---

[1] Paul G. Peterson Foundation. "US Defense Spending Compared to Other Countries." May 13, 2020. https://www.pgpf.org/chart-archive/0053_defense-comparison.

还在 70 多个其他国家设置军事基地并组建网络，而且拥有运输系统，使其能够在极短时间内，迅速向世界各地投送大量军事力量。[1]

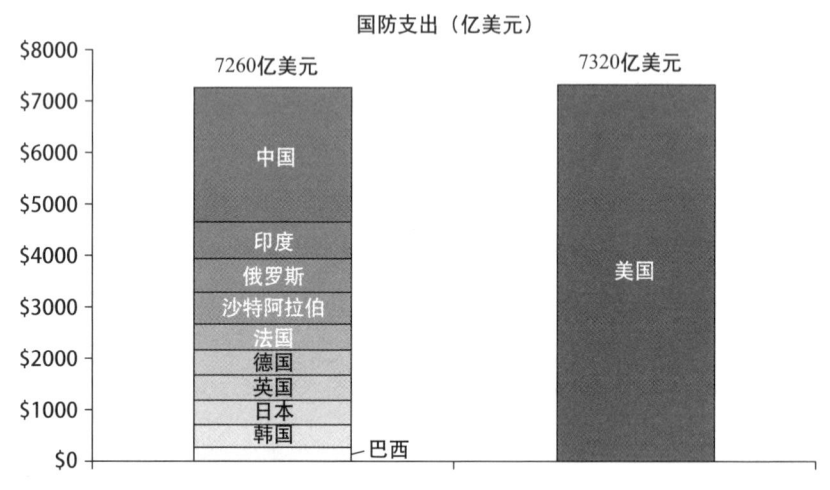

图14-4　2018年美国国防支出比较

资料来源：Paul G. Peterson Foundation. "US Defense Spending Compared to Other Countries." Accessed on December 1, 2019, at https://www.pgpf.org/Chart-Archive/0053_defense-comparison& xid=17259,15700023,15700124,15700149,15700168,15700173,15700186,15700201

当然，维持这种力量是大有裨益的，因为即使只是威胁使用武力，也有助于促进国家安全利益。前美国国务卿乔治·马歇尔（George C. Marshall）曾指出："没有军事力量支持的外交只是装腔作势。"[2]例如，美国拥有核武力量，并在欧洲部署军事力量，这些因素可以发挥作用，支持美国在冷战期间推行的更加宏大的遏制性国家安全政策。然而，在未来任何一场国家间冲突中，这些力量到底能够发挥多大程度的作用？答案尚且不得而知。俗话说得好，将军们总是在准备上一场战争。

---

[1] Vine, David. "Where in the World Is the US Military?" *Politico*, July/August 2015. https://www.politico.com/magazine/story/2015/06/us-military-bases-around-the-world-119321.

[2] Worley, Duane. *Orchestrating the Instruments of Power: A Critical Examination of the US National Security System*. Lincoln: University of Nebraska Press, 2015, 8.

六、种族冲突、革命和国家不稳定

乔纳森·阿卡夫

　　国家间战争衰落之后，国际暴力活动最常见的驱动因素是什么？尽管美国及其盟友必须继续大量投资大规模常规军队，以此作为保障政策和威慑力量，防范俄罗斯等国的武器，但当今世界大部分的政治性暴力活动都与争夺霸权关系不大。事实上，大部分当代冲突源于种族或宗教对抗、竞争资源以及软弱或腐败的政府治理。这些冲突得以发生，是欠发达国家的弱点与欧洲殖民主义的遗留问题等因素共同造成的。尤其是欧洲殖民主义，它在非洲、中东和亚洲建立起的国家边界，与基于种族、部落和宗教等因素形成的人类居住地域几乎完全没有相似之处。在更为贫穷的国家，最高职能机构通常是军队，军方频繁采取政变或革命的形式干预政治。贫穷国家存在弱点，因此其他国家和非国家行为体更有可能跨越国境，发动侵略，目的或是寻求与边境对面有着相同宗教、种族和部落属性的兄弟实现统一，或是只为掠夺资源。这种冲突往往会从发生地蔓延到其他国家，导致出现国际关系学者所说的"破碎带"（shatter belts），加之有些国家存在相同的国内问题，所以很容易爆发冲突。美国情报界注意到世界部分地区出现"青年膨胀"[1]现象，于是将"不稳定带"这个地区性定义加以拓展，重新定义为"'不稳定弧'……它从拉丁美洲的安第斯地区一直延伸到撒哈拉以南非洲，横跨中东和高加索，并贯穿南亚北部地区"。[2]

（一）国家不稳定

　　国家不稳定（state destabilization）是指破坏国家治理的各种国内和跨国活动。如果一个国家政坛和私人部门的腐败极其严重，极大地抑制了公民的经济机会，让公民对政府失去所有信心，转向私人行为体寻求援助，

---

[1]　青年膨胀（youth bulge），是指年轻人口数量增加的现象，又称"青年潮"。——译注
[2]　National Intelligence Council, *Global Trends 2025*, iv and 21–22.

这个国家就可能变得更加脆弱。这一过程可能表现得极其显著，导致国家主权崩溃。在阿富汗、海地和津巴布韦等地，中央政府名存实亡，这种现象非常明显。关于国家不稳定的研究指出，腐败的领导人和军阀最终将会建立国家，以便最大限度地攫取利益。然而事实与之相反，最近的研究表明，许多军阀只满足于趁火打劫。[1] 这些政府在非法化之后变得脆弱，很难抵御本国武装部队发动的政变和基础更加广泛的社会革命，前者只是换了一个抢劫者，后者则是寻求改变政治和经济部门组成的整体架构。

在脆弱国家指数中，有 60 多个国家被标注为随时可能发生国家不稳定。[2]

（二）民族统一主义

国家不稳定时，可能同时存在另一项挑战，即出现"民族统一主义"（irredentism）的风险，但该项挑战也可能发生在其他治理良好的国家。这是被国境线所分隔的宗教、种族或部落团体，在寻求统一时所做的尝试。因为在非洲和中东，大部分地区都沿用 19 世纪欧洲诸帝国划定的边境线，所以这些地区特别容易发生冲突。不过这种暴力活动并不仅限于这些地区。南斯拉夫解体后爆发的种族战争，以及东欧和高加索地区持续不断的种族暴力活动，也都是民族统一主义的案例。[3] 此外，民族统一主义会造成不稳定，因此往往会导致地区或国际势力出面干预，这往往会令暴力活动愈演愈烈。世界上大多数当代冲突都涉及种族或宗教层面，而且都与边境问题相关。这些冲突的频率和严重程度还将持续加剧。到 2070 年，共有数十亿人生活在这片酷热地区。他们所处的社会已经支离破碎。气候变

---

[1] Olson, Mancur. "Dictatorship, Democracy, and Development." *The American Political Science Review* 87, no. 3 (1993): 567–576; and Chayes, Sarah. *Thieves of State: Why Corruption Threatens Global Security*. New York, NY: Norton, 2015.

[2] The Fund for Peace. *Fragile States Index: Annual Report 2019*, 7. Accessed September 29, 2020. https://fragilestatesindex.org/wp-content/uploads/2019/03/9511904-fragilestatesindex.pdf.

[3] Saideman, Stephen M., and R. William Ayres. *For Kin and Country: Xenophobia, Nationalism, and War*. New York, NY: Columbia University Press, 2015.

化可以加剧水和土地等资源压力，特别是在撒哈拉以南的地带。这些因素会造成大规模移民，从而加剧冲突。

（三）跨国社会运动组织

跨国社会运动组织（transnational social movement）是人们组成的团体，他们并不使用现有的政治机构和过程，而是参加大规模抗议，试图改变自己的社会。这种运动往往是以跨国方式进行组织和获得支持的，特别是通过社交媒体这种方式跨国展开。他们反对国家暴力活动、腐败和其他治理问题，以数字方式共享相关信息，此举偶尔会产生连带效应，令抗议活动形成一套自己的逻辑。[1] 大规模抗议可以分裂东欧共产主义集团，这对美国利益显然非常重要。但从表面来看，大多数社会运动似乎并没有直接影响到美国。此类事件将以怎样的方式对美国构成战略威胁？如果大规模抗议是寻求向民主治理过渡的，那它本质上似乎是有利于美国利益的。但苏联解体和"阿拉伯之春"让人看到，即便社会运动的意图或口号都是追求自由，它也可迅速沦为削弱威权主义的活动，因为和平过渡的社会基础已被安全部队破坏或收买。[2] 此外，1848年的欧洲革命和2011年的中东革命也让人们看到，革命可以迅速蔓延整个地区，造成极其夸张的后果。[3] 它们会造成暴力活动，破坏与美国友好国家的稳定，埃及在"阿拉伯之春"之后就是如此。这种运动还会滋生国际恐怖主义，在民主改革努力失败的情况下更是如此。关于"基地"组织在20世纪90年代末至21世纪初崛起这个问题，还有一种思考角度，就是在长达几十年的时间里，阿拉伯知识分子和活动人士一直未能改革

---

[1]　Hussein, Muzammil M., and Philip N. Howard. "What Best Explains Successful Protest Cascades? ICTs and the Fuzzy Causes of the Arab Spring." *International Studies Review* 15 (2013): 48–66.

[2]　Snyder, Jack L. *From Voting to Violence: Democratization and Nationalist Conflict*. New York, NY: Norton, 2000.

[3]　Weyland, Kurt. "The Arab Spring: Why the Surprising Similarities With the Revolutionary Wave of 1848?" *Perspectives on Politics* 10, no. 4 (2012): 917–934.

中东地区各个彻底腐败的独裁政权。埃及、叙利亚、伊拉克和沙特阿拉伯的安全部队拥有足够的力量，可以粉碎一切和平改革的企图，也因此让反对这些政权的人们变得激进起来。

（四）各国遭遇压力的可能性及压力造成的影响

在准确预测政变、革命、社会运动或种族冲突爆发等方面，美国情报界近期并没有良好的记录。[1]事实证明，情报界相当擅长识别较大的趋势，比如曾在2004年准确预测到第三波民主化浪潮将在2020年发生逆转，又比如一直准确地关注中东大多数国家的弱点。[2]但事实证明，点预测是更加困难的。从本质上讲，预测此类事件可能比预测大国的政策变化或行动更加困难，即使是预测朝鲜这种信息不透明国家时也是力有不逮的。由于此类事件的起源和发生往往非常怪异，它们被中央情报局前助理局长马克·洛文塔尔称为非线性事件，因此更加难以掌握。[3]此类事件现在通常被称为黑天鹅[4]事件，它们并不遵循正态分布，因此发生的概率难以用数学方法计算。[5]但人们在这个问题上并没有达成共识。有些学者认为，这一术语被过度使用，用在许多其实并不是真正黑天鹅的事件上，此举无助于处理绝大多数可以预测的重要事件。[6]另一些学者认为，革命及类似事件非但不是"非线性"的，而且事实上可能是符合决策者行为模式

---

[1] 有一个非常重要的例外，就是前南斯拉夫解体，旋即陷入种族战争。参见Treverton, Gregory F., and Renanah Miles. *Unheeded Warning of War: Why Policymakers Ignored the 1990 Yugoslavia Estimate*. Washington, DC: Center for the Study of Intelligence, 2015. https://www.cia.gov/library/center-for-the-study-of-intelligence/csi-publications/books-and-monographs/csi-intelligence-and-policy-monographs/pdfs/unheeded-warning-yugoslavia-NIE.pdf。

[2] National Intelligence Council, *Mapping the Global Future: 2020*, 13.

[3] Lowenthal, Mark M. *The Future of Intelligence*. Cambridge, UK: Polity Press, 2018, 79.

[4] 黑天鹅（Black Swan），通常指难以预测、极其少见的事件，往往会造成负面甚至反面结果。——译注

[5] Taleb, Nassim. *The Black Swan: The Impact of the Highly Improbable*. New York, NY: Penguin, 2007.

[6] Tetlock, Philip E., and Dan Gardiner. *Superforecasting: The Art and Science of Prediction*. New York, NY: Broadway Books, 2015, 237–244.

的，因此其实很容易预测，前提是美国情报界能够更加普遍地使用最简单的统计方法和格式化的建模方法。[1]

但美国情报界始终未能预测这些事件的发生，甚至无法正确阐释它们的影响，这可能表明其战略情报生产能力普遍下滑的情况加剧。[2] 原因可能是情报界的整体学历水平下降，又或者仅仅是没有将足够的资金用于战略事项——但战术和作战活动资金充裕。[3] 中央情报局在预测此类事件方面曾经有过更好的记录，因为那时投入了足够多的精力和资源，用于分析政治不稳定，以及系统地跟踪预警指标。[4] 不管造成这种分析缺陷的原因到底是什么，但社会运动、种族冲突、政变和其他形式的国内政治暴力等，一直都是冷战后世界的显著特征之一。几乎没有迹象显示它们的影响力会在不久的将来减弱。

七、大规模杀伤性武器

克里斯托弗·费雷罗

在冷战结束后的大约30年间，对包括美国在内的大多数国家来说，恐怖主义一直都是最有可能且最直接的威胁。2001年9月11日的袭击事件，显得尤其胆大妄为，造成死伤众多，产生影响深远。然而，有些观

---

[1] 有这样一个典型的例子，布鲁斯·布埃诺·德·梅斯基塔（Bruce Bueno de Mesquita）使用一个简单的预期效用模型，正确预测出苏联将要入侵阿富汗，但当时几乎每个区域研究分析家都认为苏联不会如此。参见 Bueno de Mesquita, Bruce. "An Expected Utility Theory of International Conflict." *The American Political Science Review* 74, no. 4 (1980): 917–931。

[2] Gentry, John A. "The 'Professionalization' of Intelligence Analysis: A Skeptical Perspective." *International Journal of Intelligence and Counterintelligence* 29, no. 4 (2016): 643–676.

[3] Gentry, John A. "The 'Professionalization' of Intelligence Analysis: A Skeptical Perspective." *International Journal of Intelligence and Counterintelligence* 29, no. 4 (2016): 643–676.

[4] Gentry, John A., and Joseph S. Gordon. *Strategic Warning Intelligence: History, Challenges, and Prospects.* Washington, DC: Georgetown University Press, 2019, 167.

点是有益的。"9·11"之后，各方立即发动反恐怖战争，很大程度上是因为人们担心下一次袭击可能会更加严重。尽管"9·11"非常可怕，但它并没有使用大规模杀伤性武器。虽然"9·11"袭击造成大约3000人死亡，但使用核武器或其他可以无差别制造大规模伤亡的武器发动袭击，则是一种更加可怕也更加貌似合理可信的想定情景，在后一种情况下，有可能造成数百万人死亡。因为大规模杀伤性武器的破坏力相当大，所以长期以来，监督和制止其扩散的工作一直都是美国政策界和情报界的优先事项。毕竟，像"9·11"那样把客机当作临时巡航导弹的做法，并不会威胁美国的生死存亡。但使用大规模杀伤性武器的做法却是有可能的。美国2019年《国家情报战略》将反扩散列为其三大主题任务目标之一，与反恐和搜集网络威胁情报并驾齐驱。[1]

大规模杀伤性武器包括核武器、化学武器和生物武器。在许多定义中，大规模杀伤性武器还包括弹道导弹，可作为运载工具，发射核生化弹头。

（一）核武器

核武器是美国在二战期间发明的。核武器的威力在于大规模爆炸效应，需以吨级 TNT[2] 当量来衡量。今天美国武器库中最大的核武器，相当于 120 万吨 TNT。[3] 核武器还可以产生热效应，在极大的范围内制造大火，并产生放射性沉降物，这种沉降物在核爆炸很久之后，仍然可以毒害土地和生物。核武器在敌对行动中仅使用过一次，就是 1945 年美国轰炸日本城市广岛和长崎，此举帮助加速了战争的结束。尽管这两枚核弹具有巨大的破坏性，但与当今大国部署的弹头相比，它们只是小儿科（1.5 万—2 万吨 TNT 当量）。

---

[1]　Office of the Director of National Intelligence. "2019 National Intelligence Strategy." Accessed January 18, 2020. https://www.dni.gov/index.php/newsroom/reports-publications/item/1943-2019-national-intelli gence-strategy.

[2]　即三硝基甲苯，是一种炸药，每公斤可释放 420 万焦耳能量。——译注

[3]　Brookings. "50 Facts About US Nuclear Weapons Today." April 28, 2014. https://www.brookings.edu/ research/50-facts-about-u-s-nuclear-weapons-today/.

过去70多年，人们没有在敌对冲突中使用过核武器。但1945年以来，人们一直都在"使用"核武器，威慑对方不得进一步发动重大战争。美苏两国之间的冷战并没有升级为第三次世界大战，或许可以归功于使用核威胁作为威慑的做法。双方都不希望冒险发动重大战争，因为此举将导致双方同归于尽。这个逻辑被称为"确保相互摧毁"（mutually assured destruction）。时至今日，它在美国与俄罗斯之间仍然有效，因为双方均有能力向对方发动毁灭性打击，即使先遭受打击也可如此。结果是死亡和破坏的数字将比世界大战时大好几个数量级，而且将在更短的时间内发生。例如，美国参谋长联席会议曾在1961年做出评估，指出如果针对苏联发动一次先发制人的打击，那么根据计算，其影响是数小时内将有2.75亿人死亡，而在6个月内，辐射沉降物和持续性伤害将在从欧洲到中国的这片土地上，造成多达6亿人死亡。虽然具体数字视天气等变量而有所浮动，但这样的死亡人数相当于10次犹太人大屠杀。[1]

今天，美国和俄罗斯都保留着迄今为止世界上最大的核武库。两国都拥有大约6000枚核武器，尽管根据被称为《新削减战略武器条约》（New Strategic Arms Reduction Treaty）的双边军控条约规定，截至2020年，两国都只能部署1550枚核武器。其他拥有核武器的国家是中国（估计有290枚核武器）、法国（300枚）、英国（200枚）、巴基斯坦（160枚）、印度（140枚）、以色列（90枚）和朝鲜（30枚）。加在一起，全世界总共约有14000枚核武器。[2]

人们担心核武器扩散，于是制定了1968年《核不扩散条约》（Nuclear Nonproliferation Treaty）。它要求拥有核武器的国家为裁军做出真诚努力，并禁止无核国家获得核武器。它还规定，如果有国家希望出于和平目的使用核能，就必须允许国际原子能机构（International Atomic Energy Agency）开展监督。印度、巴基斯坦和以色列从未签署《核不扩散条约》，

---

[1] Ellsburg, Daniel. *The Doomsday Machine*. New York, NY: Bloomsbury Press, 2017, 2–3.
[2] Arms Control Association. "Nuclear Weapons: Who Has What at a Glance." Accessed January 17, 2020. https://www.armscontrol.org/factsheets/Nuclearweaponswhohaswhat.

但世界上绝大多数国家都签署了这项条约。朝鲜曾经签署，但于 2003 年退出。20 世纪 90 年代，萨达姆·侯赛因统治下的伊拉克遭到国际制裁；21 世纪初，伊朗也受到国际制裁，制裁依据都是有证据显示其违反了《核不扩散条约》。

尽管伊拉克已不再是一种核威胁，但伊朗已经建立起庞大的核基础设施，可以在做出政策决定后的几个月内，投入生产核武器。2015 年《联合全面行动计划》（Joint Comprehensive Plan of Action，更广为人知的名称是《伊朗核协议》），对伊朗可浓缩核材料的数量及浓缩纯度做出了限制。制造核武器时，使用的铀同位素 U-235 需浓缩到大约 90% 的纯度。对于民用核应用，U-235 的浓度是 3%—5%。《联合全面行动计划》仅允许伊朗将铀浓缩到 3.67%，确保只能用于发电和医疗服务等和平目的。该协议还要求关闭伊朗可能用来生产钚的设施，因为钚是另一种制造核弹的材料。伊朗遵守这项协议，但却采取了其他威胁行为，导致美国在 2018 年退出《联合全面行动计划》。2020 年初，伊朗宣布不再遵守《联合全面行动计划》的所有限制，此举增加了该国获得核武器的风险。

分析人士并不认为伊朗和朝鲜等国家拥有核武器是件非常严重的事情。许多人评估指出，这些国家无意使用此类武器，除非是在自卫这种极端情况下。换言之，这些国家想用核武器作为**威慑**。有人担心这些国家领导人秉持激进主义，可能会导致他们以进攻方式使用这些武器。在"9·11"事件之后，人们担心这些国家向恐怖分子提供核武器。恐怖分子获得核武器一直都是低概率、高影响的想定情景，世界各地的情报机构对此高度关切。人们投入大量资源，监视两用技术的全球流通情况，因为两用技术既可用于合法工业，也可用于制造大规模杀伤性武器。世界各地的民用核项目均由国际原子能机构监督，该机构是一个检查核材料的国际性会计和情报机构，其监察各国的权力来自《核不扩散条约》。

"基地"组织等恐怖组织已经表示有意获得核武器。其他国家也可能扩散核武器。例如，沙特阿拉伯曾威胁称，如果伊朗获得核武器，那它也要获得核武器。2020 年，全球核不扩散制度正处于十字路口。主要核大国拒绝签署 2017 年出台的一份全面禁止核武器的条约。这项条约已在联合国大会获得通过，但它的主要支持力量来自那些既非核大国又不在美国核保护伞内的小国。"大国"并不想直接禁止核武器，他们更希望维持《核不扩散条约》制度，这样一来，只要他们参与裁军谈判，自己的核武库就仍然是合法的。只要这个双层系统仍然存在，各国就会以相当优先的重视程度，监督彼此的核力量，防止伊朗等无核国家加入核行列，并确保核武器和相关材料的安全，以免它们被意外使用，或被恐怖分子所掌握。

（二）化学和生物武器

化学武器使用有毒化学物质，攻击人类的血液、肺部、皮肤或神经系统。它也可用来杀死植物和动物。最常见的一种毒剂是水疱毒剂芥子气，如果吸入，它会以化学方式灼伤人体的表皮和肺部，导致呼吸困难。一战期间，欧洲多个国家曾使用它，在 21 世纪前 10 年的中期，"伊斯兰国"在对叙利亚实施恐怖统治期间也曾使用它。[1] 最致命的化学毒剂是神经毒剂。沙林是最常见的神经毒剂。2013 年，叙利亚的巴沙尔·阿萨德政权对本国国民使用沙林，险些导致美国与其开战。后来，叙利亚政权使用氯气等更加原始的两用化学品和沙林发动化学袭击，此举导致美国发动精确导弹袭击，以此作为惩罚和威慑。

1925 年《日内瓦议定书》首次宣布禁止化学武器。1993 年《禁止化学武器公约》大大强化了禁止化学武器的国际法律准则，该项公约禁止一切生产和使用化学武器的行为，并通过一个名为"禁止化学武器组织"的国际机构对此进行核查。但由于化学品在现代工业中发挥着重要作用，很难保证两用化学品不会被转用于军事或恐怖主义目的。

由于具有传染效应，相比化学武器，生物武器可能造成更加严重、更加广泛的破坏。幸好它的生产和使用过程更具挑战性，因此较不常见。生物武器使用天然毒素，可令目标患病或死亡。相比导弹投放弹头，生物武

---

[1] Nuclear Threat Initiative. "The Chemical Threat." December 30, 2015. https://www.nti.org/learn/chemical/.

器发动的攻击可能更加隐蔽。例如，苏联刺客会对目标注射生物制剂蓖麻毒素。恐怖分子可以感染食物或供水，或者使用无人机喷洒液体气溶胶形式的病原体。随着基因编辑和其他生物技术的传播愈发广泛，恐怖分子在秘密实验室炮制致命病原体的可能性有所增加。幸运的是，如果有人想使用生物武器，就必须关注它的反冲效应。恐怖分子可能在完成任务之前，早已感染并死于这种疾病。试图使用生物武器的国家，可能没有办法控制病原体传播，进而导致本国人口患病或死亡。1972 年《禁止生物武器公约》宣布禁止生物武器，但该条约并不具备《核不扩散条约》和《禁止化学武器公约》那样的核查机制。

（三）弹道导弹

弹道导弹（ballistic missile）是威力巨大的大型导弹，设计目的是远距离运载常规载荷和大规模杀伤性武器。一枚短程导弹可以飞行大约 600 英里（约 966 公里）。远程洲际弹道导弹可以飞行 3500 英里（约 5633 公里）以上。弹道导弹使用火箭燃料，沿弹道轨迹飞行，就像是枪口射出的子弹。击落弹道导弹的做法，经常被比作用子弹射击子弹。越是小型的导弹，飞行速度越慢，因此更容易使用导弹防御系统将其击落。然而，能够击落速度更快、射程更远的导弹的可靠技术目前并不存在。因此，如果一个国家获得了远程弹道导弹力量，将是一件令人极为关切的事情，因为这将使处于地球一侧的这个国家，有能力使用常规载荷或大规模杀伤性武器，打击位于地球另一侧的国家。俄罗斯正在开发高超音速弹头技术，这种弹道导弹速度极快，如果用它来发动攻击，几乎是不可能防御的。近年来，弹道导弹的精度有所提高，具备了更高的杀伤力和可靠性，更加适用于交战各方都希望避免附带损害的多种军事想定情景。

弹道导弹最令人担心的地方是它具有运载核武器的潜力。美国、俄罗斯、法国、英国、中国、印度、巴基斯坦和以色列等国，都在弹道导弹上部署核武器。自 20 世纪 90 年代以来，朝鲜和伊朗的核力量有所增长，且与弹道导弹力量的发展保持同步。朝鲜已经试射了最远可以打到美国华盛顿特区的导弹。伊朗在发展洲际弹道导弹能力方面远远落后，但也有能力打击大约 2000 公里内的目标，射程覆盖整个中东、欧洲南部和东部、非洲之角和印度洋大片海域。伊朗还将自己的导弹技术共享给黎巴嫩"真主党"。"真主党"手中掌握超过 13 万枚常规武装导弹和火箭，可用于打击以色列及其盟友。[1]

八、恐怖主义

乔纳森·阿卡夫

尽管自《旧约》以来，恐怖主义一直都是弱者奉行的策略，但美国也有与恐怖主义打交道的经验，基本上仅限一战后短暂的无政府激进主义时期，远远地观摩海外恐怖组织开展行动，另外还有美国活动人士资助爱尔兰共和军等外国恐怖组织等。吉米·卡特执政期间爆发伊朗人质危机，此后，新当选总统罗纳德·里根开始在中东采取行动，其方式远比之前几届政府更为直接。1982 年，美国和法国联手，试图结束黎巴嫩内战，但却引发了一波针对美国部队的恐怖袭击，其中就有美国驻黎巴嫩大使馆被炸事件，以及海军陆战队军营被卡车炸弹夷平事件，后者造成数百人死亡。随后，美国撤出黎巴嫩，并在冷战接下来的时间里，主要只对支持恐怖主义的国家开展报复性空袭，以及对恐怖分子采取隐蔽行动。在苏联和共产主义集团解体之后，国家支持的恐怖主义活动骤然减少。[2] 由于没有苏联提供的慷慨补贴，大多数恐怖主义集团都宣告解散，或与其政治对手进行谈判，爱尔兰共和军和巴勒斯坦解放组织就是如此。这些组织大多有国家

---

[1] Shaikh, Shaan. "Missiles and Rockets of Hezbollah." *Missile Threat*, June 16, 2018. https://missilethreat.csis.org/country/hezbollahs-rocket-arsenal/.

[2] Acuff, Jonathan M. "State Actors and Terrorism: The Role of State-Sponsored Terrorism in International Relations." In *Threats to Homeland Security: Reassessing the All-Hazards Perspective*, edited by Richard J. Kilroy Jr. Hoboken, NJ: Wiley, 2018.

支持，基本均为左翼。然而后来，它们被新一波恐怖主义所取代，此时恐怖主义的特征并不是世俗意识形态，而是宗教信仰。[1] 这一轮新的宗教恐怖主义浪潮在中东和西南亚表现为逊尼派和什叶派伊斯兰激进主义，在美国和西欧表现为极右翼福音派基督教，在斯里兰卡甚至表现为与佛教颇有渊源的恐怖主义，也就是泰米尔猛虎组织。

"基地"组织发动的"9·11"袭击，属于这一波恐怖主义浪潮，导致美国对外政策发生根本性转变。美国于2001年进攻阿富汗，因为在十多年的时间里，阿富汗一直是"基地"组织的训练基地和集结据点。2003年美国进攻伊拉克，表面看属于小布什政府发动的反恐战争，尽管萨达姆·侯赛因政权并没有参与"9·11"袭击，而且与"基地"组织无关。美军一开始攻击伊拉克时，大量使用精确武器，发动所谓的"震慑与威吓"战争，目的虽然是斩首伊拉克国家领导人，但显然也是为了威慑阿拉伯民众——以求吓倒现有的恐怖分子，吓阻潜在的新招募人员。前一个目的成功了，后一个却遭遇惨败。美国陷入一场反叛乱战争当中，但对此他们既没有事先计划，显然也没有继续打下去的坚定决心。尽管伊拉克的街道被烧毁，美国6次部署军队前往冲突地区，但与此同时，小布什政府却在国内推行减税和大幅扩张医疗保险福利，在战时实施此类政策决策，这是历史上前所未有的事情。只有到2007年，当美国从无到有，创立了反叛乱学说之后，美国才最终得以真正开展行动，打击伊拉克叛乱。这些叛乱势力中有"基地"组织的下属，但明显主要还是当地组织。[2] 在美国出

---

[1] Juergensmeyer, Mark. *Terror in the Mind of God: The Global Rise of Religious Violence*, 4th ed. Berkeley: University of California Press, 2017.

[2] Ricks, Thomas E. *The Gamble: General Petraeus and the American Military Adventure in Iraq*. New York, NY: Penguin, 2009. The new COIN manual employed by the US military was Petraeus, David H., James F. Amos, and John A. Nagl. *The US Army and Marine Corps Counterinsurgency Field Manual*. Chicago, IL: University of Chicago Press, 2007. 多位读过这本手册的知名学者指出，它缺乏创新，对过去30年的社会科学研究一无所知，甚至直接大段抄袭马克斯·韦伯和安东尼·吉登斯（Anthony Giddens）的知名著作。参见 Biddle, Stephen, et al. "Review Symposium: The New US Army/Marine Corps Counterinsurgency Manual as Political Science and Political Practice." *Perspectives on Politics* 6, no. 2 (2008): 347–360。

兵干预末期，伊拉克的暴力活动确有减少，但这可能与美国反叛乱学说没有什么关系，而是种族清洗以令人痛惜的方式，成功隔开逊尼派和什叶派的城市飞地，因为这些飞地正是暴力活动的中心。然而，发动反叛乱战争和美军部队行动节奏加快等情况，极大地冲击了"基地"组织在伊拉克的活动。美国在2007年至2008年间对伊拉克"增兵"，并且扩大了针对"基地"组织中层管理人员的无人机暗杀行动，又于2011年袭击奥萨马·本·拉登在巴基斯坦的住处并将其消灭，于是这个恐怖组织被一窝端，其高层领导被消灭，数万新招募人员被击毙或俘虏。尽管"基地"组织仍在非洲构成威胁，在马里威胁更甚，但它的影响力骤降，难以影响中东政局。

    一股更加激进的势力取代了"基地"组织，那就是2014年在伊拉克北部和叙利亚东部地区崛起的"伊斯兰国"。[1] "伊斯兰国"的成员有"基地"组织分支机构"胜利阵线"的干部，以及来自伊拉克和美国战俘营的新招募人员。这些战俘营用来关押在反叛乱战场上抓获的俘虏，其中有些人正是在营地里开始变得激进。2014年夏，"伊斯兰国"迅速征服了伊拉克的大片地区，赶走了士气低落、将帅无能的伊拉克军队，并缴获了大量美国装备。根据小布什政府签署的条约，奥巴马总统撤出了美军作战部队，当时看来，似乎不可能阻止"伊斯兰国"建立"哈里发国"的野心了。一旦"哈里发国"建成，"伊斯兰国"就可以永久确立其伊斯兰激进主义统治模式了。然而这种统治异常残酷，堪称世界末日。奥巴马政府和美国盟友在该地区部署了大量空中资产，阻止了伊拉克军队的溃败，并开始攻击"伊斯兰国"的阵地。库尔德武装是伊拉克境内唯一一个持续保持战斗力的军事组织，美军与他们协同作战，迫使"伊斯兰国"步步收缩，地盘越来越小。特朗普政府接手时，"伊斯兰国"几乎已经丢掉了之前占领的全部地盘。特朗普总统部署了美国海军陆战队炮兵部队，并扩大了正在开展的空中和特种作战行动。到2017年12月，"伊斯兰国"已经丢掉

---

[1] McCants, William. *The ISIS Apocalypse: The History, Strategy, and Vision of the Islamic State*. New York, NY: St. Martin's Press, 2015.

了名义上的首都拉卡，并被迫转入地下活动。

"基地"组织和"伊斯兰国"都失去了最早起家的大本营。这极大地削弱了两个组织向中东以外地区投放力量的能力。然而，它们已经在几十个国家成功建立了"特许经营权"，继续在这些国家开展行动。"伊斯兰国"在中东和西欧尤其活跃，制造了一系列的爆炸事件和其他袭击活动，并参与了扰动叙利亚、利比亚和尼日利亚的叛乱。曾有一段时间，"伊斯兰国"控制了西奈半岛某处重要地区。[1] 法国遭受"伊斯兰国"煽动的袭击，情况极其严重（见第 4 章）。然而，尽管恐怖组织有能力破坏弱国的稳定，但国际恐怖主义对美国的威胁从来都是不存在的。究其本质，恐怖组织是一种不对称威胁，只要其所面对的军队装备精良，指挥得当，它们就完全不是对手，遑论在对抗西方军队时的表现了。当它们真的面对西方军队时，无论它们的作战能力或训练水平是高是低，国家级的军队拥有绝对优势力量，必然能够将其碾压。毕竟究其本质，恐怖主义组织是想攻击手无寸铁的平民，以引起媒体的注意，好让人们相信它们比实际情况更加强大，或更受欢迎。一直以来，恐怖组织几乎总是无法实现自己的政治目标，并且会在战败后作鸟兽散。[2] 当被用作胁迫国家的工具时，恐怖主义就是无效的。[3] 在中东，当地对恐怖主义的支持骤降，"伊斯兰国"和"基地"组织很难招募新人。美国人死于家用枪支暴力事件或交通事故的可能性，远远高过死于国际恐怖组织之手的情况。[4] 英国的投入"相当于

---

[1] Jones, Seth G., et al. *Rolling Back the Islamic State*. Santa Monica, CA: RAND Corporation, 2017, 140. https://www.rand.org/dam/rand/pubs/research_reports/RR1900/RR1912/RAND_RR1912.pdf.

[2] Cronin, Audrey Kurth. *How Terrorism Ends: Understanding the Decline and Demise of Terrorism Campaigns*. Princeton, NJ: Princeton University Press, 2009.

[3] Abrahms, Max. "Terrorism Does Not Work." *International Security* 31, no. 2 (2006): 42–78.

[4] Mueller, John, and Mark G. Stewart. "Hardly Existential: Thinking Rationally About Terrorism." *Foreign Affairs*, April 2, 2010. https://www.foreignaffairs.com/articles/north-america/2010-04-02/hardly-existential.

（美国）反恐努力的一半"，但享有的安全水平也大体如此。[1]虽然许多美国政客将国际恐怖主义定性为战略威胁，并将继续这样定性，但它其实根本不是。

当国际恐怖主义的程度足以危及美国及其利益时，这种威胁往往采取三种形式。第一，恐怖组织一直极力鼓动小分队或"独狼"去袭击平民。迄今为止，这种情况在美国出现的相对较少。"基地"组织和"伊斯兰国"煽动的袭击时有发生，特别是2013年波士顿马拉松爆炸案和2015年加州圣贝纳迪诺枪击屠杀事件，但与欧洲发生的类似袭击相比，它们造成的伤亡数字相对较低。这种袭击也会制造痛苦，但却根本不会对美国构成战略威胁。第二，恐怖组织继续对美国的盟友和友好国家采取行动。结果是阿富汗、伊拉克、利比亚、马里、沙特阿拉伯、尼日利亚、肯尼亚、也门和索马里出现国家不稳定。第三，多年以来，一些恐怖组织不时做出尝试，意图获得大规模杀伤性武器。塔利班一再袭击巴基斯坦的核存储设施，比如曾在2012年对米哈斯空军基地发动袭击，突破了全部七个检查站之后才被阻止。2014年，比利时一所核电站遭"伊斯兰国"某下属组织破坏。同年，法国至少有13所核电站被来历不明的无人机飞越上空。

从战略威胁的角度来看，国际恐怖分子获得大规模杀伤性武器的前景最令人担忧。但与其他危险相比，这种威胁仍然相对较不严重。哪怕一个恐怖组织获得了裂变材料，或是尝试破坏核电站，它仍然不太可能造成大规模伤亡。核电站都是加固结构，并有多项冗余设计，另外要想制造一个投放装置，且在不被发现的情况下成功部署这个装置，是一件极度困难的事情。关于袭击核电站，或是在美国城市引爆脏弹或所获核装置的情况，不论可能性有多低，都是一个需要持续关注和投入资源的威胁。其他形式的大规模杀伤性武器袭击也是如此，1995年奥姆真理教沙林毒气袭击事件，以及2003—2004年美国蓖麻毒素信

---

[1] Mueller, John, and Mark G. Stewart. "Hardly Existential: Thinking Rationally About Terrorism." *Foreign Affairs*, April 2, 2010. https://www.foreignaffairs.com/articles/north-america/2010-04-02/hardly-existential.

件事件都可以证明这一点。这两次袭击都是使用化学制剂发动的，相比生物武器，它们更容易获得，也更便于使用。在那时，它们造成的伤亡很少，这让人们看到，即使是精通相关技术的恐怖分子，在实施大规模杀伤性武器袭击时也会面临挑战。恐怖分子成功研制或部署生物制剂的可能性不高，甚至低于化学武器构成的危险。但这两种制剂都与裂变材料一样值得关注，因为它们都是具有低可能性、潜在高影响力的威胁，值得警惕。

国际恐怖集团构成的威胁相对下降，但与之形成对比的是，美国国内恐怖主义威胁大幅上升。就袭击次数和造成死亡人数而言，当前美国面临的威胁非常严重，远远超过了主要秉持激进思想的国际伊斯兰恐怖组织构成的危险。这些国内恐怖组织主要是极右翼反政府组织，通常信奉新纳粹意识形态和基督教福音派。尽管它们常被保守派政客和右翼媒体称为国内恐怖组织，但"反法西斯主义运动"（Antifa）和"黑人命也是命"（Black Lives Matter）等都不是恐怖组织，"反法西斯主义运动"甚至不是一个统一的组织。[1] 总统特朗普和司法部长威廉·巴尔（William Barr）都曾多次将抗议警察暴力的游行者称为"恐怖分子"。[2] 但没有证据表明在这些抗议活动中，偶发的暴力骚乱与"反法西斯主义运动"有任何联系。[3]

极右翼组织目前是国内恐怖主义的最大威胁。2019 年，南方贫困法律中心（Southern Poverty Law Center）识别出 940 个美国仇恨团

---

[1] Kenney, Michael, and Colin Clarke. "What Antifa Is, What It Isn't, and Why It Matters." *War on the Rocks*, June 23, 2020. https://warontherocks.com/2020/06/what-antifa-is-what-it-isnt-and-why-it-matters/.

[2] Bertrand, Natasha. "Intel Report Warns Far-Right Extremists May Target Washington." *Politico*, June 19, 2020. https://www.politico.com/news/2020/06/19/intel-report-warns-far-right-extremists-target-washington-dc-329771.

[3] Beer, Tommy. "51 Protesters Facing Federal Charges—Yet No Sign of Antifa Involvement." *Forbes*, June 10, 2020. https://www.forbes.com/sites/tommybeer/2020/06/10/51-protesters-facing-federal-charges-yet-no-sign-of-antifa-involvement/#5a3eeb284138.

体（hate group），高于 2014 年的 784 个。[1] 大多数此类团体都非常符合国内恐怖组织的定义，因为它们更喜欢开展暴力活动，以获得媒体关注，从而推进它们的政治目的。极右翼恐怖组织在美国各州都有势力存在，并渗入美国的执法和军事组织。例如，"核武器师"（Atomwaffen Division）是个恐怖组织，在美国近 20 个州都有小分队，其成员还有美国军方人员。[2] 顾名思义，这个组织具有新纳粹倾向，并寻求将核武器作为手段，推进其种族灭绝的目标。联邦调查局一直未能将极右翼极端组织列为国内恐怖主义的首要威胁。关于这一点，有个例子令人相当震惊，那就是被列为"头号通缉犯"的 12 人，全部都与左翼意识形态有关，而且其中 8 人是有色人种。[3] 自 1994 年以来，右翼恐怖袭击的数量远远超过国际恐怖分子或左翼相关组织发动的袭击。[4] 2019 年，超过 65% 的袭击是由极右翼组织发动的，占美国所有与极端主义有关谋杀案件的 76% 以上（42 起中占 38 起），截至 2020 年 7 月，这个比例超过 90%。[5] 不论是联邦调查局对左翼恐怖主义的强调，还是总统特朗普和司法部长巴尔的定性，从经验来看都是站不住脚的。

不幸的是，极右翼组织找到非常适合其开展活动的政治气候。人们批评特朗普政府与极右翼运动之间的联系，因为特朗普总统在 2017 年弗吉

---

[1] Southern Poverty Law Center. "Hate Map: 2019." Accessed September 30, 2020. https://www.splcenter.org/hate-map.

[2] Thompson, A. C., Ali Winston, and Jake Hanrahan. "Inside Atomwaffen as It Celebrates a Member for Allegedly Killing a Gay Jewish College Student." *ProPublica*, February 23, 2018. https://www.propublica.org/article/atomwaffen-division-inside-white-hate-group; and Southern Poverty Law Center. "Atomwaffen Division." Accessed September 30, 2020. https://www.splcenter.org/fighting-hate/extremist-files/group/atomwaffen-division.

[3] Federal Bureau of Investigation. "Most Wanted: Domestic Terrorism." Accessed August 3, 2020. https://www.fbi.gov/wanted/dt.

[4] Jones, Seth G., Catrina Doxee, and Nicholas Harrington. "The Escalating Terrorism Problem in the US." Center for Strategic and International Studies, June 17, 2020. https://www.csis.org/analysis/escalating-terrorism-problem-united-states.

[5] Center on Extremism. *Murder and Extremism in the United States in 2019*. New York, NY: Anti-Defamation League, February 2020. https://www.adl.org/media/14107/download; and Ibid.

尼亚州夏洛茨维尔发生新纳粹暴力事件后，曾将这些团体称为"很好的人"，特朗普政府也在试图淡化这些批评。2018 年，《国家反恐战略》明确将白人民族主义认定为重大威胁。[1] 同样，2020 年，有个白人民族主义团体首次被明确认定为恐怖组织，名为"俄罗斯帝国运动"（Russian Imperial Movement）。这个组织在俄罗斯活动，与美国极右翼力量没有联系。[2] 但特朗普总统一再在推特上转发并赞扬极右翼团体，既有否认大屠杀的团体，又有白人至上主义组织，不一而足。特朗普经常以赞赏的口吻提及"匿名者 Q"（QAnon），这是一个松散的网络，声称民主党参与了一个儿童性贩卖[3] 团伙，并称存在一个秘密统治美国的"深层国家"，里面就有民主党。因为这些指控，"匿名者 Q"的一名追随者在 2016 年对一家比萨店发动恐怖袭击，理由是该店涉嫌这些荒诞的指控。[4] 不久前，特朗普总统的前国家安全顾问迈克尔·弗林宣誓效忠"匿名者 Q"，共和党正在竞选参众两院议员的候选人中，已有 11 人公开宣布自己是"匿名者 Q"成员。[5] 特朗普政府很难以令人信服的方式明确断言，称自己正在解决国内恐怖主义带来的危险，因为构成这种威胁的极右翼极端组织

---

[1]　Office of the Director of National Intelligence. "National Strategy for Counterterrorism of the United States of America." October 2018, 9–10. https://www.dni.gov/files/NCTC/documents/news_documents/NSCT.pdf.

[2]　Savage, Charlie, Adam Goldman, and Eric Schmitt. "US Will Give Terrorist Label to White Supremacist Group for First Time." *The New York Times*, April 6, 2020. https://www.nytimes.com/2020/04/06/us/politics/terrorist-label-white-supremacy-Russian-Imperial-Movement.html.

[3]　性贩卖（sex-trafficking）是指以性剥削为目的贩卖人口活动。——译注

[4]　Kennedy, Merrit. "'Pizzagate' Gunman Sentenced to Four Years." NPR, June 22, 2017. https://www.npr.org/sections/thetwo-way/2017/06/22/533941689/pizzagate-gunman-sentenced-to-4-years-in-prison.

[5]　Cohen, Marshall. "Michael Flynn Posts Video Featuring QAnon Slogans." CNN, July 7, 2020. https://www.cnn.com/2020/07/07/politics/michael-flynn-qanon-video/index.html; and Rosenberg, Matthew, and Jennifer Steinhauer. "The QAnon Candidates Are Here. Trump Has Paved the Way." *The New York Times*, July 14, 2020. https://www.nytimes.com/2020/07/14/us/politics/qanon-politicians-candidates.html.

所秉持的意识形态信仰，与特朗普政府的关系太过密切。

在工业化民主国家中，只有美国没有制定国内反恐法规。"9·11"袭击后，美国强力推动立法以示回应。与此形成鲜明对比的是，美国起草国内涉恐法规的工作步履维艰。经常被人提及的结构性宪法挑战是第一修正案，因为它明确保护政治言论。但煽动叛乱和暴力威胁都不是受保护的言论形式。从恐怖分子发动韦科惨案及随后的俄克拉荷马城爆炸事件算起，距今已有四位总统就任，但这几届政府都没能以更加直接的手段，解决国内恐怖主义问题。当全面武装、通常是新纳粹的抗议者举行活动，反对为新冠病毒感染颁布的口罩强制令和社交距离建议时，执法力量不做回应，而当绝大部分和平示威者走上街头，抗议乔治·弗洛伊德死亡事件时，警方却实施暴力措施，二者形成了鲜明的对比。与国际恐怖主义非常相似的是，国内恐怖主义不能构成战略威胁，因为它不能改变权力平衡。但它确实是安全威胁，应当给予比以往更多的关注，特别是相比为应对国际恐怖主义而花费的数万亿美元，确实应当再多一些。

九、犯罪网络

小理查德·基尔罗伊

冷战结束为美国情报界带来特殊的挑战：跨国有组织犯罪开始蔓延。虽然有组织犯罪已有数千年的历史，但苏联解体造成的真空，以及20世纪90年代主要在东欧出现的新型、更加强大的跨国犯罪组织，对新兴民主国家构成挑战。[1] 这些犯罪网络填补了共产主义政权下台后出现的空白，具体做法是建立自己的统治机构，控制了许多此类国家的政治机构和经济生产手段。它们往往会在合法与非法活动之间搭建桥梁，具体做法不但有贩运毒品、武器和人口，还有控制能源生产、运输、航运和通信等商

---

[1] Glenny, Misha. *McMafia: A Journey Through the Global Criminal Network*. New York, NY: Knopf Doubleday, 2009.

业部门。全球化和民主化实际上助长了这些跨国犯罪组织的兴起，让它们能够将自己的活动合法化。据估计，在今天全球经济总量中，跨国犯罪组织控制了其中的 3 万亿美元。[1]

（一）拉丁美洲犯罪网络

美国情报界的对内和对外力量都在着重关注一个地区——拉丁美洲，因为这里存在实力强大的贩毒组织，它们通常被称为"卡特尔"[2]。但如果称其为贩毒组织，可能会混淆一个事实，即这些组织也在跨境贩运武器、人口和许多商业货物。20 世纪七八十年代，哥伦比亚的麦德林"卡特尔"和卡利"卡特尔"等贩毒组织向美国贩运可卡因，引起了媒体的大量关注。这不仅是因为他们在哥伦比亚拥有极大的权力和影响力，也因为他们与墨西哥黑手党和美国犯罪黑帮都有联系。这些美国黑帮是"野蛮萨尔瓦多人"（MS-13）、"十八街"（Calle 18）、"南方人"（Sureños）及其他组织，他们负责分销毒品。20 世纪 90 年代，哥伦比亚的众多"卡特尔"解体，导致出现权力真空，后为新崛起的墨西哥"卡特尔"所填补，这些墨西哥"卡尔特"有"锡那罗亚""海湾""蒂华纳""华雷斯""洛斯哲塔斯"及其他组织，他们彼此开战，争夺通向美国的利润丰厚的贩毒路线。

这些强大的犯罪组织对墨西哥国内安全构成威胁，因此墨西哥总统费利佩·卡尔德龙（Felipe Calderón）向墨西哥贩毒集团宣战。2009 年，卡尔德龙宣布在该国部分地区实施戒严令，比如在与美国得克萨斯州埃尔帕索市隔境相望的华雷斯市。他还命令军方控制市政府和警察，以阻止暴力和腐败。虽然有了这些政策，但在卡尔德龙执政期间，墨西哥的凶杀率却急速飙升。因此墨西哥人在 2012 年通过投票，淘汰了执政的国家行动

---

[1] The Millennium Project. "Global Challenge 12." Accessed August 1, 2019. http://www.millennium-project.org/challenge-12/.

[2] "卡特尔"（cartel）是垄断组织的形式之一，指的是处于产业链不同环节的企业联合起来，控制市场。跨国贩毒组织来自不同国家，分别负责这个犯罪链条中的某一部分，这种运营模式与"卡特尔"较为类似，故此得名。——译注

党，让恩里克·培尼亚·涅托（Enrique Peña Nieto）领导的革命制度党重新掌权，因为涅托承诺解决该国暴力活动的问题。他的主要战略是试图效仿哥伦比亚成功打击"卡特尔"头目的做法。结果却是，在新头目的领导下，新的、更强大的"卡特尔"开始发展壮大。6年过后，凶杀率并没有下降，仅在2018年就达到了2.9万人。[1]墨西哥人再次投票淘汰执政党，支持安德烈斯·曼努埃尔·洛佩斯·奥夫拉多尔（Andrés Manuel López Obrador）领导的新政党国家复兴运动党，希望这位第三次参选的总统候选人能够清除这个国家的暴力活动。

今天，墨西哥继续面对犯罪组织造成的不安全局面，这些组织的活动还蔓延到位于北三角的邻国，即危地马拉、洪都拉斯和萨尔瓦多。这些国家都是世界上凶杀率最高的国家。[2]人们逃离这些国家的暴力活动，主要都是前往美国，这导致移民激增，在美国—墨西哥边境造成人道主义危机。虽然这些人中的绝大多数都不会对美国构成威胁，但美国海关和边境保护局仍然必须努力工作，确保边境不会面临犯罪威胁和可能的恐怖主义威胁，因为犯罪分子和恐怖分子可能都在尝试假扮难民身份，以求获准进入美国。[3]

（二）情报界对犯罪网络的响应

美国执法机构努力应对国内外犯罪网络构成的威胁，情报界也在给予支持。联邦调查局和缉毒局是情报界的成员组织，它们的情报分析人员重点关注跨国犯罪组织和贩毒组织构成的犯罪威胁，提供针对犯罪网络所做的威胁评估，识别出其关键人员、组织、策略和手段。在美国西南边境地

---

[1] Beitel, June. *Mexico: Organized Crime and Drug Trafficking Organizations*. Washington, DC: Congressional Research Service, June 3, 2018.
[2] World Bank. "Intentional Homicide Rates (per 100,000), 2019." Accessed August 1, 2019. https://data.worldbank.org/indicator/VC.IHR.PSRC.P5?most_recent_value_desc=true.
[3] Schroeder, Robert D. *Holding the Line in the 21st Century*. US Customs and Border Protection. Accessed August 1, 2019. https://www.cbp.gov/sites/default/files/documents/Holding%20the%20Line_TRILOGY.pdf.

区，**埃尔帕索情报中心**（El Paso Intelligence Center）是缉毒局领导的下属组织，可以为联邦、各州和当地执法机构提供情报支持。该中心开展活动时，还会与同样位于得克萨斯州埃尔帕索市的美国北方司令部南部联合特遣队开展协调。这支特遣队负责协调相关军事支持，便于该司令部开展行动，打击在北美活动的跨国犯罪组织。根据小布什总统于2008年启动的《梅里达倡议》（Mérida Initiative），美国已经开始向墨西哥和中美洲国家提供军事和执法支持，帮助这些国家开展行动，打击有组织犯罪。其中一项举措是在美国驻墨西哥城大使馆设立一个情报融合中心，以便向墨西哥的情报和执法机构提供情报支持。[1]

十、结论：威胁和优先事项

在本章中，我们考察了美国目前面临的种种战略威胁。但这不是一份详尽的清单。此外，有些威胁的优先级别高于其他威胁，排序依据是该项威胁构成的危险、发生的相对概率，以及相关的时间线。并非所有的国家安全专家都赞同我们针对威胁提供的相对等级排序。例如，尽管全球气候变化显然对美国安全构成灾难性威胁，但一些学者或政策界人士可能认为，如果美国与别国发生哪怕只是有限的核交火，就会危及地球上所有的生命，那么最终向大气排放多少碳这个问题将毫无意义。无论如何，我们识别出的这些威胁都很重要，在决策者开展重要辩论，研究如何部署美国及其盟友的资源以处理上述问题时，这些威胁是非常关键的讨论主题。毫无疑问，它们也将在你的课堂上带来同样激烈的讨论。

---

[1] Evans, Michael. "NSA Staffed US-Only Intelligence 'Fusion Center' in Mexico City." *Migration Declassified*, November 14, 2013. https://migrationdeclassified.wordpress.com/2013/11/14/nsa-staffed-u-s-only-intelligence-fusion-center-in-mexico-city/.

十一、关键词

权力平衡	霸权	多极国际体系
霸权对抗	地区对抗	非竞争性对抗
朝鲜核武器投放系统	战略预警	点预测
疾病控制预防中心	两用生物医学技术	公共卫生资金
响应小组	国家间战争事件	混合战争
美国军事预算	国家不稳定	社会革命
跨国社会运动	大规模杀伤性武器	确保相互摧毁
《新削减战略武器条约》	《核不扩散条约》	国际原子能机构
《联合全面行动计划》	威慑	《禁止化学武器公约》
《禁止生物武器公约》	弹道导弹	国内恐怖主义威胁
美国反恐法规	跨国有组织犯罪	跨国犯罪组织
贩毒组织	美国海关和边境保护局	
埃尔帕索情报中心		

十二、延伸阅读

Abrahms, Max. *Rules for Rebels: The Science of Victory in Militant History*. Oxford, UK: Oxford University Press, 2018.

Alba, Davey, and Ben Decker. "41 Cities, Many Sources: How False Antifa Rumors Spread Locally." *The New York Times*, June 22, 2020. https://www.nytimes.com/2020/06/22/tech nology/antifa-local-disinformation.html.

Arjomand, Said Amir. *After Khomeini: Iran Under His Successors*. Oxford, UK: Oxford University Press, 2009.

Avant, Deborah D. *The Market for Force: The Consequences of Privatizing Security*. Cambridge, UK: Cambridge University Press, 2005.

Beitel, June. *Mexico: Organized Crime and Drug Trafficking*

Organizations. Washington, DC: Congressional Research Service, June 3, 2018.

Belton, Catherine. *Putin's People: How the KGB Took Back Russia and Then Took on the West*. New York, NY: Farrar, Straus & Giroux, 2020.

Blasko, Dennis J. *The Chinese Army Today*, 2nd ed. New York, NY: Routledge, 2012.

Bunn, Matthew, and Scott D. Sagan. *Insider Threats*. Ithaca, NY: Cornell University Press, 2016.

Cooley, Alexander. "Ordering Eurasia: The Rise and Decline of Liberal Internationalism in the Post-Communist Space." *Security Studies* 28, no. 3 (2019): 588–613.

Glenny, Misha. *McMafia: A Journey Through the Global Criminal Network*. New York, NY: Knopf Doubleday, 2009.

Goodwin, Jeff, James M. Jasper, and Francesca Polletta, eds. *Passionate Politics: Emotions and Social Movements*. Chicago, IL: University of Chicago Press, 2001.

Graff, Garrett M. "An Oral History of the Pandemic Warnings Trump Ignored." *Wired*, April 17, 2020. https://www.wired.com/story/an-oral-history-of-the-pandemic-warnings-trump-ignored/.

Greyson, George. *The Executioner's Men: Los Zetas, Rogue Soldiers, Criminal Entrepreneurs, and the Shadow State They Created*. Piscataway, NJ: Transaction, 2012.

Herspring, Dale R., ed. *Putin's Russia: Past Imperfect, Future Uncertain*, 3rd ed. Lanham, MD: Rowman & Littlefield, 2007.

Hoffman, Bruce. *Inside Terrorism*, 3rd ed. New York, NY: Columbia University Press, 2017.

Kaufman, Stuart J. *Nationalist Passions*. Ithaca, NY: Cornell University Press, 2015.

Leonhardt, David. "The Unique US Failure to Control the Virus." *The New York Times*, August 6, 2020. https://www.nytimes.com/2020/08/06/us/

coronavirus-us.html.

Lieven, Anatol. *Climate Change and the Nation State: The Realist Case.* Oxford, UK: Oxford University Press, 2020.

Mattis, Peter. "So You Want to Be a PLA Expert." *War on the Rocks*, November 19, 2019. https://warontherocks.com/2019/11/so-you-want-to-be-a-pla-expert-2/.

Park, Kyung-Ae, and Scott Snyder, eds. *North Korea in Transition: Politics, Economy, and Society.* Lanham, MD: Rowman & Littlefield, 2012.

Ross, Robert S., and Zhu Feng, eds. *China's Ascent: Power, Security, and the Future of International Politics.* Ithaca, NY: Cornell University Press, 2008.

Rushton, Simon, and Jeremy Youde, eds. *Routledge Handbook of Global Health Security.* New York, NY: Routledge, 2015.

Sechser, Todd S., and Matthew Fuhrmann. *Nuclear Weapons and Coercive Diplomacy.* Cambridge, UK: Cambridge University Press, 2017.

Staniland, Paul. *Networks of Rebellion.* Ithaca, NY: Cornell University Press, 2014.

Tellis, Ashley J., Allison Szalwinski, and Michael Wills, eds. *Strategic Asia 2020: US-China Competition for Global Influence.* Seattle, WA: National Bureau of Asian Research, 2020.

Wulff, Stefan. *Ethnic Conflict: A Global Perspective.* Oxford, UK: Oxford University Press, 2006.

作者小传

乔纳森·阿卡夫，美国卡罗来纳海岸大学情报与国家安全研究项目副教授。他曾担任美国陆军预备役部队军官，曾在国家亚洲研究局（NBR，总部位于美国）担任军事分析师。在国家亚洲研究所期间，他在国土安全部的资助下开展研究，评估西北太平洋地区私人部门设施无力抵御恐怖袭击的问题，另外也在从事美国太平洋司令部（PACOM）支持的多个项目。阿卡夫副教授在《情报与国家安全》（*Intelligence and National Security*）、《国际政治社会学》（*International Political Sociology*）、《极权主义运动与政治宗教》（*Totalitarian Movements and Political Religions*）等期刊上发表过文章。他也是多部书籍的章节作者，（与布伦特·斯蒂尔 [Brent J. Steele]）合编《国际关系和政治中"一代"的理论和应用》（*Theory and Application of the "Generation" in International Relations and Politics*，帕尔格雷夫·麦克米伦出版社 2012 年出版）。阿卡夫副教授在国际研究协会种族、民族主义和移民分会执行委员会任职四届。他曾在华盛顿大学、圣安塞尔姆学院和西雅图大学任教，目前是爱荷华大学福特基金会董事。阿卡夫教授的课程有情报分析、战略、国际安全、恐怖主义和情报写作等。

拉梅沙·克拉夫特，曾在美国陆军担任全源情报准尉，现役时间长达 20 年。履职期间，她负责提供战略和作战层级的情报分析，分析民族国家和非国家行为体在亚洲、欧洲、非洲之角、中东和西南亚当地及其周边地区，对美国利益、政策、数据和网络构成的威胁。她曾外派至科索沃、德国、科威特和伊拉克等地。她目前是美国国家情报大学安东尼·厄廷格科技学院教师。克拉夫特博士曾撰写一份非常全面的指南，用以指导如何在分析网络空间的威胁时进行战场情报准备。这份指南被陆军经验教训研究中心认定为"最佳实践"，并在编写 2019 年 3 月版《陆军训练出版物 2-01.3》（Army Training Publication 2-01.3）的附录 D 时发挥了不可或缺的作用。克拉夫特博士在美国军事大学获得国际关系和国际冲突学士学位、国际关系和冲突解决硕士学位，在瓦尔登大学获得公共政策和行政管理博士学位，研究方向是国土安全政策与协调。

克里斯托弗·费雷罗，2002—2003 年，在美国国务院担任大规模杀伤性武器分析师；2003—2006 年，在美国导弹防御局担任大规模杀伤性武器分析师。他的专业领域包括情报研究、大规模杀伤性武器、中东事务和国际安全。他曾在弗吉尼亚大学、西顿大学、雪城大学和卡罗来纳海岸大学讲授多门国际关系课程。费雷罗博士是美国战略司令部威慑与保障学术联盟的成员，也是位于安曼的约旦大学阿拉伯核论坛的常客。他拥有维拉诺瓦大学政治学学士学位、乔治城大学安全研究硕士学位，以及弗吉尼亚大学外交事务博士学位。

约瑟夫·菲察纳基斯博士，美国卡罗来纳海岸大学情报与国家安全研究项目教授，负责教授情报通信、情报行动、情报分析、人力情报，以及其他多门课程。在 2015 年加入卡罗来纳海岸大学之前，菲察纳基斯博士在国王大学创建了安全与情报研究项目，并担任国王大学安全与情报研究所所长。他是欧洲情报学院的副院长，也是 IntelNews.org（ACI 索引的学术博客，可通过美国国会图书馆查询编目）的高级主编。他在情报搜集（通信截获和网络间谍活动）、情报改革和跨国犯罪网络等方面发表了大量文章。他还撰书讨论美国、巴尔干地区、东北非洲和亚洲等情报机构的发展演变和活动情况。

小理查德·基尔罗伊，美国卡罗来纳海岸大学政治系副教授，讲授的课程可以支持情报与国家安全研究学位项目和拉丁美洲地区研究。他曾任美国陆军情报和拉丁美洲区域事务官，曾在德国、美国大使馆、墨西哥城和美国南方司令部服役。基尔罗伊博士与人合著《北美地区安全：一种竞争的关系》(Seguridad Regional en América del Norte: Una Relación Impugnada，墨西哥伊比利亚美洲大学出版社 2020 年出版)、主编《国土安全面临的威胁：重新评估"全危险"观点》(Threats to Homeland Security: Reassessing the All-Hazards Perspective，约翰·威利父子出版社 2008 年出版，2018 年再版)、合著《北美地区安全：三边框架？》(North American Regional Security: A Trilateral Framework?，琳恩·雷纳出版社 2012 年出版)、合著《非洲和拉丁美洲的殖民争端和领土遗产》(Colonial Disputes and Territorial Legacies in Africa and Latin America，韩国东北亚历史学会 2010 年出版)。他拥有弗吉尼亚大学外交事务硕士和博士学位。

乔纳森·史密斯，美国卡罗来纳海岸大学情报与国家安全研究项目教授，该项目是他在 2011 年成立的。他还担任国际情报教育协会教育实践委员会主席。除了教学活动外，史密斯博士还曾在美国海军预备役部队担任情报官。在长达 23 年的军旅生涯中，他奉命在波斯尼亚、科索沃、伊拉克、阿富汗和全球反恐战争等行动中提供支持。他的最后一次任务是派驻美国佛罗里达州迈阿密市美国南方司令部，担任第 0174 号联合情报行动中心的指挥官。史密斯博士在南卡罗来纳大学获得国际研究的文学硕士和政治学博士学位。他还获得美国海军战争学院联合专业军事教育项目的毕业证书。

致　谢

非常感谢多个机构的各位同僚，他们对本书提出了诸多建议，为我们提供了极其慷慨的反馈，并对各章节的若干初稿进行了批判性阅读。我们非常感谢来自世哲出版公司和国会季刊出版社的团队，尤其感谢斯科特·格里南（Scott Greenan）、安娜·比利亚鲁埃尔（Anna Villarruel）、劳伦·扬克（Lauren Younker）、本尼·克拉克·艾伦（Bennie Clark Allen）和梅琳达·马森（Melinda Masson）在出版各个阶段对本书的悉心指导。我们也非常感谢家人们在撰写过程中给予的支持和鼓励。最后，我们还要感谢以下审稿人：

印第安纳州立大学的阿里夫·阿克古（Arif Akgul）
弗吉尼亚联邦大学的贾松·罗斯·阿诺德（Jason Ross Arnold）
美利坚大学的贝伊奥洛（K. A. Beyoghlow）
海军研究生院的埃里克·达尔（Erik J. Dahl）
美国天主教大学的尼古拉斯·杜伊莫维奇（Nicholas Dujmovic）
密西西比大学的戴维·休斯·麦克尔里斯（David Hughes McElreath）
圣母大学情报研究中心的德格雷戈里·穆尔（Gregory Moore）
东肯塔基大学的布赖恩·辛普金斯（Brian Simpkins）
欧道明大学的科利斯·塔科萨（Corliss Tacosa）
休斯顿大学的罗纳德·沃尔迪（Ronald W. Vardy）

英汉对照表

actor 行为体
agents-provocateurs 密探
Analysis of Competing Hypotheses (ACH) 竞争性假设分析法
analytic process 分析流程
anchoring 锚定
anticipatory intelligence 预期情报
Appropriations Committee 拨款委员会

balance of power 权力平衡
ballistic missiles 弹道导弹
Bay of Pigs Invasion 猪湾事件
Big Data 大数据
Biological Weapons Convention 《禁止生物武器公约》
Black Chamber 黑室
Black Dispatch 黑色邮件
black sites 黑牢
Bletchley Park 布莱切利园
blowback 反冲

bomber gap 轰炸机差距
Bottom Line Up Front (BLUF) 开篇立论
brainstorming 头脑风暴
briefer 简报官
Butler Review 《巴特勒报告》
butterfly effect 蝴蝶效应
Bureau of Investigation (BOI) （美国）调查局

Cabinet Noir 小黑屋
Cambridge/Magnificent Five 剑桥五谍（杰）
case officer 专案官
case study 案例研究
Central Intelligence Agency (CIA) （美国）中央情报局
Central Office for Information Technology in the Security Sphere (ZITiS) （德国）安全领域信息技术中央办公室
Center for Political Research (CPR) （以色

列）政治研究中心
Cheka 契卡
Chemical Weapons Convention (CWC)《禁止化学武器公约》
Church Committee 丘奇委员会
civil liberty 公民自由
cognitive bias 认知偏见
Committee of Secret Correspondence（美国）秘密通信委员会
communications intelligence (COMINT) 通信情报
competitive intelligence 竞争性情报
computer network attack (CNA) 计算机网络攻击
confidence level 置信水平
confirmation bias 证实偏见
consequentialism 结果论
containment strategy 遏制战略
coordinator of information (COI) 信息协调员
Corona "日冕"卫星
Counterintelligence Mission Center (CIMC)（美国）反情报任务中心
Counter Intelligence Program (COINTELPRO) 反谍计划
Counterterrorism Center (CTC) 反恐中心
covert action 隐蔽行动
critical theory 批判论
critical thinking 批判性思维
cryptanalyst 密码破译员
Cuban Missile Crisis 古巴导弹危机
Culper spy ring 卡尔珀间谍网
Cyber Threat Intelligence Integration Center (CTIIC)（美国）网络威胁情报一体化中心
Cybersecurity and Infrastructure Security Agency (CISA)（美国）网络安全与基础设施安全局
cyber threat intelligence 网络威胁情报

decision advantage 决策优势
decision cycle 决策循环
decomposition 分解
Defence Intelligence Staff (DIS)（英国）国防情报参谋部
Defense Clandestine Service（美国国防情报局）国防秘密行动处
deontology 义务论
Directorate of Territorial Surveillance (DST)（法国）领土监视局
Directorate of Military Intelligence (AMAN)（以色列）军事情报局
Directorate of Military Intelligence (DRM)（法国）军事情报局
director of national intelligence (DNI)（美国）国家情报总监
disinformation 虚假信息
Double-Cross System 双十字系统
Drug Enforcement Administration (DEA)（美国）缉毒局
drug trafficking organizations (DTO) 贩毒组织
dual-use biomedical technology 两用生物医学技术

electronic intelligence (ELINT) 电子情报

El Paso Intelligence Center (EPIC) 埃尔帕索情报中心

enhanced interrogation technique (EIT) 强化审讯技术

Enigma machine 恩尼格玛密码机

epistemology 认识论

estimative probability 估计概率

executive order 行政令

extraordinary rendition program 非常规引渡计划

fallacy of big causes and big effects 重大因果谬误

fallacy of centralized direction 集中指挥谬误

false dichotomy 假两难推理

falsification 证伪

Federal Agency for Government Communications and Information (FAPSI)（俄罗斯）联邦政府通信与信息资源署

Federal Intelligence Service (BND)（德国）联邦情报局

Federal Office for Information Security (BSI)（德国）联邦信息安全办公室

Federal Office for the Protection of the Constitution (BfV)（德国）联邦宪法保卫局

Federal Security Service (FSB)（俄罗斯）联邦安全局

fog of war 战争迷雾

foreign instrumentation signals intelligence (FISINT) 外国仪器信号情报

Foreign Intelligence Service (SVR)（俄罗斯）对外情报局

Foreign Intelligence Surveillance Court (FISC)（美国）外国情报监视法院

fundamental attribution error 基本归因错误

fusion center 融合中心

General Defense Intelligence Program (GDIP) 总体国防情报计划

General Directorate for External Security (DGSE)（法国）对外安全总局

General Directorate for Internal Security (DGSI)（法国）国内安全总局

General Information Directorate (RG)（法国）情报总局

General Secretariat for Defense and National Security (SGDSN)（法国）国防和安全总秘书处

Gendarmerie Nationale（法国）国家宪兵

geospatial intelligence (GEOINT) 地理空间情报

Goldwater–Nichols Act《戈德华特—尼科尔斯法案》

Good Judgment Project (GJP) 良好判断力计划

Government Communications Headquarters (GCHQ)（英国）政府通信总部

gray zone conflict 灰色地带冲突

House Permanent Select Committee on Intelligence (HPSCI)（美国）众议院情报常设特别委员会

Hughes-Ryan Amendment《休斯—瑞安修正案》

human intelligence (HUMINT) 人力情报
Huston Plan休斯顿计划
hybrid war混合战争
hypothesis假说

imagery intelligence (IMINT) 图像情报
industrial control system (ICS) 工业控制系统
information gap信息差距
information operation信息行动
Information Sharing and Analysis Center (ISAC) 信息共享与分析中心
inspector general监察长
Intelligence and Security Committee (ISC)（英国）情报与安全委员会
Intelligence Authorization Act《情报授权法案》
intelligence cycle情报循环
intelligence failure情报失误
intelligence oversight情报监督
Intelligence Preparation of the Battlespace (IPB) 战场情报准备
Intelligence Processing and Action Against Illicit Financial Networks Unit (TRACFIN)（法国）反非法金融流通情报处理与行动署
Intelligence Reform and Terrorism Prevention Act (IRTPA)《情报改革与恐怖主义预防法》
Intelligence Services Act《情报机构法》
intelligence study情报研究
intelligence, surveillance, and reconnaissance (ISR) 情报、监视和侦察

International Atomic Energy Agency (IAEA) 国际原子能机构
Internet of Things (IoT) 物联网
Internet Research Agency互联网研究所
Israel Defense Forces (IDF) 以色列国防军

Joint Comprehensive Plan of Action (JCPOA)《联合全面行动计划》
Joint Intelligence Committee (JIC)（英国）联合情报委员会
Joint Terrorism Task Force (JTTF) 联合反恐特遣部队
judicial review司法审查
Just War theory正义战争理论

KGB克格勃

MAGIC"魔术"项目
Main Intelligence Directorate (GRU)（俄罗斯）总参情报总局（格鲁乌）
McCarthyism麦卡锡主义
McLaughlin school麦克劳克林学派
measurement and signature intelligence (MASINT) 测量与特征情报
Mérida Initiative《梅里达倡议》
MERRIMAC 梅里麦克计划
Metropolitan Police Service (MPS, aka Scotland Yard)伦敦警察局（又名苏格兰场）
MHCHAOS混乱行动
MI-5（英国）军情五处
MI-6（英国）军情六处
Military Counterintelligence Service (MAD)

（德国）军事反情报局

Military Intelligence Division（美国）军事情报局

mirror imaging 镜像效应

missile gap 导弹差距

Mossad 摩萨德

motivated bias 动机偏见

multipolar international system 多极国际体系

mutually assured destruction (MAD) 确保相互摧毁

National Clandestine Service (NCS)（美国）国家秘密行动处

National Counterintelligence and Security Center (NCSC)（美国）国家反情报与安全中心

National Counterintelligence Executive (NCIX)（美国）国家反情报执行办公室

National Counterterrorism Center (NCTC)（美国）国家反恐中心

National Crime Agency (NCA)（英国）国家打击犯罪局

National Directorate of Intelligence and Customs Investigations (DNRED)（法国）国家情报与海关调查局

National Endowment for Democracy (NED)（美国）国家民主基金会

National Foreign Intelligence Program (NFIP) 国家对外情报计划

National Infrastructure Protection Center (NIPC)（美国）国家基础设施保护中心

national intelligence coordinator (CNR) 国家情报协调员

National Intelligence Council (NIC)（美国）国家情报委员会

National Intelligence Manager (NIM) 国家情报主管

national intelligence officer (NIO) 国家情报官

National Intelligence Priorities Framework (NIPF)《国家情报优先事项框架》

National Intelligence Support Team (NIST)（美国）国家情报支持小组

National Photographic Interpretation Center (NPIC)（美国）国家图像解译中心

National Reconnaissance Office (NRO)（美国）国家侦察局

National Security Act（美国）《国家安全法》

National Security and Defense Council (CDSN)（法国）国家安全与国防委员会

National Security Council (NSC) 国家安全委员会

national technical means 国家技术手段

National Threat Identification and Prioritization Assessment (NTIPA)《国家威胁识别和优先事项评估》

network analysis 网络分析

Network Centric Warfare (NCW) 网络中心战

New Strategic Arms Reduction Treaty (New START)《新削减战略武器条约》

nominal comparison 定类比较法

normalization of deviance 偏差正常化

Nuclear Nonproliferation Treaty (NPT)《核不扩散条约》

Office of Management and Budget (OMB)（美国）管理和预算办公室
Office of Naval Intelligence (ONI)（美国）海军情报办公室
Office of Strategic Services (OSS)（美国）战略情报局
Okhrana保卫部
Open Source Center开源中心
Open Source Enterprise开源集团
open source intelligence (OSINT) 开源情报
Operation FORTITUDE刚毅行动
Operation MONGOOSE猫鼬行动
overt-covert action公开的隐蔽行动

Peace of Westphalia《威斯特伐利亚和约》
peer-reviewed research同行评议研究
perception知觉
philosophy of science科学哲学
Phoenix Program凤凰计划
photographic intelligence (PHOTINT) 摄影情报
Pike Committee派克委员会
plausible deniability合理可否认性
point prediction点预测
political realism政治现实主义
politicization政治化
Presidential Finding《总统调查令》
President's Intelligence Advisory Board (PIAB)（美国）总统情报顾问委员会
President's Intelligence Oversight Board (PIOB)（美国）总统情报监督委员会
Privacy and Civil Liberties Oversight Board (PCLOB)（美国）隐私与公民自由监督委员会
problem of commensurability可通约性问题
Project ULTRA超级计划
Project VENONA维诺那计划
psychological operation心理行动

rational choice theory理性选择理论
Reconnaissance, Surveillance, and Target Acquisition (RSTA) 侦察、监视和目标捕获
Red Team红队
reliability可靠性
remote sensing遥感
risk management风险管理
Rosenberg spy ring罗森堡间谍网

scenario想定情景
securitization安全化
Security Service Act《安全局法》
Senate Select Committee on Intelligence (SSCI)（美国）参议院情报特别委员会
Sensitive Compartmented Information Facility (SCIF) 敏感隔离信息设施
Shin Bet辛贝特
SIGINT Senior Europe (SSEUR) 欧洲高阶信号情报
signals intelligence (SIGINT) 信号情报
social engineering社会工程学
social revolution社会革命
sources and methods来源与手段
Sputnik"伴侣"号卫星

stay-behind network 留守网络

STONEGHOST "石鬼"通信网络

stovepiping 烟囱

strategic intelligence 战略情报

Strategic Surveillance Command (KSA)（德国）战略监视司令部

structuralism 结构主义

Structured Analytic Technique (SAT) 结构化分析方法

supervisory control and data acquisition (SCADA) 数据采集和监视控制

Tactical Exploitation of National Capabilities (TENCAP) "国家力量战术利用"项目

tactical intelligence 战术情报

targeted killings 定点清除

theory 学说

transnational criminal organization (TCO) 跨国犯罪组织

transnational organized crime (TOC) 跨国有组织犯罪

unitary executive model 一元行政模式

USA FREEDOM Act《美国自由法案》

USA PATRIOT Act《美国爱国者法案》

US Customs and Border Protection (CBP) 美国海关和边境保护局

US intelligence community (IC) 美国情报界

utilitarianism 功利论

value added 增值

Watchers "守望者"

Watergate scandal 水门事件

weapons of mass destruction (WMD) 大规模杀伤性武器

Whistleblower 告密者

WikiLeaks 维基解密

WMD Commission（美国）大规模杀伤性武器委员会

zero-sum game 零和博弈

国家安全与保密参考书目

情报与反情报丛书

《情报概论：架构、运作和分析》　　　　　　　　　　　　［美］乔纳森·阿卡夫 等
《情报分析：以目标为中心的方法》（第2版）　　　　　　　［美］罗伯特·克拉克
《情报分析心理学》（第2版）　　　　　　　　　　　　　　［美］小理查兹·J.霍耶尔
《情报搜集：复杂环境下的规划与实施》　　　　　［美］韦恩·霍尔　加里·西腾鲍姆
《战略情报：为美国世界政策服务》　　　　　　　　　　　［美］谢尔曼·肯特
《以目标为中心的网络建模》　　　　　［美］罗伯特·克拉克　［丹］威廉·米切尔
《情报欺骗：反欺骗与反情报》　　　　［美］罗伯特·克拉克　［丹］威廉·米切尔
《情报搜集：技术、方法与思维》　　　　　　　　　　　　［美］罗伯特·克拉克
《情报搜集的五大科目》　　　　　　　　［美］马克·洛文塔尔　罗伯特·克拉克
《情报分析：复杂环境下的思维方法》　　　　　　［美］韦恩·霍尔　加里·西腾鲍姆
《战略情报：情报人员、管理者和用户手册》　　　　　　　［澳］唐·麦克道尔
《分析情报：国家安全从业者视角》　　　　　　　［美］罗杰·乔治　詹姆斯·布鲁斯
《情报分析案例·实操版：结构化分析方法的应用》　［美］萨拉·毕比　伦道夫·弗森
《情报分析案例：结构化分析方法的应用》　　　　　［美］萨拉·毕比　伦道夫·弗森
《情报分析：结构化分析方法》　　　　　　　［美］小理查兹·J.霍耶尔　伦道夫·弗森
《情报研究与分析入门》　　　　　　　　　　　　［美］杰罗姆·克劳泽　简·戈德曼
《战略情报的批判性思维》　　　　　　　　　　　［美］凯瑟琳·弗森　伦道夫·弗森
《情报搜集技术》　　　　　　　　　　　　　　　　　　　［美］罗伯特·克拉克
《情报：从秘密到政策》　　　　　　　　　　　　　　　　［美］马克·洛文塔尔

国家战略预警研究译丛
（"十三五""十四五"国家重点图书出版专项规划项目）

《信息时代的预警分析：再造高效情报流程》　　　　　　　［美］约翰·博德纳尔
《情报为何失误：案例、方法与分析》　　　　　　　　　　［美］罗伯特·杰维斯
《战略预警情报：历史、挑战与展望》　　　　　　［美］约翰·金特利　约瑟夫·戈登
《情报与突然袭击：战略预警案例研究》　　　　　　　　　［美］埃里克·J.达尔
《减少不确定性：情报分析与国家安全》　　　　　　　　　［美］冯稼时
《珍珠港：预警与决策》　　　　　　　　　　　　　　　　［美］罗伯塔·沃尔斯泰特
《预警情报手册（完整解密版）：国家安全威胁评估》　　　［美］辛西娅·格拉博
《先发制人：国际冲突的先制与预防》　　　　　　　　　　［美］迈克尔·多伊尔
《突然袭击：被袭国的视角》　　　　　　　　　　　　　　［以］伊弗雷姆·卡姆

国家安全译丛

《现代英国保密史：国家秘密与国家治理》　　　　　　　　［英］克里斯托弗·莫兰
《秘密与泄密：美国国家保密的困境》　　　　　　　　　　［美］拉胡尔·赛加尔
《美国政府保密史：制度的诞生与进化》　　　　　　　　　［美］戴维·弗罗斯特
《数据与监控：信息安全的隐形之战》　　　　　　　　　　［美］布鲁斯·施奈尔
《21世纪犯罪情报：公共安全从业者指南》　　　　　　　　［美］理查德·赖特
《恐怖主义如何终结：恐怖活动的衰退与消亡》　　　　　　［美］奥德丽·克罗宁
《国家安全与情报政策研究：美国安全体系的起源、思维和架构》　［美］伯特·查普曼
《秘密情报与公共政策：保密、民主和决策》　　　　　　　［美］帕特·霍尔特
《网络战：信息空间攻防历史、案例与未来》　　　　　　　［美］保罗·沙克瑞恩
《全民监控：大数据时代的安全与隐私困境》　　　　　　　［英］约翰·帕克
《骗中骗：克格勃与中情局的无声战争》　　　　　　　　　［美］爱德华·爱泼斯坦
《情报术：间谍大师杜勒斯论情报的搜集处理》　　　　　　［美］艾伦·杜勒斯
《谁来监管泄密者？：国家安全与新闻自由的冲突》　　　　［美］盖里·罗斯

其他

《间谍图文史：世界情报战5000年》（彩印增订典藏版）　　［美］欧内斯特·弗克曼
《情报战图文史：1939—1945年冲突中的无声对决》（精装彩印）
　　　　　　　　　　　　　　　　　　　　　　　　　　［美］尼尔·卡根　史蒂芬·希斯洛普
《密战图文史：1939—1945年冲突背后的较量》（精装彩印）　［英］加文·莫蒂默
《希特勒的间谍：纳粹德国军事情报史》（全译本，上下册）　［美］戴维·卡恩
《破译者：人类密码史》（全译本，上下册）　　　　　　　［美］戴维·卡恩
《偷阅绅士信件的人：美国黑室创始人雅德利传》　　　　　［美］戴维·卡恩
《大西洋密码战："捕获"恩尼格玛》　　　　　　　　　　　［美］戴维·卡恩
《斯诺登档案：世界头号通缉犯的内幕故事》（修订版）　　［英］卢克·哈丁
《二战后的美国对外政策》　　　　　　　　　　　　　　　［美］史蒂文·胡克　约翰·斯帕尼尔
《金融情报学》　　　　　　　　　　　　　　　　　　　　王幸平

……后续新品，敬请关注……